国家社科基金后期资助项目《1861—1917年俄国工业……
（17FSS002）阶段性成果
贵州师范大学2017年博士科研启动项目阶段性成果

俄国能源工业研究
（1861—1917）

邓沛勇／著

科学出版社
北京

内 容 简 介

19 世纪下半叶俄国开启了工业化进程，能源工业在俄国工业化进程中的作用十分重大。本书以能源工业为例，探究俄国工业化的内涵和影响，通过研究影响俄国能源工业发展的因素、能源工业的起源和发展、能源市场、垄断组织及其与工业化的关系来厘清俄国能源工业的作用及影响。

本书适合国内世界史同仁，特别是俄国史学者阅读，还可为国外经济史研究人员提供一定借鉴。

图书在版编目（CIP）数据

俄国能源工业研究. 1861—1917 / 邓沛勇著. —北京：科学出版社，2019. 1
ISBN 978-7-03-058996-5

Ⅰ. ①俄…　Ⅱ. ①邓…　Ⅲ. ①能源工业-工业史-研究-俄罗斯-1861—1917　Ⅳ. ①F451.262

中国版本图书馆 CIP 数据核字（2018）第 227021 号

责任编辑：范鹏伟 / 责任校对：杨　赛
责任印制：张　伟 / 封面设计：黄华斌

科 学 出 版 社 出版
北京东黄城根北街 16 号
邮政编码：100717
http://www.sciencep.com

北京九州迅驰传媒文化有限公司 印刷
科学出版社发行　各地新华书店经销
*

2019 年 1 月第 一 版　开本：720×1000　B5
2019 年 1 月第一次印刷　印张：19
字数：310 000

定价：89.00 元

（如有印装质量问题，我社负责调换）

序

19 世纪下半期俄国工业化进程开启，各工业部门迅速崛起。在俄国工业革命进程中，能源工业的作用突出，不但保障了工业和运输领域的燃料供应，促进了诸多工业部门的发展，而且自身也取得了巨大的成就。俄国能源工业发展较晚，19 世纪 80 年代起，在引进外资、政府鼓励政策、交通运输和技术革命的影响下，该工业部门飞速发展。虽然能源工业种类众多，但 19 世纪末 20 世纪初俄国以石油工业和煤炭工业的发展最为迅速，其他能源工业部门难以望其项背。因此，笔者以石油工业和煤炭工业为例，探析 1861—1917 年俄国能源工业发展状况。

1872 年巴库油田废除包税制度后，在政府扶持下石油工业开始勃兴，不但将美国石油赶出俄国市场，垄断了国内市场，而且在国际石油市场上与美国石油一较高下，甚至一度主导国际石油市场。20 世纪初，世界经济危机和国内政治经济形势导致俄国石油工业停滞不前，燃料结构石油化特征终结，煤炭工业却蓬勃发展。俄国煤炭工业发展较早，但是因采煤量有限，诸多工业部门长期依赖进口煤炭。19 世纪 80 年代，在政府提高关税税率、引进外资和技术革新的背景下，俄国煤炭工业迅速崛起。虽然俄国煤炭工业并未完全垄断国内市场，更未像石油工业一样左右世界能源市场，但其还是先后将进口煤炭赶出南俄、中部工业区和伏尔加河流域市场，在垄断本国煤炭市场的同时，煤炭的作用日益突出，最终奠定了 20 世纪初俄国燃料结构的煤炭化基础。在俄国能源工业发展过程中，运输、市场、外资和垄断等因素都至关重要，运输工具不断完善、市场范围和规模不断扩大、大规模引进外资，为能源工业的发展带来了契机，同时也导致能源工业中大型垄断组织诞生。石油和煤炭工业为俄国工业和运输业提供了大量燃料，促使俄国燃料结构矿物化最终完成，加速了俄国工业化的进程和经济重心南移的过程。

目　录

绪　　论

一、研究目的和意义

任何步入工业化的国家，其能源工业都具有特殊意义，各国的工业发展速度、规模和工业化进程在很大程度上取决于能源工业的发展状况。燃料结构矿物化是一个国家完成工业化和工业化完成程度的重要指标之一，矿物燃料有力地推动了各国工业化进程，俄国也不例外。虽然 19 世纪 80 年代以前俄国煤炭工业就有所发展，但俄国每年仍需从国外进口大量煤炭，木制燃料所占比例较高，传统乌拉尔冶金基地和诸多工业部门的燃料仍以木柴为主。19 世纪 80 年代起，能源工业崛起，俄国石油和煤炭产量迅速提升。因能源工业勃兴，19 世纪末，俄国燃料结构中矿物燃料所占比例已达 70%，19 世纪末至 20 世纪初，俄国燃料结构完成由木制燃料向矿物燃料转变的过程[①]。19 世纪末，俄国工业革命完成，蒸汽机和内燃机已广泛用于工业和交通运输业，就经济和技术角度而言，俄国工业需要高效能源，能源工业的作用日益增强。研究十月革命前俄国能源工业的发展状况、结构和特征，不但可以了解俄国工业化的进程和内涵，还有助于揭示能源在俄国乃至世界工业发展史中的作用。

能源定义有 20 多种。《简明大英百科全书》指出，能源是燃料、流

---

① Баканов С. А. Угольная промышленность Урала：Жизненный цикл отрасли от зарождения до упадка. Челябинск.，Издательство ООО «Энциклопедия»，2012. С. 45；Кафенгауз Л. Б. Эволюция прошмышленного производства России（последняя третьXIXв.—30-е годы XXв）. М.，Эпифания，1994. С. 131.

水、阳光、风等通过适当设备转换为人类所需能量的资源[1]。人类利用自己体力以外的能源是从火开始的，最早的燃料是木材，后来人类开始使用地表的化石燃料，如沥青、泥炭、煤炭及天然气等资源。同时，能源是人类社会发展和一切经济活动的重要物质基础，也是实现工业现代化的前提条件。能源的种类较多，如煤炭、石油、水能、核能、风能、太阳能、地热能和生物质能等一次能源，以及电能和热能等二次能源。能源对经济发展至关重要，无论是工业还是交通运输业，能源都不可或缺，能源是工业化时期重要的生产资料之一。19世纪下半叶俄国开始工业化进程，能源工业对俄国工业发展的作用不言而喻。随着燃料结构矿物化趋势日增，俄国能源工业发展速度举世瞩目，因材料有限，不能对俄国所有能源工业部门进行研究，所以笔者只选择传统能源工业——石油和煤炭工业，对其崛起原因、发展过程和影响进行论述。

1861年农奴制改革后，俄国经济快速发展，国家现代化进程加快，至19世纪90年代，俄国工业革命基本完成。在工业化进程中能源工业功不可没，俄国经济、工业和运输业发展都与其密切相关。19世纪下半期起，俄国能源工业发展迅速，石油工业尤甚。石油工业对俄国经济和世界石油市场影响巨大，煤炭工业略逊一筹。19世纪末，俄国石油产量超越美国，跃居世界第一。1898年俄国采油量达6.3亿普特[2]，而美国采油量仅为5.1亿普特。1901年俄国采油量超7亿普特[3]。19世纪80年代至20世纪初为俄国石油工业飞速发展时期，但随着20世纪初经济危机的到来，俄国石油工业由盛转衰。石油工业推动了俄国工业革命的进程，在石油开采、运输和出口数量增加的同时，俄国的燃料结构矿物化特征日益突出。

十月革命前俄国最大的油田为高加索地区的巴库油田。1884年、

---

[1] 台湾中华书局《简明大英百科全书》编辑部编译：《简明大英百科全书》第六卷，台北：中华书局，1998年，第676页。

[2] 普特是沙皇时期俄国的主要计量单位之一，是重量单位，1普特≈16.38千克。

[3] Ахундов В. Ю. Монополистический капитал в дореволюционной бакинской нефтяной промышленности. М., Изд-во социально-экономической литературы, 1959. С. 23; Монополистический капитал в нефтяной промышленности России 1883—1914. Документы и материалы. М., Изд-во академии науки СССР, 1961. С. 19; Маевский И. В. Экономика русской промышленности в условиях первой мировой войны. М., Изд-во Дело, 2003. С. 8; Натиг А. Нефть и нефтяной фактор в экономике Азербайджана в XXI веке. Баку., Leterpress, 2010. С. 111; Матвейчук А. А, Фукс И. Г. Истоки российской нефти. Исторические очерки. М., Древлехранилище, 2008. С. 39, 40.

1890 年、1895 年和 1901 年，高加索地区采油量分别占全俄总采油量的
98.9%、98.7%、93%和 95%。20 世纪初，高加索地区仍是俄国最大的石
油开采地。1913 年，高加索地区采油量约占全俄总采油量的 97%，而巴
库油田采油量所占比例达 82%①。虽然格罗兹尼和迈科普等地的石油工业
有所发展，但无法与巴库石油工业相媲美。随着石油工业的不断发展，该
部门的垄断程度日增，19 世纪 80 年代，石油工业已出现垄断趋势。十月
革命前俄国石油工业由几大垄断组织掌控（诺贝尔兄弟集团、里海-黑海
石油工商业公司和英荷壳牌石油公司）。俄国石油产品除垄断国内市场
外，还大量出口国外，欧洲为俄国石油产品最主要的市场。19 世纪末，
在世界市场上俄国石油产品可与美国石油产品一较高下。石油产品除用
于交通运输燃料外，还广泛用于工业领域，其在俄国工业化进程中的作
用不言而喻。此时，煤炭的作用略逊一筹。

俄国煤炭工业发展较早，彼得一世已颁布法令成立专门机构搜索煤
炭，但 18 世纪俄国煤炭主要从英国进口。随着俄国经济的不断发展，煤
炭的开采量迅速增加，至1860 年俄国采煤量已达 1800 万普特，但远远落
后于西欧国家②。俄国主要产煤区为顿涅茨克、莫斯科近郊、东布罗夫和
乌拉尔煤田。19 世纪 80 年代以前，东布罗夫和莫斯科近郊煤田采煤量较
高；19 世纪 80 年代后，顿涅茨克煤田的采煤量居于首位。1861 年农奴制
改革后，俄国开启工业化进程，工业和运输业的燃料需求量急增，此时石
油工业刚刚起步，煤炭成为工业部门的主要燃料。虽然 19 世纪末俄国煤
炭工业发展速度无法与石油工业相比较，不仅开采速度落后于石油工业，
而且并未完全掌控本国市场，但是受政府扶持、外资流入和技术革新等因
素的影响，俄国煤炭工业仍迅速发展。

随着俄国煤炭工业的发展，莫斯科近郊和东布罗夫煤田的采煤量逐渐

---

① Менделеев Д. И. Проблемы экономического развития России. М.，Изд-во социально-экономи
ческой литературы，1960. С. 445；Мир-Бабаев М. Ф. Краткая история Азербайджанской нефти.
Баку.，Азернешр，2009. С. 40；Лисичкин С. М. Очерки по истории развития отечественной
нефтяной промышленности（дореволюционный период）. М.，Государственное научно-
техническое издательство，1954. С. 345.

② Баканов С. А. Угольная промышленность Урала：Жизненный цикл отрасли от зарождения до
упадка. С. 42；Иголкин А. А. Источники энергии：экономическая история（до начала XX века）.
М.，Институт российской истории РАН，2001. С. 137；Дьяконова И. А. Нефть и уголь в
энергетике царской России в международных сопоставлениях. М.，РОССПЭН，1999. С. 165.

下滑，顿涅茨克煤田的作用与日俱增。十月革命前，俄国持续从国外进口煤炭，但由于煤炭资源丰富，以及交通设施逐步完善，除波罗的海地区外，俄国煤炭逐渐垄断国内市场，与此同时，俄国煤炭工业生产集中程度逐渐加强，大公司开始垄断煤炭工业。俄国工业和运输业的发展都与煤炭工业密不可分，该部门不仅为南俄冶金工业的繁荣奠定了基础，还成为南俄经济迅速崛起的重要推力。20 世纪，初世界经济危机和国内局势导致俄国石油工业停滞不前，燃料结构中煤炭已占据主导地位。

能源工业对俄国经济发展至关重要，能源工业不但为俄国工业和运输业提供燃料，其本身也是重要的工业部门。矿物燃料是俄国工业化的燃料基础，带动了冶金、运输业和诸多工业部门的发展。随着能源工业的发展，石油产品大量出口国外，促进了国际贸易的发展和国民收入的增加。即便是今天，能源仍是国家经济安全体系中的重要组成部分，对经济发展意义重大，如果一个国家能源工业发展状况不佳，工业部门对能源依赖程度或对国外能源依赖程度高，那么能源问题就迫在眉睫，会严重制约社会经济的发展。

二、国内外研究现状

（一）国内研究现状

国内学术界尚无直接阐述俄国能源工业的专著，很多学者在一些通史类著作中，在阐述俄国工业发展状况时略有述及[①]，一些译著也对俄国工业发展、垄断和外资有所涉猎[②]。这些书籍都对十月革命前俄国工业的发展历程、特征、外资和生产集中程度等内容有所涉及，通过这些著作，可

---

① 孙成木、刘祖熙、李建主编：《俄国通史简编》，北京：人民出版社，1986 年；姚海、刘长江：《当代俄国——强者的自我否定与超越》，贵阳：贵州人民出版社，2001 年；张建华：《俄国史》，北京：人民出版社，2004 年；张建华：《激荡百年的俄罗斯——20 世纪俄国史读本》，北京：人民出版社，2010 年。

② 〔苏〕B. T. 琼图洛夫：《苏联经济史》，郑彪等译，长春：吉林大学出版社，1988 年；苏联科学院经济研究所编：《苏联社会主义经济史》第一卷，复旦大学经济系和外文系俄语教研组部分教员译，北京：生活·读书·新知三联书店，1979 年；〔苏〕波将罗夫斯基：《俄国历史概要》，贝璋衡、叶林、葆煦译，贝璋衡校，北京：生活·读书·新知三联书店，1978 年；〔苏〕潘克拉托娃：《苏联通史》，山东大学翻译组译，北京：生活·读书·新知三联书店，1980 年；〔苏〕诺索夫主编：《苏联简史》第一卷，武汉大学外文系译，北京：生活·读书·新知三联书店，1977 年；〔美〕尼古拉·梁赞诺夫斯基、马克·斯坦伯格：《俄罗斯史》，杨烨、卿文辉主译，上海：上海人民出版社，2007 年；〔美〕沃尔特·G. 莫斯：《俄国史（1855—1996）》，张冰译，海口：海南出版社，2008 年。

粗略了解十月革命前俄国能源工业的发展状况和能源工业的影响，这些著作具有很大的启发作用，以及重要的参考价值，但这些著作并未对能源工业进行系统的阐述，因此有必要对该问题进行详细研究。

本书主要涉及俄国石油工业、煤炭工业、外资和俄国工业发展等几个方面的内容，下面笔者分别对上述几方面内容的国内研究状况进行阐述。

第一，俄国石油工业研究状况。一些文章对十月革命前俄国石油工业的发展历程和特征、外资对俄国石油工业的影响、俄国石油工业垄断组织等问题进行了研究。研究俄国石油工业发展状况的文章主要包括：张建华的《俄国近代石油工业的发展及其特点》，文中提出俄国石油工业发展速度快、外向性和集中程度高三大特征，这具有较大借鉴意义，此外文中还详细介绍了俄国石油工业的发展历程和特征；张广翔的《19 世纪 60—90 年代俄国石油工业发展及其影响》一文，不但对俄国石油工业的崛起原因进行了阐述，还对运输业和工业的石油燃料需求状况进行了分析，并论证了石油工业的影响；张丁育的《19 世纪 90 年代至 20 世纪初俄国与欧洲的石油贸易》一文，对欧洲和俄国石油贸易进行了系统化分析，这对笔者阐述俄国石油市场具有很大的借鉴意义；王然的《阿塞拜疆石油工业史述略》一文详细介绍了阿塞拜疆石油工业发展史，并对各阶段石油工业的发展特征和影响进行了论述，但这些文章并未系统研究俄国石油工业，遗留的研究空间较大[①]。

俄国石油工业中外资和垄断研究状况。王绍章的文章《俄国石油业的发展与外国资本》介绍了 19 世纪末至 20 世纪初俄国石油工业中外资状况，并就外资对俄国石油工业的影响进行了论述；刘琼的硕士学位论文《19 世纪末 20 世纪初外国资本对俄国石油工业的影响》除对俄国石油工业中的几大外资集团进行了阐述外，还对俄国石油工业中外资的作用进行了论证[②]。研究十月革命前俄国石油工业垄断状况的文章有张广翔、白胜

---

① 张建华：《俄国近代石油工业的发展及其特点》，《齐齐哈尔师范学院学报》1994 年第 6 期，第 51—53 页；张广翔：《19 世纪 60—90 年代俄国石油工业发展及其影响》，《吉林大学社会科学学报》2012 年第 6 期，第 119—126 页；张丁育：《19 世纪 90 年代至 20 世纪初俄国与欧洲的石油贸易》，《西伯利亚研究》2009 年第 1 期，第 46—48 页；王然：《阿塞拜疆石油工业史述略》，《西安石油大学学报》（社会科学版）2013 年第 6 期，第 20—27 页。
② 王绍章：《俄国石油业的发展与外国资本》，《东北亚论坛》2007 年第 6 期，第 53—56 页；刘琼：《19 世纪末 20 世纪初外国资本对俄国石油工业的影响》，沈阳：辽宁大学硕士学位论文，2012 年。

洁的《论 19 世纪末 20 世纪初俄国的石油工业垄断》，对俄国石油工业垄断组织的建立和发展、垄断形式和垄断组织的影响进行了分析，得出垄断组织对石油工业的发展具有双向作用的结论；白胜洁的博士学位论文《19世纪末 20 世纪初俄国的工业垄断研究——以石油、冶金和纺织工业部门为例》，对俄国石油工业垄断状况进行了详细的分析和论证，对笔者了解和梳理俄国石油工业发展状况帮助巨大；李非的硕士学位论文《19 世纪末—20 世纪初俄国石油工业中的垄断资本》，以俄国石油工业垄断组织为研究对象，通过对诺贝尔兄弟集团和罗斯柴尔德家族石油集团的研究论证了巴库石油工业的垄断状况和外资渗入状况[①]。

第二，俄国外资研究状况。董小川的文章《俄国的外国资本问题》通过对俄国外资状况的研究，得出外资对俄国经济发展具有双面性影响的结论；张广翔的《外国资本与俄国工业化》一文，通过对俄国引进外资的原因、外资投入部门和各部门外资状况等的分析得出外资在推动俄国资本主义发展的同时延缓了专制制度灭亡的结论；刘爽的文章《19 世纪末俄国的工业高涨与外国资本》就外国资本对俄国工业发展的作用进行了系统分析，并对外资的运作机制和影响进行了论证，遗憾的是，其并未对俄国石油和煤炭工业的外资状况进行研究[②]。

第三，俄国煤炭工业研究状况。国内研究俄国煤炭工业的文章较少，只有张广翔的文章《19 世纪末至 20 世纪初欧洲煤炭市场整合与俄国煤炭进口》对俄国煤炭工业的发展状况进行了研究，并对国家提高煤炭进口关税的利弊进行了分析[③]。尚巍的硕士学位论文《19 世纪下半期俄国煤炭业和黑色冶金业发展述略》涉及顿涅茨克煤田和莫斯科近郊煤田，但只是简单介绍，并未进行深入研究。

---

① 张广翔、白胜洁：《论 19 世纪末 20 世纪初俄国的石油工业垄断》，《求是学刊》2014 年第 3 期，第 1—11 页；白胜洁：《19 世纪末 20 世纪初俄国的工业垄断研究——以石油、冶金和纺织工业部门为例》，长春：吉林大学博士学位论文，2015 年；李非：《19 世纪末—20 世纪初俄国石油工业中的垄断资本》，长春：吉林大学硕士学位论文，2008 年。

② 董小川：《俄国的外国资本问题》，《东北师范大学学报》（哲学社会科学版）1989 年第 3 期，第 60—66 页；张广翔：《外国资本与俄国工业化》，《历史研究》1995 年第 6 期，第 144—157 页；刘爽：《19 世纪末俄国的工业高涨与外国资本》，《社会科学战线》1996 年第 4 期，第 218—223 页；刘爽：《19 世纪俄国西伯利亚采金业与外国资本》，《学习与探索》1999 年第 2 期，第 136—140 页。

③ 张广翔：《19 世纪末至 20 世纪初欧洲煤炭市场整合与俄国煤炭进口》，《北方论丛》2004 年第 1 期，第 66—69 页。

（二）国外研究状况

俄国学者关注能源问题已久，19 世纪诸多学者就已开始涉猎该问题，为了更好地阐述俄国学者对俄国能源工业发展及其影响的研究，笔者分别从石油工业、煤炭工业、外资这三个方面进行分析。

1. 俄国石油工业的研究状况

为了更好地阐述俄国石油工业的研究状况，笔者分别从石油工业发展状况研究、石油工业垄断组织研究和石油工业与经济发展关系研究这三部分进行介绍。

（1）石油工业发展状况研究。

C. 佩尔什科《俄国石油工业起源、发展和现代状况》一书虽成书于 1913 年，但它是俄国石油工业史研究的奠基之作。该书是第一部全面介绍俄国石油工业起源、发展的专业性书籍，书中主要对俄国最大的油田——巴库油田的状况进行了概述，并涉及石油产品运输、国内外市场和石油工业垄断，对国内外学者研究俄国石油工业意义重大[1]，借此书可梳理出俄国石油工业的发展脉络。

C.M. 利西奇金《革命前俄国石油工业发展史》是研究十月革命前俄国石油工业发展状况的专著，该书的内容包括俄国石油钻探和开采技术发展、石油加工工业诞生、俄国国内石油产品需求、十月革命前石油工业分布和石油运输等问题[2]。该书全面介绍了俄国石油开采和钻探、运输和市场，以及石油工业中外资等问题，对研究俄国石油工业具有重大参考价值，对本书框架构建具有重要借鉴意义。

И. A. 季娅科诺娃的《沙皇俄国能源中石油和煤炭的国际比较》是研究俄国能源工业发展史的重要书籍，该书包括俄国石油与煤炭工业发展概况、俄国燃料供求状况、石油和冶金工业中的外国资本、十月革命前俄国石油巨头和美国石油工业状况等内容[3]。作者在分析和整理大量档案材料的基础上，对十月革命前俄国能源工业的发展状况进行了总结，其中俄国石油市场及运输、石油工业垄断和能源工业中外国资本等

---

① Першке С. и Л. Русская нефтяная промышленность，ее развитие и современное положение в статистических данных. Тифлис.，Тип. К. П. Козловского，1913.

② Лисичкин С. М. Очерки по истории развития отечественной нефтяной промышленности.

③ Дьяконова И. А. Нефть и уголь в энергетике царской России в международных сопоставлениях.

问题颇有参考价值。遗憾的是，作者对这些问题只是简单阐述，并未进行深入分析。

А. А. 马特维伊丘克和 И. Г. 富克斯合著的《俄国石油起源》一书着重对俄国石油工业的起源、形成和发展进行了描述，而且对俄国各区域的石油开发、钻探、运输业务进行了分析，是研究俄国石油工业的重要参考文献[①]。但该书为大众读本，书中对诸多问题只作简单陈述，论证部分较少。

В. П. 卡尔波夫和 Н. Ю. 加夫里洛娃的著作《俄国石油和天然气工业简史》一书虽然只有简短篇幅阐述十月革命前俄国石油工业的发展状况，但其中 1864—1917 年俄国石油工业发展状况部分详细概述了俄国石油工业的崛起、鼎盛和衰落，并对俄国石油工业与苏联石油工业之间的关系进行了论证，因此该书也具有重要的参考价值[②]。但该书只对 1864—1917 年俄国石油工业的发展状况进行了简单介绍，并未进行详细分析。

А. А. 马特维伊丘克和 И. Г. 富克斯合著的《俄罗斯油气业务简史》一书虽然并未对高加索石油工业的发展状况进行描述，却对伏尔加河流域石油产品运输和石油加工工业的崛起进行了论述，还对诺贝尔兄弟集团的石油运输业务进行了简单陈述。该书着重介绍了俄国远东和迈科普油田，书中关于伏尔加河流域石油产品运输部分的内容对笔者启发很大[③]。虽然笔者主要关注巴库油田，但书中关于迈科普油田中外资投入状况的论述颇具参考价值。

尤科斯公司出版的《鲜为人知的俄国石油》一书虽然是叙述俄国石油工业发展史的大众读本，但书中详细介绍了俄国石油工业的起源，石油工业发展过程中的杰出科学家、工程师，以及石油工业的衰落状况[④]。虽然该书理论价值较低，但书中所阐述的石油工业包税制度废除、农奴制取消等问题仍具有一定借鉴意义。

①　Матвейчук А. А，Фукс И. Г. Истоки российской нефти. Исторические очерки.
②　Карпов В. П.，Гаврилова Н. Ю. Курс истории отечественной нефтяной и газовой промышленности. Тюмень.，ТюмГНГУ，2011.
③　МавейчукА. А.，Фукс И. Г. Иллюстрированные очерки по истории российского нефтегазового дела. Часть 2. М.，Газоил пресс，2002.
④　Иголкин А.，Горжалцан Ю. Русская нефть о которой мы так мало занаем. М.，Нефтяная компания Юкос /Изд-во Олимп-Бизнес，2003.

　　М. Ф. 米尔-巴巴耶夫所著的《阿塞拜疆石油简史》一书系统化地介绍了巴库地区的石油业务，除追溯阿塞拜疆石油工业的起源外，还对各沙皇统治时期阿塞拜疆地区的政治、经济和文化状况进行了阐述[①]。书中论证的重点是诺贝尔兄弟集团在巴库地区的石油业务活动，同时也对巴库地区石油工业中杰出科学家和工程师的生平进行了介绍。虽然该书对巴库地区石油工业详细描述的篇幅较少，但书中关于诺贝尔兄弟集团的论述值得笔者深思。

　　А. А. 富尔先科的《洛克菲勒王国与 19 世纪末至 20 世纪初石油战争》一书颇具参考价值，该书出版于 2015 年，书中分为两大部分，分别对洛克菲勒石油公司和 19 世纪末至 20 世纪初的世界石油战争进行了分析[②]。从书中第一部分可全面了解美国洛克菲勒公司和美国石油工业的发展状况，石油工业崛起奠定了美国石油产品在国际市场上的地位。第二部分除对俄国几大石油垄断组织进行介绍外，还着重分析了国际市场上俄国大型垄断组织与美国洛克菲勒公司的竞争状况，并对诺贝尔兄弟集团、里海-黑海石油工商业公司等大型垄断组织所采取的措施进行了分析，该部分对于研究国际市场上俄国石油产品的地位具有重要的借鉴意义。

　　（2）石油工业垄断组织研究。

　　《1883—1914 年俄国石油工业中的垄断资本》是第一部研究俄国石油工业垄断状况的文献集，该书由苏联科学院历史所主编，共收录第一次世界大战前关于石油工业垄断状况的档案 324 份，文献来自国内 9 家大型档案馆，档案数据真实可信[③]。该书以时间为界线，将第一次世界大战前的俄国石油工业划分为四个时期，并对各个时期石油工业的发展特征进行了概述，最终得出 1883—1892 年和 1893—1903 年为俄国石油工业垄断资本迅速发展的时期，石油市场上自由竞争逐渐被垄断竞争所取代，这一时期也是外国资本迅速扩张的时期；1904—1910 年虽为俄国石油工业萧条期，但垄断组织依靠价格和资金优势控制俄国石油市场，攫取了高额利

①　Мир-Бабаев М. Ф. Краткая история Азербайджанской нефти.

②　Фурсенко А. А. Династия Рокфеллеров. Нефтяные войны（конец XIX—начало XX века）. М., Издательский дом Дело，2015.

③　Монополистический капитал в нефтяной промышленности России 1883—1914. Документы и материалы.

润；1911—1914 年为俄国石油工业发展的第四个时期，该时期银行资本参与石油工业。该书对于笔者全面揭示十月革命前俄国石油工业的发展状况、石油工业垄断的形成和发展进程具有重要的参考价值。《1914—1917年俄国石油工业中的垄断资本》一书共收录第一次世界大战至十月革命时期俄国石油工业垄断状况的档案文献 254 份，这些文献来源于 12 家苏联国立档案馆。该书主要涉及 1914—1917 年俄国石油工业的总状况、政府政策、股份公司创立、外国资本与外国垄断组织联系、垄断组织活动和工人问题等[①]。该书对于了解十月革命前俄国石油工业的状况也具有重要的借鉴意义。

H. Л. 纳尼塔什维利的著作《19 世纪至 20 世纪初高加索地区外国资本扩张》虽然着重研究的是高加索地区各国外资的投入状况及其影响，却系统化地介绍了巴库地区石油工业的发展状况、石油贸易及其在国内外市场上的地位、石油产品运输、石油工业危机和衰落，该书对于深入了解巴库地区石油工业发展状况意义重大[②]。该书最大的优点是详细介绍了高加索石油工业中的几大外资集团，对研究俄国石油工业中外国资本的状况具有较大的参考意义。

B. H. 谢伊多夫所著的《19 世纪至 20 世纪初巴库石油公司档案》一书详细介绍了十月革命前巴库石油公司的发展状况，并对大型石油公司的状况进行了详细阐述，着重分析了诺贝尔兄弟集团的状况及其影响，同时也对巴库地区石油工业发展过程中所存在的一些问题进行了分析[③]。书中档案文献材料居多，这些档案文献对于详细了解俄国石油工业状况具有重要作用。

P. И. 别尔津的著作《世界石油战争》主要分析了 1922 年以前世界石油市场的状况，对世界石油市场上石油大国的博弈进行了详细阐述。通过对欧洲和亚洲石油市场的分析，该书论证了美国和俄国两大石油超级大国为争夺世界市场而采取的种种举措，同时对俄国石油最终落败的原因

---

① Монополистический капитал в нефтяной промышленности России 1914—1917. Документы и материалы. Л., Наука, 1973.

② Нанитшвили Н. Л. Экспансия иностранного капитала в Закавказье（конец XIX—начало XX вв.）. Тбилисск., Издательство Тбилисского университета, 1988. С. 248.

③ Сеидов В. Н. Архивы бакинских нефтяных фирм（XIX—начало Xхвека）. М., Модест колеров, 2009.

进行了论述①。对于笔者来说，该书最大的价值是对十月革命前俄国石油市场的研究，借此可了解世界石油市场上俄国石油产品的市场地位、占有率和影响。

Б. 奥斯布尼克的《诺贝尔帝国》《1879—1909 年诺贝尔兄弟集团业务活动》和 И. А. 季娅科诺娃的《俄国诺贝尔集团》等书专门研究了诺贝尔家族在俄国的业务活动及其影响②。这些书详细介绍了诺贝尔兄弟集团在巴库地区的业务活动，以及其打击中小企业主的各种措施和在国内外市场的占有率，并且分析了战争和革命对诺贝尔兄弟集团的影响，这些书对于研究诺贝尔兄弟集团的状况具有很大的借鉴意义。

Б. Ю. 阿洪多夫的著作《革命前巴库石油工业中的垄断资本》是研究俄国石油工业垄断的必读之作。书中除对 19 世纪下半期至 20 世纪初巴库石油工业史进行了简单陈述外，还对巴库石油工业中的外国资本进行了分析，着重论证了巴库石油工业中的资本集中状况和垄断组织的影响，并对巴库大型垄断组织为捍卫市场份额、抬高油价而采取的措施进行了分析，还对垄断组织的效能和工人阶级的状况进行了论述③。该书对于了解巴库石油工业垄断状况的价值较大，很多内容和观点都值得借鉴，但书中对大型垄断组织的状况只作了简单介绍，尚需进一步详细论证。

（3）石油工业与经济发展关系研究。

В. А. 萨梅多夫的《19 世纪 80—90 年代俄国经济与石油》一书除详细介绍了 19 世纪 80—90 年代俄国石油工业发展概况外，还对石油工业的社会、经济和政治影响进行了分析④。书中虽然着重于分析石油工业发展与俄国经济的关系，但其中关于石油产品运输、石油市场等方面的简要论述具有很大的启发作用。书中最具参考价值的部分是其对石油工业经济影响的论述，其中对交通运输业与石油工业相互关系的论证最为完整。但该

① Берзин Р. И. Мировая борьба за нефть. М.，Типография Профгортоп，1922.

② Осбрник Б. Империя Нобелей. История о знаменитых шведах，бакинской нефти и революции в России. М.，Алгоритм，2014；Тридцать лет деятельности товарищества нефтяного производства Бр. Нобеля 1879—1909. СПб.，Типография И. Н. Скороходова，1910；Дьяконова И. А. Нобелевская корпорация в России. М.，Мысль，1980.

③ Ахундов Б. Ю. Монополистический капитал в дореволюционной бакинской нефтяной промышленности.

④ Самедов. В. А. Нефть и экономика России（80—90-е годы X IX века）Баку.，Элм，1988.

书只对 19 世纪 80—90 年代俄国石油工业状况进行了阐述，对 20 世纪初俄国石油工业状况并未涉及。因此，笔者将以其他文献为参考，对 19 世纪末至 20 世纪初俄国石油工业的整体概况进行分析。

　　Д. И. 门捷列夫所著的《俄国经济发展问题》一书，除对俄国经济发展状况及其存在的问题进行了阐述外，还有大量篇幅阐述俄国石油和煤炭工业[1]。书中对俄国石油工业的崛起和发展进行了描述，并对能源工业中存在的问题和工业中能源使用状况进行了分析，虽然该书成书于 19 世纪，但至今仍具有很大的借鉴意义。此书的缺陷是未对石油工业进行完整的阐述。因此，对于 20 世纪初俄国石油工业状况及该阶段石油工业的影响，笔者将挖掘其他材料，从而完整论述俄国工业化进程中石油工业的作用。

　　研究俄国石油工业的文章较多，笔者只选择几篇具有代表性的文章进行阐述[2]。В. А. 纳尔多娃的文章《19 世纪 80 年代石油工业中的垄断趋势和石油货物运输问题》首先对俄国石油工业的发展状况和石油工业中大型石油公司的状况进行了阐述，指出因大型石油公司的地位与日俱增，俄国石油工业中垄断趋势已十分明显，其中诺贝尔兄弟集团最具代表性，该公司最早投资巴库石油工业，凭借资金和技术优势开始垄断巴库石油工业。该文章除对石油垄断趋势进行了阐述外，还对石油产品运输及其存在的问题进行了分析，这些观点对笔者启发很大。А. А. 富尔先科的文章《1893—1897 年俄国第一个石油出口辛迪加》主要阐述了在巴库地区石油工业垄断趋势日增的状况下，中小石油企业业务每况愈下，为增强自身产品竞争力和占领更大的市场份额，中小石油企业组成第一个石油产品辛迪加。虽然该辛迪加存在时间不长，但其在俄国石油发展史中具有重要意

① Менделеев Д. И. Проблемы экономического развития России.

② Нардова В. А. Монополистические тенденции в нефтяной промышленности и 80-х годах XIX в. и проблема транспортировки нефтяных грузов//Монополии и иностранный капитал в России. М-Л., Изд-во Академии наук СССР, 1962; Фурсенко А. А. Первый нефтяной экспертный синдикат в России（1893—1897）//Монополии и иностранный капитал в России. М-Л., Изд-во Академии наук СССР，1962；Нардова В. А. Начало монополизации бакинской нефтяной промышленности//Очерки по истории экономики и классовых отношений в России концаXIX—начала XX в. М-Л., Наука, 1964；Дьяконова И. А. Исторические очерки. За кулисами нобелевской монополии//Вопросы истории. 1975. №9；Фурсенко А. А. Парижские Ротшильды и русская нефть//Вопросы истории. 1962. №8；Потолов С. И. Начало монополизации грозненской нефтяной проышленности （1893—1903）//Монополии и иностранный капитал в России. М-Л., Изд-во Академии наук СССР，1962.

义，这是中小企业联合起来对抗大型石油公司的初步尝试。因国内市场由大公司垄断，所以该辛迪加主要业务重心放在国际市场。В.А.纳尔多娃的文章《巴库石油工业垄断开端》在众多档案文献的基础上，从各公司石油产量、国内市场份额和运输业务等方面分析出 19 世纪 80 年代巴库地区石油工业已出现垄断趋势，大公司的石油开采量大，中小企业无法企及，因此大公司占领了国内大部分石油市场和垄断石油运输业务，使巴库石油工业垄断趋势日益发展。И.А.季娅科诺娃的文章《诺贝尔垄断集团简史》主要对诺贝尔家族发展史、诺贝尔家族入驻俄国石油工业、该家族与政府高层和高加索地区政府人员的关系进行了详细阐述，诺贝尔兄弟集团凭借资金、政策和技术优势逐步垄断俄国石油工业、国内外石油市场和运输业务，其他大型公司难以望其项背。А.А.富尔先科的文章《巴黎罗斯柴尔德家族和俄国石油工业》除对罗斯柴尔德家族的状况进行了阐述外，还述及该家族凭借资金优势从购买俄国有价证券过渡到投身俄国实业，迅速发展成俄国大型石油垄断组织之一的历程。但该家族主要业务集中于兼并和购买其他公司债券，并不关注技术革新，因此该家族的利润和实力明显逊色于诺贝尔兄弟集团，最终退出俄国石油工业。С.И.波托洛夫的文章《1893—1903 年格罗兹尼石油工业垄断开端》指出，随着巴库地区石油工业的快速发展，高加索地区其他石油矿区迅速崛起，格罗兹尼油田最具代表性。虽然格罗兹尼油田的产量无法与巴库油田相比较，但因交通便利、石油资源丰富，其也迅速崛起。很多大公司开始关注格罗兹尼油田，纷纷在此地设厂采油，随着大公司的入驻，该地区石油工业也出现垄断趋势，作者对该地区石油工业的崛起和垄断状况都进行了详细阐述。上述文章对于进一步了解俄国石油工业具有重要参考价值。

2. 俄国煤炭工业研究状况

为了更好地阐述俄国煤炭工业的研究状况，笔者分别从煤炭工业发展状况研究、煤炭工业垄断状况研究、煤炭工业与冶金工业的关系研究、煤炭工业与俄国经济发展的关系研究四部分进行叙述。

（1）煤炭工业发展状况研究。

Б.Ф.布拉特切尼科的《俄国煤炭开采史》一书虽然只有简短篇幅介绍十月革命前俄国煤炭工业的状况，但对俄国煤炭开采工业进行了简单概括。参考其研究，有利于梳理出十月革命前俄国煤炭工业的发展脉络，可借此对俄国煤炭工业的社会经济效能进行分析。该书对 1855—1922 年俄国煤炭工业的发展状况进行了叙述，书中关于工业和运输业中煤炭的使用状况、各煤田的采煤量等问题的描述颇具价值，虽然篇幅有限，却让笔者受益匪浅[①]。

П. И. 福明的著作《南俄采矿工业》分为两卷[②]，第一卷成书于 1915 年，主要对 19 世纪 80 年代以前南俄采矿业发展状况进行了叙述，书中有大量篇幅阐述顿涅茨克煤炭工业，着重描述了顿涅茨克石煤工业的起源和发展状况，分别对 19 世纪 40 年代以前、19 世纪 40—80 年代俄国煤炭工业的发展状况进行了分析，还对铁路建设和冶金工业的发展对石煤工业的影响进行了论证；第二卷成书于 1925 年，该卷主要研究 1880—1914 年南俄采矿业发展的状况。此书为研究俄国煤炭和冶金工业的专著，主要包括南俄地区采矿业发展的总特征、19 世纪 80 年代至第一次世界大战前南俄采矿业发展的基本状况、煤炭运输、顿涅茨克煤田概述、采矿业内部结构、市场和工人状况等内容。这些信息对于研究十月革命前南俄地区煤炭工业的整体状况十分重要。

С. А. 巴卡诺夫的《乌拉尔煤炭工业兴衰史》是研究俄国煤炭工业的专著，此书对乌拉尔煤炭工业的形成、20 世纪初的乌拉尔煤炭工业、1917—1921 年和 1921—1926 年乌拉尔煤炭工业发展状况等内容进行了详细分析[③]。该书对乌拉尔煤炭工业诞生阶段进行了详细的描述，并对乌拉尔煤炭运输和市场进行了分析，是比较重要的参考资料。但是，该书描述十月革命前乌拉尔煤炭工业发展的篇幅较小，因此还需其他佐证材料，以便对乌拉尔煤炭工业的发展状况进行更加深入的分析。

Е. И. 加戈津的《南俄煤炭和铁》一书虽然出版于 1895 年，却对研究十月革命前南俄地区煤炭和冶金工业价值较大。该书主要研究南俄地区的冶铁业和石煤工业，并对该地区工业发展的状况进行了详细描述，同时也对冶金产品与煤炭产品的市场、运输和工人状况进行了分析。此书具有较大的

---

① Братченко В. Д. История угледобычи в России. М.，ФГУП «Производственно-издательский комбинат ВИНИТИ»，2003.

② Фомин П. И. Горная и горнозаводская промышленность Юга России. Том I. Харьков.，Типография Б. Сумская，1915；Фомин П. И. Горная и горнозаводская промышленность Юга России. Том II. Харьков.，Хозяйство Донбасса，1924.

③ Баканов С. А. Угольная промышленность Урала：жизненный цикл отрасли от зарождения до упадка.

借鉴意义[①]。此书的主要不足是对煤炭工业只作了简单介绍，并未进行深入研究，且该书成书时间较早，需要借助大量其他资料完善该部分内容。

И. А. 季娅科诺娃的《沙皇俄国能源中石油和煤炭的国际比较》一书除对俄国石油工业进行了详细阐述外，还对俄国煤炭工业的发展状况进行了详细研究[②]。该书着重对比了俄国煤炭工业与其他国家煤炭工业的差异，指出俄国不但煤炭产量远低于其他国家，且煤炭开采技术十分落后。通过分析大量档案文献，该书总结出不同时期俄国石油和煤炭工业之间具有此消彼长的关系，从而揭示了 20 世纪初以前俄国工业石油化趋势和 20 世纪初至 1917 年俄国工业煤炭化趋势的原因，并对不同时期俄国燃料结构中石油、煤炭和木柴的比重进行了详细分析。

《欧俄和乌拉尔地区矿区简史》一书虽成书于 1881 年，但对俄国欧洲部分和乌拉尔地区的矿藏资源逐一进行了阐述[③]。最重要的是作者对俄国欧洲部分各大煤矿区的简单介绍，作者指出东布罗夫、顿涅茨克和莫斯科近郊煤田是当时最大的煤矿区，当时东布罗夫矿区的意义最为重大，当时顿涅茨克煤田刚刚崛起，因开采量有限，煤炭多供本地使用，作者还论证了各地区煤炭对当地工业发展的意义。因该书成书之时正是俄国煤炭工业刚刚崛起之际，所以对了解俄国煤炭工业的发展背景具有重要的借鉴意义。

（2）煤炭工业垄断状况研究。

С. В. 库什尼鲁克的《20 世纪初南俄煤炭工业的垄断和竞争》一书是研究南俄地区煤炭工业发展和垄断的专著[④]。该书主要包括南俄煤炭垄断组织的形成和发展阶段、煤炭辛迪加矿物燃料开采技术和工艺发展、垄断组织内部结构分析、顿涅茨克煤田采矿企业技术经济分析、顿涅茨克采矿辛迪加与燃料销售市场等内容。对于研究南俄地区以及整个俄国煤炭工业的垄断组织具有重要参考意义，尤其是通过该书可以详细了解顿涅茨克煤炭销售辛迪加的状况。因此，在此基础上可以对南俄煤炭工业的垄断状况

① Гагозин Е. И. Железо и уголь на юге России. СПб., Типография Исидора Гольдберга, 1895.

② Дьяконова И. А. Нефть и уголь в энергетике царской России в международных сопоставлениях.

③ Очерк месторождения полезных ископаемых в Европейской России и на Урале. СПб., Типография В. О. Деаков, 1881.

④ Кушнирук С. В. Монополия и конкуренция в угольной промышленности юга России в начале XX века. М., УНИКУМ-ЦЕНТР, 1997.

进行详细分析。

Д. И. 什波里亚尼斯基的著作《20 世纪初南俄煤炭-冶金工业垄断》对于研究南俄地区煤炭工业的垄断状况具有重要意义。该书除简单阐述了 19 世纪末南俄地区采矿工业状况外，还对南俄冶金和煤炭工业的垄断状况进行了分析，虽然书中对冶金工业垄断状况描述的篇幅远多于对煤炭工业状况的描述，但这部分内容对于笔者论证南俄煤炭工业的垄断状况至关重要[①]。该书除对工业和运输业的煤炭需求量进行详细分析外，还对南俄最大的煤炭垄断组织顿涅茨克煤炭销售辛迪加的状况进行了介绍，与《20 世纪初南俄煤炭工业的垄断和竞争》一书共同加深了笔者对南俄煤炭工业垄断状况的认识。

（3）煤炭工业与冶金工业的关系研究。

Б. В. 季霍诺夫的《19 世纪下半期俄国采煤业和黑色冶金业》一书详细阐述了乌拉尔、南俄、中部工业区和其他地区黑色冶金工业和煤炭工业的发展状况[②]。书中指出因乌拉尔地区木材资源丰富，冶金工业发展过程中煤炭的作用有限，南俄地区却截然相反，凭借其资源和运输优势，南俄煤炭工业和冶金工业迅速崛起，19 世纪末，该地冶金工业和采矿工业已占主导地位。虽然莫斯科近郊和乌拉尔等地煤炭工业也有所发展，但南俄煤炭工业后来居上，不但满足了本地市场需求，还逐步垄断了国内市场。书中还指出因俄国幅员辽阔和运费较高，南俄煤炭并未涉及波罗的海地区，波罗的海地区的煤炭仍以进口为主。

Г. Д. 巴库列夫的《南俄黑色冶金业》一书虽然主要研究南俄冶金业，但作者指出南俄煤炭在冶金工业发展过程中意义重大，为黑色冶金工业发展的燃料基础[③]。书中除对南俄地区的铁路建设、冶金工业的发展和勃兴进行了详细阐述外，还对此时煤炭产量、铁路建设对煤炭工业的影响、南俄焦炭工业及其重要作用进行了简单分析。虽然这些内容十分零散，但具有重要的借鉴意义。

С. Г. 斯特卢米林的《俄国和苏联的黑色冶金业》一书虽然主要是阐述俄国黑色冶金工业，却有专门章节阐述冶金工业燃料木柴、石煤和焦

---

① Шполянский Д. И. Монополии угольно-металлургической промышленности юга России в начале XX века. Изд-во академии наук СССР, 1953.

② Тихонов Б. В. Каменноугольная промышленность и черная металлургия России во второй половине XIXв.（историко-географические очерки）. М., Наука, 1988.

③ Бакулев Г. Д. Черная металлургия Юга России. М., Изд-во Гос. техники, 1953.

炭，对木柴的采伐、运输进行了描述，并将其热量与煤炭的热量进行了对比，从中映射出乌拉尔地区黑色冶金工业衰落的原因，同时还对俄国焦炭产量和焦炭对冶金工业的重要作用进行了论证[①]。此书的缺陷在于主要介绍了 19 世纪中期以前俄国的冶金工业燃料，很少涉及 19 世纪末至 20 世纪初俄国冶金工业的燃料问题。即便如此，该书对于研究煤炭工业与冶金工业的关系仍十分重要。

（4）煤炭工业与俄国经济的关系研究。

Д. И. 门捷列夫所著的《俄国经济发展问题》一书除对俄国石油工业的状况进行了阐述外，还对俄国煤炭工业的发展状况进行了分析[②]。书中对俄国煤炭工业的发展状况、煤炭开采和加工技术进行了分析，指出俄国煤炭工业的诸多弊端，如企业主不关注改善开采技术，只关心眼前利益，书中关于煤炭开采和加工技术等方面的内容让笔者受益良多。因该书成书时间较早，并未对 20 世纪初俄国煤炭工业的状况进行分析，因此需要借鉴其他材料弥补这一不足，从而对俄国煤炭工业的作用得出全面认识。

Л. Б. 卡芬加乌兹的《19 世纪 70 年代至 20 世纪 30 年代俄国工业史》为研究十月革命前俄国工业发展状况的巨著，该书对十月革命前俄国工业发展的状况进行了详细描述。作者不但对石油、煤炭、机器制造、化学等重工业进行了描述，而且对纺织、食品、制糖等轻工业的发展状况也有所述及[③]。该书以 19 世纪末至 20 世纪初的经济周期为切入点，对经济萧条和高涨时期轻重工业的发展状况进行了详细描述。书中很多关于重工业的描述都值得借鉴，如此时期俄国石油、煤炭等工业部门发展的状况都具有很大的参考价值。除此之外，书中关于俄国工业周期的论述也发人深思，作者对 19 世纪末 20 世纪初俄国工业危机的描述价值颇高。

3. 俄国外资研究状况

研究俄国外资的学者很多，包括工业和证券两方面，因笔者的研究重心是俄国能源工业状况，所以笔者只对工业领域引进外资状况进行阐述。

Н. П. 伊奥尼切夫的著作《18—20 世纪初俄国经济中的外资》从彼得

① Струмилин С. Г. Черная металлургия в России и в СССР. Изд-во Академии наук СССР. М-Л.，1935.

② Менделеев Д. И. Проблемы экономического развития России.

③ Кафенгауз Л. Б. Эволюция прошмышленного производства России（последняя третьXIXв. —30-е годы XXв）.

一世时期开始，对两个多世纪俄国经济中的外资状况进行了研究，作者通过研究指出，19 世纪中期以前外资主要投入俄国轻工业和机器制造业，而19 世纪中期以后俄国外资主要投入重工业，如石油、煤炭和冶金工业，外资对俄国重工业发展作用巨大[①]。虽然该书涉及俄国工业中的外资状况，但只是简单介绍，并未进行详细分析，还有很大的研究空间。

А. Г. 东尼加罗夫的《俄国和苏联的外国资本》一书虽然只有短短的数十页，却概括出了十月革命前俄国工业和金融业中外资的特征和比例[②]。作者对不同国家资本对于俄国经济的影响和各国资本投入的主要部门进行了分析，从而映射出外资对俄国经济发展的重要作用，最终得出俄国经济外资依赖程度较高的结论。

П. В. 奥里的《一战前俄国外资》一书虽只有 35 页，却是俄国和苏联学者研究俄国外资问题的必读之作[③]。作者在十月革命前的大量文献资料和国内外统计数据的基础上对俄国的外资状况进行了分析，不但对各国外资投入的比例进行了阐述，还对各国投入的主要工业部门进行了分析，从而揭示出不同国家资本对俄国重工业发展的影响程度。

В. И. 鲍维金是研究俄国经济中外资的大家，其著作《俄国外国企业家和在俄投资活动》《19 世纪末至 1908 年俄国金融资本形成》《俄国经济过渡市场经济时期资本主义企业的发展和经济演变》和《俄国境内的外国企业家》等都对俄国工业中的外资状况进行了阐述[④]，除详细分析了俄国工业中外资比例和外资对俄国工业的垄断程度外，还对各个国家的外资比

---

① Ионичев Н. П. Иностранный капитал в экономике России（XVIII—начало XX в.）. М., МГУП, 2002.

② Донгаров А. Г. Иностранный капитал в России и СССР. М., Международные отношения, 1990.

③ Оль П. В. Иностранные капиталы в народном хозяйстве Довоенной России. Л., Изд-во академии СССР, 1925.

④ Бовыкин В. И. Иностранное предпринимательство и заграничные инвестиции в России. М., РОССПЭН, 1997; Бовыкин В. И. Формирование финансового капитала в России конец XIXв.—1908г. М., Наука, 1984; Бовыкин В. И., Сорокин А. К., Петров Ю. А., Журавлев В. В. Эволюция хозяйства и развитие капиталистического предпринимательства на путях перехода России к рыночной экономике// Предпринимательство и предприниматели России от истоков до начала XX века. М., РОССПЭН, 1997; Бовыкин В. И. Иностранное предпринимательство в России//История предпринимательства в России. М., РОССПЭН, 2002. Бовыкин В. И. Финансовый капитал в России накануне первой мировой войны. М., РОССПЭН, 2001; Бовыкин В. И. Зарождение финансового капитала в России. М., Изд-во МГУ, 1967; Бовыкин В. И. Французские банки в России: конец XIX—начало XX в. М., РОССПЭН, 1999.

例进行了详细统计，利用数学分析方法，在原始档案文献和数据资料的基础上详细研究了俄国的外资问题，参考价值很大。研究俄国金融业中外资状况的知名学者为 И. Ф. 根金，其著作《19 世纪至 20 世纪初俄国银行和经济政策》对俄国金融领域的外资状况进行了研究，因笔者主要研究的是俄国工业中的外资状况①，在此不对其进行过多介绍。

---

① 　Гиндин И. Ф. Банки и экономическая политика в России XIX—начало XXв. М.，Наука，1997.

第一章

影响俄国能源工业
发展的因素

十月革命前，俄国能源工业飞速发展，不但实现了能源自给，垄断了国内燃料市场，石油产品还大量出口国外。虽然俄国煤炭和石油工业的发展轨迹和模式差异较大，但在能源工业发展过程中，一些共同因素左右着其进程。诸多因素促使俄国能源工业崛起和繁荣，如农奴制改革、引进外资、兴修铁路、钻探和开采技术提高等因素使能源工业摆脱了传统生产方式的桎梏，步入全新发展阶段。政府政策的支持、外资的大量涌入、生产技术的革新、全俄市场的强化等因素共同塑造了一个良好的发展契机，在此契机下俄国能源工业飞速发展。但是经济危机、能源开采技术、国内外政治经济状况、进口能源冲击、基础设施配备不足和工人运动等因素都制约了俄国能源工业的持续繁荣和进一步发展。

第一节　刺激能源工业发展的因素

刺激俄国能源工业发展的因素很多，就石油和煤炭工业而言，因经济结构、地理位置、发展模式、垄断程度以及在俄国工业中地位的差异，促进二者发展的因素各有不同，但仍能概括出一些共同因素。在能源工业发展过程中政府政策、外资涌入、技术革新、全俄市场强化和经济提升等因素都至关重要，以下对这些因素逐一进行阐述。

一、政府政策支持俄国能源工业发展

虽然工业发展受诸多因素的影响，如政府政策、资源、地理位置、交通状况、技术水平、劳动力供应等，但在上述诸多因素中政府政策是工业发展的前提，政府发展工业的态度决定着该工业部门发展的程度、规模和走向。在能源工业发展过程中，政府的作用不容小觑，农奴制改革为俄国工业发展提供了大量劳动力；提高进口关税不但抑制了国外同类产品进口，还扩大了俄国工业品的市场范围和容量。笔者从保护性关税、农奴制改革、包税制度废除等几方面探析政府政策对能源工业的影响。为了更好地突出上述政策对能源工业的影响，笔者以俄国能源工业具有代表性的巴库油田和顿涅茨克煤田为例进行分析。

（一）保护性关税奠定能源工业发展的基础

俄国政府政策中，关税政策是保护本国工业的重要措施。俄国关税政策历经自由贸易关税、禁止性关税、温和保护关税和强制性保护关税政策几个阶段，虽然历任政府关税改革的侧重点和目的不同，但其出发点都是保护本国工业、增加税收和保持对外贸易平衡。19世纪80年代以前，因俄国工业部门能源需求量大以及本国能源工业落后，每年俄国需要从国外进口大量的煤炭和煤油。煤炭多来自英国和德国等国家，煤油多来自美国。19世纪下半期开始，俄国工业革命进程加速，政府和社会各界意识到发展本国能源工业的重要性，因此政府为排挤进口煤油和煤炭，分别对进口煤炭和石油征收高关税。笔者分别从煤炭和煤油关税征收状况入手，分析保护性关税对俄国能源工业的影响。

政府提高煤炭进口关税的原因。因俄国木材资源丰富、进口煤炭价格低廉，19世纪80年代以前，煤炭工业发展举步维艰，进口煤炭充斥俄国煤炭市场。俄国工业快速发展后对燃料的需求量大增，每年需从国外进口大量煤炭，1860年俄国石煤产量仅为世界石煤总产量的0.2%，进口煤炭占俄国煤炭总需求量的55%—60%。英国煤炭垄断俄国煤炭市场的状况一直持续至 1887 年[1]。1884 年以前，除波兰地区外，国外煤炭和焦炭以零关税进入俄国市场，价格低廉，国外煤炭垄断俄国国内市场，最终造成俄国对进口煤炭依赖性高，严重制约了俄国煤炭工业的发展。19世纪 80 年代，政府意识到发展本国重工业的重要性，不遗余力发展能源工业，保护性关税政策就是其重要的手段之一。80 年代中期以后，俄国政府为扶持煤炭工业发展，开始对进口煤炭征收关税，80 年代，俄国政府三次提高煤炭进口关税，借此保护本国煤炭工业并抑制煤炭进口量。

煤炭进口关税提高及其效果。为扶持南俄煤炭工业，俄国政府不惜牺牲工业企业利益，多次提高煤炭进口关税。1884 年，亚速海和黑海、俄国西部边境和波罗的海港口每普特进口煤炭分别征收 2 金戈比、1.5 金戈比和 0.5 金戈比关税。为刺激顿涅茨克煤炭工业发展，1886 年，黑海和亚速海港口煤炭进口关税增至 3 金戈比/普特。1887 年，俄国西部地区和波罗的海港口煤炭进口关税分别增至 2 金戈比/普特和 1 金戈比/普特。此外，政府大力提高焦炭进口关税，亚速海和黑海、俄国西部边境和波罗的海港口焦炭进口关税分别为 4.5 戈比/普特、3 戈比/普特和 1.5 戈比/普特[2]。煤炭关税提高后，亚速海和黑海地区的英国煤炭进口量迅速减少，俄国煤炭垄断该地区市场，进口煤炭的主导地位丧失。煤炭关税政策实施后亚速海和黑海地区煤炭进口量从19 世纪 60 年代下半期的 770 万普特降至 90 年代的 200 万普特[3]，顿涅茨克煤炭已垄断该地区市场。90 年代，因尼古拉耶夫铁路停止从圣彼得堡向莫斯科输送进口煤炭，以及顿涅茨克煤炭运至莫斯科的运费降低和重油的广泛使用，进口煤炭被排挤出中部工业区市场。1892 年，进口煤炭和焦炭运至亚速海和黑海港口的关税分别提升至 4 戈比/普特和 6 戈比/普特[4]。1896

① Баканов С. А. Угольная промышленность Урала: жизненный цикл отрасли от зарождения до упадка. С. 42.

② Соболев М. Н. Таможенная политика России во второй половине XIX века. Том II. РОССПЭН, 2012. С. 117, 122, 128; Тихонов Б. В. Каменноугольная промышленность и черная металлургия России во второй половине XIX в. С. 126; Фомин П. И. Горная и горнозаводская промышленность Юга России. Том II. С. 87-88; Куприянова Л. В. Таможенно-промышленный протекционизм и российские предприниматели 40—80-е годы XIX века. М., Институт русской истории РАН, 1994. С. 230, 238; 张广翔、梁红刚：《19 世纪俄国保护关税政策问题》，《史学集刊》2015 年第 3 期，第 55 页。

③ Бакулев Г. Д. Черная металлургия Юга России. С. 113.

④ Обухов Н. П. Внешнеторговая, таможенно-тарифная и промышленно-финансовая политика России в XIX—первой половине XX вв. (1800—1945). М., Бухгалтерский учет, 2007. С. 114; Фомин П. И. Горная и горнозаводская промышленность Юга России. Том II. С. 87.

年，煤炭和焦炭进口关税税率最终确定，即陆路煤炭进口关税为 3 戈比/普特，海路进口关税为 1.5—6 戈比/普特，陆路和海路焦炭进口关税分别为 2.25—4.5 戈比/普特和 2.25—9 戈比/普特①。圣彼得堡地区因地处边陲，内地煤炭运至该地区的运费较高，因此进口煤炭在此地市场所占比例最大。此外，俄国铁路国有化政策也不容忽视，因矿区私人铁路线路较多，虽然煤炭开采成本仅为 7.5 戈比/普特，但内陆和港口城市中煤炭均价分别达 30 戈比/普特和 15 戈比/普特②，运费较高，无力与英国煤炭竞争。铁路国有化之后，国家统一铁路税率，煤炭运输成本降低，煤炭开采量大幅度增加。

煤油进口关税。在俄国石油工业发展进程中关税也具有重要作用，19 世纪 70 年代，包税制度废除后俄国政府立即提高煤油进口关税，旨在保护本国石油工业发展。1877 年起，俄国政府实施保护性关税政策，在大幅度提高煤油进口关税的同时，俄国政府规定使用黄金进行业务结算，每普特煤油进口关税提高至 55 金戈比，国外煤油进口量迅速减少，如 1873 年美国煤油进口量为 270 万普特，此时巴库地区煤油产量只有83.2 万普特。1877 年，美国煤油进口量降至 170 万普特，俄国煤油供给量增至 459 万普特。1883 年，美国煤油进口业务完全终止③。1857 年起，俄国对美国煤油的进口关税逐年提高。1891 年，煤油关税提高至 1 金卢布/普特，实际上是禁止进口美国煤油④。此外，在石油工业发展之初，俄国政府取消煤油消费税强有力地刺激了石油工业的发展。1872 年起，俄国政府开始征收煤油消费税，1873—1877 年国家对煤油征收消费税的税额就达 124 万卢布，这一时期油田租赁和美国煤油关税收入只有 2 万卢布⑤。1877 年，为保护俄国石油工业和抑制美国煤油的竞争，在社会舆论的压力下，政府被迫取消石油消费税 10 年。包税制度废除、1877 年取消石油消费税、提高煤油进口关税共同促进高加索地区石油工业勃兴，在上述措施

① Шполянский Д. И. Монополии угольно-металлургической промышленности юга России в начале XX века. С. 36.
② Братченко Б. Ф. История угледобычи в России. С. 108.
③ Наниташвили Н. Л. Экспансия иностранного капитала в Закавказье（конец XIX—начало XX вв.）. С. 249，260；Соболев М. Н. Таможенная политика России во второй половине XIX века. Том II. С. 11-13.
④ Куприянова Л. В. Таможенно-промышленный протекционизм и российские предприниматели 40—80-е годы XIX века. С. 245.
⑤ Лисичкин С. М. Очерки по истории развития отечественной нефтяной промышленности. С. 203.

中，包税制度废除意义最为重大，直接促进了俄国石油工业的崛起，当然农奴制改革的影响也不容忽视。

（二）农奴制改革是高加索石油工业发展的前提

1861 年农奴制改革后，俄国数千万农民成为自由人，农奴强制劳动力被自由雇佣劳动力所代替，在为工业提供大量自由劳动力的同时，劳动生产率迅速提高。南俄地区因地广人稀，农奴制改革对其影响有限，笔者只对农奴制改革对高加索地区的影响进行分析。

19 世纪初，高加索地区为俄国军事侵占区，该地区不但保留了封建依附关系，且存在各种各样的奴隶制残余。清理农奴关系能够打开高加索地区的现代化之路，而保留农奴制会导致传统阶层关系长期存在，影响该地区社会经济的发展。俄国对高加索地区军事侵占后，并未解决该区域社会文化一体化的问题，因此需要采取一系列措施把高加索地区纳入俄国社会政治体系中。在此过程中克服文化差异、消除社会、政治不平衡性等问题尤为重要，解决农奴问题有利于消除民族差异，促进民族融合、社会、经济和文化发展。为了更好地阐述该问题，笔者从高加索地区农奴制改革的原因、特征和影响进行分析。

高加索地区农奴制改革的原因包括四点。第一，受地缘政治因素的影响，只有将北高加索地区纳入俄国版图，才能阻止土耳其、波斯、法国和英国等国家的势力渗入。解决该问题的当务之急是建立稳定的地方政府，只有推翻奴隶制度和依附关系才能获得当地民众的支持，因此，当地政府需要解决农奴问题。第二，为巩固边疆，供养军队、哥萨克军团、山区警察局和地方行政机构开支庞大。财政部曾要求国防部缩减高加索地区军费开支，但无果而终，该地区军费逐年增加。财政大臣认为，高加索地区物产丰富、地理位置优越，适合发展重工业，当地政府应开辟财源，增加本地收入，减少国库支出。第三，1860 年北高加索地区建立库班、捷列克等省份，除军事机构外，当地还设立了市政机构，要求在民法基础上解决当地问题，但农奴制为其主要障碍。第四，大量农奴主在军队、哥萨克军团、警察局中任职，逐渐进入俄国贵族体系之中。他们开始接受俄国贵族社会的经济传统和价值观，意识到保护财产和政治地位的重要性，要求在该地区推行俄国法律，政府当局给予了相应支持，但前提是解放农奴。

高加索地区农奴制改革的特征包括以下几点。第一，区域内农奴制改革划分为两个阶段：第一阶段为平原和山地居民土地改革，农民和奴隶无偿获得土地；第二阶段为社会改革，主要包括司法和世俗改革。第二，高加索地区改革与俄国中部地区差别较大，山地居民只需支付给农奴主少量赎金和部分财产，赎金份额明显低于中部区域，按照习惯法标准进行日常生产。第三，高加索地区改革后库班省、捷列克哥萨克军团、斯塔夫罗波尔省的社会关系开始发生变化，各区域改革差异较大。第四，与俄国中部地区相比，高加索地区改革较为柔和，促进了地区社会经济文化的发展及民族融合。高加索地区社会、经济和文化发展具有独特性，政府尊重当地居民的宗教信仰和生活传统，俄国社会文化与当地传统融合是一个复杂、渐进的过程。俄罗斯民族与当地民族交往甚少，减少民族间仇视和不信任是一个缓慢的过程，只有解放农奴，实现深入改革才能促进民族融合。高加索地区农奴制改革难度弱于俄国中部区域，且此过程并未影响高加索战争的胜利。高加索政府十分关注农奴制问题，为发展全俄新型市民关系创造了条件，北高加索农民开始进入俄国现代化进程，农奴制改革促进了二者的社会、政治及文化融合。农奴制改革也为该地区经济发展奠定了基础，需要强调的是，高加索地区农奴制改革开启之时，正是俄国石油工业崛起之际。

1861 年农奴制改革为推动高加索地区被纳入俄国政治、军事一体化的重要因素，虽然各地改革的幅度、数量、质量、深度和效果有所差异，但改革所采取的诸多措施是社会、政治和经济一体化的主要动力。改革为矛盾统一体，政府欲保持社会稳定必须进行改革，消除内部消极及落后因素；但改革也必定会损害一部分人的利益，具有阵痛过程。改革会引起社会方式变革，其成败取决于是否能促进社会进步、区域社会-经济关系发展，此现象在 19 世纪下半期高加索地区的改革中表现得淋漓尽致。即便如此，19 世纪 70 年代高加索地区才开始农奴制改革，90 年代农奴制改革才彻底完成。高加索地区的农奴制改革不但可以抵御外国势力的渗入，还可利用本地丰富的物产、优越的地理位置，为政府开辟财源，增加本地收入，减少国库支出。扩大财源的第一步为征收人头税，而征收人头税的当务之急是解放农奴。农奴制改革一方面为石油工业提供了契机，即多数土地收归国有和地主所有，便于土地租赁和大面积石油开采作业；另一方面提供了大量劳动力，至 1913 年，高加索地区解放的农奴数量为 12.7 万人①。劳动力增加和土地包税制度废除成为高加索地区石油工业发展的动力，农奴制改革也为该地工业创造了良好的发展环境。

（三）包税制度废除促进俄国石油工业崛起

包税制度严重阻碍了俄国石油工业的发展，废除包税制度势在必行。实施包税制度时，法律保障包税人垄断石油出售权，除包税人外任何人无权开采和出售石油，任何违法者将被处以 1000 卢布罚款。包税人持有石油开采和销售特权致使他们蛮横无理。例如，包税人米尔佐耶夫出售给高加索贸易集团的原油价格为 45 戈比/普特，在交易时购买人必须以 15 戈比/普特价格购买其重油，有时他还将重油和原油混合出售。煤油加工厂主为资产阶级代表，包税人为封建农奴制代表，二者的矛盾日趋激烈，为争夺石油所有权进行了激烈斗争。很多学者和工程师都呼吁废除包税制度，著名学者门捷列夫指出，当时俄国石油工业发展的主要障碍是包税制度，油田承包人只关注短期利益，并不关注石油技术的提升，不完善石油开采和钻探技术，只关注收入……包税制度已严重阻碍了俄国石油工业的发展进程②。

1872 年，俄国政府颁布法律取消包税制度。此时俄国石油工业进入全新发展阶段，1872 年 2 月 1 日，俄国政府颁布石油工业生产规章，其主要内容包括八点：第一，矿区内石油开采和勘探地区属于村社和私人所有，油田开发者要与其在自愿的基础上签署相关协议；第二，允许俄国人和外国人在国有和私人土地上进行石油开采和勘探业务，有意愿的企业主可以租赁国有土地开发油田；第三，租赁面积应不低于 1 俄亩；第四，出租给同一租赁人的土地不得超过 2 俄亩；第五，年租金为 10 卢布/俄亩，随后提高至 100 卢布/俄亩；第六，租期为 24 年；第七，租赁土地的企业主应该在 2 年内开展相关业务；第八，租赁人无权将土地进行投标。此规章的出台标志着俄国正式废除包税制度，石油企业主要以竞标方式获得油田，租期大幅度延长之后，企业主投资石油工业的兴趣大增，此后俄国石油工业飞速发展。

---

① 〔俄〕П. А. 库吉米诺夫：《19 世纪中期俄国北高加索地区的社会改革》，邓沛勇译，《吉林大学社会科学学报》2014 年第 6 期，第 164 页。

② Менделеев Д. И. Нефтяная промышленность в Пенсильвании и на Кавказе. Соч. Т. X. М., Изд-во академии СССР, 1949. С. 63.

19 世纪 70 年代高加索地区农奴制改革以及 1872 年包税制度废除开启了俄国石油工业的新篇章，俄国石油工业此后快速发展。随着俄国资本主义的发展，石油需求量急剧增加，1872 年包税制度取缔后，俄国石油工业步入资本主义发展之路。1872 年包税制度废除之前，俄国石油工业长期停滞不前，但该制度取消后石油工业飞速发展，1872—1900 年，俄国采油量从 740 万普特增长至 6.1 亿普特。1879 年巴库油田采油工人只有 1800 人，1900 年其数量已达 2 万人①。包税制度废除、高加索地区农奴制改革、煤油进口关税提高和短期取消消费税共同奠定了俄国石油工业发展的基础。

二、外资涌入促进俄国能源工业勃兴

19 世纪 60 年代，俄国政府开始关注本国工业，但在资金、技术匮乏的状况下，只能引进外资发展本国工业，此后借助外资发展俄国工业成为政府既定方针之一。为引进外资，俄国政府提供了大量优惠政策，外国企业主也意识到与出口商品和购买债券相比，直接投资的利润更高。19 世纪 60 年代后期，外国资本不断涌入俄国，在外资的帮助下诸多工业部门飞速发展，重工业尤其。除工业部门外，铁路和金融业中外资数量也多，因笔者的研究重心为俄国能源工业，所以只对工业中的外资状况进行分析。为了更好地阐述外资对俄国工业的影响程度，笔者从以下两方面进行分析。

（一）俄国工业对外资依赖程度较高

俄国引进外资的开端。俄国借助外资发展本国工业的思想始于彼得一世，1702 年彼得一世颁布法令鼓励外国人赴俄投资，欲借助外资发展本国工业。19 世纪初英国工业革命后，手工工场被资本主义工厂所取代，手工劳动也被机器劳动所取代，英国工业革命开始迅速传播至其他国家。俄国政府也意识到本国工业的落后性，打算利用外国资本、先进技术和生

---

① Ахундов В. Ю. Монополистический капитал в дореволюционной бакинской нефтяной промышл енности. С. 23；Монополистический капитал в нефтяной промышленности России 1883—1914. С. 19；Маевский И. В. Экономика русской промышленности в условиях первой мировой войны. С. 8；Натиг А. Нефть и нефтяной фактор в экономике Азербайджана в XXI веке. С. 111；Матвейчук А. А，Фукс И. Г. Истоки российской нефти. Исторические очерки. С. 39，40；Лисичкин С. М. Очерки по истории развития отечественной нефтяной промышленности. С. 43.

产经验发展本国工业，19 世纪初英国机器开始传入俄国。但俄国工业领域大工业资本家和农奴制的矛盾明显大于农业领域，农奴劳动抑制了大工业发展和先进技术的应用。即便如此，农奴制改革前仍有大量外资涌入俄国，此时外资主要投入纺织工业，外国公司主要采取两种经营模式，即独资公司和股份制企业。

1805 年，德国人创办的亚历山大洛夫纺织工厂第一次使用蒸汽发动机和英国纺纱机，此后这些新设备在俄国迅速传播，1812 年莫斯科已有 11 家大型纺织工厂[①]，但多属法国人和德国人所有。在外国企业主参与俄国纺织工业后，该工业部门快速发展，纺织品产量增长了近 50 倍，俄国棉纺织产品不但可以自给，还可以出口亚洲国家，纺锤数量已从 19 世纪 40 年代的 35 万个增加至 50 年代的 160 万个，棉纺织工业生产技术日趋完善[②]。与此同时，进口纱线数量大幅度减少，棉纺织品产量迅速增加。19 世纪，外国人开始在俄国建立机器制造厂，此后很多大型公司也开始投资俄国其他工业部门，如诺贝尔家族开始在俄国生产武器。外资主要流入方式为商品、外汇和国家债券。1832—1861 年，俄国政府通过发行国债和股票获得了 68 亿卢布收入，但此时支出金额为 81.8 亿卢布，亏损 13.8 亿卢布，俄国政府也因此债务缠身[③]。为保护本国工业，俄国政府提高关税以增加外国企业家投资俄国工业的兴趣，借助国外资本、先进技术和生产经验加速本国工业发展。

1861 年农奴制改革后，引进外资成为俄国政府的既定方针之一。改革后俄国诸多财政大臣将引进外资作为基本国策，其中 M. X. 赖腾（1862—1878）、C. A. 格雷格（1878—1880）、A. A. 阿巴扎（1880—1881）、H. X. 本格（1881—1887）、И.A.维什涅格拉德斯基（1887—1892）和C. Ю. 维特（1892—1903）都是引进外资的拥护者。维特继任财政大臣后提出加大国外直接投资的发展方针，鼓励国外企业家直接投资俄国工业，

① Ионичев Н. П. Иностранный капитал в экономике России（XVIII—начало XX в.）. М., МГУП, 2002. С. 72.

② Чунтулов В. Т., Кривцова Н. С., Чунтулов А. В., Тюшев В. А. Экономическая история СССР. М., Высшая школа, 1987. С. 74；Ионичев Н. П. Иностранный капитал в экономике России（XVIII—начало XX в.）. С. 73.

③ Ионичев Н. П. Иностранный капитал в экономике России（XVIII—начало XX в.）. С. 75；Ковнир В. Н. История Экоеоики России：Учеб. пособие. М., Логос, 2005. С. 176.

创建国家银行，稳定国内金融市场秩序。改革后，国外企业家投入俄国实业的热忱提高，1861—1881 年，外国人在俄国创办股份公司的数量从 54 家增至 356 家，股份资本从 3500 万卢布增加至 3.3 亿卢布[①]。

1861 年农奴制改革后外资关注领域。改革后初期外资仍主要投资纺织工业。1861 年，股份制公司佩特洛夫纺纱和织布工厂成立，工厂创立资本达 1200 万银卢布，该工厂大股东为英国人。此后比利时人、法国人也开始投资纺织领域，并开始关注其他领域，如食品和造纸等行业[②]。19 世纪下半期，俄国境内外国人创办企业共 374 家，其中德国人创办的企业数量最多，达 212 家；奥地利人创办的企业达 41 家；英国人创办的企业达 37 家；法国人创办的企业达 29 家；瑞典人创办的企业达 16 家；土耳其人创办的企业达 12 家；希腊人创办的企业达 8 家[③]。1877 年，俄国政府推行金币关税制度，规定进出口货物以黄金结算，关税提高近 40%—50%[④]。关税提高后，国外投资者对俄国工业直接投资的兴趣倍增，1877 年关税制度成为俄国工业增长的有力杠杆。虽然俄国政府规定对进口产品征收高额关税，但并未限制资本流入，俄国政府试图借助外资发展本国工业。

在政府推行新关税制度之后，国外投资者开始关注俄国重工业部门，如采矿、冶金、金属加工、化学、机器制造和电力等部门。这些部门都需要雄厚资金作为后盾，因俄国企业主资金有限，所以很多重工业部门中外资占主导。在此背景下俄国重工业部门快速发展，石油产量从 1870 年的 170 万普特增至 1880 年的 2150 万普特[⑤]。19 世纪末，俄国已成为世界大石油出口国之一。20 世纪初，其石油产量达世界总采油量的 50%，出口量大增，一度超过美国。在外国资本和外国企业家的帮助下，新式石油、

① 　Гусейнов Р. История эконоики России. М.，Изд-во ЮКЭА，1999. С. 217. Ионичев Н. П. Иностранный капитал в экономике России（XVIII—начало XX в.）. С. 99；Чунтулов В. Т.，Кривцова Н. С.，Чунтулов А. В.，Тюшев В. А. Экономическая история СССР. С. 92.

② 　Лаверычев В. Я. Монополистический капитал в текстильной промышленности России（1900—1917 гг.）. М.，Изд-во. МГУ，1963. С. 140.

③ 　Ионичев Н. П. Иностранный капитал в экономике России（XVIII—начало XX в.）. С. 102.

④ 　Чунтулов В. Т.，Кривцова Н. С.，Чунтулов А. В.，Тюшев В. А. Экономическая история СССР. С. 93.

⑤ 　Чунтулов В. Т.，Кривцова Н. С.，Чунтулов А. В.，Тюшев В. А. Экономическая история СССР. С. 92. Ионичев Н. П. Иностранный капитал в экономике России（XVIII—начало XX в.）. С. 104；Конотопов М. В.，Сметанин М. В. История экономики России. М.，Логос，2004. С. 78.

煤炭、金属冶炼、机器制造和化学工业企业数量大幅度增加，旧工业部门勃兴，国内资本也大幅度增加，1890 年和 1900 年俄国 25%和 50%的股份资本由外国人掌控[①]。

经济危机期间外资投入量降低。20 世纪初，俄国政府继续推行引进外资的政策，但 20 世纪初世界经济危机来临，俄国经济状况恶化，各国对俄投资数额明显减少，许多股份公司状况恶化。20 世纪初，国外投资占俄国经济总投入的 40%左右[②]，因经济外资依赖程度较高，外资投入量减少和股份公司恶化对俄国经济造成了巨大冲击。重工业外资比例较高，1900 年外资分别占采矿、机器制造和金属加工、化学工业投入资本量的 70%、72%和 31%，南俄 18 家大型冶金工厂中只有 4 家属于俄国人所有[③]。1909—1913 年经济提升时期涌入俄国的外资数量明显增加，在外资的参与下很多新兴工业部门建立。国外资本涌入不但带来了资金、先进技术，而且带来了先进的管理经验，加速了俄国工业的发展。此时期外国资本年投入速度超过 1893—1900 年，外资在国民总投资中的比例也从 1885—1899 年的 7.7%增至 1909—1913 年的 13.5%[④]。其原因在于，19 世纪 90 年代俄国工业为粗放型发展模式，而 1909—1913 年俄国工业化已完成，已发展为集约型工业发展模式。此时期外资的投入形式已从直接建厂改为购买公司股票和有价证券。

20 世纪初工业提升时期外资投入状况。第一次世界大战前夕俄国共有 327 家外国企业投资的股份公司，外国资本所占比例达 33%[⑤]，采矿和冶金工业、化学、电力、银行和城市建筑工业中外资比例分别为 53%、40%、75%、40% 和 40%[⑥]。1906—1913 年，俄国境内共创建 88 家外资公司，其资本达 1.6 亿卢布，至 1913 年，俄国工业中外资投入量已达 13.4

① Чунтулов В. Т., Кривцова Н. С., Чунтулов А. В., Тюшев В. А. Экономическая история СССР. С. 92.

② Ионичев Н. П. Иностранный капитал в экономике России（XVIII—начало XX в.）. С. 158.

③ Чунтулов В. Т., Кривцова Н. С., Чунтулов А. В., Тюшев В. А. Экономическая история СССР. С. 93.

④ Ионичев Н. П. Иностранный капитал в экономике России（XVIII—начало XX в.）. С. 158.

⑤ Маевский И. В. Экономика русской промышленности в условиях первой мировой войны. С. 16; Ионичев Н. П. Иностранный капитал в экономике России（XVIII—начало XX в.）. С. 160.

⑥ Сидоров А. Л. Значение Великой Октябрьской социалистической революции в экоических судьбах нашей родины//Исторические записки. Т. 25. М., Издательство Академии наук СССР, 1948. С. 8; Ионичев Н. П. Иностранный капитал в экономике России（XVIII—начало XX в.）. С. 160.

亿卢布，外资主要投入采矿和冶金工业，此领域中外资投入比例达54.7%[1]。1887—1913 年投入俄国的外资总额为 17.8 亿卢布，获得利润达23.2 亿卢布[2]。需着重强调的是，各国资本投资俄国工业的方式有所不同，法国和比利时投资者主要通过直接投资和购买俄国公司有价证券的方式来投资俄国工业，德国投资者主要通过资本新建公司和购买俄国公司股票的方式投资俄国工业，英国投资者主要通过新建公司的方式来投资俄国工业。第一次世界大战前，法国、比利时、德国和英国投入俄国资本的数量为 25.3 亿卢布、14.4 亿卢布、37.8 亿卢布和 22.6 亿卢布，但大多数资本都流入重工业领域[3]。

不同时期俄国工业中各国资本的比例不同。1880 年，法国资本占据第一位，数额为 3140 万卢布，占外资的比例为 32.4%，其次是英国、德国资本，英国资本数额为 3010 万卢布，占外资的比例为 31%，德国资本数额为 2980 万卢布，占外资的比例为 30.7%。1890 年，德国资本占据第一位，其数额和占外资的比例分别为 7900 万卢布和 36.7%，其次是法国和比利时资本。1900 年，第一位的是比利时资本，与 1890 年相比其投资额增长了近 11 倍，其数额和占外资的比例分别为 2.9 亿卢布和 32.5%，随后是法国、德国和英国资本，其占外资的比例分别为 24.8%、24.1%和15%。1915 年，法国资本又占据第一位，其数额为 6.8 亿卢布，其次是英国、德国和比利时资本，数额分别为 5.3 亿卢布、4.3 亿卢布和 3.1 亿卢布[4]。

俄国工业高度依赖外国资本。1914 年，俄国 52%的银行资本由 7 家大型银行掌控，这些银行实际上都是外国银行的子公司。1861 年农奴制改革后，俄国通过贷款、发行债券和直接引入外资等方式引进国外资本。1900 年，外国投资约占俄国股份公司总资本的 29%，第一次世界大战前夕提高至 33%。俄国工业也严重依赖外国资本，1916 年和 1917 年外资增

---

[1] Чунтулов В. Т., Кривцова Н. С., Чунтулов А. В., Тюшев В. А. Экономическая история СССР. С. 116.

[2] Погребинский А. П. Государственно-монополистический капитализм в России. М., Изд-во социально-экономической литературы, 1959. С. 32.

[3] Донгаров А. Г. Иностранный капитал в России и СССР. С. 20-21；Предпринимательство и предприниатели России от истоков до начала ХХ века. С. 101.

[4] Оль П. В. Иностранные капиталы в народном хозяйстве Довоенной России. С. 28.

加至 22.5 亿卢布，约占俄国工业投资总额的 1/3[①]。外国资本垄断南俄 70%的冶金工业、高加索地区 60%的石油开采量和 90%的电力企业[②]。因此，外资在一定程度上可以直接影响俄国经济。

（二）外资是刺激俄国能源工业崛起的重要推力

外资对俄国经济发展作用巨大，外资主要的投入领域是运输、冶金和采矿工业，此外还包括化工、纺织、机械、电气工业和贸易。19 世纪，俄国已成为世界上最大的债务国，其借款额已占全球债务的 11%[③]。19 世纪90 年代初期，俄国 3/4 的外资投入国家债券和股份制企业，投入铁路部门的外资比例为 1/5[④]。据统计，十月革命前投入俄国银行、工业和贸易股份制企业的外资就达 22.4 亿卢布，占俄国股份资本的比例为 38%，外资的作用不言而喻[⑤]。俄国外资主要投资领域是工业和金融业，1885—1915 年新工业投资中外资所占比例达 60%，投入金融业外资的比例为 30%—40%[⑥]，19 世纪末外资对俄国实业的兴趣倍增。因前文已涉及该问题，并对具体能源工业中外资具体状况进行了阐述，此处只对外资对能源工业的影响进行整体概述。

石油工业中的外国资本。俄国工业资本中法国、英国、德国和比利时外资所占比例分别为 1/3、1/4、1/5 和 1/6，第一次世界大战前俄国工业中外资约占俄国工业股份资本的 1/3，石油工业是外资的重点投入领域，1909—1913 年流入俄国石油工业的外资数量为 2 亿卢布，至 1917 年俄国

① 俄国学者对十月革命前投入俄国工业中的外资数额存在分歧，В. С. 季夫教授认为，1917 年投入俄国工业的外资数为 14.3 亿卢布，其中采矿工业为 7.7 亿卢布，冶金和机器制造业为 3.5 亿卢布、化学工艺为 8000 万卢布，纺织和食品工业分别为 1.2 亿卢布和 3600 万卢布。参见〔美〕尼古拉·梁赞诺夫斯基、马克·斯坦伯格：《俄罗斯史》，杨烨、卿文辉主译，上海：上海人民出版社，2007 年，第 399 页；Донгаров А. Г. Иностранный капитал в России и СССР. С. 21；Предпринимательство и предприниматели России от истоков до начала XX века. С. 100；Кондратьев Н. Д. Рынок хлебов и его регулирование во время войны и революции. М., Наука, 1991. С. 25.

② История социалистической экономики СССР. Т. I. Советская экономика в 1917—1920 гг. М., Наука, 1976. С. 19.

③ Грегори П. Экономический рост Российской империи (конец XIX—начало XX в.). М., РОССПЭН, 2003. С. 41.

④ Бовыкин В. И. Финансовый капитал в России накануне первой мировой войны. С. 34.

⑤ Гиндин И. Ф. Банки и экономическая политика в России XIX—начало XX в. С. 226-227；Федоров В. А. История России 1861—1917. М., Высшая школа, 1998. С. 193.

⑥ Хромов П. А. Экономическое развитие России. Очерки экономики России с древнейших времен до Великой Октябрьской революции. М., Наука, 1976. С. 473-474.

石油工业中外资数额达 4.6 亿卢布，占该工业部门资金投入量的 56%。此时英国投入俄国石油工业的外资比例为 37%，法国资本的比例为 13%，处于第三位的是德国资本，然后是荷兰和比利时资本。1917 年以前，俄国 60% 的石油开采量和 75% 的石油贸易由外国人掌控，外国公司在石油工业中的资本投入占 70%[①]。俄国丰富的石油资源和廉价劳动力为外国资本流入俄国石油工业创造了条件，外国资本的高额利润得以保障。俄国石油工业发展之初主要依靠本国资本，在取消包税制度之后，巴库地区国有资本比例为 95%，80% 的油井和大部分石油加工厂都属于俄国工厂主所有[②]。此时外资在俄国石油工业中的作用较小，但因本国石油企业主资金有限，俄国政府开始借助外资发展本国工业。

19 世纪 70 年代最大的外资集团为瑞典诺贝尔家族，1875 年，该家族入驻俄国石油工业；1883 年，法国罗斯柴尔德家族也开始投资俄国石油工业；19 世纪 90 年代，其他公司也开始投资俄国石油工业。1879 年、1883 年和 1903 年诺贝尔兄弟集团的石油开采量分别为 11.5 万普特、150 万普特和 800 万普特[③]。1883 年，罗斯柴尔德家族开始投资巴库地区，将巴统石油工商业集团并购，然后组建里海-黑海石油工商业公司。1893 年 2 月，里海-黑海石油工商业公司组建罗斯托夫辛迪加，该辛迪加由 135 家石油公司组成，同年 11 月又与诺贝尔兄弟集团组成辛迪加集团。1898 年，里海-黑海石油工商业公司购买波良科夫公司，在此基础上组建马祖特工商业公司。里海-黑海石油工商业公司垄断巴库石油国外市场，主要将巴库石油运至英国、奥地利、土耳其等国，1888 年，该公司开始将石油运至远东市场。1897 年，里海-黑海石油工商业公司在格罗兹尼组建莫斯科石油公司，注册资本为 300 万卢布。里海-黑海石油工商业公司垄断了俄国石油出口业务。

20 世纪初，俄国石油工业外资中英国资本占主导地位。格罗兹尼地区英国资本控制的大公司有三家，即圣彼得堡石油公司、英俄迈科普公司和英捷石油公司。1905 年，格罗兹尼地区共有 15 家大型石油公司，10 家

① Лисичкин С. М. Очерки по истории развития отечественной нефтяной промышленности. С. 367；История предпринимательства в России. Книга вторая（вторая половина XIX—начало XX века）. М.，РОССПЭН，2000. С. 111；Маевский И. В. Экономика русской промышленности в условиях первой мировой войны. С. 16；Мир-Бабаев М. Ф. Краткая история Азербайджанской нефть. С. 54.
② Лисичкин С. М. Очерки по истории развития отечественной нефтяной промышленности. С. 369.
③ Лисичкин С. М. Очерки по истории развития отечественной нефтяной промышленности. С. 369.

公司由外国资本控制，其中 5 家属于英国人，3 家属于法国人，1 家属于比利时人。1884—1903 年国外公司在格罗兹尼地区投资额为 1600 万卢布，至 1905 年其数额已超过 4000 万卢布。英国人致力于垄断俄国石油工业，纷纷在众多地区开采石油，如在切列肯、萨拉林、恩巴、乌拉尔和伏尔加河流域开采石油。1912 年，切列肯地区 17 家公司中 5 家属于英国企业主，英国资本控制的企业石油开采量占该地区的 75%。1910 年，英国人创建注册资本为 470 万卢布的费尔加尼斯克石油公司；1912 年，英国人在纳夫塔拉尼斯地区建立南高加索辛迪加集团。第一次世界大战前夕，英国资本掌控俄国石油工业中 37% 的外国公司；1912 年，英国资本掌控里海-黑海石油工商业公司 80% 的股份[①]。

法国和比利时资本控制顿涅茨克煤炭工业。19 世纪末，大量外国资本涌入俄国，54.7% 的外国资本都投入采煤、冶金工业领域，其中法国、英国、德国、比利时和美国资本所占的比例分别为 32.6%、22.6%、19.7%、14.3% 和 5.2%，法国资本投入煤炭工业中的数量最多。南俄采煤工业也是如此，顿涅茨克大型采矿公司多属外国人所有，纯俄企业只有两家，即巴斯杜霍夫的苏里尼工厂和巴里亚京斯基家族的亚历山大洛夫工厂，其他大型工厂或是外商独资企业，或是合资企业。南俄煤炭工业中法国和比利时资本所占比例最高。十月革命前法国资本投入俄国采矿工业的资金达 3.1 亿卢布，占其投资总额的 43.3%[②]。法国资本渗透至顿涅茨克煤田 14 家大型采煤企业，投入石煤工业的资金达 4190 万卢布，1914 年法国资本投入的企业煤炭开采量占顿涅茨克煤田煤炭开采总量的 31%，再加上其所属冶金工厂的煤炭开采量，法国资本介入的企业煤炭开采量为顿涅茨克煤田煤炭开采总量的 50.9%[③]。比利时资本所占的比例远逊于法国资本，南俄采矿

① Бовыкин В. И. Российская нефть и Ротшильды. С. 39；Лисичкин С. М. Очерки по истории развития отечественной нефтяной промышленности. С. 372，373.

② Оль П. В. Иностранные капиталы в народной хозяйстве Довоенной России. С. 26，28；Ионичев Н. П. Иностранный капитал в экономике России XVIII—начало XXв. С. 161，162；Фомин П. И. Горная и горнозаводская промышленность Юга России. Том II. С. 59；Бовыкин В. И. Иностранное предпринимательство в России//История предпринимательства в России. С. 110；Бовыкин В. И., Сорокин А. К., Петров Ю. А., Журавлев В. В. Эволюция хозяйства и развитие капиталистического предпринимательства на путях перехода России к рыночной экономике// Предпринимательство и предприниматели России от истоков до начала XX века. С. 101.

③ Бовыкин В. И. Иностранное предпринимательство и заграничные инвестиции в России. С. 178；Фомин П. И. Горная и горнозаводская промышленность Юга России. Том II. С. 60.

企业中只有三家企业完全由比利时人所建，其他公司都是法国人与比利时人共同投资和创立。南俄地区也有英国人、德国人、美国人创建的公司，但其影响力无法与法国和比利时人投资的公司相比，其投入煤炭工业的总资本只有 440 万卢布[①]。法国和比利时资本掌控的公司煤炭开采量占南俄煤炭开采总量的 60%，外资还控制了南俄地区 95%冶金企业[②]。因俄国企业主资金有限，在能源工业发展过程中外资的作用可谓举足轻重，外资控制了俄国能源开采、运输和销售业务。虽然外资涌入促进了俄国能源工业快速发展，但在其发展过程中外国企业凭借资金和技术等优势垄断了俄国能源工业。

三、技术革新是能源工业发展的动力

19 世纪下半期，工业革命席卷全球，各大国相继开启本国工业化进程，在工业革命迅速扩展的同时，技术革命也随之发展。19 世纪下半期，俄国也步入了工业革命的大潮之中，各大工业部门都引进先进技术和设备，生产力迅速提高。在此背景下俄国能源工业技术革新相继展开，石油和煤炭的开采和加工技术快速提高。笔者从石油工业技术革新和煤炭工业技术革新两方面入手，就技术革新对能源工业的影响进行阐述。

（一）石油工业技术革新

技术革新是巴库地区石油产量不断增加的动力。19 世纪末，巴库地区石油开采和钻探技术迅速发展，石油蒸馏和加工工艺也不断提高。巴库地区盛产石油已久，但主要使用原始手工打井的方式采油。随着石油需求量的急剧增加，该方法已不能满足俄国各行业的石油需求量，手工打井法被坑井采油法和钻井取油法所取代。为了更好地分析石油工业技术革新的状况，笔者分别从石油开采技术、石油钻探技术和石油加工技术更新等几方面进行阐述。石油开采和钻探领域的技术革新主要体现为钻井数量的大幅度增加和蒸汽机的广泛使用，石油加工技术的革新主要体现为石油蒸馏技术的逐步完善。

石油开采技术提高。1861 年后，石油开采技术由坑井取油法发展至钻井开采法。虽然现在无法确定坑井取油法取代手工打井采油法的具体时

---

① Бовыкин В. И. Иностранное предпринимательство и заграничные инвестиции в России. С. 178.

② Гиндин И. Ф. Банки и экономическая политика в России XIX—начало XXв. С. 172；Братченко Б. Ф. История угледобычи в России. С. 151；Маевский И. В. Экономика русской промышленности в условиях первой мировой войны. С. 17.

间，但该方法在阿普歇伦半岛石油开采中使用已久。坑井深度一般为 28—45 米，据统计，1872 年阿普歇伦半岛的坑井数量达 415 口，采油量达 153 万普特[①]。除阿普歇伦半岛外，坑井取油法还在俄国许多地方普及。虽然坑井取油法采油量有限，但对于俄国石油工业来说，从原始的打井捞油法进化成坑井取油法具有重大意义。坑井取油法的主要工艺仍是挖井取油，坑边两侧设置台阶以方便工人取油，坑井的直径取决于岩石状况。坑井取油法主要使用皮囊捞油，借助手动滑轮将皮囊升至地面，最初工人们使用羊皮作为皮囊，其容量和水桶容量相等。随着钻井深度和石油流量增加，工人们开始使用马皮和牛皮制作皮囊，皮囊容量约为 5 普特，同时也开始使用马匹牵引。使用皮囊捞油的方法是，皮囊边缘先缝上铁皮，两面用铁轭加固，铁轭四周绑上绳子，接着将皮囊放入井中取油，然后提升至井口。各地区坑井深度不一致，1825 年，巴拉罕油田坑井平均深度为 12 米，恩巴地区油田坑井平均深度只有 3 米。随着挖井技术的不断完善，坑井深度也逐渐增加。1870 年，巴拉罕油田坑井深度已达 14 米，恩巴地区油田坑井深度已达 5 米。俄国是世界上较早使用皮囊采油的国家之一，当美国开始使用坑井取油法采油时，俄国的石油开采技术已十分完善。但使用此方法石油开采量有限，因此石油开采技术仍有待改进。

钻井的初步尝试和大规模使用。俄国打井钻探由来已久，但最初并非用于石油钻探，而主要用于打饮用水井、采盐和开采煤炭，19 世纪初，钻井就用于莫斯科近郊煤田采煤，饮用水钻井深度一般为 36—189 米，钻管长度为 1.2—1.8 米，由锅炉铁制成，钻井直径为 4—10 英寸，使用时达 18 英寸[②]。因具有丰富的打井经验，俄国工程师开始尝试钻井采油。19 世纪 60 年代，俄国开始尝试开发钻井，因国外专家指出巴库地区岩层状况复杂，不适合打井钻探，所以只有少数工程师进行尝试。1864 年，俄国工程师初次使用金属钻管采油，最初结果不尽如人意，但经过多次试验，1866 年，俄国第一口钻井钻探成功，该钻井连续出油近 2 个月，钻井深度达 37.6 米，出油量达 10 万普特[③]。随着石油工业的快速发展，

---

① Лисичкин С. М. Очерки по истории развития отечественной нефтяной промышленности. С. 27.

② Лисичкин С. М. Очерки по истории развития отечественной нефтяной промышленности. С. 51.

③ 张广翔：《19 世纪 60—90 年代俄国石油工业发展及其影响》，《吉林大学社会科学学报》2012 年第 6 期，第 120 页。

19 世纪 70 年代开始，巴库地区钻井数量迅速增加，1876 年和 1879 年其数量分别为 101 口和 301 口，1872—1900 年巴库地区钻井数量超过 3000 口。1901 年、1908 年和 1913 年巴库地区钻井数量分别达 1301 口、2456 口和 3450 口，产油量分别达 6.6 亿普特、4.6 亿普特和 3.8 亿普特，单位钻井平均开采量分别为 34 万普特、18 万普特和 11 万普特，钻井寿命为 5—7 年[①]。俄国石油开采方法也由旧式的皮囊捞油法发展为钻井抽油法，不但提高了采油效率，而且促进了石油生产的机械化，19 世纪 70 年代蒸汽机开始用于钻井后，生产效率又进一步提高。

蒸汽机开始用于钻井。1873 年，巴库石油钻井开始使用蒸汽机，从此蒸汽机在该地石油钻井中广泛使用。1870—1871 年、1878 年和 1882 年巴库石油工业中分别有 7 台总功率为 104 马力（1 马力=735.499 瓦）、40 台总功率为 338 马力、78 台总功率为 773 马力的蒸汽发动机，石油工人数量从 800 人增至 3346 人[②]。19 世纪 80 年代末，采油时主要使用马力牵引，因此开采速度有限，蒸汽机大规模使用后采油量迅速增加。1883 年、1893 年和 1901 年巴库油田内蒸汽机数量分别为 141 台、605 台和 2769 台，机器总功率分别为 1458 马力、1 万马力和 7 万马力，1883—1901 年巴库油田的动力装备率增长了 4 倍。1878—1900 年，巴库石油工业蒸汽机数量从 97 台增至 2637 台，功率从 500 马力增至 6.4 万马力，同期工人人均蒸汽动力配备度从 0.18 马力增至 1.9 马力[③]。在钻井数量迅速增加的同时，钻探直径和深度也逐年增加。1891 年，458 口钻井中 67 口钻井管道的直径为 6—10 英寸，278 口钻井管道的直径为 10—15 英寸，其余钻井

① Дьяконова И. А. Нефть и уголь в энергетике царской России в международных сопоставлениях. С. 73，74，75，76；Нанаташвили Н. Л. Экспансия иностранного капитала в Закавказье（конец XIX—начало XX вв.）. С. 46；Карпов В. П.，Гаврилова Н. Ю. Курс истории отечественной нефтяной и газовой промышленности. С. 59；Матвейчук А. А，Фукс И. Г. Истоки российской нефти. Исторические очерки. С. 40；Ахундов Б. Ю. Монополистический капитал в дореволюционной бакинской нефтяной промышленности. С. 199.

② Мавейчук А. А. Некоторые особенности промышленного переворота в нефтяной промышленности России во второй половине XIX в. Предвестие эры нефти. Проблемы истории нефтяной промышленности России и США во второй половине XIX—начале XX вв. М.，Древлехранилище，2003. С. 67；Иголкин А. А. Источники энергии: экономическая история（до начала XX века）. С. 188.

③ Ахундов В. Ю. Монополистический капитал в дореволюционной бакинской нефтяной промышленности. С. 11；Хромов П. А. Экономика России периода промышленного капитализма. С. 136；Соловьева А. М. Промышленная революция в России в XIX в. М.，Наука，1975. С. 232-233.

管道直径都超过 15 英寸。1890 年、1891 年和 1892 年钻井深度分别为 94 俄丈、102.2 俄丈和 109.7 俄丈，1890 年和 1891 年钻井的平均深度为 120—130 俄丈和 140—150 俄丈。1901 年格罗兹尼钻井平均深度为 135.8 俄丈，1911 年达 224.5 俄丈[①]。19 世纪 80—90 年代，巴库石油工业钻探、开采和加工技术明显完善，石油运输和保存方法也不断改进。

石油钻探技术提高。最初钻塔高度高达 8.5—11 米，浅井挖掘深度为 2 米，井口周围铺上木板，井口上放置铁制盖板，盖板上装有拉杆。此外盖板周围安装有铁皮，以防止盖板跌入钻井中。钻塔上方使用螺栓加固。此时钻杆主要由方形截面铁棒制成。一端安装至套筒中，另一端是带有螺旋螺纹的铁棒。钻探时使用坚硬钻头或钻孔器挖掘较硬岩石。一些钻孔器具有挡板防止岩石冲击。在使用手动旋转方式进行钻探时，工作队成员为 10 人左右，其中 6 人工作在卷扬机附近，2 人负责操作机器，1 人在上方工作。在使用钻探工具破坏岩石之后，工人将钻探工具取出，清洗钻井然后继续钻探，一般工作间隔为 0.3 米。所以此时钻井速度较慢。在深度为 40 米时，每昼夜挖掘深度不超过 0.4—0.5 米。旋转钻探方式只适用于松软岩石，所以这种钻探方式普及程度较低。使用此方式进行钻探时钻头、撞击和提升拉杆都是非常坚硬的工具。

钻探方法不断更新。使用拉杆钻探方式缺点较多，在进行钻探时常发生损害仪器的状况。自由降落工具产生后钻探深度可达 200 米，此工具出现是钻探技术的巨大进步，即便如此，仍未能弥补拉杆钻探方式的不足，每隔 2 小时钻探工具需提升至地表清洗。借助自由降落工具的钻探方式很快得到普及，但并不是唯一的钻探方式，巴库石油钻井钻探方式各异。19 世纪 60 年代，俄国主要使用法国、加拿大等国家的自由降落工具进行钻探，但这些方式仍具有诸多不足，俄国专家仍需不断改进技术。1787 年，巴库地区首次使用索具钻探方式，该方式由美国传入，巴库地区很少使用该方式，但该方式在格罗兹尼油田广泛普及。外国公司最注重生产技术的改进，包括更新钻探方式，因此俄国广泛引进外国钻探方式进行钻探。截至 1885 年，巴库地区已有 500 台钻机，其中使用索具钻探方式开发的钻井数量为 20

---

① Менделеев Д. И. Проблемы экономического развития России. М., Изд-во социально-экономической литературы, 1960. С. 448; Лисичкин С. М. Очерки по истории развития отечественной нефтяной промышленности. С. 177.

口，但原始拉杆钻探方式仍十分普及。1899 年，巴库地区已有 881 口使用拉杆钻探方式开采的钻井，使用索具钻探方式开采的钻井数量为 63 口[①]。

　　20 世纪初，巴库油田开始使用钻子钻探方式采油。使用该方式钻探的钻井深度达 180—300 米，石油塔一般高度为 12—15 米，1908 年以前，旋转或钻子钻探装置有两个支架、传动轴、三个齿轮。尽管如此，旋转钻探方式普及速度较慢，1902 年，可清洗井底泥浆的旋转钻子钻探方式开始在俄国推广，格罗兹尼油田使用旋转钻子钻探方式开采钻井的深度达 345 米，1906 年，诺贝尔兄弟集团最先在巴库地区使用旋转钻子钻探方式采油，钻井深度达 790 米[②]。但诸多石油企业主不希望开发新技术，拒绝使用旋转钻子钻探方式，第一次世界大战前夕该钻探方式才得到大规模普及。最初钻探装置设备十分简陋，蒸汽机功率只有 16 马力，旋转钻子钻探方式普及后卷扬机和泥浆泵也得到广泛使用。这种方式使用卡紧装置加固钻管，卷扬机由三个木柱支撑，传动轴直径为 3—4 英寸，钻子与管道有 10 英寸缝隙。轻型套筒—滚柱链由铸铁组成，方便在清洗时连接。此时巴库油田已开始使用蒸汽泵排出黏土溶液，蒸汽机转动次数不超过 20 转/分，每分钟排除泥浆量仅为 0.5 立方米。使用 10.5 英寸钻子可将 150—200 米深度的泥浆排出钻井。黏土搅拌机和蒸汽搅拌机也开始普及，钻管直径达 4 英寸，墙体厚度为 7 毫米，管道间使用普通套筒连接。旋转钻子钻探方式优于拉杆钻探方式，钻探深度可达 700 米，拉杆钻探方式需要 18 个月的准备期，而旋转钻子钻探方式只需 8 个月。于是许多大公司开始使用旋转钻子钻探方式。1916 年，巴库油田使用旋转钻子钻探方式的采油量已达 960 万普特，但该方式在其他地区普及较慢，1912 年，苏拉罕油田 14 家石油公司中只有 1 家使用旋转钻子钻探方式开采石油[③]。在石油钻探技术不断更新和完善的同时，石油加工技术也不断提高。

　　石油加工技术发展。随着石油在工业和民用领域的广泛使用，煤油的需求量迅速增加，因此俄国开始建立石油加工厂。1859 年，俄国建立第一家煤油工厂，1872 年，俄国煤油工厂数量达 57 家，煤油产量达 440 万普特[④]。

---

①　Лисичкин С. М. Очерки по истории развития отечественной нефтяной промышленности. С. 144.

②　Лившин Я. И. Монополии в экономике России. М., Изд-во Социально-экономической литературы, 1961. С. 325.

③　Лисичкин С. М. Очерки по истории развития отечественной нефтяной промышленности. С. 156.

④　Самедов В. А. Нефть и экономика России（80—90-е годы X IX века）. С. 18.

最初俄国使用德国铸铁罐蒸馏石油，但石油容易溢出，俄国工程师开始使用铁制蒸馏器。科科列夫工厂修建之初就有 17 个蒸馏器，其中 12 个蒸馏器容量为 300 普特，其余蒸馏器容量为 80 普特，300 普特蒸馏器可获得 100 普特一级煤油和 50 普特二级煤油，但需二次蒸馏。最初蒸馏器加工石油效率很低，石油蒸馏温度已达数百摄氏度。俄国工程师不断改进生产技术，蒸馏器变为带凹凸底的立式圆柱形容器，两侧铁皮厚度为 0.6—0.7 英寸，底部厚度为两侧厚度的 1 倍，便于均匀加热。底部较厚可以延长蒸馏器的寿命并提高蒸馏纯度。石油蒸馏后一般在蒸馏器内制冷 6 小时，取出残渣后打开，一般一个业务流程所需时间为 12—13 小时。1883 年，连续运转的蒸馏器投入使用，此后该蒸馏器得到广泛普及。新型石油蒸馏器使用后，石油加工工艺更合理，石油分馏过程更完善，可得到多种石油产品，如汽油和轻汽油、煤油、高燃点煤油、各种润滑油（轴用、车用、气缸用、车厢用）、凡士林、油酸、轻油和重油、油毡漆和沥青等产品。1893 年和 1900 年俄国石油加工厂中传统石油蒸馏器组和新型石油蒸馏器组的数量分别为 176 台和 955 台、787 台和 210 台[①]。在石油加工技术不断提高的同时，煤油清洗和蒸馏技术也日益成熟。

煤油清洗和蒸馏技术日益成熟。蒸馏和冷却后需要清洗煤油，最初清洁箱容量约为 150—200 普特，为提高煤油纯度，企业主在煤油中加入纯碱和硫酸。碱浓度约为 38—40 度，最初使用英国钾碱，但价格昂贵，巴库油田工程师开始使用萨利亚内苏打水提取煤油。清洗煤油时原料消耗为：硫酸比例为 2.6%，苛性钠比例为 1.5%[②]，使用酸碱后煤油出油量大幅度增加。值得一提的是巴库诸多石油蒸馏工厂使用天然气为燃料后，生产成本大幅度降低。随着石油蒸馏技术的不断提高，巴库地区煤油工厂数量迅速增加，1873 年已近百家。19 世纪 80 年代以前，巴库地区主要使用蒸馏器生产煤油，80 年代起煤油生产工艺逐步完善，1883 年诺贝尔兄弟集团在巴库工厂石油蒸馏中首次使用连续蒸馏釜，此后该设备被广泛使用，煤油产量迅速增加。20 世纪初，巴库地区 90% 以上的蒸馏容器都是连续蒸馏釜，俄国石油蒸馏技术已达国际水平。与此同时，分馏器开始在石

---

① Мавейчук А. А. Некоторые особенности промышленного переворота в нефтяной промышленности России во второй половине X IX в. С. 69.

② Лисичкин С. М. Очерки по истории развития отечественной нефтяной промышленности. С. 194.

油加工厂中使用，最初只有诺贝尔兄弟集团使用该设备，其由两个圆筒相套而成，圆筒由铸铁管制成，上下直径分别为 9 英寸和 4 英寸，每个管道都由 9 个弯管组成，每个弯管长度为 7.6 米，此外有 4 个垂直管连接两个弯管[①]，此后其也被大规模普及。随着生产工艺和技术的提高，石油加工工业生产集中程度已不断强化，1885—1900 年，巴库地区石油加工厂数量从 120 家降至 93 家，相反煤油产量却从 2000 万普特增至 1 亿普特，大型公司垄断了煤油生产业务，1890 年，6 家大型公司的煤油产量占巴库地区煤油总产量的 63%[②]。石油工业开采、钻探和加工技术的提高是石油工业快速发展的动力，虽然俄国石油工业技术革命晚于其他工业部门，但其技术革新程度不亚于任何一个工业部门，石油开采技术由传统坑井取油法发展到钻井取油法是石油工业技术革命的核心部分，也是刺激石油加工业发展的动力。

（二）煤炭工业技术革新

虽然俄国煤炭开采方式落后，但 19 世纪上半期俄国已开始井下采煤，此时矿井深度只有 17—35 俄丈[③]，矿井为单独井筒，煤炭先放入吊桶或箱子中，然后使用手动绞盘拉出。当时俄国主要使用丁字镐、大锤、十字镐和镩子等原始工具采煤。19 世纪下半期，蒸汽机开始应用于采煤业，但其主要用于通风、排水和煤炭提升设施中，很少用于井下作业。19 世纪末，随着钻探技术的不断完善，钻井深度已达 50 多俄丈[④]，井筒已由传统的圆形截面变为方形和直角截面，使用木材加固。20 世纪初，在挖掘较深矿井时其截面多为圆形或椭圆形，使用混凝土或砖加固，不但钻井深度增加，寿命也明显延长。

煤炭工业技术革新开端。俄国煤炭工业技术革新始于 19 世纪 90 年代中期，明显晚于其他行业。20 世纪初，顿涅茨克矿区已开始使用钻探爆破方式开采煤炭，其主要工作流程为钻探钻井、放入炸药、炸药爆破、井

---

① Лисичкин С. М. Очерки по истории развития отечественной нефтяной промышленности. С. 234.

② Самедов В. А. Нефть и эконоика России（80—90-е годы XIX века）. С. 21.

③ Братченко Б. Ф. История угледобычи в России. С. 106；Фомин П. И. Горная и горнозаводская промышленность Юга России. Том I. С. 143-145；Очерк месторождения полезных ископаемых в Евройской России и на Урале. СПб., Типография В. О. Демакова, 1881. С. 111.

④ Струмилин С. Г. Черная металлургия в России и в СССР. . Изд-во Академии наук СССР. М-Л., 1935. С. 77；Хромов П. А. Экономика России периода промышленного капитализма. М., Изд-во ВПШ и АОН при ЦК КПСС, 1963. С. 133.

底通风、井体加固和煤炭外运。手动打孔机或气动钻锤钻探方式逐渐普及，每个气动钻锤可抵多个钻探工人的工作量，与此同时煤炭开采水平迅速提高，钻探机械化程度提高。炸药也开始用于采煤业，以胶质炸药和甘油炸药最为常见，安全性能高的颗粒炸药也逐步推广，主要使用雷管或发电机引爆炸药。影响钻探爆破的主要指标是井口表面的炮眼数量和一次爆破所消耗的炸药数量。爆破工作最主要的任务是打击岩石，钻探时应尽量减少炮眼数量和炸药的消耗量，爆破工作结束后一般使用人工方式将岩石运出。随着开采技术的改善，矿井中开始安装石门和井筒，井筒主要是纵向截面，以便设置楼梯。纵向截面不但便于运输煤炭，也便于通风。一些大公司都有巨大矿区和大型矿井。许多矿区岩层构造比较复杂，开采条件比较困难，煤炭开采成本增加，因此很多大公司都购买或租赁临近地块，以便按照整个煤层的走向进行开采。一般来说，人们并不是对所有岩层都进行开采，而是优先选择纯度较高的岩层，其他岩层留待以后开采。在清洁工作开始之前，矿井内每层都需按照岩石走向进行一系列处理工作，同时确定两侧岩层是否有岩石跌落的风险。

挖掘巷道和铺设轨道。通常钻井内煤炭层厚度为 0.75—3 俄丈，紧贴钻井井底。矿井内空间狭小，因此在进行爆破工作时可能会破坏煤层，同时也会加大煤炭外运难度。井底平均宽度为 3.2—4.3 俄丈，单位巷道中矿工数量为 5.3—6.1 人，单位矿工日平均产量为 218—261 普特，放入炸弹的平均距离为 0.22—0.27 俄尺，井底中炮眼平均数量为 2—5.2 个。此时巷道挖掘平均速度为 11.1—13.9 俄丈/月，单位面积井底开采成本为 13.2—14.9 卢布[①]。由此可知，大部分斜坑和斜坡都具有较宽的井底（其深度为 3—6 俄丈），井底宽度主要由岩层厚度而定。确认上述因素后，工人们开始在矿井内挖掘巷道并铺设轨道，其目的是运送矿井内的岩石和煤炭。根据钻井深度和宽度设置巷道和轨道，该设施铺设后不但可以使进入矿井内的工人数量增加，而且可以使运输能力大幅度提高，采煤量也随之增加。

煤炭开采方法。20 世纪初，顿涅茨克煤田主要使用三种煤炭开采方法，分别是矿石倒台阶式开采法、全面开采法和使矿石与围岩崩落开采

---

① Кушнирук С. В. Монополия и конкуренция в угольной промышленности юга России в начале XX века. С. 156.

法。南俄采矿主代表大会对矿井煤炭开采方法进行了分析，结论是：使矿石与围岩崩落开采法较为常用，借助此方法开采煤炭的比例达 38.4%；随后是矿石倒台阶式开采法和全面开采法，其比例分别为 23.2%和 20.2%。南俄矿区中，使用使矿石与围岩崩落开采法的矿井中有 52%的矿井属于南俄煤炭辛迪加，使用矿石倒台阶式开采法的矿井中有 71%的矿井属于南俄煤炭辛迪加，大型公司很少采用全面开采法采煤，中小企业大多使用该方法采煤。无烟煤开采主要使用全面开采法（所占比例达 97%）[1]，大型公司无烟煤开采量较小，仅是石煤开采量的 1/6，石煤工业生产集中程度也明显高于无烟煤工业。因此，无烟煤的生产规模远远逊色于石煤工业。随着能源开采、钻探和加工技术的提高，煤炭和石油产量迅速增加，因此，在俄国能源工业发展进程中技术因素功不可没。俄国能源工业技术革新虽晚于其他工业部门，但其仍是工业革命的重要组成部分，没有该领域的技术革新，就没有十月革命前俄国能源工业的辉煌成就。

四、全俄市场强化为能源工业发展增添新活力

影响市场的首要因素是交通运输，不同时期各种运输方式所起的作用不尽相同，对市场形成和发展的影响程度也各异。但交通运输是影响市场范围、规模和容量扩大的关键所在，因此笔者以俄国交通运输为例阐述市场变化，并以此为切入点分析俄国交通运输发展和市场强化对能源工业的影响。交通运输对商品流通影响最大，与畜力运输相比，水路的优势明显。俄国水路四通八达，流经范围广，但其影响范围、市场规模及容量、货流速度仍无法与铁路相比。俄国统一市场虽形成于 18 世纪末[2]，但全俄市场形成初期市场范围、规模及容量有限，铁路与水路两种运输方式相互补充、相互协调，共同促进了全俄市场的进一步深化。俄国能源工业发展与市场和运输因素密切相关，石油产品运至国内外市场以水路为主，而

---

[1] Кушнирук С. В. Монополия и конкуренция в угольной промышленности юга России в начале XX века. С. 21.

[2] 关于全俄市场何时形成，学术界众说纷纭，很多学者认为俄国市场形成于 17 世纪，米罗诺夫认为全俄市场形成于 18 世纪下半期至 19 世纪上半期，张广翔教授认为全俄统一市场形成于 18 世纪末，笔者采用此说法。参见 Миронов Б. Н. Внутренний рынок России во второй половинеXVIII—первой половинеXIXв. Л., Наука, 1981；张广翔：《全俄统一市场形成于何时》，《世界历史》2001 年第 3 期，第 92 页。

煤炭运输以铁路为主，因此笔者将分别对水路和铁路运输对全俄市场的影响进行阐述，因伏尔加河水路是运输石油的主力，笔者以伏尔加河水路为例，阐述水路运输对全俄市场的影响。

伏尔加河水路。伏尔加河及其支流是俄国最重要的内河航线，伏尔加河北达波罗的海、白海，与圣彼得堡联系密切。莫斯科就坐落于其支流莫斯科河流域，货物可通过奥卡河直达莫斯科。伏尔加河又与顿河连接，可通向亚速海，最终该河流域与整个东欧水路系统连接为一体。伏尔加河在沟通国内几大工业区地区市场联系的过程中功不可没。19 世纪 60 年代，俄国水路线路达 5 万俄里，其中固定航运线路为 3.1 万俄里[①]。19 世纪中期，俄国欧洲部分水路货物的 3/4 都是由伏尔加河运输的，货物价值为俄国欧洲部分货物总价值的 4/5。19 世纪下半期，水运的局限性暴露无遗，仅举一例，俄国自然资源应有尽有，但 1861 年农奴制改革前 81.3%的煤炭、69.8%的化学制品、50%的钢、46%的亚麻制品依靠进口[②]，主要原因在于运输滞后和运费昂贵，使国内农产品和工业品难以交易，限制了市场的继续发展。

伏尔加河水路扩大了俄国石油市场的规模和范围。铁路网快速发展促进全俄市场进一步发展，劳动力流动性增强和机器广泛使用。铁路运输引起国家工业分区急剧变革，因铁路通行，经济区不断扩展。铁路修建之初，由于其修建长度有限，对水路冲击较小，且水路运输运费较低、运输量巨大，水路运输尤其是河运仍是主要运输方式。随着铁路的大规模修建，水路的主导地位受到冲击。19 世纪下半期至 20 世纪初，俄国河运的作用日益逊色于铁路运输。19 世纪末，俄国河运、畜力、海运运输所占的比例为 30%，其余 70%的货物运输都使用铁路[③]。伏尔加河流域大宗货物为石油、鱼产品、盐、粮食、木材、建筑材料等。据统计，1903—1912年伏尔加河流域年均运输货物总量达 12.6 亿普特，为俄国欧洲部分水路运输总额的 52.3%，伏尔加河流域货流量于 1913 年达顶峰，总量为 14.5

① Истомина Э. Г. Водный транспорт России в дореформенный период（Историко-географическое）. М.，Наука，1991. C. 257.
② Дулов А. В. Географеческая среда и история России Конец X V —середина X IXвв. M.，Наука，1983. C. 101.
③ Федоров В. А. История России 1861—1917. C. 88.

亿普特，货物中石油所占比例最高[①]。伏尔加河水路运输对于巴库石油市场范围和规模的扩大意义重大。高加索地区铁路建设较晚，即便 19 世纪末除高加索地区外，铁路大规模建设后铁路的石油产品运输量迅速增加，但外运量有限，近 80%的石油产品都使用水路运输[②]。伏尔加河水路运输石油产品后，巴库石油开始进入国人视野，凭借伏尔加河水路优越的运输条件，巴库石油产品可北抵圣彼得堡，西达莫斯科和波兰，东至乌拉尔和西伯利亚地区，各地工业和运输业纷纷使用石油产品作为燃料。伏尔加河水路运输的石油货物的主要目的地是阿斯特拉罕、察里津、萨拉托夫、萨马拉、喀山、下诺夫哥罗德、雅罗斯拉夫和雷宾斯克港口。其中阿斯特拉罕港口是转运点，经此处油轮驶入伏尔加河上游，察里津港口是石油产品贸易的第一个分配港口，该港口和铁路线路对接。察里津港口的石油产品主要发往莫斯科、圣彼得堡、布利亚斯克、格里亚杰、沃罗涅日和顿涅茨克等地。萨拉托夫港口只向附近地区输送石油产品，1893 年该港口成为俄国煤油供应点之一，主要向唐波夫、奔萨、梁赞、沃罗涅日、莫斯科和土拉省供应石油产品。1903 年，萨拉托夫港口的石油产品运送量超过3600 万普特，运至萨马拉、喀山、雅罗斯拉夫、雷宾斯克和下诺夫哥罗德港口的石油产品数量分别为 1350 万普特、1000 万普特、3500 万普特、2700 万普特和 4400 万普特[③]。

　　19 世纪下半期，俄国铁路的作用不断强化。19 世纪 50 年代俄国工业革命开始，水路运输已不能满足俄国国内市场的需求，国人迫切呼唤兴修铁路。大力兴修铁路成为工业革命的强大杠杆，至 1898 年，俄国铁路网已覆盖俄国欧洲部分 64 省、芬兰 8 省和俄国亚洲部分 7 省，20 世纪初，俄国的 949 个城市中已有 418 个城市通铁路[④]。铁路运输逐渐成为商品运输的主要方式，尽管水路运输受到严重冲击，但其因价格优势而有生存的空间。铁路与水路运输有力地保障了经济发达地区与落后地区、工业中心

① Бессолицын А. А. Поволжский регион на рубеже XIX—XXвв（основные тенденции и особенности экономического развития）// Экономическая история России：проблемы，поиск，решения：Ежегодник. Вып5. Волгоград，Изд-во ВолГУ. 2003. С. 194.

② Лисичкин С. М. Очерки по истории развития отечественной нефтяной промышленности. С. 325.

③ Лисичкин С. М. Очерки по истории развития отечественной нефтяной промышленности. С. 350.

④ Соловьева А. М. Железнодорожный транспорт России во второй половине XIXв. М.，Наука，1975. С. 272，275.

与粮食和原料产地以及能源产地密切往来，有力地扩大了国内市场的规模及容量。铁路修建对俄国经济影响巨大，马克思指出："在资本主义发展过程中铁路运输意义巨大，俄国大规模铁路建设破坏了前资本主义生产方式，促进了发达资本主义工业生产的增长，加速了社会分化过程。"[1]俄国铁路运输发展加快了社会分工的进程，促进了各个经济领域的快速发展，为俄国经济的发展提供了坚强后盾。

南俄铁路促进顿涅茨克煤炭市场范围扩大。19世纪，俄国铁路建设规模不断扩大，19世纪60—80年代建立的莫斯科、波罗的海、亚述—黑海及西部铁路将俄国欧洲部分连为一体。随后地方性铁路建设也迅速崛起，南俄、乌拉尔、莫斯科—喀山、下诺夫哥罗德—莫斯科等铁路加强了俄国南部地区、伏尔加河流域、乌拉尔地区与国内经济中心的联系。19世纪末开始修建的西伯利亚、中亚铁路促进了俄国东西部地区的社会经济交流。19世纪上半期，南俄人口密度小，受工商业发展落后的限制，交通运输滞后，货物运输以畜力运输为主。工业革命后商品数量大增、工商业发展迅速，至19世纪末铁路已成为运输业龙头，对南俄工业影响更为显著。南俄铁路是顿涅茨克煤炭市场范围、规模和容量扩大的前提。因各地工业发展差异，铁路对不同工业部门的影响各异，其对南俄煤炭工业的影响明显高于其他工业部门。南俄铁路建设是煤炭和冶金工业发展的动力。铁路修建后南俄地区一度崛起为俄国最大的煤炭基地，南俄煤炭摆脱了地区桎梏，逐渐进入中部工业区、伏尔加河流域和西部工业区。仅1882—1892年铁路的石煤运输量就增长了53%，仅次于粮食产品，在铁路运输货物结构中占据第二位，1905年和1913年铁路的煤炭产品运输量分别为8亿普特和13.3亿普特[2]。但南俄煤炭市场的形成并非一蹴而就，而是具有渐进式发展的特征。19世纪80年代初期，因该地铁路建设规模有限，南俄煤炭以本地市场为主，随着铁路网络不断扩大和进口关税提高，南俄煤炭开始进入其他工业区。20世纪初，石油工业长期萧条，南俄煤炭市场规模和范围又进一步扩大。

---

① 马克思 К.，恩格斯 Ф. Соч. 2-е изд. Т. 19. М.，Государственное издательство политической литературы，1961. С. 409.

② Соловьева А. М. Железнодорожный транспорт России во второй половине XIXв. С. 211；Корелин А. П. Россия 1913 год. СПб.，Блиц，1995. С. 117.

交通运输发展除扩大了市场范围、提高物流速度外，还促进了市场容量及规模的进一步扩大。19 世纪上半期，得益于水路运输，俄国国内市场逐渐完善，市场规模不断扩大[1]。铁路商品流通量远大于铁路建设长度，1979—1889 年货物行走里程增加了 180%。19 世纪末至 20 世纪初俄国铁路总长度达 5.5 万俄里，此时铁路货物里程为 20.9 万俄里[2]，货运里程增加为全俄市场规模进一步扩大的前提。虽然铁路运输的作用明显大于水路，但水路运输凭借其独特的优势可以弥补铁路运输的不足，两种运输方式互相配合、相互补充，共同促进了俄国市场的范围、规模和容量同步扩大。在市场逐步完善，范围、规模和容量扩展的同时，俄国石油和煤炭逐渐垄断国内市场，因此可以说市场完善对俄国能源工业的发展作用巨大。

五、经济提升为能源工业提供良好的发展环境

俄国现代化进程与世界经济发展轨迹一致，世界经济浪潮来临促使俄国经济体系进一步发展和完善，借此可对全球化趋势下俄国经济发展状况进行分析，对俄国在世界经济中所扮演的角色进行深入探究。如果对俄国经济改革史进行分析，就会发现在其 200 年历史进程中有一种异常性的特征，但相似性特征也十分突出，该特征主要体现在如下几个方面：第一，在了解俄国改革和工业发展历程时，会发现每隔一段时间都会出现新的发展趋势（早期为 35—45 年，现阶段为 20—30 年）[3]。此时经济总体保持市场特征，同时也会在改革中发现某些具体细节上的巧合。第二，各时期改革都有据可循，都具有一定阻力，但经济现代化的潮流不可阻挡，这就意味着反改革事件不断出现，社会冲突异常尖锐，有时甚至会演变成革命和战争。第三，俄国经济与世界经济波动密切相关，俄国经济也具有明显起伏性、波动性和周期性特征。俄国工业的周期性和循环性特征最为显著，在俄国工业高涨时期，尤其是 19 世纪末经济高涨和 20 世纪初经济恢

① Истомина Э. Г. Водный транспорт России в дореформенный период. С. 25；Дулов А. В. Географеческая среда и история России: конец XV—середина XIXвв. М.，Наука，1983. С. 123.
② 货物里程=货流量×单位距离，此时货物里程为 20.9 万亿普特·俄里。Соловьева А. М. Железнодорожный транспорт России во второй половине XIXв. С. 137，207，286.
③ Рязанов В. Т. Экономическое развитие России. Реформы и российское хозяйство в XIX—XXвв. СПб.，Наука，1999. С. 17.

复时期能源工业迅速崛起。

俄国工业发展的循环性和周期性特征十分显著。俄国经济危机和周期理论以图甘-巴拉诺夫斯基及其学生康德拉季耶夫的学说最为著名。图甘-巴拉诺夫斯基主要研究俄国经济危机、工业发展循环性和周期性特征，康德拉季耶夫在 18 世纪至 20 世纪初世界各国工业发展的基础上首创长波理论。康德拉季耶夫长波理论主要包括以下内容：第一，在每个长周期上升波开始前，有时在上升波最初阶段社会经济生活条件会发生显著变化；第二，通常上升波时段重大社会动荡和巨变（革命、战争）明显多于下降波时段；第三，下降波通常伴随着工农业长期萧条；第四，与长周期下降波重叠的中周期会表现出长期极度萧条、上升短暂乏力特征。[①]工业提升时期为创业热时期，萧条时期为创业低谷期。创业热潮提升和衰落期交替性在俄国工业发展史中表现明显。在经济提升时期俄国能源工业发展十分迅速，19 世纪七八十年代，俄国经济曾出现高涨期，虽然此时经济快速发展，但能源工业发展相对乏力，19 世纪 90 年代和 20 世纪初经济提升时期俄国能源工业发展最为迅速，良好的经济环境促进了能源工业迅速崛起。

19 世纪 90 年代为俄国工业技术革命时期，国内工业结构、区域分布发生明显变化。新工业中心中大量新式企业诞生，为此俄国工业区划发生明显变化。但根据轻重工业发展状况，此时期还可划分为三个阶段，即 19 世纪 80 年代末增长期、1890—1891 年低落期和 1892—1900 年高涨期。19 世纪 90 年代，俄国工业企业数量增加了 20%，工人数量增加了 66.7%，生产总量增长了 1 倍，煤炭、矿石、石油、铸铁和钢产量分别增长了 1.7 倍、2.5 倍、1.6 倍、2.2 倍和 1.8 倍，其中石油产量跃居世界第一位，南俄金属产量增加了 6 倍，工业生产总额已占据世界第五位，经济增长规模遥遥领先[②]。就具体工业部门而言，1887—1897 年，俄国石煤产量从 1.1 亿普特增至 6.8 亿普特，铸铁产量从 2300 万普特增至 1.3 亿普特，

① Кондратьев Н. Д. Большие циклы конъюнктуры // Вопросы конъюнктуры. 1925. Т. 1. Вып. 1. С. 48, 54, 55, 58; Кондратьев Н. Д. Спорные вопросы мирного хозяйства и кризиса // Социалистическое хозяйство. 1923. № 4-5; Кондратьев Н. Д. Мирное хозяйство и его конъюнктуры во время и после войны. Вологда, Обл. отделение Гос. издательства, 1922.

② Чунтулов В. Т., Кривцова Н. С., Чунтулов А. В., Тюшев В. А. Экономическая история СССР. С. 94; Конотопов М. В., Сметанин М. В. История экономики России. С. 78.

生铁产量从 1600 万普特增至 3000 万普特，钢产量从 300 万普特增至 7400 万普特，石油产量从 1300 万普特增至 5 亿普特。1890—1899 年，俄国工业产品数量增长了 1 倍，其中轻重工业产品总额分别增长了 0.6 倍和 1.8 倍[①]。因此可以说，19 世纪 90 年代工业高涨奠定了俄国石油工业勃兴的基础。

虽然 19 世纪 90 年代各工业部门迅速崛起，但各工业区在俄国国内工业产值中所占比重发生了明显变化，因新工业区快速发展，旧工业区每况愈下。乌拉尔地区迅速衰落，波兰和波罗的海沿岸地区工业发展速度明显下降。与此同时，南俄和高加索等新兴工业区在俄国国内工业产值中所占比重明显增加。工业企业具有明显向东南部原料产地迁移的趋势，工业企业向原料产地迁移也影响到北部区域，因森林资源丰富，木材加工工业快速发展。此时期因巴库石油工业快速发展，高加索地区在俄国国内工业产值中所占比重明显增加。乌克兰地区在俄国国内工业产值中所占比重增加主要源于煤炭、炼钢和黑色金属冶炼业。因运输便利，工业企业多集中于原料开采区域，矿区有大量原材料，对劳动力职业水平的要求也不是很高，而劳动力要求较高的企业仍留在旧工业区内。整个工业领域中重工业的比例明显提高，轻工业的比例出现下降趋势，凭借石油和煤炭工业，高加索和南俄地区成为俄国重要的燃料供应地和重工业中心。

20 世纪初经济高涨时期，石油工业复苏。历经 19 世纪 90 年代经济飞速高涨之后，俄国工业于 1990 年达巅峰期，但 1900 年世界经济危机来临，俄国工业深受其害。1908 年，俄国经济开始复苏。1909 年起，俄国工业再次步入经济提升期，与 19 世纪 90 年代相比，虽然铁路和外资仍是促进经济提升的重要因素，但此时经济发展主要归功于国内资源广泛使用和各经济部门平稳发展。第一次世界大战前夕经济增长速度已接近 1887—1900 年的工业发展速度，个别时期甚至超越了 19 世纪末的增长速度，1894—1899 年和 1909—1913 年俄国工业产品价值增长率分别为 10.1% 和 10.3%[②]，但第一次世界大战前俄国能源工业增长速度明显慢于 19 世纪 90 年代同行业增长速度。1909 年俄国新建 73 家股份公司，注册资本为 6110 万卢布，1913 年分别为 131 家和 2.4 亿卢布[③]。20 世纪初

---

① Доннгаров А. Г. Иностранный капитал в России и СССР. С. 30.

② Бовыкин В. И. Финансовый капитал в России накануне первой мировой войны. 57.

③ Погребинский А. П. Государственно-монополистический капитализм в России. С. 28.

经济高涨时期石油工业开始复苏，但其采油量仍低于 1900 年的水平，石油工业发展相对滞后，煤炭工业却蓬勃发展。第一次世界大战期间，巴库石油工业再次受到冲击，外资停止流入，企业贷款困难，大多数石油公司停止出口业务。技术落后和工人熟练程度较低，加上巴库工人参军、工厂设备陈旧和老化、劳动力不足等因素，最终导致巴库石油工业衰落。因此这一时期巴库石油工业状况更加恶化，钻探米数由 1913 年的 17.1 万米降至 1917 年的 6.9 万米，石油开采量降低了 12%。第一次世界大战期间，巴库油田各类石油产品的产量都大幅度减少，1917 年的钻探米数、石油开采量和石油产品产量仅为 1913 年的 40.2%、87.8% 和 70.4%[1]。石油工业的萧条状况未改善，加剧了石油工业的危机。

与 19 世纪 90 年代经济提升期一样，20 世纪经济提升期重工业领域中，原料加工工业如燃料、金属冶炼、建筑材料、酸类及碱制品生产等工业飞速发展。同时高工艺工业飞速发展，如煤炭和石油蒸馏、有色金属冶炼、复杂金属加工业等。但与 19 世纪 90 年代经济提升期不同的是，这一时期经济增长并不依靠铁路和建筑行业，第一次世界大战前经济增长多样化特征十分明显，产品技术含量和质量都有所提高。战前中部工业区在俄国国内工业产值中所占比重开始增加，不论是在工人数量，还是在产品总价值及产品质量上该区域都快速发展，主要体现在纺织工业、机械制造工业、电力工业、化学和水泥等部门中。西北部区域因机器制造业、纺织业和造纸业发展缓慢，该区域在俄国国内工业产值中所占比重稍有减少，但化学和皮革加工业发展迅速。尽管乌拉尔冶金工业仍未迈向全新发展阶段，但其发展速度并未落后于俄国国内工业发展的总速度。南俄地区工人数量快速增加，但产品价值比例稍有降低，虽然此时期南俄采矿、化学和黑色金属冶金工业有所发展，但新型金属加工、化学和食品工业明显落后于国内其他地区。因无烟煤开采数量大量增加、新石油矿区开发，食品等部门快速发展，高加索地区在俄国国内工业产值中所占比重增加。高加索地区与经济萧条期和危机时一样，其发展速度落后于国内工业发展的总速度，但因石油产品价格急剧增长，高加索地区产品价值稍有提高。波兰和波罗的海等边缘地区因毛纺织、化学、皮革和造纸等工业快速发展，在俄

① Ахундов В. Ю. Монополистический капитал в дореволюционной бакинской нефтяной промышленности. С. 25.

国国内工业产值中所占比重开始增加。虽然笔者只对 19 世纪末至第一次世界大战期间俄国工业的周期性和循环性特征进行描述，但足以看出俄国工业发展的周期性特征，以及经济周期对俄国工业的影响。

19 世纪下半期至 20 世纪，俄国工业仍取得巨大成就。俄国工业生产量占世界工业总产量的比例已从 1881—1885 年的 3.4% 增加到 1896—1900 年的 5% 和 1913 年的 5.3%，仅次于美国。19 世纪最后 10 年，俄国工业产品增长规模已超过美国，1883—1913 年俄国国民生产总值年均增长 3.4%，已超过西欧国家（2.7%），俄国与西方国家间的差距明显缩小[①]。1887—1897 年俄国工厂数量增长了 8141 家，1900 年工厂数量达 2.5 万家，工业总产值约 32 亿卢布，工人近 205 万人；1913 年工厂数量达 2.9 万家，工业总产值约为 74 亿卢布，工人近 311 万人。1909—1913 年俄国工厂数量增长了 16.1%，工业总产值增长了 1.3 倍，工人平均劳动生产率增长了约 52%，20 世纪初俄国工业取得傲人成就[②]。在所有工业部门中重工业部门发展最为迅速，1861—1900 年石煤开采数量增长了 52 倍，铸铁产量增长了 8.5 倍，机器制造业产品数量增长了 4 倍，同时运输工业也快速发展，这一时期铁路长度增长了 32 倍[③]。俄国工业愈发展，燃料需求量增加愈明显，能源工业发展潜力愈大，因此，能源工业作为俄国重工业的中坚力量，其发展程度是衡量工业化水平的重要指标之一。

在政府的鼓励政策、外资涌入、市场逐步完善和技术革新的影响下，俄国能源工业飞速发展，虽然刺激石油和煤炭工业发展的因素有所差异，但在上述因素的作用下，俄国能源工业取得了傲人成就。国内矿物燃料在满足俄国市场需求的同时，开始出口国外，成为工业和运输业发展的燃料基础，也成为俄国工业化顺利完成的有力保障。

---

① Петров Ю. А. Российская экономика в начале XX в. //Россия в начале XXв. М. РОССПЭН，1997. C. 168-223；Предпринимательство и предприниатели России от истоков до начала XX века. C. 140, 142.

② Ковнир В. Н. История экономики России. C. 284. Кондратьев Н. Д. Рынок хлебов и его регулирование во время войны и революции. C. 25；Ахундов В. Ю. Монополистический капитал в дореволюционной бакинской нефтяной промышленности. C. 7.

③ Ахундов В. Ю. Монополистический капитал в дореволюционной бакинской нефтяной промышленности. C. 8.

第二节　抑制能源工业发展的因素

19 世纪 80 年代俄国能源工业开始飞速发展，其成就可谓举世瞩目，不但可以自给，还大量出口国外。但是受一些因素的制约，俄国能源工业发展并不顺利。在国际市场上，俄国石油产品的竞争力仍落败于美国，俄国煤炭仍未完全垄断国内市场，更不用说国际市场。经济危机、能源开采技术相对落后、国外同类产品的竞争和工人运动等因素都抑制了俄国能源工业的发展。因材料和篇幅有限，笔者不能一一陈述，只选择影响较大的几个因素加以分析。

一、经济危机的影响

在经历 19 世纪 90 年代后期工业快速发展之后，1900 年俄国工业发展达到顶峰，但好景不长，经济危机接踵而至。此次危机具有全球特征，波及范围较广，后果也非常严重，俄国受其影响较大。工业领域，各工业部门发展失衡，19 世纪末期俄国工业提升完全依赖于重工业，尤其是能源、冶金和铁路等部门，轻重工业比例严重失衡，1901—1902 年经济危机期间俄国工厂大量倒闭。在国内矛盾不断深化的背景下，旧制度逐渐衰退，1901—1902 年经济危机对俄国政治和经济体系打击巨大。1903年俄国工业有提升的趋势，但在日俄战争和 1905 年革命的影响下此趋势被迫中断，工业萧条一直持续到 1908 年，某些领域持续到 1909 年。

20 世纪初经济危机对俄国工业冲击巨大。1901 年和 1902 年俄国倒闭企业数量分别为 1016 家和 840 家，大量工人失业[①]。在此期间仅军事支出就达 26 亿卢布[②]。此外，受世界证券和货币市场的影响，国际金融市场中俄国的处境恶化，外资流入量大幅度减少，受 19 世纪末经济高涨影响，危机前期国内各类工厂和仓库中存有大量原料、燃料、建筑材料和各种工厂制品，产品大量积压。此时重工业领域只有能源工业所占比重明显增加，其用途多样化和产品特征导致木材加工业和化学工业所占比重变化

---

① Ковнир В. Н. История Эконоики России. С. 254.

② Чунтулов В. Т., Кривцова Н. С., Чунтулов А. В., Тюшев В. А. Экономическая история СССР. С. 114.

较小，采矿、冶金和硅酸盐工业明显衰落。在此情况下，20 世纪初市场行情急剧恶化，对 19 世纪末飞速发展的重工业领域影响尤为严重。除重工业产品需求量急剧减少外，因铁路建设规模缩减和其他行业建筑规模相对扩大，1901—1903 年市场需求状况也发生变化，生产工具加工领域和直接消费品生产领域状况变化最为明显。在经济高涨期重工业部门的比重不断增加，在危机时期其比重却缓慢减少，相反轻工业部门快速发展。经济危机对能源工业的影响十分显著，造成石油工业长期萧条，其对煤炭工业的影响相对较小。经济危机期间俄国最终完成了燃料结构从石油化向煤炭化的转变。

经济危机波及石油工业。1901—1903 年世界经济危机波及俄国，俄国石油工业深受其害，1901—1908 年石油工业长期衰落，至 1918 年国有化时期仍未走出困境。这一时期石油工业状况的恶化主要源于 1901 年销售危机，当时巴库地区钻探数量大幅度增加导致市场饱和、需求量降低和价格下降。销售危机必然导致钻探活动减少，钻井生产率下降。1905 年革命后因石油价格高于木柴，部分铁路重新使用木柴作为燃料，而放弃了石油燃料。因中部工业区工厂的产量大幅度降低，冶金工业燃料结构中石油产品数量大减，加上石油价格上涨和供应不足，中部工业区诸多工业部门已开始使用木柴和顿涅茨克煤炭作为燃料。此时石油加工业也开始萧条，煤油产量大减，汽油、润滑油和太阳油等产品需求量停滞不前。1901—1913 年石油开采量减少了 41.6%。虽然巴库地区新油田的采油量增加，但旧油田采油量明显减少，石油总产量具有明显的减少趋势。随着巴库油田采油量减少，世界市场上俄国石油产品的比重也明显减少，1900 年世界市场上俄国石油产品的比重为51%，此时美国石油产品的比重为 43%，1904 年二者的比重分别为 36%和 53%，1910 年二者的比重分别为 22%和 62%[①]。受 20 世纪初经济危机的影响，俄国石油工业步入萧条期。

经济危机对石油工业影响最大。19 世纪末以前石油价格居高不下，需求量大增，但因经济危机影响，石油价格大跌，1902 年石油价格跌至最低点，达 4.5—5 戈比/普特，而 1898 年、1899 年和 1900 年初石油价格

---

① Ахундов В. Ю. Монополистический капитал в дореволюционной бакинской нефтяной промышленности. С. 23.

为 15.7 戈比／普特[①]，产品价格大跌后生产者入不敷出，纷纷减少开采量，该工业步入停滞阶段。即便如此，石油工业危机晚于其他工业部门，其始于 1900 年末至 1901 年初。受经济危机影响，巴库石油产品大量积压、石油产品价格大跌、出口量迅速减少，经济危机期间巴库石油价格减少了 48%，一度跌至 8.1 戈比／普特[②]。除诺贝尔兄弟集团外，所有厂家都亏损巨大。巴库油田石油开采量从 1901 年的 6.7 亿普特降至 1903 年的 5.9 亿普特，近半数的石油加工厂倒闭，油田和石油加工厂辞退工人数量达 5500 人[③]。经济危机对大企业的影响较小，大企业利用此机会排挤竞争对手并确定自身在石油工业中的垄断地位，甚至人为地降低石油价格来占领市场份额。危机过后巴库石油工业状况并未有较大改善。1905 年革命对巴库油田影响巨大，巴库石油工人较为集中，因此革命热情相对较高，巴库石油工业也因此遭受巨大损失。

具体而言，1900 年阿斯特拉罕、察里津、萨拉托夫和下诺夫哥罗德市场上煤油价格都低于 1899 年同期价格，虽然巴库石油价格降低，但在国内市场上价格波动幅度不大。受巴库石油价格下跌的影响，下诺夫哥罗德煤油价格降低，但莫斯科和圣彼得堡的石油价格下跌幅度较小。需要指出的是，经济危机对重油的影响程度明显小于煤油，经济危机期间重油价格虽然一度下跌，但很快又上涨至原有水平，而煤油价格在很长一段时间内都未恢复。与此同时，金融市场上投资人对石油证券的兴趣降低，石油股票价格狂跌，投入石油领域的资金明显减少。受 1899 年巴库石油工业开采规模的影响，石油加工业萧条期并未立刻来临。1901 年石油工业仍飞速发展，采油量一度达 7 亿普特，因严重生产过剩，石油价格迅速跌落。1902 年石油工业萧条期来临，1900 年石油钻探米数为 8.3 万俄丈，1901 年和 1902 年分别降至 7.5 万俄丈和 4 万俄丈[④]。不但新钻井钻探工

---

① Наниташвили Н. Л. Экспансия иностранного капитала в Закавказье（конец XIX—начало XX вв.）. С. 215；Дьяконова И. А. Нефть и уголь в энергетике царской России в международных сопоставлениях. С. 76.

② Наниташвили Н. Л. Экспансия иностранного капитала в Закавказье（конец XIX—начало XX вв.）. С. 212.

③ Ахундов В. Ю. Монополистический капитал в дореволюционной бакинской нефтяной промышл енности. С. 22.

④ Наниташвили Н. Л. Экспансия иностранного капитала в Закавказье（конец XIX—начало XX вв.）. С. 215.

作停止，诸多旧钻井也停止采油，最终导致石油产量减少。石油加工业的状况也是如此，因世界经济危机，出口商的石油产品购买量急剧减少，产品大量积压，即便降价也难以销售。石油加工业也深受其害，1905—1907年巴库地区 87 家石油生产工厂中只有 33 家工厂继续运营，59 家煤油生产工厂中只有 16 家正常运作，18 家润滑油生产工厂中只有 8 家继续工作。因此煤油产量迅速降低，巴库地区的煤油产量由 1900 年的 1.2 亿普特降至 1910 年的 8357 万普特，1914 年降至 7342 万普特，这一时期煤油产量降低比例达 42.8%。与此同时，重油产量也开始降低，由 1900 年的 2.8 亿普特降至 1910 年的 1.6 亿普特，1914 年降至 1.3 亿普特，重油产量降低了约 53.6%，其他种类石油产品的状况大同小异[①]。

　　经济危机对煤炭工业影响较小。这一时期并未观察到采煤量降低的趋势，只有个别煤田的采煤量出现波动。经济危机导致石油产量急剧下降，从而引起燃料荒，经历短暂下跌后采煤量反而增加。因俄国煤炭仍不能满足国内工业和运输业的需求，在国外煤炭进口量增加的同时，煤炭价格也有所上涨。政府通过出台土地改革法、发展铁路和水路交通设施、实施宽松信贷政策、技术变革等措施提高煤炭产量以应对燃料荒。1900—1913年俄国采煤量增长了 2 倍[②]，各部门煤炭需求量迅速增加，很多以前使用石油作为燃料的工业和运输业部门都改用煤炭作为燃料。与此同时，燃料结构中煤炭的比例逐年提升，俄国燃料结构煤炭化趋势日益明显，后文将对工业和运输部门的煤炭使用量进行详细阐述，此处不再另作分析。20 世纪初经济危机对石油工业影响较大，俄国石油工业从此一蹶不振，即使 1909—1911 年情况稍有好转，但其萧条状况无法逆转。相反经济危机对煤炭工业影响有限，在此契机下煤炭工业迅速崛起，年均开采速度超过石油，迅速垄断俄国煤炭市场，第一次世界大战前夕燃料结构中煤炭的比例也远超石油。

　　20 世纪初工业危机对俄国煤炭工业影响较小，煤炭产量持续增加，1913 年煤炭产量为 1900 年的 2 倍，美国煤炭增长速度与俄国类似，1900

① Ахундов В. Ю. Монополистический капитал в дореволюционной бакинской нефтяной промышленности. С. 23-24.
② Дьяконова И. А. Нефть и уголь в энергетике царской России в международных сопоставлениях. С. 78.

年俄国煤炭产量为美国的 1/16，至 1913 年二者间差距仍未缩小。俄国采油量从 1912 年开始陷入停滞期，1913 年其石油产量仅为 1900 年的94%，新油田勘探工作停止，旧油田开采成本增加，随着旧油田石油资源的逐渐衰竭，钻井深度不断增加。因汽车工业发展，汽油的需求量迅速增加，世界市场上的汽油需求量接近煤油，而巴库地区的汽油产量远低于煤油[①]。1900 年俄国工业消费燃料中石油产品所占比例最高，即便 20 世纪初俄国经济逐渐进入萧条期后，石油产品还保持着一定的比例，1990 年木柴所占的比例仅为石油产品的 50%，煤炭比例仅为石油产品的 66%[②]。俄国经济危机持续至 1908 年，从 1908 年起经济逐渐复苏，这场危机从根本上改变了俄国工业燃料的消费结构，最终确定了俄国燃料结构的煤炭化趋势。

二、能源开采技术相对落后

技术因素对能源工业的影响巨大，技术水平决定着该工业部门的发展走向和潜力。虽然十月革命前俄国能源开采、钻探和加工技术显著提高，但仍落后于世界先进国家。俄国石油工业技术革新水平较高，不但蒸汽机广泛用于石油开采、钻探和加工业务，电力也大规模应用。相比之下，俄国煤炭工业技术落后，不但机器配备程度远低于西方国家，工人人均采煤量也低，能源开采技术落后已严重制约了该工业部门的发展。除了经济危机和国内政治局势制约了能源工业的发展外，能源开采技术落后、国内外同类产品竞争等因素也掣肘了俄国能源工业的发展。

19 世纪上半期俄国石油开采量多于美国，19 世纪中期起美国经济迅速发展，俄国石油产量开始少于美国。两国采油量差距加大的主要原因是技术因素，此时俄国还没有钻井，仍使用人工挖井或直接从坑里采油，皮囊捞油法盛行，与此同时美国已开始钻井采油，美国石油工业后来居上。19 世纪 60 年代起美国煤油进入欧洲市场，对俄国石油工业打击巨大。废除包税制度、提高关税和短期取消石油消费税等政策促使俄国石油工业飞

①　Дьяконова И. А. Нефть и уголь в энергетике царской России в международных сопоставлениях. С. 78.

②　Дьяконова И. А. Нефть и уголь в энергетике царской России в международных сопоставлениях. С. 86，87，97.

速发展，19 世纪末，其已经可以和美国石油工业相较。19 世纪末俄国采油量一度超过美国，即便如此，俄国石油钻探、开采和加工技术仍落后于美国。19 世纪末俄国油田面积远逊色于美国，钻井数量也少于美国，分别是美国的 1/2000 和 1/60，同时这也为俄国石油工业超越美国创造了机会。1901 年俄国石油产量已达世界石油产量的 53%，而美国石油产量占世界石油产量的比例为 39%[①]。俄美两国石油竞争时期与俄国农奴制改革和美国内战的时间基本吻合，同时，这些事件也是俄美两国历史中的重要里程碑。俄美两国社会体制变化促进国内市场扩大，为生产力的发展创造了条件，但与俄国相比，美国市场发展更为全面，俄国却受农奴制残余的桎梏。此外，俄国石油消费方式十分浪费，石油产品充当蒸汽锅炉燃料，而西欧国家只有内燃机才使用石油燃料，20 世纪俄国石油消费量超过西欧国家需求总和。此外，俄国石油加工业蒸汽机数量远少于美国，美国石油加工业广泛使用蒸汽机，且不断改进生产工艺和技术，俄国石油企业主因重油利润较高甚至放弃生产煤油，更不用说改进生产工艺。

煤炭工业技术落后。19 世纪下半期俄国煤炭开采技术迅速开始改善，但仍落后于西方国家。20 世纪初俄国煤炭工业仍以人工挖煤为主导，以顿涅茨克煤田为例，1885—1900 年工人数量增长了 381%[②]。20 世纪初一些大企业开始从国外进口挖掘机采煤，但 1914 年俄国煤炭工业中机械挖掘所占的比例仅为 1.7%，此时美国、比利时和英国机械挖煤的比例分别为 50.7%、10% 和 8.5%。1914 年顿涅茨克煤田只有 8 家矿厂有割煤机，共计 30 台，其产量仅为煤炭开采总量的 0.5%[③]。1913 年俄国煤矿设备利用率只有 74%[④]，煤炭开采方式仍十分落后。即便同样使用人工采煤，俄国煤炭工人人均采煤量仍落后于其他国家。1885—1889 年、1890—1894 年、1895—1899 年、1900—1904 年、1905—1906 年和1910—1913 年俄国煤炭工人人均采煤量分别为 8479 普特、9638 普特、

① Дьяконова И. А. Нефть и уголь в энергетике царской России в международных сопоставлениях. С. 128-129.

② Соловьева А. М. Промышленная революция в России в XIX в. С. 230.

③ Братченко Б. Ф. История угледобычи в России. С. 171；Кушнирук С. В. Монополия и конкуренция в угольной промышленности юга России в начале XX века. С. 89.

④ Дьяконова И. А. Нефть и уголь в энергетике царской России в международных сопоставлениях. С. 125；张广翔、白胜洁：《论 19 世纪末 20 世纪初俄国的工业垄断》，《江汉论坛》2015 年第 5 期，第 113 页。

10 400 普特、9516 普特、9272 普特和 9638 普特。俄国煤炭工人年均劳动生产率与西班牙、意大利和日本煤炭工人年均劳动生产率持平，但明显低于美国、英国、德国、法国和比利时等国家煤炭工人年均劳动生产率。如 1892 年俄国煤炭工人年均采煤量约为 8357 普特，而美国、英国、德国、法国和比利时煤炭工人年均采煤量分别为 2.7 万普特、1.8 万普特、1.6 万普特、1.2 万普特和 1 万普特，明显高于俄国。20 世纪初，俄国煤炭工人人均劳动生产率仍落后于世界水平，1913 年美国、英国和俄国每班煤炭工人年采煤量分别为 4.6 万普特、1.4 万普特和 9150 普特，俄国矿工劳动生产率约为美国矿工的 1/5、英国矿工的 3/5。1893 年、1900 年和 1913 年俄国煤炭工人的年均生产价值分别为 630 卢布、780 卢布和 1030 卢布，明显低于上述国家[①]。俄国石油工业开采和钻探技术落后，所以 20 世纪初俄国石油工业在与美国石油竞争中落败，从此一蹶不振，大量油田停产。俄国煤炭工业开采技术落后，且机器使用率和人工挖掘量逊色于其他国家，成为掣肘俄国煤炭工业发展的重要因素。

三、国外同类产品的竞争

19 世纪下半期，俄国能源工业飞速发展，但受诸多因素的影响，俄国能源工业的发展并非一帆风顺，其中国外同类产品的竞争影响巨大。19 世纪 80 年代中期以前，美国煤油垄断俄国石油市场，因此俄国石油工业发展规模有限，19 世纪 80 年代中期以后，美国煤油退出俄国市场，俄国石油工业快速崛起。在世界石油市场上因美国石油产品竞争，俄国石油产品虽然进入诸多国家，但这些国家的煤油市场由美国煤油掌控。就煤炭工业而言，十月革命前俄国一直从国外进口煤炭，19 世纪 80 年代之前，进口煤炭在俄国市场占据主导地位，随着保护性关税政策的实施，进口煤炭逐渐退出黑海、亚速海和中部工业区市场，但波罗的海地区一直以进口煤炭为主。

（一）国内外石油市场上美国石油产品的竞争

19 世纪 80 年代以前，美国煤油垄断俄国国内市场。19 世纪中期起，

---

① Корелин А. П. Россия 1913 год. С. 47；Дьяконова И. А. Нефть и уголь в энергетике царской России в международных сопоставлениях. С. 126.

美国采油量迅速增加，美国煤油开始涌入欧洲市场。虽然俄国石油开采量逐年增加，但巴库地区石油仍不能满足国内市场需求，美国煤油进入俄国市场。1865—1875 年俄国年均进口美国煤油 150—250 万普特，1876—1882 年俄国年均进口美国煤油约 200 万普特，但从 1884 年起，煤油进口量迅速减少，1884 年煤油进口量只有 25 万普特[①]。19 世纪 70—80 年代俄国煤油的进口量、国内煤油产量和总需求量详见表 1-1。

表 1-1　19 世纪 70—80 年代俄国煤油的进口量、
国内煤油产量和国内总需求量（单位：普特）

年份	美国煤油进口量	俄国国内煤油产量	俄国煤油的总需求量
1871	1 720 418	380 000	2 100 418
1872	1 790 334	400 000	2 190 334
1873	2 701 093	832 800	3 533 893
1874	2 521 160	1 336 675	3 860 835
1875	265 326	1 990 045	4 643 171
1876	2 662 486	3 145 075	3 807 561
1877	1 701 502	2 594 766	6 296 268
1878	1 989 034	62 559 410	8 244 944
1879	1 711 811	6 963 658	8 675 469
1880	1 445 558	7 858 750	9 304 308
总计	18 508 722	88 061 179	52 657 201

资料来源：Наниташвили Н.Л.Экспансия иностранного капитал а в Закавказье（конец XIX —начло XX вв.）. C. 66

　　因包税制度和政府征收消费税，美国煤油进口量逐年增加，俄国石油工业发展举步维艰，煤油在进口产品中所占比例最高。1864—1882 年俄国进口美国煤油数量达 1230 万普特，价值为 4070 万卢布，此时巴库地区向国内市场输入的煤油数量为 1190 万普特，价值为 2090 万普特，国外煤油需求量远超过本国产量。这一时期有 15 家美国公司向俄国出口煤油，在俄国获取的利润高达 7000 万卢布[②]。俄国石油工业发展之初，政府征收高额消费税，严重抑制了石油工业的发展。俄国政府抬高石油产品进口关税后，国内石油工业发展有限，并不能有效排挤美国煤油。1864—1883 年，美国煤油一直垄断俄国国内市场。一些学者认为俄国政府不取缔消费税，俄国石油加工工业和钻探、加工技术就不可能振兴，取消消费税后俄国石油工业会获得长足发展，对于此问题，政界进行了长期辩论。迫于国

[①] Менделеев Д. И. Проблемы экономического развития России. C. 440.

[②] Лисичкин С. М. Очерки по истории развития отечественной нефтяной промышленности. C. 204.

内经济发展形势压力，1877 年，俄国政府被迫取消煤油消费税，政府因此每年失去数十万卢布税收。消费税取消后俄国石油工业飞速发展，19 世纪 80 年代俄国已停止进口美国煤油。

国际石油市场上俄国石油产品与美国石油产品角逐。19 世纪 80 年代，巴库石油产品开始出口国外，虽然俄国石油出口业务取得巨大成就，一度超越美国跃居世界第一位，但俄国石油产品只处于从属地位，国际市场煤油价格一般由美国标准普尔公司确定。换言之，美国垄断国际煤油市场。为冲击俄国煤油，标准普尔公司经常以价格战打击对手，俄国煤油出口商因资金和实力有限，出口业务受到严重冲击。俄国石油出口商没有运油舰队，运输业务由国外运输公司控制。此外，俄国煤油出口业务大多通过中间商在国际市场上销售，这大幅度降低了出口利润。因此，在国际市场上经常以俄国公司落败而告终。因无力与美国煤油竞争，俄国煤油主要出口国为美国煤油市场的薄弱地区。

为提高出口利润并占领国际市场，俄国石油公司纷纷形成联盟。1882 年，诺贝尔兄弟集团和罗斯柴尔德家族等诸多石油企业主在巴库召开会议，打算建立巴库石油企业主出口联盟，经过长期讨论，未达成一致。此后诺贝尔兄弟集团建立联盟的方案得到了俄国政府和大多数石油企业主的支持，联盟成立不久后因内部矛盾重重很快解体。为巩固俄国石油产品的国际地位并促进巴库石油工业发展，罗斯柴尔德公司和巴库地区众多中小企业形成里海-黑海石油工商业公司，借此巩固国内外市场的地位。此后诺贝尔兄弟集团也和诸多中小企业形成联盟，以应对复杂的市场状况。最终巴库石油出口业务形成了诺贝尔兄弟集团、罗斯柴尔德家族的里海-黑海石油工商业公司和马塔舍夫的巴库标准公司三足鼎立的局面[①]。即便如此，20 世纪初，世界经济危机导致世界石油市场上俄国石油产品的地位一落千丈。美国石油产品对俄国石油工业的冲击分为两个阶段：第一阶段是 19 世纪中期至 19 世纪 80 年代，此时竞争的中心为俄国国内市场，因俄国石油工业发展滞后，美国煤油垄断俄国石油市场。第二阶段为 19 世纪 80 年代之后，此时俄国石油工业飞速发展，逐步将美国煤油赶出国内

---

① Фурсенко А. А. Первый нефтяной экспертный синдикат в России（1893—1897）//Монополии и иностранный капитал в России. С. 6.

市场，石油产品开始大量出口国外，此时竞争重心为国际市场。虽然国际市场上俄国石油产品比例曾超过美国，垄断诸国石油市场，但 20 世纪初经济危机开始后，国际市场上俄国石油的影响力迅速降低。

（二）国外进口煤炭的冲击

19 世纪 80 年代以前，进口煤炭占主导地位。18 世纪初，俄国已开始展开煤炭勘探和加工工作，但因国内煤炭开采量有限，同时冶金工业煤炭需求量逐渐增加，1715 年起，俄国开始长期从国外进口煤炭，主要进口国为英国。由于运输成本较低，英国进口煤炭价格低于俄国本土煤炭价格，1861 年以前，英国煤炭一直占据主导地位，此状况一直持续至 1887 年。1796—1810 年顿涅茨克煤田年均煤炭产量约为 15 万普特，1860 年该煤田年均煤炭开采量已达 600 万普特，1830—1860 年该煤田年均煤炭开采量增长了 9 倍。但因运输和开采成本居高不下，黑海和亚速海港口、黑海舰队所需的煤炭仍由英国提供。此时俄国煤炭产量远低于欧洲国家，1860 年俄国煤炭产量为 1800 万普特，不足世界煤炭总产量的1%，而同期英国、美国、德国、法国、奥地利和比利时的煤炭产量分别为 50 亿普特、9.4 亿普特、10.3 亿普特、5.1 亿普特、2.1 亿普特、5.9 亿普特，远低于这些国家[①]。

进口煤炭逐渐退出南俄和中部工业区市场。1861 年农奴制改革为劳动力市场诞生和资本流入工业领域创造了条件，俄国工业飞速发展。与此同时俄国铁路建设蓬勃发展，铁路部门和工业部门需要大量燃料，因此煤炭工业的发展势在必行。1856 年，俄国政府颁布关于顿河流域开采煤炭和建立公司的规章，允许私人采矿。从 1857 年开始该规章生效，其比原有的采矿法条款更加细化，对国有和私人工厂建立、相关经营和组织活动都有明确规定。从 19 世纪 70 年代开始，特别是 90 年代，顿涅茨克煤炭工业迅速发展，黑海和亚速海煤炭进口量逐渐降低，该区域的年均煤炭进口数量变化状况如下：1866—1870 年为 770 万普特，1871—1875 年为1190 万普特，1876—1882 年为 1660 万普特，1883—1885 年为 1830 万普特，1886—1890 年为 1200 万普特，1891 年为 750 万普特，1892 年

---

① Баканов С. А. Угольная промышленность Урала: жизненный цикл отрасли от зарождения по упадка. С. 42.

为 210 万普特[1]。虽然黑海和亚速海地区煤炭进口量逐年降低，但运输
和价格成本导致俄国煤炭进口量逐年增加，1874 年、1881 年、1901 年
和 1911 年进口煤炭数量分别为 6260 万普特、1.08 亿普特、1.92 亿普特
和 2.8 亿普特[2]。具体而言，只有南俄和中部工业区市场进口煤炭的数量
逐年降低，而波罗的海地区进口煤炭数量逐年增加，1890—1913 年俄国
各地区的煤炭进口数量详见表 1-2。

表 1-2　1890—1913 年俄国各地区的煤炭进口数量（单位：百万普特）

年份	总进口量	俄国欧洲部分				西部地区*	俄国亚洲部分
		白海	波罗的海	黑海	亚速海		
1890	86.21	0.3	74.6	9.5	0.01	1.6	0.2
1895	118.1	0.6	98.5	5.9	0.02	12.6	0.5
1900	250.0	1.0	160.0	17.8	0.01	71.1	0.2
1905	226.0	0.9	154.3	3.3	0.003	64.4	3.1
1910	259.4	0.7	181.7	4.9	0.003	69.8	2.3
1911	280.6	2.0	190.5	1.2	—	81.4	5.5
1912	324.2	2.3	227.5	0.4	—	88.3	5.7
1913	456.6	2.8	321.1	1.7	3.7	119.4	7.9

注：*表示俄普和俄奥边境，包括波兰地区
资料来源：Фомин П.И.Горная и горнозаводская промышленность Юга России.Том II.C.80

　　由表 1-2 可知，俄国主要煤炭进口地为波罗的海地区，西部地区煤
炭进口量位居第二位。俄国煤炭主要进口国为英国和德国，十月革命前
俄国进口煤炭中英国煤炭一直占首位，但 20 世纪初英国煤炭进口量逐
年下降，德国煤炭进口量迅速增加，1913 年俄国进口煤炭中英德两国煤
炭比例分别为 52.2%和 43.1%[3]。圣彼得堡距离顿涅茨克和国内其他煤田
距离较远，进口煤炭价格低于国产煤炭价格，且波罗的海地区煤炭进口
关税低于国内其他地区，因此，该地区煤炭以进口为主。因东布罗夫煤
田产量有限，煤炭炼焦性较差，所以西部地区的德国煤炭和焦炭进口量
逐年增加。进口煤炭数量居高不下，主要原因是其价格优势，以圣彼得
堡市场为例，进口煤炭平均价格为 16.9 戈比/普特，顿涅茨克煤炭价格

① Бакулев Г. Д. Черная металлургия Юга России. С. 113；Менделеев Д. И. Проблемы экономического развития России. С. 368.

② Куприянова Л. В. Таможенно-промышленный протекционизм и российские предприниматели 40—80-е годы XIX века. С. 241；Фомин П. И. Горная и горнозаводская промышленность Юга России. Том II. С. 80.

③ Фомин П. И. Горная и горнозаводская промышленность Юга России. Том II. С. 80.

为 21.11 戈比/普特①，顿涅茨克煤炭无力与进口煤炭竞争。因进口煤炭价格低廉，俄国煤炭并未垄断国内市场，虽然进口煤炭有利于工业发展，但对俄国煤炭工业冲击较大。

此外，下列因素也抑制了俄国能源工业的发展：第一，俄国工业布局严重失衡。大部分企业集中在俄国欧洲部分，西北地区大企业几乎都集中于圣彼得堡。中部工业区、南俄地区、乌拉尔地区、西北地区和波罗的海沿岸企业数量占俄国企业数量的 57.8%，产值占俄国工业总产值的 64.7%，工人数量占俄国工人总数量的比例为 68.5%②。各地区生产集约化水平和劳动生产率差距较大，如南俄和波罗的海地区为集约型生产模式，而乌拉尔和中部工业区为粗放型生产模式，工业布局失衡造成燃料运输成本居高不下以及国外燃料长期占据国内市场。第二，第一次世界大战前俄国尚未建立完善的商品流通机制。1900 年全俄城市商品交易额为 46 亿卢布，其中近 40%源于莫斯科和圣彼得堡，1912 年全俄登记贸易企业中批发和零售企业、小货摊、售货亭、流动售货企业和货郎所占的比例分别为 15.7%、52.1%、29.9%、0.9%和 1.3%③，集市贸易仍大量存在。燃料主要进口地是莫斯科和圣彼得堡等大型城市，交易过于集中，同时集市贸易长期存在也限制了燃料市场的进一步扩大。第三，运输设施有待进一步改善，虽然 20 世纪初俄国铁路建设规模巨大，1913 年俄国铁路长度已跻身世界前五位行列（第二位）④，但因俄国领土广袤，铁路密度较低以及铁路布局不合理，严重制约了商品流通，此外水路运输季节性和地域性特征突出，货流量也严重受限。俄国铁路主要位于俄国欧洲部分，边远省份尤其是西伯利亚铁路运力严重不足，运输相对滞后，制约了能源工业的发展。第四，俄国农业人口众多，农业经济发展相对滞后，虽然 1861 年农奴制改革后步入资本主义发展轨道，但社会经济生活仍带有大量封建残余，俄国欧洲部分农业人口严重过剩，因城市工作岗位有限，无力吸收大

---

① Фомин П. И. Горная и горнозаводская промышленность Юга России. Том II. С. 83；Менделеев Д. И. Проблемы экономического развития России. С. 377.

② Кондратьев Н. Д. Рынок хлебов и его регулирование во время войны и революции. С. 26.

③ Хромов П. А. Экономическая история СССР. М.，Высшая школа，1982. С. 196；Кондратьев Н. Д. Рынок хлебов и его регулирование во время войны и революции. С. 27. 此处数据进行了舍入修约，相加并不等于100%。

④ Конотопов М. В.，Сметанин М. В. История экономики России. С. 78.

量农村剩余劳动力，农村经济落后和工农业发展失衡也严重制约了俄国经济的发展。

　　促进 19 世纪末俄国能源工业飞速发展的原因众多，但究其主要原因，有以下几点：第一，俄国丰富的能源储备是能源工业部门发展的基础；第二，俄国各地社会改革、统一运输税率等政策、包税制度废除等为能源工业提供了良好的发展环境；第三，俄国政府引进外资和实施保护性关税政策为能源工业的发展增添了新活力；第四，能源开采技术革新是能源工业发展的有力保障；第五，运输方式、工具和手段、仓储设施的不断更新和完善为能源工业的发展带来了新契机；第六，国内外市场容量、范围和规模的扩大是俄国能源工业快速发展的动力。在俄国能源工业快速发展的同时，一些因素也制约了该工业发展的速度和规模，20 世纪初的经济危机虽然对煤炭工业影响不大，却对石油工业冲击巨大，工业危机和萧条放缓了俄国能源工业的发展速度，技术滞后和国外同类产品的冲击也同样抑制了能源工业的发展。此外国内外政治局势、工人运动和消费市场滞后等因素也不容忽视，但因篇幅和资料有限，笔者在此不再一一陈述。

第二章

俄国能源工业发展概述

19 世纪下半期俄国工业化进程开启后，俄国工业飞速发展，石油工业在此契机下茁壮成长。凭借资源、政策、技术、资金和运输等优势，石油工业迅速崛起，任何一个工业部门的发展速度都无法与其相比。俄国石油工业从默默无闻的小工业发展至可以左右世界经济的巨大工业部门，不但彻底击溃了国内市场上的美国煤油，垄断了国内石油市场，而且在国际市场上其影响力一度超过美国，跃居世界第一位。在工业革命的影响下，俄国煤炭工业也快速发展，其发展速度和规模在一定程度上左右着俄国的工业化进程。虽然俄国煤炭工业发展速度无法与石油工业相较，开采速度不如石油工业，也未完全掌控本国市场，但因政府引进外资、大幅度提高关税、统一运输税率、大规模修建铁路以及煤炭开采技术提高等因素，煤炭工业仍飞速发展。虽然十月革命前俄国持续从国外进口煤炭，但因煤炭开采量大幅度增加，除波罗的海地区外俄国煤炭逐渐垄断国内市场。

第一节　俄国石油工业发展概述

十月革命前，俄国石油工业历经三个阶段。第一阶段为 18 世纪至 19 世纪 70 年代初，该阶段为俄国石油工业起源阶段，该阶段采油量低、开采方式落后，但 19 世纪 60 年代以前俄国采油量在世界上一直独占鳌头。

第二阶段为 19 世纪 70 年代至 1900 年，该阶段高加索地区石油工业凭借资源、资金、技术和政策等优势迅速崛起，石油不但可以自给，还大量出口国外。该阶段俄国采油量一度超过美国，主导世界石油市场，1898 年俄国采油量达 6.3 亿普特，占世界总采油量的 51.6%，1901 年俄国采油量达最高值，超 7 亿普特[1]。第三阶段为 1901 年至十月革命期间，该阶段俄国国内政治经济形势复杂，历经世界经济危机、日俄战争、1905 年革命、第一次世界大战、二月革命和十月革命，石油工业长期衰落，很难恢复到 1900 年以前的水平，1901—1913 年世界石油市场上俄国采油量所占的比例从 51.6%降至 18.1%，1905 年、1906 年、1907 年和 1910 年俄国采油量分别为 4.5 亿普特、4.9 亿普特、5.9 亿普特和 5.6 亿普特[2]，不但国内工业和运输部门石油产品需求量减少，世界市场上俄国石油产品的地位也一落千丈。十月革命前，俄国石油工业主要集中于高加索地区，高加索地区盛产石油，其中以巴库最为著名，1913 年高加索地区采油量约占全俄总采油量的 97%，1901 年和 1913 年巴库地区石油产量约占全俄石油总产量的 95%和 82%[3]。因此，以巴库地区为例研究俄国石油工业发展历程及其历史意义顺理成章。为了更好地阐述巴库石油工业，笔者分别对巴库石油工业起源、高涨和萧条时期进行分析，从中可以了解巴库油田兴起和发展的原因，探析不同时期巴库油田的发展状况，这对于分析巴库石油产品市场、运输和外资等因素也至关重要。

① Ахундов В. Ю. Монополистический капитал в дореволюционной бакинской нефтяной промышленности. С. 23；Монополистический капитал в нефтяной промышленности России 1883—1914. С. 19；Маевский И. В. Экономика русской промышленности в условиях первой мировой войны. С. 8；Натиг А. Нефть и нефтяной фактор в экономике Азербайджана в XXI веке. С. 111；Матвейчук А. А，Фукс И. Г. Истоки российской нефти. Исторические очерки. С. 39, 40；Менделеев Д. И. Проблемы экономического развития России. С. 444；Ковнир В. Н. История Эконоики России: Учеб. пособие. С. 87；Хромов П. А. Экономика России периода промышленного капитализма. М., Изд-во ВПШ и АОН при ЦК КПСС, 1963. С. 137；Лившин Я. И. Монополии в экономике России. С. 323, 328.

② Матвейчук А. А，Фукс И. Г. Истоки российской нефти. Исторические очерки. С. 39-41；Монополистический капитал в нефтяной промышленности России 1883—1914. Документы и материалы. С. 19；Тридцать лет деятельности товарищества нефтяного производства Бр. Нобеля 1879—1909. С. 44.

③ Лисичкин С. М. Очерки по истории развития отечественной нефтяной промышленности. С. 63, 345.

一、巴库石油工业发展追溯

人类使用石油由来已久，古代石油主要作为取暖和照明材料使用，大多用于家庭取暖及照明。据俄国史料记载，基辅罗斯时期乌赫特河口居民就使用伯朝拉地区的石油取暖和充当润滑材料，关于阿普歇伦半岛石油开采的信息，伊朗和阿拉伯国家诸多史料中都有所记载。巴库石油很早就被开发，最初主要用于照明和宗教仪式。公元前 6 世纪阿普歇伦半岛拜火教文化已非常著名，拜火教在波斯、苏丹等地十分流行，而当时点火燃料就是巴库石油。巴库居民很早就使用石油和天然气烧烤食物和取暖。当地石油有"白石油"和"黑石油"之分，"白石油"为天然气，"黑石油"即现在的石油。18 世纪，巴库石油还出口至印度。随着石油使用范围的不断扩展，石油产量也有所增加。最初取油方式十分简单，主要是皮囊捞油法，因取油方法十分粗糙，石油产量停滞不前。尽管石油需求量增加，但此时石油产品多供本地居民消费，因缺少专门运输工具，石油产品很难长距离运输。为了更好地阐述巴库石油工业起源，笔者分别从 19 世纪初巴库地区并入俄国版图、巴库地区石油工业的开端、19 世纪上半期巴库石油工业成就和包税制度阻碍石油工业发展等方面分析 1871 年之前巴库石油工业的发展状况。

19 世纪初巴库地区并入俄国版图。18 世纪，高加索地区原属波斯帝国巴库汗国所有，巴库为汗国都城，汗国与俄国冲突不断。1801 年，东格鲁吉亚地区并入俄国版图；1806 年，巴库汗战败而亡，巴库居民投降后被并入俄国；1813 年，俄国与波斯签署《古利斯坦条约》，高加索地区正式并入俄国版图。经过和土耳其与波斯等国的一系列战争，高加索地区完全并入俄国版图。此后该地区成为欧洲、亚洲和近东国家的必争之地，俄国政府为保持政治优势，对该地进行经济和贸易开发。高加索地区因地处边陲，民族成分复杂，俄国政府在开发该地区的同时还要防备波斯和土耳其的侵略。俄国政府为保持高加索地区的政治经济稳定，作出了诸多努力，但 19 世纪中期俄国已开始农奴制改革，而高加索地区因改革较晚，经济发展滞后。农奴制改革前高加索地区工业模式已从家庭手工业过渡至大型手工工场阶段，但工业发展薄弱，政府政策限制了该地的工业发展。

19 世纪，高加索地区市场不断完善，与全俄市场的联系日趋紧密，成为全俄市场的有机组成部分。巴库地区自古就盛产石油，波斯统治时期就在此开采石油。1813 年该地区并入俄国版图后，俄国政府在该地区推行包税制度，买主只能获得土地临时所有权，因政府政策多变，石油开采量较少。发现巴库地区有巨大石油资源后，俄国政府欲将高加索地区转化为俄国的燃料基地和商品销售市场。

巴库地区石油工业的开端。俄国工程师杜宾通过分析指出，巴库石油适用于照明，也可作为工业燃料使用，且开采容易，巴库油田逐步引起社会各界人士的关注。1821 年，俄国政府对巴库石油工业兴趣大增，开始推行包税制度。1821 年，俄国企业主在此处建立原始石油矿井，1821—1861 年俄国石油年产量基本保持在 24 万普特左右，居世界首位[①]。为增加收入，政府和包税人垄断石油价格，如 1839 年巴拉罕石油价格为 35 戈比/普特，1846 年和 1847 年，包税人大公沃伦佐夫人将油价提升至 40 戈比/普特和 45 戈比/普特[②]。巴库石油开采技术落后，主要采用人工挖井或坑内取油的方式，因石油产量有限，19 世纪 60 年代开始，俄国长期从美国进口煤油。19 世纪 50 年代起美国石油工业快速崛起，煤油广泛用于照明，俄国科学家也开始关注石油问题。莫斯科大学研究生埃伊赫列尔通过实验证实巴库石油蒸馏后可直接生产照明用煤油，并在巴库地区建设炼油厂。此时每普特石油需支付给包税人 30—40 戈比，而煤油在俄国中部市场的销售价格为 4 卢布[③]，且需求量逐年增加，因利润较高，社会各界开始关注石油工业。但巴库油田租期较短，政府政策多变，买主不愿投入大量资金和生产设备，所以 19 世纪 70 年代之前巴库石油工业发展缓慢。

19 世纪上半期巴库石油工业成就。虽然 19 世纪 70 年代以前俄国石油工业发展缓慢，但 19 世纪上半期俄国石油开采量长期稳居世界第一位，1821 年、1831 年、1840 年、1850 年俄国石油开采量分别为 20 万普特、25 万普特、33.7 万普特和 22.1 万普特。1859 年俄国石油开采量为 23 万普

① Дьяконова И. А. Нефть и уголь в энергетике царской России в международных сопоставлениях. С. 47.

② Лисичкин С. М. Очерки по истории развития отечественной нефтяной промышленности. С. 25.

③ Менделеев Д. И. Проблемы экономического развития России. С. 439.

特，而美国石油开采量为 17 万普特，其他国家的石油开采量几乎为零，荷兰和罗马尼亚虽然也开采少量石油，但可忽略不计[①]。1850 年俄国仍使用油井采油。1859 年，美国已钻探第一口石油钻井，1860 年，其开采量达4209 万普特，开采量增长了 246 倍，俄国采油量开始逊色于美国[②]。1870年俄国进口煤油数量为 179 万普特，而国内煤油产量仅为 40 万普特[③]。因包税制度存在和开采技术落后，19 世纪 60 年代，俄国采油量开始远逊色于美国。

包税制度阻碍石油工业发展。包税制度是 19 世纪 70 年代之前石油工业发展缓慢的主要原因。俄国油田包税制度长期存在，1872 年以前，俄国政府以 4 年为期，将巴库油田承包给一个包税人，租金为 11.1—16.2 万卢布[④]。国家和包税人目光短浅，力图获取最大利润，却不完善石油开采和钻探技术，只采用原始开采方式，造成资源严重浪费。政府政策也经常变换，如 1826—1834 年政府重新将油井租赁给个人，国家年税收为 9.1—9.7 万卢布，此时巴库地区已有 82 口油井，石油产量为 34 万普特。1834年包税期结束，政府又开始采取竞标方式出售油田，油田租赁期限至1850 年，1850—1872 年巴库地区又实行包税制度。1872 年巴库地区采油量为 153 万普特，油井数量为 415 口。实行包税制度的 35 年中巴库地区采油总量为 1627 万普特，政府管理的 16 年中巴库地区采油总量仅为 507 万普特[⑤]。包税人还干预石油价格，大多数石油企业主向包税人贷款，被迫按照包税人定的价格出售石油。多数工厂都是粗放型小企业，小企业主根本不关心改进开采和钻探技术。承包人在获得油井后并不完善石油开采技术，他们知道 4 年后油田将属于他人，石油开采和钻探技术长期停滞不前。包税制度已成为制约巴库石油工业发展的主要障碍。1871 年

---

① Дьяконова И. А. Нефть и уголь в энергетике царской России в международных сопоставлениях. С. 47，165；Осбрник Б. Империя Нобелей. История о знаменитых шведах，бакинской нефти и революции в России. С. 25.

② Иголкин А. А. Источники энергии：экономическая история（до начала XX века）. С. 181.

③ Першке С. и Л. Русская нефтяная промышленность，ее развитие и современное положение в статистических данных. С. 189；Иголкин А. А. Источники энергии：экономическая история（до начала XX века）. С. 181.

④ Першке С. и Л. Русская нефтяная промышленность，ее развитие и современное положение в статистических данных. С. 4；Дьяконова И. А. Нефть и уголь в энергетике царской России в международных сопоставлениях. С. 49.

⑤ Лисичкин С. М. Очерки по истории развития отечественной нефтяной промышленности. С. 27.

俄国石油产量已不是美国石油产量的 1/13，而是 1/36。1872 年美国石油产量占世界石油总产量的 81%，为俄国石油产量的 34 倍[①]。19 世纪 60 年代初，美国煤油进入欧洲市场，俄国石油工业举步维艰。受诸多因素的影响，19 世纪 70 年代之前俄国石油工业发展严重滞后，1872 年包税制度废除后，在俄国政府的大力扶持下，俄国石油工业迅速崛起。

二、19 世纪末巴库石油工业全盛时期

19 世纪下半期，俄国工业领域广泛利用新技术，蒸汽机已在工业中普及，铁路建设蓬勃发展，各工业部门迅速崛起，这为俄国石油工业的发展奠定了坚实的基础。虽然俄国工业飞速发展，但 18 世纪以来俄国所建立的旧式工业生产模式并未彻底改变，很多新建企业仍使用传统木制燃料，木柴在俄国燃料结构中仍占较大比例。19 世纪 80 年代石油和煤炭工业快速发展之后，俄国燃料动力体系也随之发生变化，工业和运输业燃料结构中矿物燃料的比重逐步上升。虽然 19 世纪 70 年代工业高涨时期俄国铁路和工业部门成就斐然，但很多原料和燃料仍从国外进口，俄国能源、冶金、化学等工业发展滞后是工业发展的主要障碍之一，国外燃料和原料大量进口限制了国内生产，发展本国重工业的任务迫在眉睫，19 世纪末俄国政府不遗余力发展重工业，在此背景下石油工业迅速崛起。上文已对该时期的石油产量有所涉及，为了更好地分析该时期石油工业的发展状况，笔者从该时期油田面积不断扩大、钻井数量迅速增加、喷油井石油产量、石油加工业快速发展和石油公司数量大增等角度阐述巴库石油工业的巨大成就。

包税制度废除和短期取缔消费税后俄国石油工业快速发展。巴库石油工业快速发展始于 1872 年。1872 年 2 月 1 日，俄国政府出台法律废除油田包税制度，实行公开招标，企业主可获得油田长期或永久租赁权，大大提高了企业主投资石油工业的积极性，社会各界对巴库石油工业的兴趣大增。法律规定承包人除一次性支付 300 万卢布外，每年单位油田（俄亩）需支付 10 卢布税金[②]。1872 年以前，巴库地区油田租赁期较短，1872 年

① Дьяконова И. А. Нефть и уголь в энергетике царской России в международных сопоставлениях. C. 50.

② Менделеев Д. И. Проблемы экономического развития России. C. 440.

末，巴库地区开始第一次公开油田竞标。石油企业主获得土地长期租赁权后纷纷投入资金和设备，石油开采量迅速增加。1872年，巴库地区已有2口钻井，此后钻井数量迅速增加[①]。1877年，俄国政府对进口煤油关税使用黄金结算，等同于禁止进口美国煤油。此外，俄国政府还免除俄国煤油企业10年消费税，政府政策也是巴库地区石油工业迅速勃兴的重要原因之一。19世纪70年代下半期和80年代初，巴库地区诞生了很多大型石油公司，如诺贝尔兄弟集团、罗斯柴尔德家族的里海-黑海石油工商业公司和希巴耶夫公司等。90年代经济增长引起的石油燃料需求量激增促进了石油工业的飞速发展。巴库周围建立了诸多油田和石油加工厂，工厂昼夜不停地生产，巴库也从一个小城市转变为世界大石油城之一。巴库石油工人数量也快速增加，1873年其数量为680人，1883年其数量为1254人，1890年其数量为5597人，1895年其数量为6188人，1900年其数量为25 000人，1901年其数量为27 000人。19世纪最后10年，巴库石油工人数量增长了4倍[②]。20世纪初，巴库成为俄国一级工业中心，石油和石油工业的影响力逐渐强化，除工业和运输业大规模使用石油燃料外，海洋舰队和汽车等新型运输工具的石油产品需求量也迅速增加。

巴库油田面积不断扩大。19世纪70年代，高加索地区采油中心为巴拉罕和萨布奇油田。矿区距离里海和巴库12俄里，包税制度废除后巴拉罕油田被转售给私人。1873年巴拉罕油田的石油开采量仅为400万普特，1878年其开采量达2000万普特，仅1874—1878年该地石油开采量就增长了400%[③]。19世纪80年代，俄国开始开发恩巴和拉马尼油田，现代阿普歇伦半岛四大油田的雏形基本奠定，巴库地区石油开采量迅速增加。1894年，阿普歇伦半岛四大油田有229个矿区，分属88家石油公司。1870年俄国石油开采量明显低于美国，仅为美国石油开采量的1/20[④]，但1892年

① Иголкин А. А. Источники энергии: экономическая история (до начала XX века). C. 181.

② Ахундов В. Ю. Монополистический капитал в дореволюционной бакинской нефтяной промышленности. C. 9; Лисичкин С. М. Очерки по истории развития отечественной нефтяной промышленности. C. 360.

③ Першке С. и Л. Русская нефтяная промышленность, ее развитие и современное положение в статистических данных. C. 15-31.

④ Наниташвили Н. Л. Экспансия иностранного капитала в Закавказье (конец XIX—начало XX вв.). C. 47.

开始俄国采油量已与美国采油量持平。

钻井数量迅速增加是石油工业发展的又一例证。1872 年巴库采油量仅为 152 万普特，1873 年已提高到 400 万普特。1873 年末巴库钻井数量已达 16 口[①]，钻探规模逐渐扩大。19 世纪 80 年代起，巴库石油工业不断完善石油钻探、开采和加工技术，钻井数量大幅度增加。1876 年巴库地区钻井数量为 101 口，1879 年其数量达到 301 口，与此同时，高加索地区石油开采量也大幅度增加，1874 年、1876 年、1877 年和 1878 年其石油开采量分别为 520 万普特、1057 万普特、1525 万普特、2019 万普特[②]。巴库地区石油资源丰富，钻井日产量达 400—30 000 普特，钻井使用期限相对较长，1873 年的钻井能使用至 80 年代，日均石油开采量达 10 000 普特[③]。巴库地区开采量最大的四个矿区为巴拉哈尼、萨布奇、拉马尼和恩巴油田，至 1895 年 1 月上述油田钻井数量分别为 162 口、201 口、41 口和 23 口，钻井总量为 427 口，其他矿区钻井数量为 343 口，钻井总量为 770 口，至 1914 年高加索地区钻井数量达 3649 口[④]。1894—1895 年，因原油价格上涨，采油量和钻井数量迅速增加。石油钻井取代喷油井后，巴库地区采油量迅速增加，19 世纪风靡一时的喷油井数量迅速降低，钻井已成为主要采油方式。

巴库地区喷油井石油产量。阿普歇伦半岛内油层较浅，易开采，喷油井数量较多，因此石油产量较高。巴库第一口喷油井诞生于巴拉罕，虽然其规模不大，却对石油工业产生了重要影响，喷油井诞生后油价迅速降低。巴库地区第一口大型喷油井为巴拉罕的"友谊"喷油井，该井

---

① Першке С. и Л. Русская нефтяная промышленность, ее развитие и современное положение в статистических данных. С. 13；Дьяконова И. А. Нефть и уголь в энергетике царской России в международных сопоставлениях. С. 50；Тридцать лет деятельности товарищества нефтяного производства Бр. Нобеля 1879—1909. С. 14.

② Наниташвили Н. Л. Экспансия иностранного капитала в Закавказье（конец XIX—начало XX вв.）. С. 46；Кафенгауз Л. Б. Эволюция прошмышленного производства России（последняя треть XIXв. —30-е годы XXв）. С. 27.

③ Наниташвили Н. Л. Экспансия иностранного капитала в Закавказье（конец XIX—начало XX вв.）. С. 49.

④ Дьяконова И. А. Нефть и уголь в энергетике царской России в международных сопоставлениях. С. 50，51；Наниташвили Н. Л. Экспансия иностранного капитала в Закавказье（конец XIX — начало XX вв.）. С. 50；Лившин Я. И. Монополии в экономике России. С. 324；Баку и его окрестности. Тифлис.，Типография М. Д. Ротинанца，1891.С. 23.

深度达 574 英尺，其产量相当于美国 2.5 万口石油钻井的产量。但喷油井会导致石油资源快速枯竭，最终使石油价格上涨。十月革命前俄国 20%的石油源自喷油井，个别年份喷油井采油量达 30%或更高[①]。巴库地区喷油井数量众多，因此获得了"喷油井之家"的称号。巴库地区喷油井主要集中于拉马尼、恩巴和萨布奇等地，产量最大的喷油井为拉马尼矿区的阿拉克斯喷油井，井体深度为 177 俄丈，管道直径达 14 英寸，8 个月产油量达 852 万普特。塔吉耶夫公司的喷油井深度为 164 俄丈，管道直径为 10 英寸，9 个月采油量达 768 万普特，1893 年 7 个月内其采油量为 1289 万普特。萨布奇矿区里海石油公司的喷油井深度为 182 俄丈，2 个月内其石油产量为 658 万普特。阿普歇伦半岛类似的喷油井数量众多，很多喷油井的采油能力都为百万普特以上。1893 年巴库地区喷油井采油量为 1 亿普特，1894 年其采油量为 6200 万普特[②]。1887 年、1888 年、1892 年、1893 年、1895 年、1896 年、1897 年、1898 年、1899 年、1900 年、1901 年、1908 年和 1913 年巴库地区喷油井的采油量占该地总采油量的比例分别为 42%、40%、26%、33.6%、33%、22.5%、21%、23%、15.3%、11.3%、14.6%、2.0%和 1.8%，喷油井的作用逐渐下滑，钻井的作用逐渐加强，1913 年巴库地区的喷油井仅剩 7 口[③]。19 世纪，喷油井对阿普歇伦半岛石油工业的发展具有重要的意义，促进了该地采油量的增加，石油价格也因此降低，但因喷油井寿命有限和浪费严重，大型公司开始关注钻井，因此随着石油工业的发展，钻井数量增加，喷油井数量逐渐减少，其采油量所占的比例迅速下降。钻井普及后机械配备程度增加，生产技术完善促进石油开采量迅速增加，1868—1901 年巴库地区石油开采量详见表 2-1。

---

① Дьяконова И. А. Нефть и уголь в энергетике царской России в международных сопоставлениях. С. 73.
② Наниташвили Н. Л. Экспансия иностранного капитала в Закавказье（конец XIX—начало XX вв.）. С. 49-50，52.
③ Дьяконова И. А. Нефть и уголь в энергетике царской России в международных сопоставлениях. С. 73-74；Кафенгауз Л. Б. Эволюция прошмышленного производства России（последняя третьXIXв. —30-е годы XXв）. С. 28；Першке С. и Л. Русская нефтяная промышленность，ее развитие и современное положение в статистических данных. С. 56；Хромов П. А. Экономика России периода промышленного капитализма. С. 138.

表 2-1　1868—1901 年巴库地区石油开采量（单位：百万普特）

年份	开采量	年份	开采量	年份	开采量	年份	开采量
1868	0.8	1878	15	1887	155	1896	386
1870	1.7	1879	19	1888	182	1897	422
1871	2	1880	21	1889	192	1898	487
1872	1.5	1881	40	1890	226	1899	526
1873	4	1882	50	1891	275	1900	600
1874	5	1883	60	1892	287	1901	671
1875	5	1884	89	1893	325		
1876	10	1885	115	1894	297		
1877	12	1886	123	1895	377		

资料来源：Шполянский Д.И.Монополии угольно-металлургической промышленности юга России в начале XX века. C. 12；Дьяконова И.А.Нефть и уголь в энергетике царской России в международных сопоставлениях. C. 165-166

　　石油加工业快速发展。随着阿普歇伦半岛采油量迅速增加，石油加工业也快速发展，19 世纪 70 年代，巴库石油加工厂数量迅速增加。1872 年巴库石油加工厂数量为 50 家，煤油产量约为 40 万普特，1879 年巴库石油加工厂数量达 193 家，煤油产量达 622.5 万普特。煤油产量迅速增加使巴库地区成为全俄煤油生产和贸易中心。虽然石油开采量逐年增加，但巴库地区煤油产量仍不能满足国内市场需求，1865—1875 年、1876—1882 年俄国煤油进口量约为 200 万普特，但从 1884 年起煤油进口量大幅度减少[1]。此后俄国停止从国外进口煤油，至 1887 年，国内采油量达 1.6 亿普特，巴库地区煤油供货量为 2440 万普特，煤油出口量为 1159 万普特[2]。1890 年，巴库地区已有 148 家石油加工厂，1893 年其数量减少至 73 家，但煤油产量从 1890 年的 6800 万普特增加到 9000 万普特[3]。19 世纪 80 年代，俄国石油开始出口国外，因巴库石油价格低于美国石油，其在国际市场上的竞争力不断加强，逐步冲击美国石油。1870 年俄国采油量仅为美国采油量的 1/20，1892 年两国采油量几乎持平，1893 年俄美两国集中了世界石油开采份额的 97%，两国各自占据的比例分别为 46% 和 51%，

---

[1] Менделеев Д. И. Проблемы экономического развития России. C. 440；Першке С. и Л. Русская нефтяная промышленность, ее развитие и современное положение в статистических данных. C. 29；Наниташвили Н. Л. Экспансия иностранного капитала в Закавказье （конец XIX — начало XX вв.）. C. 260.

[2] Кафенгауз Л. Б. Эволюция промышленного производства России （последняя третьXIXв. —30-е годы XXв）. C. 27.

[3] Лисичкин С. М. Очерки по истории развития отечественной нефтяной промышленности. C. 360.

1894 年俄国采油量超越美国采油量，跃居世界第一位[①]。后文会对俄国石油加工业进行详细阐述，此处只作简单分析。

蒸馏技术提高和蒸馏设施不断完善是煤油加工业发展的动力。19 世纪 90 年代，巴库石油加工厂生产设备和技术已十分先进，石油加工成本明显下降。在开采和钻探技术迅速提高的同时，石油加工技术也飞速发展。石油加工业中石油蒸馏部门最具代表性，蒸馏器的数量足以体现石油加工业的发展状况。1894 年黑城石油加工厂生产煤油、润滑油和汽油的蒸馏器的数量分别为 658 个、156 个和 19 个，此外，23 家工厂有 43 个煤油蒸馏器、4 个润滑油蒸馏器和 8 个汽油蒸馏器。1894 年煤油、润滑油和汽油蒸馏器的日产量分别为 29 万普特、1.2 万普特和 1000 普特，658 个蒸馏器的日石油加工量为 47 万普特。巴库石油加工厂和车站有蒸汽泵 1004 个、卧式泵 69 个、手动泵 10 个、蒸汽锅炉 1.1 万个，巴库石油蒸馏工厂加工技术和装置不断更新，90 年代，很多大工厂都连续作业[②]。因蒸馏器不断完善和石油加工技术的提高，石油加工业迅速发展。

随着石油产量迅速提高，巴库地区石油公司的数量大增。19 世纪 80 年代初期，巴库地区只有一家正规石油公司，即诺贝尔兄弟集团，该公司年均石油开采量超过 1000 万普特。1894 年巴库地区石油公司数量已达 77 家，17 家大型石油公司掌控着巴库地区 76% 的石油开采量，其中 10 家公司的采油量都超过 1000 万普特，占地区石油开采量总量的 59%。其中以里海石油集团、诺贝尔兄弟集团和马塔舍夫公司采油量最多，上述三家公司采油量都超过 2500 万普特，约占全俄石油总开采量的 24.8%[③]。巴库地区大型石油公司数量也快速增加，1890 年、1891 年、1892 年、1893 年、1894 年、1895 年、1896 年、1897 年、1898 年和 1899 年新建公司数量分别为 11 家、22 家、6 家、2 家、6 家、6 家、10 家、19 家、28 家和 39 家[④]。巴库地区大型

[①] Наниташвили Н. Л. Экспансия иностранного капитала в Закавказье（конец XIX—начало XX вв.）. С. 47.

[②] Наниташвили Н. Л. Экспансия иностранного капитала в Закавказье（конец XIX —начало XX вв.）. С. 63.

[③] Наниташвили Н. Л. Экспансия иностранного капитала в Закавказье（конец XIX—начало XX вв.）. С. 48.

[④] Лисичкин С. М. Очерки по истории развития отечественной нефтяной промышленности. С. 360; Ахундов В. Ю. Монополистический капитал в дореволюционной бакинской нефтяной промышленности. С. 9.

石油公司及其采油量详见表 2-2。

表 2-2　1894 年阿普歇伦半岛大型石油公司和采油量（单位：万普特）

公司名称	采油量
里海石油集团	2518
马塔舍夫公司	2486
诺贝尔兄弟集团	2429
塔吉耶夫公司	1828
里海-黑海石油工商业公司	1860
巴库石油公司	1591
阿拉菲洛夫公司	1513
祖巴洛夫公司	1225
米尔佐耶夫兄弟集团	1019
马西斯公司	1060
希巴耶夫公司	984
阿拉克斯公司	954
阿达莫夫兄弟集团	828
别尼科多尔夫公司	679
里阿诺佐夫公司	581
梅里科夫公司	555
杜马耶夫公司	545

资料来源：Нанишвили Н.Л.Экспансия иностранного капитала в Закавказье（конец XIX—начло XX вв.）.С.49

　　1870—1879 年、1880—1889 年和 1890—1899 年巴库地区年均采油量分别为 744 万普特、1 亿普特和 3.6 亿普特。19 世纪 90 年代，巴库地区采油量增长了 1.3 倍，此时美国采油量只增长了 0.2 倍，世界石油市场上俄国采油量的比例由 1890 年的 38%增加至 1900 年的 51%，而美国采油量的比例从 60.1%降至 43%。1898—1901 年，俄国采油量超过美国采油量，跃居世界第一位[1]。19 世纪末，俄国矿物燃料结构中石油的作用突出，国内石油燃料需求量从 1887 年的 1769 万普特增至 1900 年的 3.3 亿普特，燃料动力体系中石油产品的比例从 3%增至 24%[2]。19 世纪 60 年代起，石油作为新型工业燃料登上经济舞台，此后该能源迅速在全球推广，其中以美国和俄国石油工业发展最为迅速，凭借丰富的自然资源和技术优势，两国控制了世界石油市场。俄国煤炭开采量较低，长期依赖进口，因此俄国石油开采速

---

[1] Ахундов В. Ю. Монополистический капитал в дореволюционной бакинской нефтяной промышленности. С. 13；Иголкин А. А. Источники энергии：экономическая история（до начала XX века）. С. 188.

[2] Кафенгауз Л. Б. Эволюция прошмышленного производства России（последняя третьXIXв. —30-е годы XXв）. С. 31.

度快于煤炭工业，石油开采量后来居上，一度超越美国。

三、20 世纪初石油工业萧条时期

20 世纪初至 1917 年是俄国石油工业的萧条时期，虽然 1911—1913 年采油量显著提高，但仍未达到 1900 年的水平，受经济危机和国内政治经济形势的影响，俄国石油工业长期萧条，一直持续至 1917 年。为了更好地阐述该阶段石油工业的状况，笔者分别从石油工业萧条、石油工业恢复和第一次世界大战期间石油供给量严重不足等角度进行分析。

石油工业萧条。受世界经济危机的影响，1901 年俄国石油工业危机开始。造成石油工业危机的主要原因包括：第一，1899—1900 年重油价格居高不下，很多使用重油燃料的企业开始尝试使用石煤、木柴和泥炭充当燃料；第二，1901 年石油开采量达最高值，超 7 亿普特[①]，产品大量积压；第三，石油价格提高，产品销售困难；第四，巴库大型石油公司为抬高油价，纷纷储备石油产品。但此时钻探业务达峰值，1897—1900 年，巴库地区钻探米数从 8.5 万米增至 17.7 万米，1901 年采油量急剧增加，但此时市场已经饱和，石油需求量急剧降低。需求量大幅度降低导致油价大跌，1900 年，巴库地区石油加工厂生产的石油产品均价为 16 戈比/普特，1901 年降至 8 戈比/普特，1902 年又降至 7 戈比/普特。因石油价格和需求量降低，巴库地区钻探米数逐渐降低，1901 年和1902 年分别为 16.1 万米和 7.6 万米，石油产量也降至 6.7 亿普特。报废钻井数量逐步增加，由 1901 年的 583 口增至 1903 年的 1172 口，石油加工厂数量也从 1901 年的 83 家降至 1903 年的 78 家[②]。虽然 1903 年采油量稍有提高，但受 1905 年革命爆发和火灾影响，巴库地区油田状况混乱，石油工业一片狼藉。20 世纪初，旧矿区钻井生产能力急剧下降，

---

① Наниташвили Н. Л. Экспансия иностранного капитала в Закавказье（конец XIX—начало XX вв.）. С. 215；Ахундов В. Ю. Монополистический капитал в дореволюционной бакинской нефтяной промышленности. С. 23；Маевский И. В. Экономика русской промышленности в условиях первой мировой войны. С. 8；Натиг А. Нефть и нефтяной фактор в экономике Азербайджана в XXI веке. С. 111；Ковнир В. Н. История Экноики России. С. 87；Хромов П. А. Экономика России периода промышленного капитализма. С. 137.

② Кафенгауз Л. Б. Эволюция прошмышленного производства России（последняя третьXIXв. —30-е годы XXв）. С. 71；Наниташвили Н. Л. Экспансия иностранного капитала в Закавказье（конец XIX—начало XX вв.）. С. 215，237.

石油开采量一直维持在较低水平线上，虽然石油燃料需求量有所增加，但仍未有所改观。1905 年后较低的石油开采水平是此后多年燃料供应不足的主要原因之一。

经济危机期间俄国石油工业状况。1901—1902 年，俄国和西欧国家一样，各部门都受到经济危机的影响，石油工业也不例外，1903 年俄国工业开始复苏，1904—1907 年西欧国家又步入经济活跃期，但俄国经济恢复期只持续了几个月，此时俄国经济长期低迷。1903 年，俄国石油工业开始萧条，石油开采量减少，资金投入量也明显下降，1903 年 6 月 1 日，巴库石油工人开始罢工，1904 年巴库油田又发生大火，损失巨大，1905 年革命对巴库油田影响也较大。因罢工和火灾影响，巴库油田采油量迅速降低。巴库油田大型火灾始于 1903 年 9 月，损害面积达数百俄亩。据统计，1903—1904 年巴库油田火灾导致的石油损失量达 5000 万普特[1]。1904 年 12 月，巴库地区发生大规模罢工事件，两周内烧毁了 225 个钻塔，1904 年 12 月，石油开采量减少了 3000 万普特。罢工甚至延续至巴统地区，港口工人罢工数月，石油产品无法外运。巴库石油工人罢工的原因为要求提高工资，最终以工人获得胜利而终结，工人工资提高了 20%[2]。1905 年革命爆发对巴库石油工业影响较大，1905 年 8 月末开始，石油工业遭受的冲击更大。1905 年 8 月 20 日，巴库开始大规模谋杀、抢劫和纵火事件，工人的不满情绪日益增加。因经济危机、暴乱、油田大火和 1905 年革命，巴库油田遭受巨大损失。

20 世纪初巴库石油工业一片狼藉。据统计，1905 年巴库地区 57% 的生产钻井、61% 的钻探钻井发生大火，初步损失为 4000 万卢布，烧毁后的钻井很难重新采油。1905 年巴库地区石油开采量降低了 1/3，钻探深度只有 3.5 万俄丈[3]，石油价格由 1904 年的 14.6 戈比/普特增至 1905 年的 36 戈比/普特。由于石油价格上涨，钻井大规模烧毁，很多消费者改用煤炭作为燃料。出口市场也进一步丧失，俄国石油产品的出口量从 1904 年

---

① Иголкин А. А. Источники энергии: экономическая история (до начала XX века). С. 191; Фролов В. И. Экономика нефтяного хозяйства. М., Изд. Совета нефтяной промышленности, 1922. С. 326.

② Иголкин А. А. Источники энергии: экономическая история (до начала XX века). С. 193.

③ Перше С. и Л. Русская нефтяная промышленность, ее развитие и современное положение в статистических данных. С. 75.

的 1.1 亿普特降至 1905 年的 5144 万普特，1906 年降至 4796 万普特[①]，此时美国石油已主导世界石油市场。1905 年革命致使巴库石油工业雪上加霜，而此时美国石油工业迅速发展。受 1905 年革命的影响，1906—1908 年巴库石油产量减少了数千万普特，油价迅速抬高，许多需求者开始使用顿涅茨克煤炭。1906—1908 年，顿涅茨克煤炭销售市场扩大至周边 1000—1200 俄里的范围。1908 年，铁路的煤炭运输量已超过粮食运输量，跃居第一位。经济危机来临之后俄国石油开采量急剧下降，而美国石油开采量迅速增加。1900 年俄国、美国、荷兰、印度尼西亚和罗马尼亚石油开采量占世界石油开采总量的比例分别为 50.8%、42.7%、1.6%、1.5% 和 1.1%。1905 年俄国石油开采量占世界石油开采总量的比例降至 25.6%。1901—1905 年俄国采油量几乎减少了 50%，美国采油量增长了 22%[②]。1908 年，俄国工业开始走出萧条阶段，石油工业也步入恢复期。

石油工业恢复。20 世纪初俄国石油工业发展分为两个阶段，以 1910 年为分界线。1905 年以后石油产品价格显著提高，此状况一直持续到 1907 年。因石油价格上涨，1907—1909 年俄国采油量逐渐提高，但因木柴和煤炭供应量增加，石油开采技术落后，仍不能摆脱萧条时期的发展困境。1908 年，石油价格开始回落，钻探规模继续扩大。1909 年，俄国工业步入提升期，1909—1913 年俄国工业产品数量增长了 1.5 倍，石油需求量迅速增加。1910 年，巴库石油价格降至 1904 年的水平，石油燃料的影响力继续加大。经济危机期间巴库油田遭受巨大冲击，危机过后企业主对其他油田的兴趣倍增。20 世纪前 10 年，巴库石油工业主要依靠巴库四大油田，1907 年俄国开始开发苏拉罕矿区，1904 年和 1911 年新开发的油田面积分别为 990 俄亩和 1048 俄亩[③]。1909 年，俄国开始开发格罗兹尼油田的许多新矿区，格罗兹尼油田采油量占俄国石油开采总量的比例从 1902 年的 4.4% 增至 1911 年的 13.5%[④]，捷

---

① Иголкин А. А. Источники энергии: экономическая история (до начала XX века). С. 196; Першке С. и Л. Русская нефтяная промышленность, ее развитие и современное положение в статистических данных. С. 117.

② Иголкин А. А. Источники энергии: экономическая история (до начала XX века). С. 189.

③ Першке С. и Л. Русская нефтяная промышленность, ее развитие и современное положение в статистических данных. С. 74.

④ Лисичкин С. М. Очерки по истории развития отечественной нефтяной промышленности. С. 75.

列克省的油田面积也增加至 619 俄亩[1]。即便油田面积迅速增加，1913
年俄国的采油量仍低于 1901 年的水平。

　　1911 年起各种燃料需求量开始增加，石油价格又开始上涨，1911 年、
1912 年和 1913 年巴库地区石油价格增至 21.7 戈比/普特、34.8 戈比/普特和
42.3 戈比/普特[2]，虽然石油价格大幅度上涨，但是石油产量仍持续减少，
1910 年、1911 年、1912 年和 1913 年俄国石油开采量为 5.8 亿普特、5.5
亿普特、5.6 亿普特和 4.6 亿普特，从 1912 年起，俄国石油工业又陷入停
滞状态，1913 年采油量只是 1900 的 94%[3]。新油田勘探工作几乎停止，
旧油田即巴库油田开采成本明显增加，且随着油田石油资源日益枯竭，开
采深度不断增加。煤油产量也从 1900 年的 1.2 亿普特降至 1914 年的 7300
万普特。与此同时，煤油出口量也迅速降低，1903 年、1907 年、1912 年
煤油出口量分别为 1.3 亿普特、8620 万普特和 8510 万普特，但原油出口
量却从 1903 年的 2650 万普特增至 1912 年的 5050 万普特[4]。旧油田产量
并未明显增加，新开发的格罗兹尼、库班、乌拉尔和里海地区油田产量增
加有限。俄国石油产量减少原因有二：第一，钻井生产能力下降、生产技
术水平较低、油田土地竞标法律落后等因素致使石油工业障碍重重；第
二，大公司垄断石油工业，其掌控大油田，为抬高油价和攫取高额利润人
为降低采油量。

　　第一次世界大战期间石油供给量严重不足。1910—1913 年是西方国家
工业高涨时期，也是积极备战阶段。1913 年俄国生铁和钢产量为 1910 年
的 134%，采煤量增长速度稍稍落后，为 1910 年的 125%。石油在俄国燃
料动力体系中发挥了重要作用，但石油产量在 1913 年出现下降趋势，采

①　Иголкин А. А. Источники энергии：экономическая история（до начала XX века）. С. 201.
②　Кафенгауз Л. Б. Эволюция прошмышленного производства России（последняя третьXIXв. —30-е
　　годы XXв）. С. 125.
③　Дьяконова И. А. Нефть и уголь в энергетике царской России в международных сопоставлениях. С.
　　78；Ахундов Б. Ю. Монополистический капитал в дореволюционной бакинской нефтяной
　　промышленности. С. 22；Монополистический капитал в нефтяной промышленности России 1883—
　　1914. Документы и материалы. С. 19；Матвейчук А. А，Фукс И. Г. Истоки российской нефти.
　　Исторические очерки. С. 39，41；Тридцать лет деятельности товарищества нефтяного производ
　　ства Бр. Нобеля 1879—1909. С. 44.
④　Нанаташвили Н. Л. Экспансия иностранного капитала в Закавказье（конец XIX—начало XX вв.）.
　　С. 238，239.

油量仅为 1910 年的 96%[①]。石油价格上涨和供应量不足战前就已出现，煤炭供应量虽有所增加，但仍不能弥补石油需求量的不足，第一次世界大战开始后，俄国所有工业都受到燃料供应不足的威胁，此状况一直持续至1922 年。战争致使贸易线路阻塞，波兰又被德国侵占，俄国国内燃料赤字严重。因军事供货增加，铁路和工业部门燃料需求量增加，加上俄国政府战事估算错误，并未采取任何措施增加国内燃料储备，虽然 1915 年交通部开始采取相应措施解决此问题，但其工作处处掣肘，取得的成效有限。第一次世界大战期间，俄国石油开采量大幅度增加的地区为格罗兹尼油田，巴库油田石油开采量较低，1916 年开采状况最佳时期也不能达到1912 年的水平。战前恩巴油田采油量也大幅度增加，至 1914 年，其采油量已增长了 1 倍，但因战时受设备供应不足的影响，其采油量增长有限。第一次世界大战对俄国石油加工工业的影响较大，此时俄国石油产品不再出口国外，而且开始从国外进口煤油、润滑油、汽油及其他高质量石油产品，炼油厂的产量每况愈下。

虽然 20 世纪初俄国石油工业进入长期萧条和停滞阶段，在俄国燃料动力体系中石油产品的比例逐渐下降，俄国燃料结构的煤炭化趋势日益明显，但 19 世纪末和 20 世纪初石油工业的辉煌成就无法忽略。俄国石油工业为工业和运输业提供了丰富的燃料，巨大出口额为俄国创造了更多的外汇收入，同时也促进了诸多工业部门的发展。在石油工业快速发展的同时，煤炭工业也迅速崛起。

第二节　俄国煤炭工业发展概述

俄国煤炭工业发展阶段与石油工业不同，18 世纪俄国就已开采煤炭，虽然煤炭产量有限，但其数量远高于石油产量。铁路修建之后俄国煤炭工业发展迅速，煤炭产量大幅度增加，19 世纪 80 年代末之后，煤炭工业的发展速度和规模才逊色于石油工业。如果说 1855 年俄国煤炭产量为石油产量的 43 倍，那么 1867 年其产量仅为石油产量的 27 倍，1867—1901年石油开采速度明显快于煤炭开采速度，此时期石油产量增长了 671 倍，

---

① Дьяконова И. А. Нефть и уголь в энергетике царской России в международных сопоставлениях. С. 80.

煤炭产量只增加了 19 倍[1]。因 20 世纪初世界经济危机和国内政治、经济局势的影响，俄国石油工业停滞不前，煤炭工业却迅速发展，仅 1910—1913年煤炭产量就增长了 50%[2]，在燃料结构中煤炭已占据主导地位。为了更好地探析俄国煤炭工业的发展状况，笔者以时间为界，阐述俄国煤炭工业的诞生、崛起和全盛时期，以便论述俄国煤炭工业的影响。

在世界工业革命进程中，煤炭的作用最为突出，它是第一次工业革命的主要燃料。煤炭产量增加是燃料动力体系矿物化和世界各国工业化的开端，煤炭开采技术和工艺的提高对采矿业的发展至关重要。现阶段煤炭时代已终结，在世界初级能源中煤炭所占的比例已从 1900 年的 94.4%降至2000 年的 29.6%，俄罗斯燃料动力体系中煤炭所占的比例已从 20 世纪中期的 60%降至 20 世纪末的 20%[3]。虽然煤炭需求量逐年降低，在燃料结构中的比例日益下降，但煤炭仍是主要矿物燃料之一，19 世纪和 20 世纪初其地位更是首屈一指。

一、煤炭工业发展追溯

煤炭很早就被人们发现，早在公元前 1000 年左右，中国已经使用煤炭锻造青铜器。公元前 300 年欧洲开始尝试使用煤炭冶铁，公元前 1 世纪英国已开采煤矿。在东方煤炭应用范围明显大于欧洲，特别是中国。1050 年中国北方煤炭价格比木柴便宜 30%—50%，1078 年中国用于炼铁的煤炭数量已达 671 万普特[4]。煤炭因其热能较高、价格低廉而开始引起世界各国的关注。15 世纪，欧洲煤矿煤层深度达 150 英尺，17 世纪已达 240 英尺。1700 年，英国煤矿煤层深度为 300 英尺，1740—1840 年，英国煤炭产量已从 500 万普特增至 3500 万普特。18 世纪中期开始，煤炭已作为高炉的主要燃料，伦敦和许多大型城市周围都有大煤矿。第一次工业革命开启后蒸汽机广泛应用于工业和运输业，煤炭成为主要的燃料，英

① Дьяконова И. А. Нефть и уголь в энергетики царской России в международных сопоставлениях. С. 8.

② Погребинский А. П. Государственно-монополистический капитализм в России. М., Изд-восоциально-экономической литературы，1959. С. 27.

③ Братченко Б. Ф. История угледобычи в России. С. 10.

④ 台湾中华书局《简明大英百科全书》编辑部编译：《简明大英百科全书》第六卷，台北：中华书局，1998 年，第 676 页；Иголкин А. А. Источники энергии：экономическая история（до начала XX века）. С. 115.

国煤炭开采规模迅速扩大，1830 年英国煤炭产量达 2400 万普特，约占世界煤炭总产量的 4/5[①]。为了更好地阐述 19 世纪上半期以前俄国石油工业的发展状况，笔者分别对 18 世纪煤炭工业发展状况、顿涅茨克、莫斯科近郊乌拉尔等煤田状况进行分析。

俄国煤炭工业起步明显晚于西欧。16—18 世纪以前，俄国采矿手工业发展缓慢，明显落后于其他欧洲国家，即便是小手工作坊也使用木柴作为燃料。虽然古罗斯时期采矿和冶金工业就有所发展，但仍是以小手工业为主。1628 年，俄国建立第一家大型冶金工厂，此时人们对采矿业认识较少，很少有人从事采矿业。彼得一世颁布法律效仿西欧国家建立冶金工厂，冶金工业快速发展。18 世纪初俄国就开始展开煤炭勘探工作，1696 年，顿河哥萨克就遵循彼得一世的命令寻找煤炭。俄国采矿业的产生与彼得一世颁布的法律密切相关。因国内煤炭开采量有限，冶金工业的煤炭需求量逐渐增加。1715 年，俄国开始长期从英国进口煤炭，主要用作冶金燃料。顿涅茨克、莫斯科近郊和库兹涅茨煤田在彼得一世时期就已发现，但煤炭开采量有限。虽然 18 世纪俄国采煤业就有所发展，但企业规模和采煤量有限。彼得一世颁布的法律为俄国冶金工业和采矿业的发展奠定了基础，此后俄国采矿业迅速发展。1825 年，沙皇尼古拉一世专门成立采矿业务办公厅，社会各界对采矿业的认识更加深入。19 世纪下半期俄国采矿业发展速度惊人，19 世纪末煤炭工业已成为左右俄国经济的重要生产部门。

19 世纪上半期莫斯科近郊煤田状况。19 世纪以前，俄国煤炭工业已有所发展，虽然煤田众多，但此时顿涅茨克煤田因交通滞后、人烟稀少而很难快速发展。此时以莫斯科近郊和东布罗夫煤田发展较为迅速，因东布罗夫煤田位于波兰境内，由于资料匮乏，很多学者并未将波兰纳入俄国范畴，所以 19 世纪上半期莫斯科近郊煤田发展最为迅速。莫斯科近郊煤田主要位于特维尔、莫斯科、卡卢加、土拉、诺夫哥罗德、梁赞、弗拉基米尔和唐波夫省境内，该煤田长 600 俄里，宽 400 俄里，煤层甚至经阿尔汉格尔斯克省延伸至白海。该煤田岩层岩石是石灰石，煤炭含杂质较多，主要为褐煤。煤田煤炭蕴藏深度较浅，覆盖岩石较软，矿井挖掘成本较低。因该煤田与莫斯科、圣彼得堡和中部工业区较近，煤炭开采量较大。18 世

---

① Иголкин А. А. Источники энергии: экономическая история（до начала XX века）. C. 120.

纪初俄国政府就已关注莫斯科近郊煤田，1723 年矿工伊万·巴里琴在莫斯科附近的彼得罗夫村附近找到煤炭，另一名矿工马尔克也在梁赞省的别列斯拉夫里区发现煤炭，这就是莫斯科近郊煤田的雏形。1844 年，俄国在土拉省开发第一个煤炭矿井，1851 年，工程师仔细研究后认为该地煤炭质量较差，所以并未进行大规模开采工作。关于莫斯科近郊煤田质量较差的论断一直持续至 19 世纪 50 年代，60 年代初，伯爵波比里尼制糖厂尝试在土拉省开采煤炭，发现此处煤炭资源丰富，其他企业主也纷纷到此地开采煤炭。

18 世纪，顿涅茨克煤田进入国人视野。顿涅茨克煤田位于哈里科夫省南部、叶卡捷琳斯拉夫省和塔夫里省东部、顿河军团西部，该煤田从西至东为不规则的三角形，长度和宽度分别为 350 俄里和 150 俄里。除石煤和无烟煤储量巨大外，顿涅茨克煤田还蕴藏着一级冶金焦炭，焦炭燃烧时间长，挥发性较好，适于充当蒸汽机和锻造炉燃料。顿涅茨克煤田煤炭埋藏深度较浅，平均开采深度为 0.75—1.25 俄丈，个别地区为 2—2.5 俄丈[①]，同时岩层较为单一，煤炭含量丰富，但该煤田于 19 世纪下半期才迅速崛起。就煤炭蕴藏条件和厚度而言，顿涅茨克煤田明显逊色于东布罗夫煤田和俄国欧洲部分大型煤田，但其煤炭储量大，且含有冶金工业所需的高级焦炭，所以该煤田的煤炭产量迅速增加。顿涅茨克煤田在开发之前无人知晓，18 世纪末开始定期采煤作业，但采煤量十分有限，因交通滞后，只供当地消费。1722 年官方文件记载卡布斯京在顿涅茨克附近发现第一个煤田，并在该地区尝试开采煤炭。虽然政府对该地煤炭工业十分重视，专门从英国聘请地质学家研究矿区地质构造，但因诸多原因，煤炭产量十分有限，俄国所需煤炭仍从英国进口。虽然卡布斯京发现的煤田并不处于顿涅茨克煤田的中心地带，而属于东顿涅茨克境内，但此事件却让顿涅茨克煤田初次进入国人视野。18 世纪初，顿涅茨克地区主要的工业部门为煮盐业，巴赫姆特市为采盐中心，其燃料仍是距离该地数十俄里的木柴，1721 年巴赫姆特制盐厂首次在该地发现煤炭。当地政府专门颁布命令在巴赫姆特市附近开采煤炭，这是政府第一次正式组织人手在顿涅茨克煤田开采煤炭。但是因顿涅茨克煤田人烟稀少和经济落后，并未达到预期效果。

顿涅茨克煤炭工业的开端。18 世纪末以前当地居民很少使用煤炭，

---

① Тихонов Б. В. Каменноугольная промышленность и черная металлургия России во второй половине XIXв. C. 131.

当地小型冶金厂仍使用木柴炼铁。1722 年巴赫姆特制盐厂发现煤炭后，顿涅茨克煤炭开始用于煮盐业，其矿井位于顿涅茨克煤田中心地带。1783 年，俄国政府颁布命令禁止私人在顿河流域开采煤炭，但一些哥萨克仍在领地内采煤。哥萨克领地中一些煤坑深度达 20—30 米，开采方式十分原始，煤炭多用于哥萨克家庭日常取暖。顿涅茨克矿区第一位煤炭工业主是哥萨克德乌赫热诺夫，1790 年，其工厂在叶卡捷琳娜镇附近开采了 3000 普特煤炭[①]，并且将煤炭销售至塔甘罗格。1796 年，国有卢加工厂已正式开采煤炭，并在距工厂 80 俄里附近的地方建立里西恰尼矿区，此外，该工厂也是顿涅茨克煤田第一家尝试炼焦的工厂。尽管如此，煤炭开采量仍十分有限，开采速度增长十分缓慢。1796—1801 年顿涅茨克煤田年均煤炭开采量为 1.4 万普特，虽然 1830—1860 年顿涅茨克煤炭开采量增长了 9 倍，但煤炭产量较低。顿涅茨克煤田煤层厚度约为 4 千米，有 200 多个煤层，又有岩石隔离，因此开采难度较大，且该地运输业并不发达，采煤量停滞不前。因煤炭产量有限，南俄冶金工业发展缓慢，18 世纪至 19 世纪上半期，乌拉尔地区是俄国最主要的冶金基地[②]。1829 年，采矿企业主杰米多夫派遣法国工程师研究顿涅茨克煤炭和矿石含量，仅在西部地区就发现了 44 个煤层，煤炭储量巨大。矿区东部主要位于顿河军团地区，该地石煤和无烟煤含量巨大，适合炼焦。1835—1840 年，格鲁什夫斯克矿区已经有几个小型矿井开采无烟煤，1840 年和 1850 年其矿井数量分别为 15 个和 61 个，所有矿井的采煤量分别为 23 万普特和 228 万普特[③]。

　　1861 年农奴制改革前乌拉尔煤田状况。乌拉尔煤田分布于彼尔姆、车里雅宾斯克、斯维尔德罗夫等省份。1783 年，乌拉尔地区首次发现煤炭；1786 年，当地农民在基杰洛夫铁矿厂附近发现煤炭，乌拉尔地区第一个矿区基杰洛夫矿区就此诞生。1797 年，当地开始开采煤炭。1807 年，人们在鲁尼维河附近发现弗拉基米尔矿区，1814 年又发现伊万诺夫矿区，但煤炭大多用于充当基杰洛夫、亚历山大洛夫和切尔莫兹冶金工厂燃料。1848—1854 年，人们在丘索瓦亚河附近发现大量煤炭岩层，

① Баканов С. А. Угольная промышленность Урала：жизненный цикл отрасли от зарождения до упадка. С. 41.

② Иголкин А. А. Источники энергии：экономическая история（до начала XX века）. С. 135.

③ Братченко Б. Ф. История угледобычи в России. С. 106.

1853 年建立露天煤矿，1855 年，亚历山大洛夫工厂已使用煤炭冶铁，1860 年，基杰洛夫等冶金工厂陆续使用煤炭冶铁。但因乌拉尔地区木材资源丰富和煤炭产量有限，煤炭并未成为乌拉尔地区冶金工业重要的燃料。乌拉尔地区煤炭含硫量为 3%—5%，含灰量达 10%—12%[1]，在冶铁时必须添加石灰石和白云石，此状况抑制了煤炭在乌拉尔地区冶金工业中的广泛使用，而乌拉尔冶金工业中木制燃料的比例为 75%[2]。由于冶金工业煤炭需求量有限，乌拉尔煤炭工业发展缓慢。

东布罗夫煤田位于华沙附近，煤田内蕴藏丰富煤炭、铁矿和锌矿等资源。因东布罗夫煤田濒临西欧国家，该煤田的管理经验和开采技术一直遥遥领先。19 世纪末，东布罗夫煤田有 20 个露天煤矿和 1 个钻采露天煤矿，此地煤炭的主要需求者是华沙等城市的工厂和西南部铁路[3]。19 世纪 70 年代以前，东布罗夫煤田采煤量一直独占鳌头，如 1860 年俄国总采煤量为 1800 万普特，东布罗夫煤田采煤量就达 1080 万普特，顿涅茨克煤田采煤量为 600 万普特，莫斯科近郊和乌拉尔煤田采煤量分别为 60 万普特和 40 万普特[4]。19 世纪 70 年代南俄铁路大规模修建后，顿涅茨克煤田的采煤量遥遥领先。19 世纪上半期之前俄国煤炭工业就有所发展，煤炭已成为诸多工业和运输部门的重要燃料，但因煤炭开采技术落后和进口煤炭冲击，煤炭工业长期停滞不前。此时期俄国众多煤田中莫斯科近郊煤田和东布罗夫煤田采煤量最高，顿涅茨克煤田因交通滞后和劳动力短缺，发展十分缓慢。

二、19 世纪下半期煤炭工业快速发展

19 世纪下半期工业化进程开启后，煤炭工业迅速发展，俄国煤田众多，19 世纪下半期莫斯科近郊煤田和东布罗夫煤田开始衰落，顿涅茨克煤田的采煤量居于首位。1861 年农奴制改革后，煤炭逐渐引起社会各界的关注，但煤炭产量仍十分有限。俄国自然资源丰富，又横跨欧亚大陆，

---

① Баканов С. А. Угольная промышленность Урала：жизненный цикл отрасли от зарождения до упадка. С. 48.

② Иголкин А. А. Источники энергии：экономическая история（до начала XX века）. С. 75.

③ Братченко Б. Ф. История угледобычи в России. С. 128.

④ Баканов С. А. Угольная промышленность Урала：жизненный цикл отрасли от зарождения до упадка. С. 42；Тихонов Б. В. Каменноугольная промышленность и черная металлургия России во второй половине XIXв. С. 32.

19 世纪俄国经济发展模式与其他国家有差异，煤炭的作用不容忽视。如果说英国 19 世纪的崛起源于丰富的煤炭资源，那么俄国经济的发展离不开顿涅茨克煤田。虽然 1850—1900 年俄国煤炭产量增长了 278 倍，但其产量仍明显低于英国和美国，1900 年俄国煤炭产量仅为世界煤炭总产量的 2%[①]。19 世纪下半期俄国煤炭工业快速发展，主要得益于顿涅茨克煤田。19 世纪中期俄国才正式大规模开采煤炭，最初煤田有顿涅茨克煤田和东布罗夫煤田，1855 年顿涅茨克煤田石煤和无烟煤产量为 427 万普特[②]，主要供当地手工冶金工业和居民取暖。此时俄国冶金基地为乌拉尔地区，该地区森林资源丰富，木柴完全能满足当地需求，虽然该地区煤炭资源丰富，但开采量有限。19 世纪至 20 世纪初，俄国主要的煤田为顿涅茨克、莫斯科近郊和东布罗夫煤田，其中顿涅茨克煤田的作用最为突出。19 世纪中期以前，南俄煤炭和冶金工业长期停滞不前，除经济发展落后外，俄国各地区经济发展不平衡也是重要原因之一，同时南俄地区人烟稀少，劳动力不足和交通运输落后也是制约该地煤炭工业发展的重要因素。为了更好地阐述 19 世纪下半期俄国煤炭工业的发展状况，笔者分别从顿涅茨克煤田的崛起和其他煤田的衰落的角度来分析各煤田采煤量的变化及其影响。

　　铁路修建前的顿涅茨克煤炭工业。19 世纪，顿涅茨克煤田的采煤量开始增加，1796—1810 年顿涅茨克煤田年均采煤量约为 15 万普特，1820 年、1830 年、1840 年、1850 年和 1860 年采煤量已达 25 万普特、59 万普特、85 万普特、350 万普特和 600 万普特。1861 年顿涅茨克煤田采煤量超过 1000 万普特，约占全俄采煤量的 1/2[③]。19 世纪 60 年代，顿涅茨克煤田采煤量增长了 1 倍多，从 600 万普特增至 1340 万普特，但采煤量十分不稳定，与 1861 年相比，1863 年采煤量减少了 37.2%，与 1866 年相比，1868 年采煤量又减少了 43.2%[④]。19 世纪六七十年代顿涅茨克煤田采

---

① Дьяконова И. А. Нефть и уголь в энергетики царской России в международных сопоставлениях. С. 8，42.

② Братченко Б. Ф. История угледобычи в России. С. 99.

③ Баканов С. А. Угольная промышленность Урала：жизненный цикл отрасли от зарождения до упадка. С. 42；Тихонов Б. В. Каменноугольная промышленность и черная металлургия России во второй половинеXIXв. С. 32，126.

④ Тихонов Б. В. Каменноугольная промышленность и черная металлургия России во второй половине XIX в. С. 126；Дьяконова И. А. Нефть и уголь в энергетики царской России в международных сопоставлениях. С. 58.

煤量波动较大，其原因如下：第一，俄国总体经济状况不稳定；第二，煤炭销售市场有限，黑海和亚速海港口、黑海舰队所需煤炭仍由英国进口；第三，交通运输条件较差；第四，进口煤炭的竞争，顿涅茨克煤炭主要的竞争者为英国煤炭，当时英国煤炭价格较低，内陆城市和港口煤炭价格分别为 30 银戈比/普特和 15 银戈比/普特，虽然矿区煤炭价格为 7.5 戈比/普特，但运费昂贵，无力与英国煤炭竞争[①]。

铁路修建后顿涅茨克煤炭工业迅速崛起。19 世纪中期以前，顿涅茨克煤田小工业占主导，但南俄铁路修建后大企业的作用日渐突出。19 世纪 60—80 年代，顿涅茨克煤田先后修建格鲁什夫—顿涅茨克铁路、格鲁什夫—叶卡捷琳斯拉夫铁路、康斯坦金等铁路，铁路修建对煤炭工业影响巨大。当时铁路多为私人所有，税费较高，铁路运输的高税率严重制约了南俄工业发展。19 世纪 60 年代顿涅茨克煤田未通铁路之前，燃料需求量有限，顿涅茨克煤田采煤量波动较大，其采煤量为全俄采煤量的 28%—49%。19 世纪 70—80 年代铁路修建后，其采煤量占全俄采煤量的比例已达 40%—50%。19 世纪 90 年代上半期其采煤量占全俄采煤量的比例已超过 50%，1897—1900 年达 60%以上，大型冶金厂都使用顿涅茨克焦炭充当燃料。19 世纪末，顿涅茨克煤田采煤量占全俄采煤量的比例逐年增加，1898 年、1899 年和 1900 年分别达 61.5%、66.0%和 68.1%[②]。1860—1900 年俄国各煤田采煤量占全俄采煤量的比例详见表 2-3。

表 2-3　1860—1900 年俄国各煤田采煤量占全俄采煤量的比例（单位：%）

煤田	1860 年	1870 年	1880 年	1890 年	1900 年
顿涅茨克	33.0	36.9	43.4	49.9	68.1
东布罗夫	59.3	47.3	39.0	41.3	25.5
莫斯科近郊	3.5	12.0	12.5	3.9	1.8
乌拉尔	2.2	0.9	3.6	4.1	2.3
哈萨克斯坦和中亚	1.0	1.3	0.8	0.1	0.6
西伯利亚和远东地区	1.0	1.1	0.5	0.5	1.3
高加索	—	0.5	0.2	0.2	0.4

资料来源：Тихонов Б.В.Каменноугольная промышленность и черная металлургия России во второй половине XIX в.С.34-35；Баканов С.А.Угольная промышленность Урала: жизненный цикл отрасли от зарождения по упадка.С.44

① Братченко Б. Ф. История угледобычи в России. С. 108.

② Тихонов Б. В. Каменноугольная промышленность и черная металлургия России во второй половине XIXв. С. 36.

19 世纪下半期，国外企业主对顿涅茨克煤田兴趣大增。1866 年，大公科丘别在当地修建冶金工厂，使用当地燃料炼铁，并获得在当地修建铁路的权利。1869 年，科丘别将工厂转让给英国人尤兹，后者在顿涅茨克煤炭工业发展史中作用十分巨大。1869 年，俄国大臣委员会和尤兹签署建立新罗斯斯克石煤公司、生铁和轨道生产公司、哈里科夫—亚述铁路公司的合同，1869 年 4 月 18 日，沙皇确认此合同，尤兹开始在叶卡捷琳斯拉夫省购买土地并建立冶金工厂。俄国政府将哈里科夫—亚述铁路附近含丰富煤炭资源的土地划给尤兹，并为其提供 50 万卢布贷款用于修建连接冶金工厂和铁路的铁路支线。尤兹有权零关税从国外进口工厂设备和煤炭，如果在 10 年内铁路修建完毕政府将给予 150 万卢布奖金[①]。此后其他国家也陆续投资南俄地区，主要投资领域为采煤和冶金工业，以法国和比利时资本对南俄煤炭工业的影响较大，后文会对此进行详细阐述，此处不再赘述。19 世纪下半期，顿涅茨克煤田凭借资源、运输和资金优势迅速崛起，不但成为南俄冶金工厂、黑海和亚速海蒸汽轮船的主要燃料，还开始外运至中部工业区和伏尔加河流域。19 世纪下半期因石油燃料的竞争，煤炭外运量有限，20 世纪初经济危机之后，俄国石油工业长期萧条，各工业部门和运输业开始大规模使用煤炭，顿涅茨克煤炭市场范围迅速扩大，开采量也逐年增加，与此同时燃料结构煤炭化的趋势日益明显。

19 世纪下半期，莫斯科近郊煤田衰落。莫斯科近郊煤田衰落原因有三：第一，本地煤炭不能满足工业发展需求；第二，莫斯科近郊煤田所产煤炭多为褐煤，发热量较低，含灰量大，不适合炼焦，只有在专业燃烧炉中才能燃烧；第三，开采技术落后，莫斯科近郊煤田主要使用原始手工挖煤的方式，很少使用蒸汽机，1885 年整个区域内只有 2 台蒸汽机，1895—1900 年只有 1 台蒸汽机[②]。受诸多因素的影响，19 世纪八九十年代莫斯科近郊煤田采煤量急剧降低，从 1879 年的 2859 万普特降至 1896 年的 963 万普特，此后采煤量稍有增加，1900 年达到 1761 万普特，但仍

---

① Братченко Б. Ф. История угледобычи в России. С. 109；Иностранное предпринимательство и заграничные инвестиции в России. С. 67.

② Тихонов Б. В. Каменноугольная промышленность и черная металлургия России во второй половине XIXв. С. 191.

落后于 1879 年的水平①。1860—1870 年和 1871—1879 年莫斯科近郊煤田采煤量分别增长了 7.3 倍和 7.4 倍，但 1878—1914 年莫斯科近郊煤田采煤量为 19 世纪 70 年代的 1/24②。莫斯科近郊煤田的采煤量在全俄采煤量中所占的比例逐年降低，以 1860 年、1870 年、1880 年、1890 年和 1900 年为例，该煤田采煤量占全俄采煤量的比例仅为 3.5%、12%、12.5%、3.9% 和 1.8%，此时该煤田煤炭采煤量不但无法与顿涅茨克和东布罗夫煤田相较，而且低于乌拉尔煤田③。19 世纪末，莫斯科近郊煤田已经有 200 多个矿区，因含灰量高，不适合远距离运输④。1879 年莫斯科近郊煤田采煤量为 2806 万普特，占全俄采煤量的 1/4 左右，1893 年其采煤量降至 1091 万普特，只有煤田附近的工厂仍使用此处的煤炭作为燃料，其余地区的工厂和运输部门都改用重油和顿涅茨克煤炭作为燃料⑤。莫斯科近郊煤田开发较早，又濒临俄国最大的工业区——中部工业区，因此煤炭开采量迅速增加。但 19 世纪下半期因顿涅茨克煤田的崛起、石油燃料的大规模使用以及所产煤炭炼焦性能较差，莫斯科近郊煤田的采煤量逐年减少，即便如此，仍有一些工业部门和铁路使用该地的煤炭作为燃料。19 世纪下半期莫斯科近郊煤田逐渐衰落，乌拉尔煤炭工业也长期停滞不前。

19 世纪，乌拉尔煤炭工业停滞不前。因乌拉尔地区冶金工业多使用木柴作为燃料，长期以来乌拉尔煤田采煤量有限，以 1860 年、1870 年、1880 年、1890 年和 1900 年为例，其采煤量分别为 42.7 万普特、37.8 万普特、70.1 万普特、148 万普特和 221 万普特，分别占全俄采煤量的 3.5%、12%、12.5%、3.9%和 1.5%⑥。乌拉尔煤田采矿铁路修建后采煤

① Тихонов Б. В. Каменноугольная промышленность и черная металлургия России во второй половине XIXв. С. 200.

② Дьяконова И. А. Нефть и уголь в энергетики царской России в международных сопоставлениях. С. 58，59.

③ Тихонов Б. В. Каменноугольная промышленность и черная металлургия России во второй половине XIXв. С. 34-35；Баканов С. А. Угольная промышленность Урала: жизненный цикл отрасли от зарождения до упадка. С. 44.

④ Братченко Б. Ф. История угледобычи в России. С. 112.

⑤ Дьяконова И. А. Нефть и уголь в энергетике царской России в международных сопоставлениях. С. 61.

⑥ Тихонов Б. В. Каменноугольная промышленность и черная металлургия России во второй половине XIXв. С. 34-35，79，109-110；Баканов С. А. Угольная промышленность Урала: жизненный цикл отрасли от зарождения до упадка. С. 44，51.

量逐年增加，1878 年、1879 年和 1882 年其采煤量分别为 158 万普特、396 万普特和 1189 万普特，随着西伯利亚大铁路的通行，乌拉尔煤田的采煤量迅速增加，19 世纪末，其采煤量已超过 2135 万普特①，但仍低于其他煤田。除 1882 年外，乌拉尔煤田采煤量占全俄采煤量的比例都低于 5%，19 世纪六七十年代，其采煤量一直低于二级煤田，如低于西伯利亚、远东、哈萨克斯坦和中亚等地煤田的采煤量。19 世纪 70 年代末，乌拉尔煤田采矿铁路通行，乌拉尔煤田采煤量开始超过二级煤田的采煤量。19 世纪八九十年代，该地采煤量占全俄采煤量的比例为 3%—5%，随着顿涅茨克煤田采煤量的逐年增加，乌拉尔煤田采煤量占全俄采煤量的比例迅速降低，1890—1900 年其比例甚至低于 3%②。

东布罗夫煤田采煤量降低。19 世纪 80 年代，东布罗夫煤田采煤量开始少于顿涅茨克煤田采煤量，其原因如下：第一，该地煤炭不适合炼焦；第二，南俄冶金工业崛起后对顿涅茨克煤炭的需求量迅速增加。虽然 19 世纪末 20 世纪初，东布罗夫煤田采煤量少于顿涅茨克煤田采煤量，但仍多于乌拉尔、莫斯科近郊等煤田采煤量。以 1860 年、1870 年、1880 年、1890 年和 1900 年为例，该煤田采煤量占全俄采煤量的比例仅为 59.3%、47.3%、39%、41.1% 和 25.5%③，除个别年份外，1880 年以前其采煤量稳居全俄第一位，1880 年以后其采煤量才逊色于顿涅茨克煤田。虽然东布罗夫煤田采煤量巨大，占全俄采煤量的比例较高，但因十月革命前诸多学者都将波兰王国工业专门叙述，在很多统计材料中都将东布罗夫煤田单独列举，因此笔者掌握的该煤田采煤量的数据有限，只能对该煤田进行简单阐述。

1800—1900 年英国采煤量增长了 22.5 倍，人均煤炭需求量从 1660 年的 25 普特增至 1897 年的 240 普特。俄国人均煤炭需求量仅为法国的 1/7，德国的 1/20—1/22，比利时的 1/26 和英国的 1/34，虽然石油工业取

---

① Баканов С. А. Угольная промышленность Урала：жизненный цикл отрасли от зарождения до упадка. С. 52.

② Тихонов Б. В. Каменноугольная промышленность и черная металлургия России во второй половинеXIXв. С. 36.

③ Тихонов Б. В. Каменноугольная промышленность и черная металлургия России во второй половине XIXв. С. 34-35；Баканов С. А. Угольная промышленность Урала：жизненный цикл отрасли от зарождения до упадка. С. 44.

得了傲人成就，但发展本国煤炭工业的任务已迫在眉睫①。1851—1900年，美国采煤量增长了 30.9 倍，20 世纪初其采煤量已超过英国，跃居世界第一位②。1850 年俄国采煤量为英国的 1/858③，1860 年世界采煤量为 88 亿普特，而俄国采煤量为 1800 万普特，仅为世界采煤量的 0.2%左右。1870 年英国、美国、德国、比利时、法国、奥地利、俄国和其他国家燃料结构中煤炭的比例分别为 47%、15.6%、14.2%、5.7%、5.5%、3.8%、0.3%和 7.9%，俄国燃料结构中木柴仍占主导④。1880 年俄国采煤量占世界采煤量的比例增加至 0.9%，但仍需大量进口煤炭，1866 年、1870 年、1875 年和 1877 年俄国煤炭进口量占本国煤炭总需求量的比例分别为 59.2%、54.9%、40%和 44.4%⑤。1870—1900 年俄国采煤量增长了32 倍，从 2227 万普特增至 7.3 亿普特。1884 年，叶卡捷琳娜铁路修建完毕，将顿涅茨克和克里沃洛热铁矿区连为一体，南俄冶金工业迅速崛起。1900 年俄国采煤量已占世界采煤量的 2.1%，而此时美国、英国和德国采煤量的占世界采煤量的比例达 81%⑥。19 世纪下半期俄国煤炭工业发展迅速，顿涅茨克煤田的作用迅速提升、莫斯科近郊煤田和东布罗夫等煤田的作用逐渐下降，乌拉尔和其他二级煤田的采煤量长期停滞不前。因 20 世纪初俄国石油工业停滞不前，俄国煤炭工业步入全新发展时期，除顿涅茨克煤田采煤量持续增加外，乌拉尔煤田和众多二级煤田的采煤量也不容忽视。

三、20 世纪初煤炭工业全盛

19 世纪上半期，英国采煤量为其他国家采煤量的总和，1898 年以前英国采煤量一直居世界首位，19 世纪英国采煤量增长了 90 倍。18 世纪下半期以前英国是农业国，煤炭工业改变了英国的经济面貌，英国也因此成为第一次工业革命的摇篮。19 世纪初美国采煤量很低，19 世纪末其采煤量才开始赶上英国。1822—1850 年美国采煤量增长了 118.7 倍，1851—1900 年

---

① Докладная записка Витте Николаю II. Февраль 1900г. //Историк-маркинк, 1935, №2-3. С. 135.

② Иголкин А. А. Источники энергии: экономическая история (до начала XX века). С. 123, 126.

③ Дьяконова И. А. Нефть и уголь в энергетике царской России в международных сопоставлениях. С. 42.

④ Иголкин А. А. Источники энергии: экономическая история (до начала XX века). С. 137.

⑤ Бакулев Г. Д. Черная металлургия Юга России. М., 1953. С. 79.

⑥ Иголкин А. А. Источники энергии: экономическая история (до начала XX века). С. 138.

其采煤量增长了 29.9 倍，而英国采煤量只增长了 4 倍，虽然这一时期俄国采煤量增长了 278 倍，但 19 世纪末其采煤量远逊色于英美两国[①]。

20 世纪初，经济危机对石油工业冲击较大，煤炭工业却在此契机下蓬勃发展，各煤田采煤量明显增加。煤炭需求量增加，引起煤炭荒，1901—1902 年，顿涅茨克和莫斯科近郊煤田采煤量明显减少。20 世纪初俄国各大煤田中，莫斯科近郊和东布罗夫煤田采煤量长期停滞不前，顿涅茨克煤田采煤量迅速增加，此外乌拉尔、西伯利亚等二级煤田采煤量也快速增加。20 世纪初俄国煤炭工业发展迅速，煤炭已逐渐排挤石油产品，1913 年巴库地区轻质石油均价为 43.7 戈比/普特，重油均价为 40 戈比/普特，平均价格为 41.85 戈比/普特，而此时煤炭车站发货价仅为 11.1 戈比/普特，煤炭价格约为石油价格的 1/4，因石油的热值高于煤炭，考虑物理因素，最终煤炭价格仍是石油价格的 1/2 左右。因价格低廉，煤炭的需求量大增，1913 年俄国煤炭开采量已是石油开采量的 3.9 倍。第一次世界大战前俄国工业、运输业的煤炭使用量迅速增加，煤炭成为最主要的动力燃料[②]。为了更好地阐述 20 世纪俄国煤炭工业的发展状况，笔者除对 20 世纪初俄国煤炭工业总体发展状况进行阐述外，还分别对各煤田的发展状况进行分析，包括莫斯科近郊煤田长期停滞不前，乌拉尔煤田和远东等地煤田发展迅速，顿涅茨克煤田仍迅速发展，且垄断趋势日增，因后文会对此时期顿涅茨克煤田的垄断状况进行详细分析，此处只作简单介绍。

20 世纪初经济危机期间俄国采煤量稍有回落。俄国采煤量从 1900 年的 7.3 亿普特降至 1901 年的 6.7 亿普特，但 1902 年起，采煤量逐年增加，1903 年俄国采煤量增至 10.9 亿普特，1916 年达 19 亿普特[③]。虽然经济危机期间俄国采煤量稍有回落，但因经济危机对石油工业冲击较大。20 世纪初俄国煤炭工业蓬勃发展，工业和运输业对煤炭的需求量剧增，燃料结构的煤炭化趋势日益发展。1899 年俄国新建企业数量为 325 家，企业

① Дьяконова И. А. Нефть и уголь в энергетике царской России в международных сопоставлениях. С. 41-42.

② Дьяконова И. А. Нефть и уголь в энергетике царской России в международных сопоставлениях. С. 123.

③ Иголкин А. А. Источники энергии：экономическая история（до начала XX века）. С. 138；Дьяконова И. А. Нефть и уголь в энергетике царской России в международных сопоставлениях. С. 166.

创立资本 3.6 亿卢布，其中 69 家为外资企业，1903 年成立 76 家企业，企业创立资本 6810 万卢布，其中 15 家有外国资本家的股份。南俄地区也受其影响，新建企业数量大规模减少，外资流入量减少，采煤量稍有回落。1905 年，铁路部门的燃料需求量大幅度减少，该年度铁路部门共消费顿涅茨克煤炭 1.6 亿普特[①]。煤炭工业与冶金工业一样受危机影响较为严重，在南俄采矿工业企业主代表大会讨论之后，1906 年，顿涅茨克矿物燃料贸易股份公司，即煤炭销售辛迪加成立，该辛迪加逐步垄断了顿涅茨克煤炭开采和销售业务，此后南俄煤炭工业发展状况逐渐好转，后文将对该辛迪加的状况进行专门阐述，此处不再赘述。第一次世界大战前顿涅茨克煤田采煤量迅速增加，与 1912 年相比，1913 年该煤田采煤量增长了近 20%[②]。这一时期二级煤田采煤量迅速增加，乌拉尔和西伯利亚煤田采煤量的增长最为显著。

20 世纪初经济危机期间乌拉尔煤炭工业步入萧条期。20 世纪初经济危机对俄国工业造成巨大冲击，冶金工业和煤炭工业都受到了一定影响。1899—1900 年全俄采煤量降低了 1.2 亿普特，1900 年，俄国出现第一次燃料荒。经济危机导致长期使用木制燃料的乌拉尔冶金工业长期萧条，生产单位产量铸铁的燃料成本明显高于南俄地区。乌拉尔地区生产 1 普特铸铁需 1.1 普特木柴，其燃料消耗为 17.3 戈比，而南俄地区生产 1 普特铸铁的燃料消耗为 15.3 戈比，燃料成本明显低于乌拉尔地区，此外乌拉尔地区运输成本也明显高于南俄地区[③]。乌拉尔地区燃料结构中石煤、焦炭、木炭、泥炭、木柴和石油的比例分别为 7.8%、0.7%、38.5%、3.3%、46.8% 和 2.9%[④]，木制燃料仍是乌拉尔地区的主导燃料，经济危机期间乌拉尔煤田采煤量大跌。

日俄战争后乌拉尔煤炭工业快速发展。日俄战争期间基杰洛夫煤炭的需求量迅速增加，原有矿井规模逐渐扩大，并新建许多矿区，1915 年基

① Фомин П. И. Горная и горнозаводская промышленность Юга России. Том II. С. 31，33.

② Погребинский А. П. Государственно-монополистический капитализм в России. С. 27；Фомин П. И. Горная и горнозаводская промышленность Юга России. Том II. С. 34.

③ Иголкин А. А. Источники энергии: экономическая история（до начала XX века）. С. 77-78；Соловьева А. М.，Железнодорожный транспорт России во второй половине XIXв. 175.

④ Дьяконова И. А. Нефть и уголь в энергетики царской России в международных сопоставлениях. С. 98.

杰洛夫煤炭开采量达 5898 万普特[①]。第一次世界大战期间因伐木工人数量严重不足，乌拉尔地区燃料结构中煤炭的比例达 42%[②]。1906 年，乌拉尔—高加索股份公司成立，1907—1917 年该地区采煤量超过 6100 万普特[③]。乌拉尔煤田有五个大型矿区，其中以基杰洛夫矿区开发最早，其他矿区分别为博加斯洛夫、叶加尔什尼斯克、车里雅宾斯克和波尔塔夫斯克矿区，但产量明显低于基杰洛夫矿区。1917 年基杰洛夫、博加斯洛夫、叶加尔什尼斯克、车里雅宾斯克和波尔塔夫斯克矿区的采煤量分别为乌拉尔煤田总采煤量的 50%、22%、5%、5% 和 1%，乌拉尔煤田采煤量占全俄采煤量的比例已从 1900 年的 2.2%增加至 1917 年的 5%[④]。1914—1917年，乌拉尔煤田采煤量迅速增加，但受国内外政治状况的影响，1917 年乌拉尔煤田又进入萧条期。

　　莫斯科近郊煤田采煤量仍停滞不前。莫斯科近郊煤炭最主要的需求者是莫斯科—库尔斯克、下诺夫哥罗德、梁赞—乌拉尔、塞兹兰—维亚兹马和尼古拉耶夫铁路，以及莫斯科附近的企业。该煤田最大的采煤企业是莫斯科近郊煤炭股份有限公司，但其采煤量有限。1917 年，莫斯科近郊煤田已有 57 个矿井和 11 个在建矿井。梁赞省胜利区煤矿生产效率最高，该地有 6 个矿井，采煤量占莫斯科近郊煤田采煤量的 44%。土拉省托瓦尔克夫煤矿采煤量占据第二位，该地也有 6 个矿井，其采煤量占莫斯科近郊煤田采煤量的比例为 19.2%。第三位是格罗托夫矿区，该地也有 6 个矿井，其采煤量占莫斯科近郊煤田采煤量的比例为 10%。第四位是波布里克夫矿区，该地有 5 个矿井，其采煤量占莫斯科近郊煤田采煤量的比例为 8%。莫斯科近郊煤田井下工人年均劳动生产率为 1.2 万普特，煤田所有企业共有 20 名采矿工程师、30 名采矿工长、5 名机械师和技师，仍采用人工挖煤方式，机器数量有限[⑤]。虽然莫斯科近郊煤田的煤炭产量不容忽

① Братченко Б. Ф. История угледобычи в России. С. 116.
② Баканов С. А. Угольная промышленность Урала：жизненный цикл отрасли от зарождения до упадка. С. 73；Решетин Н. Добыча и потребление топлива в уральском районе в 1916—1917//Промышленный урал. 1920. №1. С. 76.
③ Братченко Б. Ф. История угледобычи в России. С. 118.
④ Панкратов Ю. А.，Шолубько И. Г.，Эллис А. М. Челябинский угольный бассейн（краткий историко-экономический очерк）. Челябинск，Челябинское кн. изд-во1957. С. 12；Баканов С. А. Угольная промышленность Урала：жизненный цикл отрасли от зарождения до упадка. С. 78.
⑤ Братченко Б. Ф. История угледобычи в России. С. 112.

视，但市场需求量明显降低，该煤田衰落的趋势不可逆转。

19 世纪至 20 世纪初，东西伯利亚、库兹涅茨、远东、伯朝拉等煤田发展迅速。东西伯利亚煤田最大的矿区是伊尔库斯克矿区，因西伯利亚大铁路修建，此矿区迅速发展。东西伯利亚煤田第一个矿区切列姆霍沃矿区始建于 1895—1896 年，20 世纪初该矿区已有 20 多个小煤矿，煤田日开采量达 2.4 万普特。东西伯利亚煤田的煤炭多集中于伊尔库斯克省，1899 年亚历山大洛夫和纳塔里尼斯基矿区的采煤量已达 120 万普特，1900 年达 380 万普特[①]。日俄战争和第一次世界大战期间煤炭开采量迅速增加，1908 年该矿区建立煤炭辛迪加集团，90% 的开采量集中于伊尔库斯克省。1917 年切列姆霍沃矿区的采煤量已达 7625 万普特，为 1900 年的 15 倍[②]。

远东煤田。远东煤田煤炭工业主要集中于乌苏里斯克边疆区，1858 年该地建立了第一个小型矿井。19 世纪 50 年代该地采煤量已达 3111 万普特[③]，但因劳动力不足和地理状况复杂，长时期内采煤量无任何进展。19 世纪 70—80 年代，该地发现新矿区，但采煤量并无明显增加。20 世纪初，因西伯利亚大铁路修建和日俄战争，煤炭需求量大增，1908 年西伯利亚地区的煤炭需求量为 6588 万普特[④]，该地采煤量迅速增加。此外，萨哈林地区的采煤量也逐年提高，1887 年、1894 年、1897 年和 1900 年其采煤量分别为 50 万普特、100 万普特、200 万普特和 300 万普特[⑤]。远东煤田煤炭工业快速发展，加快了西伯利亚地区铁路建设的速度，1895—1904 年托姆斯克省和伊尔库斯克省的采煤量分别增长了 13 倍和 34 倍，1910 年西伯利亚地区采煤量增至 1.2 亿普特，该地采煤量占全俄采煤量的 8%[⑥]。

库兹涅茨煤田。库兹涅茨煤田主要位于阿尔泰山麓东部、阿尔泰和萨莱尔岭之间，该煤田的长、宽分别为 400 俄里和 100 俄里，总面积近 4 万

① Тихонов Б. В. Каменноугольная промышленность и черная металлургия России во второй половине XIXв. С. 261.

② Братченко Б. Ф. История угледобычи в России. С. 118.

③ Братченко Б. Ф. История угледобычи в России. С. 119.

④ Кафенгауз Л. Б. Эволюция промышленного производства России（последняя треть XIXв. —30-е годы XXв）. С. 76.

⑤ Тихонов Б. В. Каменноугольная промышленность и черная металлургия России во второй половине XIXв. С. 265.

⑥ Алексеев В. В.，Алексеева Е. В.，Зубков К. И.，Побережников И. В. Азиатская Россия в геополитической и цивилизационной динамике XIX—XX века. М.，Наука，2004. С. 504.

平方俄里。该煤田煤层较厚，煤炭资源丰富。1721 年，该煤田发现煤炭，但并未进行开采。1851 年，库兹涅茨煤田开设第一个矿区——巴恰特斯矿区，因地质条件十分复杂，岩层较厚，岩石十分陡峭，炼焦和动力用煤交替分布，19 世纪末以前该矿区采煤量很低，其原因还有：第一，俄国工人缺乏在复杂矿区开采煤炭的经验；第二，煤炭和岩石结合在一起，很难分离；第三，恶劣的自然条件致使该地与销售市场联系较弱。西伯利亚大铁路建成后，库兹涅茨煤田采煤量有所增加，但仍不能与顿涅茨克等大型煤田相比。不过，20 世纪库兹涅茨煤田采煤量迅速增加，如今俄罗斯 50%的煤炭和 70%的焦炭都产于此煤田[①]。

19 世纪下半期，俄国煤炭工业开始迅速发展，顿涅茨克煤田后来居上，十月革命前其采煤量一直居首位，莫斯科近郊和东布罗夫煤田采煤量开始下滑。20 世纪初，受经济危机的影响，石油工业开始衰落，煤炭工业却发展迅速，顿涅茨克煤田销售市场逐步扩大，开始排挤莫斯科近郊煤田，二级煤田采煤量却明显增加。上述煤田中东布罗夫煤田虽然产量较大，采煤量占全俄采煤量的比例较高，但因资料和数据有限，笔者仅以 19 世纪末至 20 世纪初采煤量最高的顿涅茨克煤田为例，来阐述俄国煤炭工业的发展状况。19 世纪末至 20 世纪初，俄国能源工业快速发展，在石油工业和煤炭工业快速发展之后，国外矿物燃料逐步退出俄国市场，在垄断国内市场的同时，俄国煤油一度左右着国际石油市场。

---

① Братченко Б. Ф. История угледобычи в России. С. 116.

第三章

俄国能源市场

在能源工业发展进程中生产、流通和销售环节都至关重要，就产品生产环节而言，笔者主要从能源开采、钻探业务和加工业状况进行阐述，巨大的储备量是能源工业繁荣的基础，在第二章已有所述及。运输是能源工业的中间流通环节，运输方式和工具的逐步完善、运输和仓储设施的修建能促进能源工业快速发展，运输部门不但是巨大燃料需求部门，也是燃料贸易的坚实后盾。消费市场是能源工业发展的最终环节，国内市场是能源工业发展的前提，国外市场则是能源工业繁荣的动力。为了更好地分析十月革命前俄国能源市场，笔者分别从石油市场和煤炭市场这两方面来进行分析。

第一节 俄国石油市场

生产和消费是工业发展最重要的两大环节，生产决定消费的对象、方式和规模，消费市场对生产具有反作用，消费调节生产，而产品运输则是保障二者协调发展的中间流通环节，石油工业也是如此。俄国石油的运输方式有三种，分别为水路、铁路和管道运输，其中以水路运输影响最大。为了更好地探析俄国石油市场，笔者从国内和国外市场两方面进行论述。

一、石油运输

随着巴库地区石油工业快速发展，石油外运量迅速增加，1885 年、1890 年、1895 年和 1900 年巴库石油外运量分别为 0.65 亿普特、1.9 亿普特、2.8 亿普特和 4.4 亿普特，外运量占各年度开采总量的 75%[①]。巴库石油外运主要采用三种方式，即水路、铁路和管道运输，在三种运输方式中水路运输占据主导地位。阿斯特拉罕是连接里海和伏尔加河两条水路的枢纽，19 世纪初以前，80%左右的外运石油都通过伏尔加河—阿斯特拉罕—里海水路运往俄国各地[②]。虽然巴库石油外运方式中水路运输占主导，但随着铁路和管道运输方式的日益完善，其输油量也不容小觑。

（一）水路运输

巴库石油运输业的发展在很大程度上依靠水路运输，最初人们使用帆船运输石油，随后使用蒸汽轮船，因运输工具简陋，货物大量损失，此时货物损失率约为 10%—12%[③]。为减少损失并提高产品运输量，俄国石油运输企业主不断改进运输工具，伏尔加河先后出现载油帆船、大金属箱平底船、油罐船、石油发动机船和煤油发动船等类型船只。为了更好地阐述里海—伏尔加河水路的石油运输量，笔者分别从伏尔加河水路的输油方向、水路的石油运输量不断提高、大型运输公司等角度进行分析。

伏尔加河水路的输油方向。伏尔加河流域石油除少量运至下游几处港口外，大多运至下诺夫哥罗德和雷宾斯克港口，高加索铁路修建完毕前下诺夫哥罗德港口的石油多沿奥卡河和卡马河运至中部工业区与乌拉尔地区。雷宾斯克港口的石油运输方向有三：第一，沿马林斯基水路运至圣彼得堡、别洛泽尔斯克、沃兹涅谢尼耶、切列波韦茨等地；第二，沿伏尔加河向上运至莫洛加、卡利亚津、乌格利奇、特维尔等地；第三，运至沃洛格达、大乌斯秋格等地，以及北德维纳河港口和阿尔汉格陵斯克等地。石油从雷宾斯克港口至圣彼得堡所需的时间超过两个月，即便如此，石油的运输量仍逐年增加。伏尔加河流域石油的主要目的地是阿斯特拉罕、察里津、萨拉托夫、萨马

① Самедов. В. А. Нефть и экономика России（80—90-е годы Ⅸ века）. С. 52；张广翔：《19 世纪至 20 世纪初俄国的交通运输与经济发展》，《社会科学战线》2014 年第 12 期，第 235 页。

② Лисичкин С. М. Очерки по истории развития отечественной нефтяной промышленности. С. 325；张广翔：《19 世纪至 20 世纪初俄国的交通运输与经济发展》，《社会科学战线》2014 年第 12 期，第 235 页。

③ Лисичкин С. М. Очерки по истории развития отечественной нефтяной промышленности. С. 310.

拉、喀山、下诺夫哥罗德、雅罗斯拉夫和雷宾斯克等地。

具体而言，俄国石油的主要需求地为中部工业区和俄国欧洲部分。1900年，莫斯科的石油需求量为 3040 万普特，弗拉基米尔的石油需求量为 1320 万普特，圣彼得堡的石油需求量为 830 万普特，萨拉托夫的石油需求量为 720 万普特，科斯特罗马的石油需求量为 420 万普特，奥廖尔的石油需求量为 280 万普特，雅罗斯拉夫的石油需求量为 230 万普特，梁赞的石油需求量为 210 万普特，瓦亚特斯克的石油需求量为 190 万普特，萨马拉的石油需求量为 30 万普特，喀山的石油需求量为 190 万普特，彼尔姆的石油需求量为 50 万普特，唐波夫的石油需求量为 120 万普特，阿斯特拉罕的石油需求量为 110 万普特，特维尔的石油需求量为 50 万普特，土拉的石油需求量为 70 万普特，乌法的石油需求量为 70 万普特，巴库地区的石油需求量为 250 万普特。就各工业区而言，1910 年，中部工业区（莫斯科、弗拉基米尔、卡卢加、科斯特罗马、下诺夫哥罗德、斯摩陵斯克、特维尔、土拉和雅罗斯拉夫省）的石油需求量最大，原油的需求量为 220 万普特，重油和煤油的需求量分别为 4420 万普特和 2.2 万普特。中部黑土区（沃罗涅日、库尔斯克、奥廖尔、奔萨、唐波夫和顿河区域）的原油、重油和煤油的需求量分别为 3.7 万普特、250 万普特和 2.3 万普特。乌拉尔地区（奥伦堡、彼尔姆和乌法）原油、重油和煤油的需求量分别为 5.9 万普特、160 万普特和 0.2 万普特。因此石油的主要需求地为缺少石油矿区的工业区，石油需要运输数千千米才能运至目的地。1913 年，巴库地区共运出 1.7 亿普特重油，其中 1.4 亿普特重油经伏尔加河流域运至俄国中部地区[1]。察里津、下诺夫哥罗德和雷宾斯克港口是重要的石油交易点，其中下诺夫哥罗德港口的石油交易量最大。

水路的石油运输量不断提高。19 世纪 70 年代末期，俄国在里海只有 296 艘运油船，1880 年新建 11 艘油轮和 40 艘纵帆船，石油运输量可达 1000—1500 万普特[2]。19 世纪 80 年代，里海输油船以帆船为主；19 世纪末，油轮已成为运油主力。随着船只数量的增加和船只种类的变化，里海运往伏尔加河流域的石油数量大增，笔者以下诺夫哥罗德—莫斯科铁路和马林斯基水路的输油量为例来阐述伏尔加河水路的输油量。石油沿伏尔加

---

① Дьяконова И. А. Нефтъ и уголь в энергетике царской России в международных сопоставлениях. С. 102; Лисичкин С. М. Очерки по истории развития отечественной нефтяной промышленности. С. 349.

② Наниташвили Н. Л. Экспансия иностранного капитала в Закавказье（конец XIX—начало XX вв.）. С. 82.

河水路运至下诺夫哥罗德港口后，货物发生分流，一部分经铁路运至莫斯科，另一部分经水路运至圣彼得堡。19 世纪 80 年代，下诺夫哥罗德—莫斯科铁路的输油量开始迅速增加。1876 年下诺夫哥罗德—莫斯科铁路货流中石油的比例仅为 1.5%，1890 年增至 18.4%，这一时期石油运输量增加了 19 倍，达到 1891.4 万普特，下诺夫哥罗德—莫斯科铁路供油量占莫斯科石油需求量的 65%[①]。雷宾斯克港口的石油多经过马林斯基水路运至圣彼得堡，19 世纪末至 20 世纪初马林斯基水路石油产品的运输量详见表 3-1。

表 3-1　19 世纪末至 20 世纪初马林斯基水路石油产品的运输量（单位：普特）

年份	1897	1898	1899	1900	1901	1902	1903
煤油	220 000	5000	83 000	300 000	334 000	669 000	1 482 000
重油	—	101 000	—	40 000	147 000	5 022 000	3 623 000
总计	220 000	106 000	83 000	340 000	481 000	5 691 000	5 105 000

资料来源：Лисичкин С.М.Очерки по истории развития отечественной нефтяной промышленности.С.319

诺贝尔兄弟集团控制里海石油运输业务。1877 年，里海第一艘油罐船属诺贝尔兄弟集团所有，此后该公司的油罐船只数量不断增加，2 年后该公司的船队船只数量增加至 69 艘，包括 12 艘大型海洋油轮、10 艘小油轮，该公司在伏尔加河流域还有数艘铁制平底船和 32 艘木制驳船[②]。1880 年，诺贝尔兄弟集团建造了两艘长度为 75 米的铁制平底船，载货量为 3.5 万普特。1881 年，其从瑞典订购了两艘长达 85 米的铁制平底船，其打算通过垄断石油运输业务来巩固自己在俄国石油市场中的地位。1881 年，诺贝尔兄弟集团建造了两艘油罐船，船只载重量达数万普特，船舱使用铁制隔板分开，隔板缝隙进行了精密的密封处理。1882 年，里海区域还出现了瑞典制造的蒸汽油轮；1897 年，里海区域出现双螺旋桨油轮，油轮开始大规模使用。至 1908 年，伏尔加河流域共有 117 艘铁制平底船，容量均达 18.5 万普特[③]，1908 年又出现了 11 艘该类船只，其中 8 艘

---

① Халин А. А. Система путей сообщения нижегородского поволжья и ее роль в социально-экономическом развитии региона（30—90 гг. XIX в.）. Н. Новгород., Изд-во Волго-ветской академии государственной службы, 2011. С. 217; Халин А. А. Московско-нижгородская железная дорога// Исторические записки111. М., Наука, 1984. С. 310.

② Наниташвили Н. Л. Экспансия иностранного капитала в Закавказье（конец XIX—начало XX вв.）. С. 83.

③ Лисичкин С. М. Очерки по истории развития отечественной нефтяной промышленности. С. 316; Ахундов В. Ю. Монополистический капитал в дореволюционной бакинской нефтяной промышленности. С. 21.

由石油企业主制造，其余船只由造船厂制造，这些船只大部分属于诺贝尔兄弟集团。1910 年，诺贝尔兄弟集团共有 238 艘船只，其中 185 艘为非蒸汽油罐船，53 艘为蒸汽油罐船，其石油的运输量也从 1874 年的 1000 万普特增至 1904 年的 3.2 亿普特[①]。几乎所有大城市中都有诺贝尔兄弟集团的石油仓库，1883 年诺贝尔兄弟集团的业务支出为 2100 万卢布，其中 1600 万卢布用于石油运输业务，只有 500 万卢布用于石油开采和加工业务[②]，其十分关注运输业务，长期垄断俄国石油运输业务。

虽然巴库地区石油输送量迅速增加，但运输的高成本和运输工具落后严重影响了俄国石油工业的发展。巴库地区石油多使用水路运输，铁路运输的比例仅占 20%[③]。虽然石油运输量巨大，却只占河运货物运输比例的 14.5%，石油及其制品在伏尔加河流域所占的比例最大，1880 年、1890 年和 1902 年伏尔加河流域输油量分别为 0.1 亿普特、0.61 亿普特和 3.5 亿普特，1913 年石油运输量占伏尔加河流域水路货流量的 22%[④]。具体而言，十月革命前俄国工业分布极其不平衡，主要工业企业集中分布于莫斯科和圣彼得堡、顿涅茨克、巴库等地，国家大部分地区工业发展较为缓慢，而俄国石油工业主要集中于高加索地区。俄国主要的石油需求地为莫斯科、圣彼得堡和俄国欧洲部分等地区，石油燃料运至消费地距离超过 2500 千米，1892—1903 年巴库地区年均石油运出量为 3.9 亿普特，而年均石油开采量为 5 亿普特，因此 78% 的石油需要外运。1882—1886 年、1892—1896 年、1902—1906 年、1912 年和 1913 年，铁路运输石油的距离分别为 658 千米、721 千米、667 千米、589 千米和 634 千米，水路运输石油的距离分别为 1386 千米、1464 千米、1785 千米、1783 千米和 1711 千米，1905 年和 1913 年俄国内河石油的运输量分别为 2.5 亿普特和 2.7 亿普特。1913 年，

① Мавейчук А. А., Фукс И. Г. Иллюстрированные очерки по истории российского нефтегазового дела. Часть 2. С. 21.

② Наниташвили Н. Л. Экспансия иностранного капитала в Закавказье（конец XIX—начало XX вв.）. С. 83.

③ Лисичкин С. М. Очерки по истории развития отечественной нефтяной промышленности. С. 325.

④ Мавейчук А. А., Фукс И. Г. Иллюстрированные очерки по истории российского нефтегазового дела. Часть 2. С. 21；Лисичкин С. М. Очерки по истории развития отечественной нефтяной промышленности. С. 324；Соловьева А. М. Железнодорожный транспорт России во второй половине XIX в. С. 208；Бессолицын А. А. Поволжский региона на рубеже XIX—XX вв.（основны тенденции и особенности экономического развития）// Экономическая история России：проблемы，поиск，решения： Ежегодник. Вып 5. Волгоград.，Изд-во ВолГУ. 2003. С. 197.

仅伏尔加河流域的石油运输量就达 2.4 亿普特[①]。由此可见巴库地区的石油以水路运输为主。随着巴库地区石油产量迅速增加，铁路和管道运输也成为主要的输油方式。

（二）铁路运输

虽然石油产品的运输方式中水路占绝对优势，但铁路的货运量仍不容小觑。19 世纪下半期，俄国铁路建设规模巨大，但高加索地区铁路建设严重滞后。70 年代，该地区已开始修建铁路，但多为矿区内铁路，货运量有限。20 世纪初，高加索铁路才与国内主要铁路线路相通，铁路的输油量大增。笔者从高加索铁路修建前俄国铁路的建设状况、高加索地区铁路建设状况、高加索铁路的石油产品输送量、油罐车厢供应量严重不足等几方面对高加索地区铁路建设及其对石油工业的影响进行分析。

高加索铁路修建前俄国铁路的建设状况。19 世纪下半期，工业革命席卷全球，主要资本主义国家纷纷加入工业革命的大潮，生产力发展引起资本主义国家经济结构的深刻变革。英国工业革命的完成刺激了美国和欧洲其他资本主义国家纷纷开展工业革命。在工业革命中铁路作用重大，铁路刺激了资本主义国家轻重工业的快速发展。19 世纪下半期，交通运输革命推动了生产力的发展，促进了主要资本主义国家经济结构的改变。1860—1880 年，世界铁路网络飞速发展，从 10.1 万俄里增至 34.8 万俄里，增长近了 2.5 倍[②]。1861 年农奴制改革后俄国也开始加入资本主义市场经济体系中，俄国的铁路建设不能满足国内经济发展的需求，铁路已成为急需解决的问题之一。俄国在皇村铁路修建完成后，成立了专门的铁路建设委员会，探讨俄国铁路建设工作[③]。1865 年，俄国共有 3270 俄里铁路，此时英国、法国、德国和美国的铁路长度分别为 2.0 万俄里、1.3 万俄里、1.3 万俄里和 5.2 万俄里。为了加快经济发展的速度，俄国政府决定引进外资修建铁路[④]。1861—1880 年，俄

---

① Корелин А. П. Россия 1913 год. СПб., Блиц, 1995. С. 131-132; Лисичкин С. М. Очерки по истории развития отечественной нефтяной промышленности. С. 345; 张广翔：《19 世纪至 20 世纪初俄国的交通运输与经济发展》，《社会科学战线》2014 年第 12 期，第 235 页。

② Соловьева А. М. Промышленная революция в России в XIXв. С. 133.

③ Халин А. А. Появление железнодорожного транспорта в России. Проекты и строительство железной дороги к Нижнему Новгороду//Система путей сообщения Нижегородского Поволжья и её роль в социально-экономическом развитии региона（30—90 –е гг. XIX в.）. Нижний Новгород: Изд-во Волго-Вятской академии государственной службы. 2005. С. 79.

④ Струмилин С. Г. История черной металлургии в СССР. С. 184-187.

国铁路长度增加了 13 倍，达 2.1 万俄里，莫斯科、波罗的海、亚述—黑海和西部铁路线路把俄国欧洲部分的铁路连为一体[①]。

高加索地区铁路建设状况。虽然俄国铁路建设如火如荼，但俄国政府一直干预高加索地区的铁路建设，拒绝批准连接油田和巴库各港口间铁路的建设方案。1873 年，巴库地区成立阿普歇伦铁路公司，该公司决定修建连接巴库油田的 45 俄里铁路，随后又建议每普特石油收取 1 戈比费用，充当铁路建设资金，但政府并未批准该方案。1878 年俄国才开始修建巴库—巴拉罕铁路，该铁路于 1879 年通行，是第一条连接巴库油田和各油田的铁路。俄国主要的石油产区巴库油田和格罗兹尼油田长时间没有铁路，1875 年俄国才修建罗斯托夫—顿河—弗拉季高加索铁路，此后开始大规模修建输油铁路。1883 年，高加索铁路竣工，该铁路连接巴库油田和巴统区域，是巴库石油运往黑海的主要线路。1884 年，察里津—格利亚杰铁路竣工；1887 年，俄国又修建了霍列茨克—叶卡捷琳诺达尔铁路；1888 年，别斯兰—彼得罗夫斯克—米尼沃达铁路竣工；1889 年，罗斯托夫铁路与察里津铁路会合；1897 年，斯塔夫罗波尔铁路支线通行；1900 年，彼得罗夫斯克铁路和杰尔宾特铁路会合；1901 年，俄国修建连接高加索和叶卡捷琳诺达尔的铁路支线，至此巴库地区铁路轮廓基本形成。

高加索铁路的石油产品输送量。高加索铁路最初只用于油田之间的石油运输，因此高加索的石油输送量很难统计。19 世纪末高加索铁路与国内铁路线路和港口连接后，输油量明显增加。石油一般先从巴库油田运至里海港口，然后通过高加索铁路和弗拉季高加索铁路外运。高加索铁路巴库至巴统段的石油运输量逐年增加，1889 年巴库—巴统铁路线路的输油量与 1888 年相比增长了 134.7%，1890 年同比增加 120.7%，此后输油量逐年增加。1887 年、1892 年高加索铁路货物中石油所占的比例分别为 4.1% 和 6.9%[②]。1896 年、1899 年高加索铁路年均输油量约为 5900 万普特和 8000 万普特，运输能力严重不足[③]。1894 年，俄国石油开始出口，石油先运至彼得罗夫斯克，然后转运至新罗斯斯克。石油从巴库运至巴统的

① Соловьева А. М. Промышленная революция в России в XIX в. С. 137.
② Наниташвили Н. Л. Экспансия иностранного капитала в Закавказье（конец XIX—начало XX вв.）. С. 188；Соловьева А. М. Железнодорожный транспорт России во второй половине XIX в. С. 209.
③ Наниташвили Н. Л. Экспансия иностранного капитала в Закавказье（конец XIX—начало XX вв.）. С. 133.

时间为 15 天，然后运行 9 天至港口，所以出口石油一般由巴统港口发送。高加索铁路与国内铁路线路连接后石油运输量迅速增加，1911—1913 年铁路的年均石油运输量为 2.8 亿普特，其中重油、煤油和其他货物所占的比例分别为 50%、30% 和 20%，但水路输油量仍占主导[1]。因巴库油田距离国内市场较远，所以必须开拓更多的运输方式来运油。

油罐车厢供应量严重不足。虽然高加索铁路建设蓬勃发展，输油量也逐年增加，但车厢问题一直困扰着石油企业主，同时这也是铁路输油量停滞不前的重要原因之一。1883 年高加索铁路只有 250 节油罐车厢，1884 年达到 500 节，1885 年增至 900 节，年均石油运输量达 850 万普特。1884 年察里津—格利亚杰铁路煤油油罐车厢数量为 600 节，重油油罐车厢数量为 200 节。油罐车厢运输巴库石油的比重低于 10%[2]，因油罐车厢数量严重不足，巴库石油企业主第五次代表大会专门讨论车厢供应状况，会议决定诺贝尔兄弟集团、里海-黑海石油工商业公司、希巴耶夫公司月车厢供应数量分别为 151 节、141 节和 128 节[3]，其余车厢供其他石油公司使用，但该协议达成不久后失效。1896—1901 年俄国铁路油罐车厢的数量详见表 3-2。

表 3-2　1896—1901 年俄国铁路油罐车厢的数量（单位：节）

年份	车厢数量
1896	15 752
1897	18 410
1898	19 439
1899	19 783
1900	20 398
1901	21 886

资料来源：Лисичкин С.М.Очерки по истории развития отчественной нефтяной промышленности.С.328

1900 年高加索铁路的输油量为 1.3 亿普特，为此每昼夜需要 600 节油罐车厢，但实际供应量只有 90—250 节油罐车厢。俄国油罐车厢数量长期不足，1905 年共有 2.5 万节油罐车厢，1913 年油罐车厢数量只增加了 2500 节[4]。大型工厂都有自己的装卸站台，货物可以快速装车，小企业的货物只能停放在站台上。因油罐车厢数量有限，铁路输油量长期停滞不

---

① Лисичкин С. М. Очерки по истории развития отечественной нефтяной промышленности. С. 329.

② Лисичкин С. М. Очерки по истории развития отечественной нефтяной промышленности. С. 328.

③ Наниташвили Н. Л. Экспансия иностранного капитала в Закавказье（конец XIX—начало XX вв.）. С. 139.

④ Лисичкин С. М. Очерки по истории развития отечественной нефтяной промышленности. С. 329.

前，所以石油运输方式中水路占绝对优势，随着石油工业的蓬勃发展，管道运输逐渐得到社会各界的重视。

（三）管道运输

石油管道可以大幅度降低石油产品运往国内外市场的成本，此优势水路和铁路运输无法超越。19 世纪末，运输问题已严重制约了俄国石油工业的发展，社会各界对石油管道问题十分关注。里海至伏尔加河水路一年只能通航七个月，而高加索铁路的输油量仅为总运货量的 1/10，因此石油管道建设势在必行。笔者从石油管道建设方案的提出、石油管道的建设及其输油量这方面对石油管道的运输状况进行分析。

石油管道建设方案的提出。俄国使用石油管道运输石油的方案始于门捷列夫。1863 年，他在炼油厂调研时就提出了建立石油管道的想法，但因各种原因并未引起政府的重视。美国石油企业主特维德里第一次提出修建里海和黑海石油管道的完整方案，为此他于 1870—1880 年多次尝试说服俄国政府和其他石油企业主建设石油管道，但因俄土战争的影响，该方案被搁置。1883 年，特维德里又提出建设石油管道的方案，但因其关注美国利益，俄国政府对其方案抱有戒心。1884 年，报纸《新视野》刊登了特维德里修建石油管道的方案后，社会各界对其倍加关注。门捷列夫经过论证指出，不但可以修建油田至炼油厂的石油管道，还可以修建工厂至港口，甚至至黑海沿岸的石油管道。石油管道不但能降低运输成本，还可以加强俄国石油的竞争力。外国资本家高度评价石油管道的意义，纷纷投入资金建设石油管道。罗斯柴尔德公司曾向俄国政府申请修建巴库—巴统石油管道，但遭到否决，该公司利用自己的铁路油罐车和运油船的影响力对俄国政府施压。此时特维德里开始关注该方案，并就具体细节与俄国政府进行协商。

石油管道的建设及其输油量。1886 年巴库油田石油开采量约为 2 亿普特，当地工厂的石油消耗量仅有 1 亿普特[①]，因此必须完善运输方式，促进巴库石油工业的进一步发展。石油从油田运至加工地和需求地最初使用皮囊、油桶等装置，使用人工或畜力运输，因此运输成本较高，企业主

[①] Лисичкин С. М. Очерки по истории развития отечественной нефтяной промышленности. С. 330；
Дьяконова И. А. Нефть и уголь в энергетике царской России в международных сопоставлениях. С. 165.

的利润降低。此外在天气状况不佳时，很难从事运输工作。石油管道不但可以降低运输成本，而且可以缩短运输时间。1878 年，巴库油田第一条石油管道投入使用，该管道的所有者为诺贝尔兄弟集团，管道长 9 俄里，直径为 3 英寸，主要连接巴拉罕和黑城石油加工厂，日均石油运输量达数万普特。该管道不但运输诺贝尔兄弟集团的石油，还可以输送其他公司的石油，根据运输距离计费。石油管道的使用促使石油运输成本降低，因此许多地区都开始建设石油管道。1879 年，巴库油田第二条石油管道黑城—巴拉罕管道竣工，该管道属于利安诺佐夫公司，管道长 12 千米，直径为 3 英寸[①]。1879 年，巴库油田共建成三条石油管道，除黑城—巴拉罕管道外，还有巴库石油公司修建的巴拉哈尼—苏拉罕石油管道，以及米尔佐耶夫公司修建的黑城—巴拉哈尼石油管道。1884 年，巴拉哈尼油田有五条石油管道，年输油量达数千万普特。1890 年，巴库油田石油管道数量达 15 条。1895 年，第一条长度为 12 俄里的石油管道在格罗兹尼投入使用。1895 年，高加索铁路管理局开始巴库—巴统石油管道施工工作，该管道 1897 年正式投入使用。1900 年、1903 年和 1905 年该管道的长度分别达 215 俄里、240 俄里和 373 俄里。1904 年，管道泵送每普特煤油的成本为 16 戈比，1910 年降至 13 戈比，而此时铁路每普特煤油的运输成本为 20 戈比，该管道建设时共花费 2200 万卢布，1904 年已获得 7200 万卢布的纯利润[②]。1907 年该管道的长度达 841 俄里，有 16 个泵站，年石油输送量达 6000 万普特[③]。

　　1911 年，库班省两条石油管道竣工，即迈科普—叶卡捷琳诺达尔管道和迈科普—图阿普谢管道，其长度分别为 80 俄里和 120 俄里。1913—1914 年，彼得罗夫—格罗兹尼管道竣工，该管道长 162 千米，直径为 8 英寸，但该管道对格罗兹尼石油工业发展的效果有限，该地区石油主要使用铁路运输，管道的石油产品泵送量仅为石油输出总量的

① Ахундов В. Ю. Монополистический капитал в дореволюционной бакинской нефтяной промышленности. С. 18; Осбрник Б. Империя Нобелей. История о знаменитых шведах, бакинской нефти и революции в России. С. 42.

② Лисичкин С. М. Очерки по истории развития отечественной нефтяной промышленности. С. 338; Ахундов Б. Ю. Монополистический капитал в дореволюционной бакинской нефтяной промышленности. С. 18.

③ Наниташвили Н. Л. Экспансия иностранного капитала в Закавказье (конец XIX—начало XX вв.). С. 144.

10%。1910 年巴库油田石油管道的运输能力达 300 万普特/天①。石油工业的快速发展要求石油管道运输网络不断完善。格罗兹尼石油企业主开始修建格罗兹尼至黑海的石油管道，1913 年该管道竣工。此外格罗兹尼—波季、格罗兹尼—图阿普谢、格罗兹尼—新罗斯斯克等管道的修建工作也被提上日程。1901 年，巴库油田共有 39 条石油管道，总长度为 394 俄里。1917 年，俄国已有 1202 千米的输油管道②，具体长度和输送能力详见表 3-3。

表 3-3　1917 年以前俄国主要输油管道

管道名称	修建年份	长度/千米	直径/英寸	年输送能力/普特
巴库—巴统	1897—1906	883	8	54 900 000
彼得罗夫斯克—格罗兹尼	1913—1914	162	8	42 700 000
图哈—克拉斯诺达尔	1910—1911	102	8	54 900 000
卡卢加—雅典	1913	25	5	54 900 000
绍尔—波谢耶托夫卡	1913	30	4	54 900 000

资料来源：Лисичкин С.М.Очерки по истории развития отчественной нефтяной промышленности.C.342

　　尽管如此，1917 年以前俄国只有两条大型输油管道，即巴库—巴统管道和彼得罗夫斯克—格罗兹尼管道。虽然这两条管道长度较长，但在石油运输领域中并不具有决定性作用，1911—1913 年全俄石油管道的输油量仅为石油产品运输总量的 6%③。第一次世界大战前巴库油田主要通过高加索铁路、巴库—巴统管道、里海、伏尔加河和马林斯基水路、波罗的海水路运输石油产品。巴库石油主要借助里海和伏尔加河流域向国内市场运输石油，格罗兹尼地区石油多通过管道运往国外市场，通过铁路运往国内市场。恩巴地区的石油主要沿里海运输。1912 年，恩巴地区的石油首次运往伏尔加河流域，此时已形成完整的运输链，石油经管道由矿区运往港口，到达港口后装船运往伏尔加河流域和出口国外。因此，在石油的运输过程中，几种运输方式相互配合，共同促进石油工业的发展，在三种运输方式中水路运输独占鳌头。虽然各种运输方式所占的比例不同，但三种运输方式的配合度逐渐增强。石油运输业务的蓬勃发展为俄国石油工业的发

① Лисичкин С. М. Очерки по истории развития отечественной нефтяной промышленности. С. 338-339.

② Чшиева М. Ч. Кавказская нефть и Нобелевская премия//Человек，Цивилизация，Культура. 2005. №1. С. 35；Ахундов Б. Ю. Монополистический капитал в дореволюционной бакинской нефтяной промышленности. С. 19；Лисичкин С. М. Очерки по истории развития отечественной нефтяной промышленности. С. 342.

③ Лисичкин С. М. Очерки по истории развития отечественной нефтяной промышленности. С. 342.

展提供了强大的动力。

二、石油市场

产品销售是石油工业的最终环节，产品销售状况受制于市场容量、范围、供需和竞争状况，市场行情决定着石油工业的发展规模和潜力。19世纪80年代以前，俄国国内石油市场供低于求，因此美国石油充斥俄国市场。19世纪80年代以后，国内石油市场供大于求，俄国石油产品除垄断国内市场外，还出口国外，并在国际石油市场上与美国竞争，为了更好地探析国内外市场对俄国石油工业的影响，笔者从国内石油市场和国外石油市场两个视角进行研究。

（一）国内石油市场

随着石油工业的发展、运输方式和运输工具的不断完善，俄国石油市场不断扩展。高加索地区地处里海西岸，具有发展石油贸易的便利条件，该区域石油产品先运至里海—伏尔加河流域，然后运至俄国内陆地区。为了更好地梳理俄国国内石油市场，笔者从输油方向、石油消费区和需求领域、高加索石油产品种类、消费税和大公司垄断石油产品价格制约国内石油市场发展等几方面进行阐述。

输油方向。巴库煤油主要通过两条线路运往国内市场，即高加索铁路和里海—阿斯特拉罕—伏尔加河水路。高加索铁路主要从巴库油田向巴统地区运输石油，货物流向有二：一是运至巴统车站；二是运至里海港口。在与国内铁路衔接后高加索铁路运输的部分石油也直接运至俄国内陆地区，但输油量有限，主要仍运至里海沿岸。石油运至里海港口后发生分流，一部分经黑海运至国外，另一部分经伏尔加河水路运至国内市场。在里海诸港口中除巴库、阿斯特拉罕外，彼得罗夫斯克港口的作用也不容忽视，石油可由高加索地区运至乌尊—阿达地区，然后转运至俄国内陆地区，甚至可运至中亚地区。

石油消费区和需求领域。因地理位置、产业结构和运输状况不同，各地区燃料结构不同，俄国主要的石油消费区为中部工业区、伏尔加河流域、东南部、北高加索和南高加索等地，1913年上述地区燃料结构中石油燃料的比例分别为30.8%、7.2%、78.6%、44.7%和99.1%。虽然各地燃料结构不同，但石油需求量十分巨大。1904 年，波罗的海地区、莫斯科—中部工业区、伏尔加河中游地区、中部黑土区的石油需求量分别为 1991 万普特、468 万普特、707 万普特、8393 万普特；1908 年，这四个地区的石油需求量分别为 5960 万普特、6866 万普特、1353 万普特、1100 万普特；1912 年，这四个地区的石油需求量分别为 1552 万普特、757 万普特、500 万普特和 689 万普特①。就需求领域而言，俄国主要的石油需求领域为工业、铁路和河运部门，1890 年，这三个部门石油燃料的总需求量约为 7600 万普特，各部门的石油燃料需求量分别为 1900 万普特、2200 万普特、3500 万普特，各部门的石油燃料需求比例分别约为 25%、29%、46%；1900 年这三个部门石油燃料的总需求量为 2.4 亿普特，各部门的石油燃料需求量分别为 1.08 亿普特、6500 万普特、6700 万普特，各部门的石油燃料需求比例分别约为 45%、27.1%、27.9%；1913 年这三个部门石油燃料的总需求量为 1.95 亿普特，各部门的石油燃料需求量分别为 9000 万普特、6500 万普特、4000 万普特，各部门的石油燃料需求比例分别约为 46%、33%、21%，②。其中中部工业区（莫斯科、弗拉基米尔、克斯特罗马和下诺夫哥罗德等省）石油燃料需求量最大，伏尔加河水路和高加索铁路是运输石油产品的主要线路。

高加索石油产品种类。19 世纪 80 年代下半期，美国石油逐渐被排挤出俄国市场，高加索地区石油产品开始运至全国各地，其种类众多，其中以重油、煤油、原油、润滑油和汽油所占的比例最高。19 世纪末，巴库油田石油产品中煤油、重油、汽油和润滑油的比例分别为 33%、40%、50%、3%③。1894 年以前，各种石油产品中煤油所占比例最高。1893 年巴库油田煤油的外运量比 1892 年增长了近 10%，增加了 400 万普特，与 1888 年相比增长了 42%④。1894 年以后，巴库油田煤油生产和外运量都有

---

① Лившин Я. И. Монополии в экономике России. С. 298；Дьяконова И. А. Нефть и уголь в энергетике царской России в международных сопоставлениях. С. 98, 99.

② Дьяконова И. А. Нефть и уголь в энергетике царской России в международных сопоставлениях. С. 100；Иголкин А., Горжалцан Ю. Русская нефть о которой мы так мало занаем. С. 91；Ахундов В. Ю. Монополистический капитал в дореволюционной бакинской нефтяной промышленности. С. 9.

③ Карпов В. П., Гаврилова Н. Ю. Курс истории отечественной нефтяной и газовой промышленности. С. 60.

④ Наниташвили Н. Л. Экспансия иностранного капитала в Закавказье (конец XIX—начало XX вв.). С. 151.

所降低，重油的外运量却大幅度增加。巴库油田石油产品质量较高，重油、汽油等产品质量不亚于美国石油产品。重油在巴库石油工业中具有重要意义，因其价格低廉、散热性高、便于运输等优点，很快获得消费者青睐，很多炼油厂都纷纷放弃生产煤油，转产重油。重油的主要需求领域为交通、工业和民用部门。1884—1890 年铁路部门的重油需求量从 390 万普特增至 1760 万普特，河运部门的重油需求量增加了 1 倍，达 3510 万普特；工业部门的重油需求量达 4890 万普特。1890 年重油总需求量约为 1 亿普特[①]。19 世纪 90 年代运输公司运输重油的利润明显高于运输其他石油产品。1894 年运往伏尔加河流域的重油数量为 1.7 亿普特，用于当地消费的数量仅为 700 万普特，国内市场的重油需求量迅速增加[②]。

原油和石油加工产品。巴库油田外运石油产品中原油数量不多，主要通过里海的港口发往伏尔加河流域，如 1894 年运往伏尔加河流域的原油数量为 1400 万普特，原油的消费者主要为国内炼油厂。1894 年高加索铁路原油输送量为 150 万普特，巴统地区原油输送量为 50 万普特[③]。此外润滑油外运量也不容忽视，润滑油中机油比例最高，其次为锭子油、气缸油等。巴库油田的润滑油主要运往国内市场和巴统地区，国外市场也占有相当大的比例，如 1913 年润滑油的国内需求量为 900 万普特，而国外出口量为 1100 万普特。当时国内很多地区，如乌拉尔、西伯利亚和其他地区机器润滑油供应不足，纷纷使用炉用燃料油和动物油润滑。随着石油加工业的发展，汽油的产量也大幅度提高。1913 年俄国国内汽油的需求量仅为 400 万普特，而国外出口量为 500 万普特[④]。尽管 19 世纪末巴库油田石油开采规模缩小，但采油量仍逐年提高。1872—1888 年石油开采量增长了 124 倍，1883—1893 年石油开采量从 1.8 亿普特增加至 4.8 亿普特（1890 年为 2.4 亿普特），增长了约 167%，此时石油运输量从 1.2 亿普特

① Бовыкин В. И. Зарождение финансового капитала в России. М., Изд. Моск. ун-та, 1967. С. 15; Наниташвили Н. Л. Экспансия иностранного капитала в Закавказье（конец XIX—начало XX вв.）. С. 152.

② Наниташвили Н. Л. Экспансия иностранного капитала в Закавказье（конец XIX—начало XX вв.）. С. 152.

③ Наниташвили Н. Л. Экспансия иностранного капитала в Закавказье（конец XIX—начало XX вв.）. С. 153.

④ Лисичкин С. М. Очерки по истории развития отечественной нефтяной промышленности. С. 207.

增至 3.9 亿普特，增长了 225%[①]。巴库油田石油外运量快速增加主要得益
于煤油和重油，1900 年、1910 年和 1914 年巴库油田石油产品中煤油和重
油的比例分别为 94.5%、84.7% 和 87.5%[②]，石油加工产品只处于从属地
位，由此可见巴库油田石油工业产品结构较为单一。

　　消费税和大公司垄断石油产品价格制约国内石油市场发展。虽然俄国
国内石油工业发展十分迅速，但因俄国国内外市场联系脱节、政府征收消
费税和大型石油公司垄断国内市场，俄国国内石油产品价格逐年提高。
1892—1900 年重油价格从 2 戈比/普特增至 18 戈比/普特。1898 年初，原
油和煤油价格已有提高趋势，已达 12 戈比/普特，当年秋季其价格最高达
30 戈比/普特[③]，此状况主要是俄国大型石油企业主垄断国内市场价格导致
的。1888 年，俄国政府重新征收石油产品消费税，对轻型煤油和重型煤
油分别征收 40 戈比/普特和 50 戈比/普特的消费税。1892 年，税率分别抬
高至 60 戈比/普特和 50 戈比/普特，消费税征收把国内煤油价格抬高
了 1 倍。国内煤油价格高于国外，如 1903 年伦敦、汉堡、埃及市场上俄国
煤油的价格分别为 94 戈比/普特、98 戈比/普特和 1 卢布 5 戈比/普特，而莫
斯科、圣彼得堡、华沙和波尔塔瓦的俄国煤油价格为 1 卢布 16 戈比/普
特、1 卢布 33 戈比/普特、1 卢布 29 戈比/普特和 2 卢布/普特。1901 年俄国
欧洲部分居民消耗俄国煤油的价值为 6084 万卢布，其中只有 456 万卢布
为产品成本，1289 万卢布为附加费和其他支出，但这两项支出仅占
约 7.5% 和 21%，4308 万卢布为消费税支出，所占比例约达 3/4[④]。表面上
税率提高增加了石油企业主的负担，但实际上最终都转嫁到了消费者身
上，因煤油价格较高，俄国国内市场煤油需求量长期保持较低水平，所以
俄国大部分煤油都运至国外市场。国内市场上油价居高不下完全是消费税
所致，虽然石油企业主反对国家征收消费税，但十月革命前俄国政府只关

① Дьяконова И. А. Нефть и уголь в энергетике царской России в международных сопоставлениях. С.
67；Наниташвили Н. Л. Экспансия иностранного капитала в Закавказье（конец XIX — начал
о XX вв.）. С. 154；Чунтулов В. Т., Кривцова Н. С., Чунтулов А. В., Тюшев В. А. Эконоическая
история СССР. С. 92.
② Ахундов В. Ю. Монополистический капитал в дореволюционной бакинской нефтяной промыш
ленности. С. 16.
③ Наниташвили Н. Л. Экспансия иностранного капитала в Закавказье（конец XIX—начало XX вв.）.
С. 162，166.
④ Лисичкин С. М. Очерки по истории развития отечественной нефтяной промышленности. С. 206-207.

注财政收入，对石油产品征收消费税一直持续至 1917 年。俄国政府因征收石油产品消费税而获得了巨额收入，如 1913 年俄国政府的财政收入为 84 亿卢布，其中间税为 9.3 亿卢布，煤油产品消费税税额为 4500 万卢布，约占整个间接税收入的 4.8%。当时政府一年开支为 1700 万卢布，教会开支为 4600 万卢布[①]，煤油产品消费税足以弥补教会开支。

不同阶段国内外石油市场对俄国石油工业的影响程度不同。19 世纪 80 年代，高加索地区石油产量有限，国内市场具有主导作用。西方国家工业革命相继完成后，世界市场的石油需求量激增，此时高加索石油工业迅速崛起，国内市场充盈，国外市场的作用逐渐强化。

（二）国外石油市场

虽然在俄国石油工业的发展过程中国内市场贡献巨大，但国外市场对俄国石油工业的发展也功不可没。如果说俄国石油产品占领国内市场较为容易，那么在与长期从事出口业务的标准普尔公司的竞争初期，俄国石油产品很难在国际市场上立足。俄国政府借助于关税保护政策将美国石油排挤出国内市场，巴库石油企业主迅速占领国内市场，但国内市场有限，俄国石油工业的发展离不开国际市场。世界市场上煤油等石油产品的需求量的快速增加为俄国石油产品的出口带来了契机，俄国石油产品开始出口欧洲、近东、中东、东南亚和远东地区。在阐述 19 世纪末至 20 世纪初国际市场上俄国石油的占有率之前，笔者有必要对俄国石油的总体出口量进行分析，这有助于从侧面了解俄国石油出口业务。

俄国石油出口量。俄国石油工业发展初期石油并未运至国外市场，因产量有限，主要在巴库油田周边地区销售，仅向国外出口少量原油。19 世纪上半期，巴库油田 90% 的原油出口国外，此后出口份额降低至 50%，60 年代降至 25%。60 年代，巴库油田建立煤油工厂，原油出口量急剧减少。70 年代初期，巴库油田原油出口量的比例低于 1%[②]。俄国石油产品的出口地大多是美国石油并未成功渗透的国家，或者美国石油并未占据主导地位的国家。1881 年、1884 年、1885 年和 1887 年巴库油田石油出口量分别为 13.4 万普特、150 万普特、730 万普特和 1180 万普特。与

---

①　Лисичкин С. М. Очерки по истории развития отечественной нефтяной промышленности. С. 208.

②　Лисичкин С. М. Очерки по истории развития отечественной нефтяной промышленности. С. 208.

1887 年相比，1890 年俄国石油出口数量增加了 2 倍多，达 3840 万普特；
1888—1892 年俄国石油出口量从 2790 万普特增至 4890 万普特，增加了约
75.3%；1895 年、1896 年和 1897 年俄国石油出口量分别为 5100 万普特、
4638 万普特和 5631 万普特[①]。石油出口量的增加促进了高加索铁路巴
库—巴统段石油产品的运输量，1889 年巴库—巴统铁路线路的石油产品
运输量与 1888 年相比增长了 134.7%，1890 年同比增长 120.7%。此外巴
库油田重油和润滑油的出口量迅速增加，1889—1895 年重油的出口量增
加了 212.9%，润滑油的出口量增长了 164%。原油和煤油的增长率分别为
139% 和 41.1%，与 1888 年相比，1893 年煤油出口量增加了 70.5%[②]。20
世纪初，俄国石油产品出口量达最高值。1901—1904 年年均石油产品出
口量为 9990 万普特，占俄国石油总产量的 15.4%，亚洲和东方市场的石
油产品出口量比例分别为 45.3% 和 35.3%[③]。这些数据足以证明俄国石油
出口所取得的巨大成就。但因运输工具滞后、巴库石油多供给巴统地区、
铁路运输费率和消费税较高、美国石油产品竞争等因素，俄国石油出口业
务发展缓慢。诺贝尔兄弟集团等大型石油公司资金雄厚，拥有较完备的运
输工具。因此，俄国石油出口业务几乎由外国公司掌控。

　　19 世纪 80 年代，俄国石油产品开始出口至欧洲和亚洲国家。欧洲市
场主要进口国为英国、法国、德国和奥地利等国家，亚洲市场主要进口国
为中国、日本和印度，此外，俄国石油产品还出口至澳大利亚等地。为了
更好地探析石油出口业务对俄国石油工业的影响，笔者从欧洲市场和东方
市场两个角度进行分析。

1. 欧洲市场

　　19 世纪 80 年代，俄国石油产品开始出口国外，最初主要产品为煤油
和重油，出口对象是欧洲市场。在高加索铁路修建之前，俄国石油产品大
多经伏尔加河流域至波罗的海出口，但运费较高，也有一部分石油产品经

① Першке С. и Л. Руссская нефтяная промышленность, ее развитие и современное положение в
　статистических данных. C. 29-64；Бовыкин В. И. Зарождение финансового капитала в России. C.
　171-172；Фурсенко А. А. Первый нефтяной экспертный синдикат в России（1893—1897）//
　Монополии и иностранный капитал в России. М., 1962. C. 57.

② Наниташвили Н. Л. Экспансия иностранного капитала в Закавказье（конец XIX—начало XX вв.）.
　C. 188.

③ 〔俄〕B. H. 科斯托尔尼钦科：《1918—1932 年苏联石油出口和石油工业》，邓沛勇、张广翔译，
　《吉林大学社会科学学报》2012 年第 6 期，第 132 页。

陆路运至俄国西部边境，然后出口国外。因 1883 年巴库—巴统铁路通车，俄国石油产品出口量开始增加。这一年库班—黑海集团向伦敦和奥地利出口第一批煤油。弗拉季高加索铁路彼得罗夫斯克支线铺设之后，彼得罗夫斯克港口修建了众多煤油仓库，借此不但可向高加索地区运输煤油，还可向罗斯托夫运输煤油，新罗斯斯克港口煤油出口量最大。1896 年俄国人均煤油需求量较低，仅为 2.78 千克，而荷兰、比利时、德国和美国的人均煤油需求量分别为 25 千克、38.5 千克、15.7 千克和 76 千克，为此巴库煤油工业者联盟和美国标准普尔公司在欧洲市场上进行了激烈的竞争[①]。欧洲国家众多，笔者只选择进口俄国石油量最大和最具代表性的国家进行阐述，因其他种类燃料数据十分零散，笔者以煤油进口数据为切入点来分析欧洲各国市场上俄国石油产品的比例。

英国市场。欧洲市场上俄国石油产品销售业务一般由大型公司垄断，英国市场上俄国煤油进口业务由诺贝尔兄弟集团掌控。1888 年，英国进口俄国煤油产品价值为 80 万卢布[②]。19 世纪 90 年代，别斯列尔和维赫杰尔公司与美国标准普尔公司签署协议，俄国石油产品进口数量降低。因俄国煤油的价格优势，英国市场上的俄国煤油进口量仍不断增加。英国市场上俄美两国煤油竞争激烈。1892 年英国市场上俄国煤油的比例已达 50%[③]。1893 年英国市场上俄美两国的煤油进口量分别为 221 万桶和 74.3 万桶，此后俄国煤油进口量快速增加。1897 年，俄英两国企业主建立英国—高加索公司，该公司主要向英国各地销售俄国石油产品。1900 年，伦敦建立康索里吉洛夫公司，该公司由诺贝尔兄弟集团和库班—黑海集团共同组建，公司由英国人控股，主要业务是向英国市场出口廉价煤油。1899 年俄国出口至英国的煤油数量已达 674 万普特，该年度英国市场上俄美两国石油产品的份额分别为 64% 和 36%，俄国石油产品几乎垄断了英国市场。20 世纪初，因经济危机的影响，俄国煤油进口量逐年减少，受 1904 年俄国革命和日俄战争的影响，1889—1904 年英国市场上俄国石

① Нардова В. А. Начало монополизации бакинской нефтяной промышленности//Очерки по истории экономики и классовых отношений в России конца XIX—начала XX в. C. 16; Наниташвили Н. Л. Экспансия иностранного капитала в Закавказье（конец XIX—начало XX вв.）. C. 191.

② Лисичкин С. М. Очерки по истории развития отечественной нефтяной промышленности. C. 209.

③ Карпов В. П., Гаврилова Н. Ю. Курс истории отечественной нефтяной и газовой промышленности. C. 61.

油产品的比例逐年降低，1904 年英国市场上俄美两国石油产品的比例为47.1%和 52.9%，1908 年俄国石油产品的比例降至 12.4%[①]。1889—1904年英国市场上俄美两国煤油进口量详见表 3-4。

表 3-4　1889—1904 年英国市场上俄美两国煤油进口量（单位：桶）

年份	美国煤油进口数量	俄国煤油进口数量
1889	1 365 000	771 000
1890	1 357 000	88 000
1891	1 648 000	831 000
1892	1 711 000	808 000
1893	2 210 000	743 000
1894	2 736 000	578 000
1895	2 730 000	603 000
1896	2 993 000	634 000
1897	2 755 000	494 000
1898	2 844 000	915 000
1899	2 702 000	1 340 000
1900	2 658 000	1 300 000
1901	2 619 000	1 200 000
1902	2 515 000	1 732 000
1903	2 084 000	2 202 000
1904	2 027 000	2 030 000

资料来源：Лисичкин С. М. Очерки по истории развития отчественной нефтяной промышлен ности. C. 211

由表 3-4 可知，虽然 1899 年英国市场上俄国石油产品的比例最高，但俄国煤油所占比例约为美国同类产品的 1/2，重油的比例迅速增加。因此19 世纪末英国市场上俄国石油产品独占鳌头主要是依靠重油，煤油所占的比例较低。受 20 世纪初经济危机的影响，英国市场上俄国石油产品的比例迅速降低，但煤油出口量迅速增加。1903—1904 年，英国市场上俄国煤油的比例一度超过美国煤油，1904 年因俄国革命和巴库油田大火，英国市场上俄国石油产品的比例迅速降低，美国石油产品逐渐垄断英国市场。

德国市场。德国市场上俄国石油进出口业务由诺贝尔兄弟集团掌控，该公司向德国输出石油的线路有两条：第一条线路是沿里海和伏尔加河水

[①] Наниташвили Н. Л. Экспансия иностранного капитала в Закавказье（конец XIX—начало XX вв.）. C. 195；Лисичкин С. М. Очерки по истории развития отечественной нефтяной промышленности. C. 211；Ахундов Б. Ю. Монополистический капитал в дореволюционной бакинской нефтяной промышленности. C. 172；Мир-Бабаев М. Ф. Краткая история Азербайджанской нефть. C. 49；Ахундов Б. Ю. Монополистический капитал в дореволюционной бакинской нефтяной промышленности. C. 172；Берзин Р. И. Мировая борьба за нефть. C. 12.

路将石油产品运至圣彼得堡和利巴瓦，然后转运至德国斯德丁、吕贝克和不来梅等港口，同时也从陆路运往德国，主要经华沙运往韦尔日比、索斯诺威茨和西里西亚；第二条线路是先运往新罗斯斯克或巴统，然后经黑海运往不来梅和汉堡。随着德国经济的发展，德国政府欲打破美国标准普尔公司垄断德国和欧洲其他国家石油市场的状况，虽然其与俄国政府多次谈判投资高加索地区，但成效不大。19 世纪末至 20 世纪初，随着国际局势的变化，俄德两国关系逐渐疏远，俄英关系迅速升温。但 19 世纪末至 20 世纪初俄国出口至德国的石油数量仍持续增加。1901 年出口至德国的石油数量最多，其数额为 1159 万普特，但此时德国从美国进口的石油量为 5287 万普特，德国市场上俄美两国石油产品的比例分别为 18.2%和 81.8%[①]。德国石油市场上俄国石油进口量远逊色于美国。随着俄国石油进口量的逐渐增加，巴伐利亚还建立了俄国石油加工厂，德国企业主甚至将菜籽油加工厂改为石油加工厂。

法国市场。在俄国石油出口量大增的同时，法国市场上俄国石油的进口量逐年增加，法国市场上俄国石油进口业务主要由罗斯柴尔德公司垄断。罗斯柴尔德公司为法国大型金融集团，其在巴库油田站稳脚跟后开始关注俄国石油出口业务，最先发展母国市场，为此法国市场上俄国石油进口量迅速增加。法国市场上俄国石油进口量从 1892 年的 35.3 万普特增至 1895 年的 270 万普特，1892 年法国市场上俄国石油的比例已达 70%[②]。20 世纪初，法国市场上俄国石油的比例持续增加，1904 年法国市场上俄国石油占据主导地位，俄美两国石油的比例分别为 71.1%和 28.9%[③]。此后因巴库石油工业停滞不前和罗斯柴尔德公司业务每况愈下，法国市场上俄国石油的进口量逐年减少，但其数量仍不容小觑。

[①] Лисичкин С. М. Очерки по истории развития отечественной нефтяной промышленности. С. 211；Ахундов Б. Ю. Монополистический капитал в дореволюционной бакинской нефтяной промышленности. С. 172.

[②] Наниташвили Н. Л. Экспансия иностранного капитала в Закавказье（конец XIX—начало XX вв.）. С. 195；Карпов В. П. , Гаврилова Н. Ю. Курс истории отечественной нефтяной и газовой промышленности. С. 61.

[③] Ахундов Б. Ю. Монополистический капитал в дореволюционной бакинской нефтяной промышленности. С. 172；Лисичкин С. М. Очерки по истории развития отечественной нефтяной промышленности. С. 213；Мир-Бабаев М. Ф. Краткая история Азербайджанской нефть. С. 49；Берзин Р. И. Мировая борьба за нефть. С. 14.

奥地利市场。在欧洲市场上俄国石油产品一直处于垄断地位，如1895年奥地利市场上俄国石油的市场份额为100%，因诺贝尔兄弟集团垄断该国石油业务，美国石油无法进入该国市场。1889年、1890年和1891年奥地利进口俄国石油的数量分别为564万普特、648万普特和651万普特，虽然此后俄国石油进口量逐渐减少，1895年降至378万普特①，但俄国石油仍垄断该国市场。罗斯柴尔德公司在奥地利建立石油加工厂，年加工俄国石油数量达数百万普特。奥地利的古斯塔夫·瓦格玛尼公司以前主要加工荷兰和罗马尼亚石油，19世纪末已转向加工俄国石油。

其他国家市场。除上述主要国家市场外，俄国石油产品还出口至土耳其、比利时、荷兰、意大利、希腊、科西嘉、马耳他和多瑙河各国。19世纪末，俄国煤油垄断希腊、土耳其以及多瑙河各国和马耳他等国煤油市场，1895年俄国煤油在上述几个国家的石油市场中所占的比例分别为92.3%、92.3%、100%和100%②，即便如此，美国标准普尔公司仍垄断国际煤油市场。

20世纪初，世界市场上俄国石油产品的比例急剧降低。受经济危机和俄国石油工业萧条的影响，20世纪初俄国石油产品不但从一些国家市场上消失，而且以前俄国石油产品畅销的国家的进口量迅速下滑。俄国煤油出口量从1901年的6501万普特降至1909年的2720万普特，约为原来的42%③。为弥补国外市场损失，俄国石油企业主决定抬高油价。俄国煤油出口业绩十分短暂，外国资本家在俄国石油工业中具有重大作用，他们纷纷采取措施排挤世界市场上俄国石油产品的比例。19世纪末俄国煤油出口量逐年提高，至1901年俄国煤油出口量达最高点，但从1904年起出口量逐年降低，1904—1908年国际市场上美国煤油进口量增长了60%。1900年和1912年国际市场上俄国煤油的比例分别为52.6%和25%。世界市场上俄国石油产品所占的比例从1901年的51.6%降至1913年的18.1%，同期美国石油产品所占的比例从39.8%增至62.2%④。20世纪初，美国已主导

① Наниташвили Н. Л. Экспансия иностранного капитала в Закавказье（конец XIX—начало XX вв.）. С. 195，199.
② Лисичкин С. М. Очерки по истории развития отечественной нефтяной промышленности. С. 213.
③ Лисичкин С. М. Очерки по истории развития отечественной нефтяной промышленности. С. 214.
④ Монополистический капитал в нефтяной промышленности России 1883—1914. Документы и материалы. С. 19；Матвейчук А. А，Фукс И. Г. Истоки российской нефти. Исторические очерки. С. 39-40；Лисичкин С. М. Очерки по истории развития отечественной нефтяной промышленности. С. 213.

世界石油市场。俄国石油企业主并未将美国标准普尔公司赶出欧洲市场，巴库石油出口业务由诺贝尔兄弟集团、罗斯柴尔德家族的里海-黑海石油工商业公司和马塔舍夫公司掌控，这些公司在黑海有自己的运油舰队，在欧洲和亚洲很多港口建有仓库。虽然 20 世纪初国际石油市场上俄国石油产品的地位一落千丈，但俄国曾满足了欧洲市场 1/5 的石油需求量，且长期垄断着一些国家的石油市场，可谓成就辉煌。

2. 东方市场

1886 年，俄国石油产品首次出口印度，随后扩展至中国、日本、东南亚国家和澳大利亚等国，但这些市场的贸易多由外国人掌控，此前俄国石油产品的主要出口国为波斯和埃及。1890—1904 年俄国石油产品不但在欧洲市场上占有较大份额，也开始出口东方。1886—1900 年俄国出口至东方市场的石油产品数量增长了 2.5 倍[①]，此时俄国石油已可和美国石油在东方市场上一较高下。为了更好地阐述东方市场上俄国石油的占有率和出口规模，笔者以东亚、南亚、近东和中东市场为例来进行分析。

东亚市场。巴库石油产品最初运输方向为亚历山德里亚和塞得港，从这两个港口转运至亚洲其他国家。每年从两个港口运往埃及的石油数量达 100 万普特[②]。塞缪尔公司（英荷壳牌石油公司的前身）垄断了俄国的东方贸易，该公司与俄国政府高层关系密切，拥有雄厚的资金、众多运输工具，又与诺贝尔兄弟集团、里海-黑海石油工商业公司签署了贸易协定，垄断了印度、中国和日本的石油进口业务。为捍卫亚洲石油贸易的垄断权，该公司花巨资在印度、中国、日本和马来半岛修建大型石油仓库。其在中国和德国煤油公司一起，在上海、香港、汉口、汕头等地修建仓库，并与德国煤油公司签署协议，规定在中国市场上只能进口塞缪尔公司的石油，通过上述措施，该公司垄断了东亚和东南亚石油市场。塞缪尔公司和日本、中国石油仓库所有人签署协议，协议规定这些石油仓库所有人只能从塞缪尔公司进口石油，同时保证该公司的石油可以顺利进入中国和日本各港口，实际上塞缪尔公司垄断了中国和日本的石油贸易。但这并未遏制美国石油进入这两个国家的步伐，虽然俄国石油产品价格明显低于美国同类商品价

---

① Нардова В. А. Начало монополизации бакинской нефтяной промышленности//Очерки по истории экономики и классовых отношений в России концаXIX—начала XX в. С. 43; Лисичкин С. М. Очерки по истории развития отечественной нефтяной промышленности. С. 211.

② Наниташвили Н. Л. Экспансия иностранного капитала в Закавказье（конец XIX—начало XX вв.）. С. 197.

格，但因无法确定各地石油产品的供需状况，俄国石油难以完全掌控东亚石油市场。由于缺少相应的转运工具，俄国罐装石油在运往中国和日本时主要使用铁罐船，该包装方式导致运输成本较高，俄国石油价格优势丧失，运输成本和运输距离导致东亚市场上俄国石油的需求量停滞不前。

1895 年，虽然中日甲午战争使日本的石油进口量急剧降低，但是此时东方市场上俄国石油的需求量急剧增加。与 1894 年相比，1895 年俄国向东方国家出口的石油数量增加了 800 万普特。1895 年以前东方市场上俄国和美国石油所占的比例分别为 24%和 74%，1895 年此状况发生了变化，俄美两国石油所占的比例分别为 49%和 51%[①]。1895 年俄国石油在印度、中国和埃及市场上所占的比例分别为 45.8%、54.5%和 99.4%（1892 年为 97%），东方市场上俄国石油的比例已达 51%[②]，20 世纪初以前俄国石油在东方市场上的比例逐年提高。

南亚市场的初步尝试。以维特为代表的俄国政府官员支持英国勒恩公司在印度开展相关业务，欲借助该公司促进俄国石油工业和出口贸易的发展，以保障国库收入。诺贝尔兄弟集团试图向印度出口高加索石油，但未获得成功。1886 年，勒恩公司开始向孟买出口巴库石油。1886—1897 年 12 月，东南亚和远东港口向印度发送 9000 万箱俄国石油，其中勒恩公司的发货量就达 6500 万箱[③]。19 世纪末，印度发现大型油田，在印度从事石油进出口业务已无利可图。因笔者掌握的数据有限，只能对 1893—1894 年俄国向东方市场出口的石油数量进行分析，具体数据详见表 3-5。

表 3-5　1893—1894 年俄国向东方市场出口的石油数量（单位：普特）

国家或地区	1893 年	1894 年
塞得港	4 483 606	5 848 521
土耳其亚洲部分	—	116 105
埃及	288 319	47 693
亚丁	—	20 075
印度	8 761 825	2 861 638

① Наниташвили Н. Л. Экспансия иностранного капитала в Закавказье（конец XIX—начало XX вв.）. С. 197.
② Карпов В. П., Гаврилова Н. Ю. Курс истории отечественной нефтяной и газовой промышленности. С. 61；Наниташвили Н. Л. Экспансия иностранного капитала в Закавказье（конец XIX—начало XX вв.）. С. 200.
③ Наниташвили Н. Л. Экспансия иностранного капитала в Закавказье（конец XIX—начало XX вв.）. С. 270.

续表

国家或地区	1893 年	1894 年
中国	2 223 945	1 822 036
印度尼西亚—暹罗	316 393	—
日本	1 763 070	2 809 757
马来半岛	418 434	—
爪哇岛	2 862 418	1 195 320
苏门答腊岛	54 750	—
菲律宾半岛	—	142 900
阿尔及利亚	110 372	33 660
总计	21 283 132	14 897 705

资料来源：Наниташвили Н.Л.Экспансия иностранного капитала в Закавказье（конец XIX—начло XX вв.).C.186

近东和中东市场。巴库油田运至波斯的石油产品多通过海运，因波斯石油加工业有所发展，1888—1899 年波斯的煤油需求量降低，原油和重油的进口量增加。此外，1892 年俄国对出口至波斯的煤油征收较高消费税，约为 40—60 戈比/普特，煤油出口价格迅速提高，一般居民难以承受，该因素也是波斯进口俄国煤油量下滑的重要原因之一。因煤油消费税提高，巴库油田出口至波斯的年均煤油数量减少了 40—45 万普特，1896 年在石油企业主的倡导下，俄国政府取消出口波斯煤油的消费税，与 1896 年相比，1897 年俄国煤油出口数量增长了 1.5 倍[1]。因波斯距高加索地区较近，所以十月革命前波斯市场上俄国煤油所占比例较高。需着重强调的是，在巴尔干、近东、中东和非洲市场上马塔舍夫公司占据主导地位，该公司掌控着上述区域石油市场份额的 2/3，其余市场份额由里海-黑海石油工商业公司掌控[2]。除上述主要地区外，俄国石油还出口至亚丁、印度尼西亚、爪哇岛、苏门答腊岛、菲律宾半岛和非洲国家。1904—1913 年世界石油市场上俄国石油产品的比例从 30.7%降至 9.6%，美国石油产品的比例从 55.9%增至 70.8%[3]，第一次世界大战前夕俄国石油产品在东方市场的处境恶化，在印度、中国和日本等国的垄断地位丧失。

俄国国内外市场石油贸易一般都由大型石油公司垄断，凭借雄厚的资

---

[1] Наниташвили Н. Л. Экспансия иностранного капитала в Закавказье（конец XIX—начало XX вв.）. С. 207.

[2] Бовыкин В. И. Зарождение финансового капитала в России. С. 178.

[3] Лисичкин С. М. Очерки по истории развития отечественной нефтяной промышленности. С. 213-214.

金、技术和设备优势，俄国石油一度主导世界石油市场，不但在欧洲市场上与美国同类产品一较高下，而且在亚洲和非洲市场上风靡一时。但受国内外政治、经济和国际局势所迫，20 世纪初俄国石油的竞争力下降，失去了往日的风采。在俄国石油工业发展的过程中，外资通过不同形式渗透其中，虽然俄国石油工业依赖外资有诸多弊端，但外资对俄国石油工业发展的功绩不可磨灭。

第二节　俄国煤炭市场

运输作为商品流通的重要环节之一，是刺激采煤量逐步增加的动力，也是制约煤炭工业发展的重要因素。因俄国煤田较为分散，笔者掌握的资料有限以及数据较为零散，不能对十月革命前各个煤田的运输状况逐一阐述，只选择煤炭开采量最大、最具代表性的顿涅茨克煤田来对煤炭运输状况进行阐述。煤炭开采之初，因产量有限且运输工具发展相对滞后，畜力和水路运输是主要的运煤方式，但随着俄国铁路建设的蓬勃开展，铁路逐渐成为运输煤炭的主力。

一、煤炭运输

19 世纪下半期，俄国铁路建设规模超过了西欧国家。1861—1891 年俄国铁路长度增长了 18 倍，1891 年俄国铁路长度达 2.6 万俄里。1899 年俄国铁路长度已达 5.5 万俄里，仅次于美国，跃居世界第二位，但此时俄国每 1000 平方俄里土地上铁路长度仅为德国的 1/52、英国的 1/65[①]。俄国燃料动力体系矿物化从南俄地区开始，即顿涅茨克煤炭和巴库石油，铁路网络飞速发展使南俄和中部工业区相连。在铁路修建前冶金企业因接近木材产区，手工工场仍可生存，但畜力运输限制了其发展。铁路建设和燃料动力体系矿物化过程的开始是企业分布规则变更和生产力增长的前提，南俄地区也是如此，铁路修建后南俄煤炭工业迅速发展。

① Чунтулов В. Т., Кривцова Н. С., Чунтулов А. В., Тюшев В. А. Экономическая история СССР. C101；Соловьева А. М. Железнодорожный транспорт России во второй половине XIXв. С. 231；Братченко Б. Ф. История угледобычи в России. С. 143；Хромов П. А. Экономика России периода промышленного капитализма. С. 144；Корелин А. П. Россия 1913 год. С. 109.

（一）铁路运输

运输在南俄煤炭工业产生及发展的过程中作用巨大，铁路对南俄地区的发展尤为重要。铁路建设促进了南俄煤炭工业的迅速崛起及其规模的逐步扩大，但南俄煤炭工业发展与铁路的关系错综复杂，个别时期南俄煤炭工业受制于铁路税率、运输规章、建设规模等因素。笔者从南俄铁路建设状况、货物运输状况这两方面来探析铁路对南俄煤炭工业的影响。

1. 南俄铁路建设状况

南俄地区采煤量巨大，因此需要广阔的消费市场，而运输是连接煤炭产地和市场的最重要环节。因顿涅茨克地区河运状况较差，铁路修建之前运输问题严重制约着顿涅茨克煤炭工业的发展。虽然南部海域贸易的发展为顿涅茨克煤炭开拓了新的市场，但因进口煤炭竞争，顿涅茨克煤炭工业举步维艰，此状况一直持续至 19 世纪 60 年代。以铁路建设为界，顿涅茨克煤炭工业可划分为两个阶段，第一阶段从顿涅茨克煤炭工业诞生时起至 19 世纪 60 年代，这一阶段南俄地区并未建有铁路，煤炭开采量有限。1855 年俄国煤炭开采量为 951 万普特，此时英国、德国、美国和法国的煤炭开采量分别为 38 亿普特、7.7 亿普特、7.1 亿普特和 4.4 亿普特，分别是俄国煤炭开采量的 400、81、75 和 46 倍左右[①]；第二阶段为顿涅茨克煤炭工业快速发展时期，因铁路大规模修建，煤炭运输距离明显加长，煤炭价格也随之降低，顿涅茨克煤炭市场规模和范围明显扩大。为了更好地梳理南俄地区铁路建设状况，笔者分别对 19 世纪60—80 年代、80 年代之后南俄铁路建设状况、矿区内部铁路支线和铁路国有化等问题进行分析。

19 世纪 60—80 年代南俄铁路蓬勃发展。从 1868 年开始，南俄地区先后建成科兹洛夫—沃罗涅日—罗斯托夫铁路（1871）、顿涅茨克铁路（1871）、库尔斯克—哈里科夫—亚述铁路（1872）、康斯坦金铁路（1872）、哈里科夫—尼古拉耶夫铁路（1873）、洛佐沃—谢瓦斯托波利铁路（1873）、罗斯托夫—弗拉基米尔铁路（1875）和马里乌波里铁路（1882）等。铁路修建之初南俄采煤量就迅速提高，1870—1874 年和 1875—1879 年南俄年均采煤量分别为 2901 万普特和 6087 万普特，1860—1900 年南俄采

① Братченко Б. Ф. История угледобычи в России. С. 125.

煤量增长了约 37.8 倍，从 1769 万普特增至 6.7 亿普特①。19 世纪 80 年代，南俄地区铁路建设速度明显快于其他地区，与 1861 年相比，1879 年俄国其他地区铁路长度增长了 9.8 倍，而南俄地区铁路长度增长了 14.6 倍。与此同时，煤炭价格迅速降低，从 1870 年的 18 戈比/普特降至 1872 年的 12 戈比/普特、1874 年的 9.5 戈比/普特、1876 年的 9 戈比/普特②。随着铁路的大规模建设，顿涅茨克煤炭产品结构也发生了变化，19 世纪 40—70 年代上半期无烟煤的开采量占据主导地位，如 1870 年无烟煤的开采量占顿涅茨克煤田总采煤量的 70%，石煤所占的比例为 30%③，随着铁路的大规模通行，无烟煤的主导地位被石煤工业所取代。

具体而言，库尔斯克—哈里科夫—亚述铁路建设方案由来已久，该方案最初的主要目的是解决哈里科夫省酒制品外运的问题。1862 年哈里科夫省有 188 家酿酒厂，为将酒类产品运至亚速海港口，该铁路方案提出。1865 年，巴拉诺夫伯爵提出修建库尔斯克—哈里科夫至塔甘罗格的铁路方案，铁路建设委员会曾专门讨论该方案。1867 年 3 月大臣会议颁布决议，决定建设该铁路。该铁路的建设促进了顿涅茨克煤炭产量的迅速提高，为顿涅茨克煤炭开拓了更广阔的市场。沃罗涅日—罗斯托夫铁路建设的最初目的是便于沃罗涅日省政府向南部港口和顿河地区运输军粮，该铁路由沃罗涅日—格鲁什夫铁路和格鲁什夫—罗斯托夫铁路两部分组成。康斯坦金铁路方案由南俄大型冶金厂尤兹公司提出，该铁路建成后顿涅茨克煤炭可运至亚速海港口，1882 年该铁路延伸至马里乌波里港口，顿涅茨克煤炭可运至马里乌波里港口，南部市场中英国煤炭遭到严重排挤。南俄铁路中运量最大的铁路是叶卡捷琳娜铁路，该铁路货物的一半以上都是矿物燃料，该铁路与南俄地区诸多铁路线路一样，都为煤炭市场服务。但该铁路与北顿涅茨克铁路仍具有很大的区别，该铁路主要为地方工业企业服务，而北顿涅茨克铁路主要承担过境运输任务，76.3% 的货物是过境货物，货物多运至中部工业区和伏尔加河流域④。

---

① Баканов С. А. Угольная промышленность Урала：жизненный цикл отрасли от зарождения до упадка. С. 43；Фомин П. И. Горная и горнозаводская промышленность Юга России. Том I. С. 180.

② Фомин П. И. Горная и горнозаводская промышленность Юга России. Том II. С. 42；Фомин П. И. Горная и горнозаводская промышленность Юга России. Том I. С. 176，231.

③ Братченко Б. Ф. История угледобычи в России. С. 128.

④ Фомин П. И. Горная и горнозаводская промышленность Юга России. Том II. С. 146.

顿涅茨克铁路最初被称为石煤线路。克拉马托洛夫卡—杰巴里采沃—兹维列沃铁路穿过顿涅茨克地区，又与中部工业区的库尔斯克—哈里科夫—亚述铁路、科兹洛沃—沃罗涅日—罗斯托夫铁路相连。此外，顿涅茨克煤田内部也产生了环形铁路线路，具体线路如下：克拉托洛夫卡—德鲁热卡夫卡—康斯坦金—尼克托夫卡—哈采别托夫卡—杰巴里采沃—阿尔马兹纳亚—格鲁巴夫卡—马里耶夫卡—波巴斯纳亚—克拉马托洛夫卡铁路。还有椭圆形铁路，即哈采彼托夫卡—萨德克—克里尼奇纳亚—亚西诺瓦塔亚铁路、杰巴里采夫—鲁卡尼斯克铁路、波巴斯纳亚—里西恰尼克铁路和斯杜普克—巴统铁路，其长度分别为 48 俄里、72 俄里、40 俄里和 4 俄里[①]。矿区内铁路线路的大规模修建是采煤量快速增加的动力。

19 世纪 80 年代后，南俄铁路建设规模滞后。为加强顿涅茨克煤田与伏尔加河流域之间的联系，俄国政府打算建设哈里科夫—奔萨—辛比尔斯克铁路、斯洛文尼斯克—萨拉托夫铁路、亚述—萨拉托夫铁路等线路。但 19 世纪 80 年代以后顿涅茨克铁路建设规模明显缩减，甚至低于国内平均水平。19 世纪 80 年代之后，南俄地区铁路建设规模逊色于其他地区。与 1885 年相比，1910 年全俄铁路线路长度增长了近 1.5 倍，而南俄铁路线路只增长了 1.05 倍，煤炭和铸铁的产量却分别增加了 887%和 5300%[②]，铁路建设严重滞后。19 世纪 80 年代之后，南俄地区最著名的铁路为叶卡捷琳娜铁路，虽然此线路 80 年代初就已建成，当时有西顿涅茨克和克里沃洛热斯克铁路之称（1882 年起改名为叶卡捷琳娜铁路），但最初线路长 470 俄里，只能把煤炭运至西部地区，虽然和顿涅茨克与克里沃洛热斯克矿区连为一体，但铁路货运规模有限。随着铁路线路的不断完善，该铁路又与顿涅茨克和库尔斯克—哈里科夫—亚述铁路相连，最终顿涅茨克矿区和东南铁路连为一体，第一次世界大战前夕该铁路长达 2810 俄里，年运输货物量达 17 亿普特，客运量达 800 万人次[③]。此后该地区又建设了与之平行的第二叶卡捷琳娜铁路，于 1904 年 5 月正式

① Тихонов Б. В. Каменноугольная промышленность и черная металлургия России во второй половине XIXв. С. 129.

② Фомин П. И. Горная и горнозаводская промышленность Юга России. Том II. С. 42.

③ Фомин П. И. Горная и горнозаводская промышленность Юга России. Том II. С. 44.

通车，总长度达 557 俄里。顿涅茨克通往圣彼得堡的线路为哈里科夫—库尔斯克—莫斯科铁路、波巴斯尼—白城铁路、尼吉托夫卡—康斯坦丁铁路和克拉马托尔—斯拉瓦尼斯克铁路，因圣彼得堡煤炭市场以进口煤炭为主，该条线路运煤量有限。

南俄地区铁路国有化。为降低运输成本及统一运输税率，19 世纪 80 年代南俄地区铁路开始了国有化进程。1881 年，哈里科夫—尼古拉耶夫铁路收归国有；1891 年 1 月，库尔斯克—哈里科夫—亚述铁路收归国有；1893 年，国家开始赎买顿涅茨克铁路。至 19 世纪末南俄地区大部分铁路都已收归国有，但南俄地区私人铁路的建设规模仍占有较大比例。1893 年，南俄地区成立东南铁路公司，该公司主要经营格利亚杰—察里津和科兹洛沃—沃罗涅日—罗斯托夫铁路线路，随后又建设了一些新的铁路支线。1897 年，该公司修建了鲁卡尼斯克—米列洛夫铁路和杰巴里切夫—兹维列夫斯克铁路。19 世纪末，南俄煤炭大多依靠国有铁路运输。1911 年，私人性质的北顿涅茨克铁路通车，此条线路对南俄煤炭工业意义重大，其主要目的是取缔俄国西北部和波罗的海区域的进口煤炭。

矿区内铁路支线。除上述铁路线路外，顿涅茨克地区还有众多铁路支线，这些线路主要连接各矿区与铁路站点。19 世纪 80 年代末期，顿涅茨克煤田共有 10 条补给线路，总长度达 59.1 俄里，在建铁路支线还有 3 条，总长度达 35 俄里，此时半数以上的煤炭仍使用畜力运至车站。19 世纪末至 20 世纪初主要铁路支线为谢托沃—阿特拉茨特段、谢托沃—热列佐段、阿尔切夫斯克—奥夫拉格段、萨德科—下克累尼科段、阿尔切夫斯克—布加列沃段、阿尔切夫斯克—杜比科瓦段、莫斯杰诺—马科耶夫卡段等铁路。至 1910 年，叶卡捷琳娜车站附近共有 171 条私人铁路线路，总长度达 447 俄里；南部和东南部铁路车站共有 36 条铁路支线，总长度达 114 俄里，这些铁路支线虽然较短，但年货运量可达数亿普特[①]。

俄国铁路建设始于克里木战争，战后政府意识到了兴建铁路的重要性。因铁路耗资巨大，俄国政府财政赤字严重，铁路建设以私人资本为主。至 1887 年俄土战争时期，俄国铁路长度达 1.9 万俄里，但分属 47 家

---

① Фомин П. И. Горная и горнозаводская промышленность Юга России. Том II. С. 50-51.

私人企业所有，国有铁路的长度只有 62 俄里①。即便如此，南俄地区铁路建设仍蓬勃发展，不但铁路长度明显超过其他地区，铁路密集度也遥遥领先。19 世纪 70—80 年代，南俄地区铁路长度已达 3200 俄里；19 世纪末，俄国欧洲部分铁路总长度为 4.7 万俄里，而南俄铁路长度达 1.5 万俄里，其比例已超过 30%②。此外，南俄地区铁路密集程度明显高于其他地区，南俄地区每 1000 平方千米土地中铁路长度为 23.5 俄里，而中部工业区、西北部地区、伏尔加河流域和乌拉尔地区该指标分别为 20.9 俄里、4.9 俄里、8.6 俄里和 5.8 俄里③。即便如此，南俄铁路仍不能满足运输要求，运输能力严重不足。顿涅茨克铁路的缺陷在于其没有通向第聂伯河、伏尔加河和亚速海的铁路支线，而且南俄地区铁路车厢严重供应不足。

2. 南俄铁路货物运输状况

南俄地区铁路建设的主要目的是向国内市场输送顿涅茨克煤炭和金属产品。最初主要输送方向是南部地区，随着交通运输的逐步完善，顿涅茨克煤炭已开始输入中部工业区、伏尔加河流域和西北部地区，但铁路线路运力不足，大量货物积压，无法外运。因后文在分析南俄煤炭市场时对南俄地区各铁路线路的货运量有详细阐述，此处仅对南俄煤炭的主要输送地和输送数量进行大致概括。

顿涅茨克煤炭的主要消费市场是南俄地区，煤炭多用于当地冶金厂，主要输送线路为叶卡捷琳娜铁路、西南铁路、苏姆斯克铁路、北顿涅茨克铁路、东南铁路等。因南俄地区煤炭需求量巨大，且部分铁路具有过境作用，煤炭运送量最大。输送顿涅茨克煤炭至中部工业区和伏尔加河流域的主要铁路线路为亚历山大铁路、莫斯科铁路、下诺夫哥罗德铁路、莫斯科—库尔斯克铁路、塞兹兰—瓦杰姆斯克铁路、莫斯科—高加索铁路、莫斯科—基辅—沃罗涅日铁路、梁赞—乌拉尔铁路等，这些铁路的煤炭输送量虽无法与南俄内部铁路相较，但也不容忽视，20 世纪初其煤炭输送量倍增。20 世纪初俄国各地区通过铁路线路运输的顿涅茨克煤炭量详见表 3-6。

---

① Фомин П. И. Горная и горнозаводская промышленность Юга России. Том II. C. 37-38.

② Куприянова Л. В. Таможенно-промышленный протекционизм и российские предприниматели 40—80-е годы XIX века. C. 215；Фомин П. И. Горная и горнозаводская промышленность Юга России. Том II. C. 41.

③ Фомин П. И. Горная и горнозаводская промышленность Юга России. Том II. C. 41.

表 3-6　20 世纪初俄国各地区通过铁路线路运输的顿涅茨克煤炭量

区域	1904 年/普特	1913 年/普特	增长量/普特	增长比例/%
南俄地区	48 930	86 740	37 810	77.3
中部工业区和伏尔加河流域	5 310	23 570	18 260	343.9
其他地区	4 070	9 410	5 340	131.2
总计	58 310	119 720	61 410	105.3

资料来源：Фомин П.И.Горная и горнозаводская промышленность Юга России.Том II.С.47

　　南俄地区煤炭运输以铁路为主，铁路建设规模的扩大为南俄煤炭和冶金工业的发展奠定了基础。南俄地区凭借着丰富的煤炭资源和稠密的铁路网稳居采煤量榜首多年，南俄冶金工业也凭借着丰富的资源和原料优势超越了传统的乌拉尔冶金工业，金属产量跃居全俄第一位。

　　（二）水路运输

　　在顿涅茨克煤田北部地区水路运输具有重要作用。河流横穿顿涅茨克煤田北部煤矿区，春季和夏季船只可以通行，但河道通航状况较差，浅滩众多，大型船只航行不便，秋季和冬季河水结冰，船只无法通行，因此河运煤炭量有限。1833 年，黑海蒸汽轮船股份有限公司成立。1837 年，沃龙佐夫伯爵首次将里西恰尼斯克煤炭运至克尔奇市。其先在罗斯托夫市购买帆船，然后将帆船拆开运至距离该地 250 俄里的里西恰尼斯克市，重新组装帆船并放入河中，装上煤炭，春季沿北顿河运至罗斯托夫市，从此处再运至克尔奇市。1837 年，通过这种方式运输的煤炭数量为 9.1 万普特；1839 年黑海和亚速海港口顿涅茨克煤炭的消费量已达 54.9 万普特[①]。19世纪 40—50 年代，大批煤炭沿北顿河运至罗斯托夫地区，但因南俄煤炭工业发展规模有限，此时水路运输量有限。顿涅茨克铁路修建之前水路运输已有所发展，但主要集中于北顿涅茨克和敖德萨地区，铁路建设为南俄煤炭工业创造了更广阔的发展前景，水路运输的地位明显下降。虽然南俄地区诸多史料中会发现含有一些关于河运、码头和港口等的信息，但资料零散，难以对水路运输量进行详细分析。顿涅茨克煤田距离大城市和港口较远，因此 19 世纪上半期煤炭工业发展相对缓慢。南俄地区不能像乌拉尔地区那样可以使用水路运输产品，而只能使用土路运输货物，道路通行状况较差，运输数量有限。

　　铁路建设对南俄工业的发展具有重要意义，铁路是南俄冶金工业和煤

---

① Братченко Б. Ф. История угледобычи в России. С. 108.

炭工业发展的重要动力，直接刺激了煤炭开采量和金属产量的提高。铁路网络的扩大为煤炭打开了更广阔的市场，并且其本身也是巨大的煤炭需求者之一。19 世纪 70 年代初期南俄煤炭开采量急剧增加之时，主要铁路线路已修建完毕。1871—1872 年科兹洛夫—沃罗涅日—罗斯托夫铁路运营后，顿涅茨克矿区东部无烟煤煤矿与哈里科夫—尼古拉耶夫铁路、洛佐夫—谢瓦斯托波里铁路连为一体，马里乌波里铁路建成后煤炭可直接运往黑海地区，法斯托夫铁路建成后煤炭可直接运往乌克兰制糖厂。1878—1879 年，顿涅茨克煤田东西部铁路线路将顿涅茨克煤炭运往全俄各地。在南俄工业发展的过程中，1884 年建成的叶卡捷琳娜铁路意义重大，它将顿涅茨克煤田和克里沃洛夫铁矿区连为一体，直接促进了两家大型冶金厂的诞生，即亚历山大洛夫冶金厂和顿涅茨克彼得罗夫冶金厂。因煤炭本身的特殊性和煤田的地理位置所限，煤炭运输多以铁路为主，南俄地区也是如此。铁路建设强有力地促进了煤炭工业的发展，随着铁路线路的加长和衔接性的完善，煤炭销售市场的范围和规模也逐步扩大。

二、煤炭市场

随着工业和运输业的煤炭需求量与日俱增，国内煤炭销售市场逐步扩大。除顿涅茨克煤田外，其他地区的煤炭多用于本地消费，因此笔者以顿涅茨克煤炭为例来阐述俄国煤炭销售市场。顿涅茨克铁路与国内铁路线路连接后，加强了煤炭的商品流通性，顿涅茨克煤炭市场范围扩大。与此同时，煤炭运输规模急剧扩大，商品种类日趋多样化，俄国煤炭市场规模和容量也随之扩大。市场范围扩大和交换空间缩小促进了工业的飞速发展，各地因地制宜发展特色经济的空间更大。为了更好地阐述顿涅茨克煤炭销售市场，笔者从南俄本地市场、中部工业区市场这两个角度分别进行论证。顿涅茨克煤炭需求者众多，但以南俄地区需求量最多，其次为中部工业区和伏尔加河流域，铁路税率统一和煤炭进口关税提高后，顿涅茨克煤炭也运往波罗的海地区，但数量有限。

（一）南俄本地市场

顿涅茨克煤炭主要的销售市场是南俄地区、中部工业区和伏尔加河流域。19 世纪末至 20 世纪初，南俄地区的经济影响力增强，已成为俄国重要的冶金和煤炭开采基地，燃料需求量也随之增加。1905 年，本地采矿、冶金和铁路等部门的煤炭需求量和所占比例分别为 2.8 亿普特和 55.1%，1911 年其煤炭需求量和所占比例分别为 9.4 亿普特和 52%[①]，可见顿涅茨克煤炭以本地市场为主。冶金厂建成后煤炭和铁矿石需求量大增，直接促进了南俄采煤和冶铁业的发展。1889—1899 年冶金厂的矿石需求量增长了 10 倍，1899 年其矿石需求量已达 1.3 亿普特。20 世纪初以前，顿涅茨克煤炭主要的消费市场为南俄地区，1903 年顿涅茨克煤炭的销售量为 5.5 亿普特，而用于本地需求的数量为 3.9 亿普特，本地市场所占比例约为 71%[②]。为了更好地阐述顿涅茨克煤炭销售市场，笔者从消费群体和消费区、顿涅茨克煤炭的市场范围和价格因素等角度进行分析。

消费群体和消费区是影响煤炭市场的首要因素。就消费群体而言，工业部门的煤炭消耗量最大，如 1892 年、1900 年和 1908 年工业部门的燃料以煤炭为主，其需求量分别为 4.8 亿普特、7.5 亿普特和 11.2 亿普特，石油需求量分别为 1.6 亿普特、3.8 亿普特和 3.1 亿普特，明显少于煤炭。此外，运输等领域的需求量也不容忽视，1860—1900 年仅冶金工业和运输业的煤炭需求量就从 1769 万普特增至 6.7 亿普特，增长了近 37 倍[③]。就消费区而言，俄国以南俄、波兰、波罗的海地区工业燃料的煤炭需求量较多，同时中部工业区的煤炭需求量也不容忽视，1908 年上述各地工业部门的煤炭需求量分别达 3.2 亿普特、1.9 亿普特、1.2 亿普特和 3780 万普特，消费区范围扩大和消费群体增加后，煤炭销售市场也随之扩大[④]。

顿涅茨克煤炭的市场范围逐步扩大。19 世纪 60 年代至 70 年代初，顿涅茨克煤炭全部供本地市场消费。因交通设施较差，不但煤炭产量有限，市场范围和规模也有限，此时顿涅茨克煤炭销售市场仅限于南俄地区。虽然因道路网不发达，煤炭开采量有限，但 19 世纪 60 年代顿涅茨克煤炭工业的发展速度仍不容忽视，这主要是因为该地与大城市罗斯托夫和塔甘罗格较近，格鲁什夫矿区无烟煤的生产意义特殊。1861 年和 1869 年顿

---

① Фомин П. И. Горная и горнозаводская промышленность Юга России. Том II. С. 151.

② Шполянский Д. И. Монополии угольно-металлургической промышленности юга России в начале XX века. С. 25.

③ Баканов С. А. Угольная промышленность Урала: жизненный цикл отрасли от зарождения до упадка. С. 43.

④ Фомин П. И. Горная и горнозаводская промышленность Юга России. Том II. С. 143.

涅茨克煤炭开采量分别占顿河地区煤炭开采量的 86.4%和 82.6%。1867 年格鲁什夫矿区共有 190 个矿井，小矿井虽然数量众多，但开采技术落后，只有 8 台蒸汽机[①]。此时煤炭产品以无烟煤为主，主要需求领域为居民供暖、蒸汽船只的燃料，冶金厂和铁路的煤炭需求量较少。随着铁路的大规模修建，19 世纪 70 年代起，顿涅茨克煤炭的开采量迅速增加。顿涅茨克煤炭开采量从 1870 年的 1564 万普特增至 1875 年的 5143 万普特。1875 年顿河地区煤炭开采量占全俄煤炭开采量的 72.3%，而格鲁什夫矿区无烟煤产量为 2093 万普特，其比例为 40.7%[②]。因南俄冶金工业迅速发展，矿区内石煤产量已超过无烟煤。此时顿涅茨克煤炭已成功将罗斯托夫和塔甘罗格地区的英国煤炭排挤出去，敖德萨、尼古拉耶夫、基辅、莫斯科、中部工业区和土拉省都开始使用顿涅茨克煤炭，顿涅茨克煤炭开始输出南俄以外的地区，其市场范围扩大。发送顿涅茨克煤炭的主要铁路站点有阿尔马兹纳、瓦尔瓦洛波里、格尔洛夫卡、伊秋姆、克里尼奇亚、马尼德雷基纳、马里耶夫卡、姆什克托夫、鲁德尼奇亚、哈尔赛兹斯克、谢尔洛夫卡、亚西诺瓦塔亚等车站。

进口煤炭数量降低也可证明顿涅茨克煤炭销售市场扩大。随着煤炭工业的发展，顿涅茨克煤炭将进口煤炭先后从黑海和亚速海、中部工业区等地排挤出去，进口煤炭数量急剧减少，但运费较高和国家政策导致英国煤炭一直垄断波罗的海市场。19 世纪 90 年代初期，顿涅茨克煤炭销售市场已扩展到北部哈里科夫和库尔斯克省、西部叶卡捷琳斯拉夫省、东部伏尔加地区、南部亚速海港口，国外煤炭的竞争优势降低，煤炭进口数量急剧减少。俄国煤炭长期不能自给，虽然煤炭产量逐年提高，但每年仍需从国外进口大量煤炭，不过进口煤炭的比例逐年降低，从 1874 年的 44.2%降至 1911 年的 13.4%[③]，进口煤炭的比例降低足以证明俄国煤炭销售市场范

① Братченко Б. Ф. История угледобычи в России. С. 127；Тихонов Б. В. Каменноугольная промышленность и черная металлургия России во второй половине XIXв. С. 127；Баканов С. А. Угольная промышленность Урала: жизненный цикл отрасли от зарождения до упадка. С. 127.

② Дьяконова И. А. Нефть и уголь в энергетики царской России в международных сопоставлениях. С. 165. Тихонов Б. В. Каменноугольная промышленность и черная металлургия России во второй половине XIXв. С. 133；Братченко Б. Ф. История угледобычи в России. С. 127.

③ Куприянова Л. В. Таможенно-промышленный протекционизм и российские предприниматели 40—80-е годы XIX века. С. 241；Фомин П. И. Горная и горнозаводская промышленность Юга России. Том II. С. 80.

围扩大。黑海和亚速海地区最具代表性，19 世纪上半期该地轮船和军舰煤炭需求量巨大，因顿涅茨克煤炭产量有限，主要从国外进口煤炭，随着顿涅茨克煤炭工业的发展，该地年均煤炭进口量从 1866—1870 年的 770 万普特降至 1892 年的 210 万普特[1]，顿涅茨克煤炭逐渐垄断该地市场。

就价格因素而言，产品价格差异逐渐消除是南俄市场趋于完善的重要标志。在统一市场形成之前，因气候条件、地理位置和产业模式的差异，各地产品价格参差不齐。以南俄煤炭为例，19 世纪 60 年代无烟煤的开采成本为 4.57—5.05 戈比/普特，产品在矿区直接销售，1864 年、1865 年、1866 年煤炭价格分别为 6—8.5 戈比/普特、6.5—9 戈比/普特、4.5—7.5 戈比/普特[2]。因本地煤炭价格低廉，冶金企业纷纷放弃传统木制燃料转而使用煤炭，此后南俄冶金工业迅速崛起，南俄煤炭因价格低廉开始被广泛使用。19 世纪 60 年代，交通滞后和商品结构不同导致各地煤炭价格差异较大，这说明全俄市场有待进一步完善。随着交通运输的发展、煤炭产量的大增和进口关税价格的逐渐提高，除个别地区外，顿涅茨克煤炭价格开始低于进口煤炭的价格，各地区煤炭价格趋于均衡，煤炭市场逐渐稳定。1870 年亚述铁路运输的煤炭价格为 18 戈比/普特，1876 年其价格为 9 戈比/普特[3]。煤炭价格逐渐下降和国内煤炭价格差异缩小是顿涅茨克煤炭市场范围扩大的又一重要因素。

价格、关税差异和地理环境导致顿涅茨克煤炭无法占领波罗的海等地的市场。第一次世界大战前圣彼得堡地区英国煤炭价格为 16—17.8 戈比/普特（不含关税），而进口关税仅为 0.5 戈比/普特，平均价格为 17.4 戈比/普特，此时顿涅茨克煤炭在圣彼得堡的价格为 22.5 戈比/普特（含铁路运费）[4]。因顿涅茨克煤炭价格较高，无力与英国煤炭竞争，因此圣彼得堡地区以进口煤炭为主，顿涅茨克煤炭难以进入该地区市场。因价格差异缩小，黑海和亚速海、中部工业区等地停止进口煤炭，开始使用顿涅茨克煤炭，且因价格优势，煤炭也开始排挤石油产品。1913 年巴库地区轻重油和重型重油的均价分别为 43.7 戈比/普特和 40 戈比/普特。1913 年弗

① Бакулев Г. Д. Черная металлургия Юга России. С. 113.

② Братченко Б. Ф. История угледобычи в России. С. 128.

③ Братченко Б. Ф. История угледобычи в России. С. 131.

④ Фомин П. И. Горная и горнозаводская промышленность Юга России. Том II. С. 83.

里克车站煤炭均价为 11.1 戈比/普特，煤炭均价约为石油的 1/3.7，但因石油热值是煤炭的 1.8 倍，煤炭价格约为石油的 1/2，煤炭取代石油的数量逐年增加，顿涅茨克煤炭销售市场迅速扩大[①]。因通货膨胀、供求关系和货币价值变化，笔者无法笼统阐述商品价格总体发展趋势，但同一时期各地产品间的差异足以说明南俄煤炭销售市场的发展状况。

（二）中部工业区市场

顿涅茨克煤炭以本地市场为主，随着俄国煤炭工业的发展，顿涅茨克煤炭市场范围不断扩大，其中以中部工业区、伏尔加河流域和白俄罗斯等地所占比例较高。20 世纪初，因石油工业长期停滞不前，煤炭需求量迅速增加，俄国燃料需求量增长了 32%，石煤与焦炭需求量的增长速度明显快于石油需求量。但 1908—1911 年石油工业开始蓬勃发展，石油需求量的增长速度快于石煤和焦炭需求量的增长速度，此时石煤和焦炭需求量分别增长了61% 和 47%，石油和木柴需求量分别增长了 188% 和 119%，所有燃料需求总量增长了 56%[②]。虽然此时石油燃料需求量有增加趋势，但 20 世纪初石油工业萧条和燃料结构煤炭化的趋势不可逆转。表 3-7 列举了 20 世纪初俄国各地区顿涅茨克煤炭的需求量，从表中可以对中部工业区的相关情况有一定的认识。

表 3-7　20 世纪初俄国各地区顿涅茨克煤炭的需求量

各需求区域	1905 年		1911 年	
	数量/万普特	所占比重/%	数量/千普特	所占比重/%
顿涅茨克矿区	280 000 000	55.0	490 000 000	52.0
西南部地区	140 000 000	27.2	220 000 000	23.9
莫斯科和中部工业区	19 450 000	3.8	51 760 000	5.5
白俄罗斯—立陶宛地区	13 380 000	2.6	30 180 000	3.2
其他地区	57 170 000	11.6	148 060 000	15.4
总计	510 000 000	100	940 000 000	100

资料来源：Фомин П.И.Горная и горнозаводская промышленность Юга России.Том II.С.151；Лившин Я.И.Монополии в экономике России.С.298

顿涅茨克煤炭运往中部地区和伏尔加河流域的主要线路为哈里科夫—库尔斯克—莫斯科铁路、哈里科夫—莫斯科—下诺夫哥罗德铁路、莫

---

① Дьяконова И. А. Нефть и уголь в энергетики царской России в международных сопоставлениях. С. 123.

② Фомин П. И. Горная и горнозаводская промышленность Юга России. Том II. С. 144.

斯科—喀山铁路、莫斯科—基辅—沃罗涅日铁路、梁赞—乌拉尔铁路等线
路。19 世纪下半期石油工业崛起和莫斯科近郊煤田产量增加导致运至中
部工业区的顿涅茨克煤炭数量有限，如 1900 年中部工业区企业所需燃料
总量为 2.6 亿普特，而石煤需求量只有 2006 万普特，其需求比例仅为总
需求量的约 7.7%[①]，虽然诸多铁路线路的石煤需求量巨大，但顿涅茨克煤
炭的市场占有率仍有限。20 世纪初，中部工业区对顿涅茨克煤炭的需求
量增加。1905 年莫斯科地区顿涅茨克煤炭的需求量和比例分别为 1945
万普特和 3.8%，1911 年其需求量和比例分别为 5176 万普特和 5.5%。
1913 年中部工业区消耗顿涅茨克煤炭的数量为 1.1 亿普特，与 1905 年相
比增长了 8.1%[②]。1904 年南俄铁路、中部工业区和伏尔加河流域铁路
的煤炭运输量分别为 4.8 万普特和 5310 万普特，1913 年其煤炭运输量
分别为 8.6 亿普特和 2.3 亿普特。中部工业区和伏尔加河流域煤炭需求
量大增[③]，顿涅茨克煤炭销售市场也随之扩大。顿涅茨克煤炭运至圣彼
得堡和波罗的海等地的数量不多，先由哈里科夫—库尔斯克—莫斯科铁路
运至莫斯科，然后经尼古拉耶夫和莫斯科—梁赞等铁路运往北部地区，但
运输数量较少，波罗的海地区以进口煤炭为主。销往波罗的海地区的顿涅
茨克煤炭数量不多，1905 年和 1913 年其数量分别为 1384.7 万普特
和 1.1 亿普特，第一次世界大战前运至波罗的海地区的顿涅茨克煤炭数量
激增[④]。

　　顿涅茨克煤炭在垄断南俄燃料市场后开始销售至南俄以外的地区。土
拉省苏达科夫工厂、卡卢加省梅什格工厂、奥廖尔省彼良尼斯克冶金厂的
煤炭需求量较大，1900 年上述工厂对顿涅茨克煤炭的需求量分别为 490
万普特、120 万普特和 100 万普特。圣彼得堡冶金厂并未使用顿涅茨克煤
炭炼铁，但乌拉尔地区尝试使用顿涅茨克煤炭，如下塔吉里冶金厂的煤炭
需求量就达 40 万普特，1905 年和 1903 年乌拉尔地区顿涅茨克煤炭的需

① Кафенгауз Л. Б. Эволюция промышленного производства России（последняя треть XIXв. —30-е годы XXв）. С. 28.

② Фомин П. И. Горная и горнозаводская промышленность Юга России. Том II. С. 145；Кафенгауз Л. Б. Эволюция промышленного производства России（последняя треть XIXв. —30-е годы XXв）. С. 27；Лившин Я. И. Монополии в экономике России. С. 298.

③ Фомин П. И. Горная и горнозаводская промышленность Юга России. Том II. С. 47.

④ Лившин Я. И. Монополии в экономике России. С. 298.

求量分别为 4.5 万普特和 195 万普特[①]。其他地区的顿涅茨克煤炭需求量也有所增加，东南铁路外运煤炭数量增加证明顿涅茨克煤炭逐渐取代东布罗夫煤炭。莫斯科—布列斯特铁路的顿涅茨克煤炭需求数量为 270 万普特，波兰—彼列维斯里铁路的顿涅茨克煤炭需求量为 90 万普特。随着市场范围的扩大，顿涅茨克煤炭开始排挤莫斯科近郊煤炭，中部工业区诸多铁路开始使用顿涅茨克煤炭，莫斯科—库尔斯克铁路的顿涅茨克煤炭需求量为 140 万普特，塞兹兰—瓦亚杰姆铁路的顿涅茨克煤炭需求量为 110 万普特，其余主要线路仍使用莫斯科近郊煤炭[②]。据交通部统计，顿涅茨克煤炭也开始排挤巴库石油燃料，这一趋势在俄国欧洲部分东部和东南部铁路中尤为突出。在河运船只燃料结构中，石油燃料占据主导地位，而顿涅茨克煤炭是黑海和亚速海舰队的主要燃料。

俄国煤炭工业发展轨迹与石油工业大不相同，石油产品除垄断国内市场外，还大量出口国外，并且一度主导国际石油市场。俄国煤炭长期不能自给，即便 19 世纪末其已在国内市场占据主导地位，每年仍需大量进口煤炭。除顿涅茨克煤炭外，其余地区煤炭都供本地市场消费，顿涅茨克煤炭虽然有一部分运往中部工业区、伏尔加河流域、黑海和亚速海地区，但大部分煤炭仍供本地消费。因此，俄国煤炭销售市场多以本地市场为主，煤炭尚不能满足本国国内市场需求，更不用说左右国际市场。在俄国矿物燃料垄断国内市场的同时，大型垄断组织也相继诞生。

---

① Лившин Я. И. Монополии в экономике России. С. 298；Тихонов Б. В. Каменноугольная пром ышленность и черная металлургия России во второй половине XIXв. С. 186，187.

② Тихонов Б. В. Каменноугольная промышленность и черная металлургия России во второй половине XIXв. С. 188.

第四章

俄国能源工业中的垄断组织

    19 世纪末，外资在俄国经济发展中作用巨大，俄国政府引进外资的方式主要包括政府举债、外国企业对俄直接投资和外国有价证券投资。因能源工业利润巨大、世界市场需求量大增和俄国企业主资金有限，外国资本家开始投资俄国能源工业，其主要通过对俄直接投资和购买当地公司有价证券的方式来投资能源工业。以石油工业为例，重要的外国公司为诺贝尔兄弟集团、里海-黑海石油工商业公司和英荷壳牌石油公司，这三大外资石油公司垄断着俄国石油的开采和贸易，对俄国石油工业的影响不容忽视。19 世纪末，俄国煤炭工业虽不能与石油工业匹敌，但煤炭仍是工业和运输业的重要燃料，在加速工业化进程的同时，20 世纪俄国燃料结构的煤炭化趋势日益明显，煤炭工业中的垄断程度超过石油工业，甚至出现了辛迪加组织。

第一节　石油工业垄断组织

    19 世纪末，大型石油公司为垄断俄国国内外石油市场，几度抬高油价，利用本身资金优势并购中小企业、完善运输工具和设施并提高开采、钻探技术，最终垄断国内外石油市场。俄国石油工业中最具影响力的国外垄断组织为诺贝尔兄弟集团、里海-黑海石油工商业公司和英荷壳牌石油公司。诺贝尔兄弟集团凭借资金和运输优势，一直垄断俄国国内石油市场。20 世纪初以前，里海-黑海石油工商业公司凭借资金和国际影响力垄断俄国国外石油市场，但 20 世纪初该公司的地位逐渐下降，诺贝尔兄弟集团开始垄断俄国国内外石油市场。英荷壳牌石油公司垄断东方市场上俄国石油的出口业务。三大外资公司对俄国石油工业的影响十分巨大，控制着俄国半数以上的石油开采和贸易，掌控着俄国石油工业命脉。在论述俄国石油工业中外资公司及其影响之前，有必要先阐述 19 世纪下半期外资迅速涌入俄国的原因。

一、19 世纪下半期外资迅速涌入俄国的原因

19 世纪 60 年代，俄国政府开始关注本国工业，但在资金、技术匮乏的状况下只能引进外资发展本国工业，此后借助外资发展工业成为俄国政府的既定方针之一。为引进外资，俄国政府提供了大量优惠政策，外国企业主也意识到与出口商品和购买债券相比，直接投资获得的利润更高，19 世纪 60 年代以后，外国资本不断涌入俄国。在外资的帮助下俄国诸多工业部门飞速发展，尤其是重工业，但外资所占比例较高给俄国工业也带来了诸多负面影响。外资迅速涌入俄国的原因主要包括如下几个方面。

第一，引进外资成为俄国政府既定政策。克里米亚战争失败之后，俄国负债累累，政府意识到发展本国工业和兴修铁路的重要性，制定了总体保护发展民族工商业的方针。亚历山大二世即位后彻底改变国家经济方针，鼓励外资进入俄国，外资不但带来了发展经济所需的资金，还带来了先进的技术和管理经验。维特出任财政大臣后继承了本格和维什涅格拉德斯基引进外资的政策，因俄国经济快速发展，维特提出停止国家举债、扩大外国直接投资的方针。1899 年，维特向沙皇尼古拉二世提交报告，强调民族工业独立的重要性，指出俄国的工业化必须引进外资[①]。20 世纪初，俄国政府继续奉行引进外资与发展俄国工业的政策。

第二，发展本国工商业的需要。1861 年以前，俄国政府为弥补国家预算赤字、修建铁路和用于克里米亚战争的军费支出，向国外大规模举债的次数达 16 次[②]。外国资本流入俄国的途径有三：一是在俄国直接建立工

---

① Витте С. Ю. Конспект лекций о народном и государственном хозяйстве. СПБ., 1912. С. 141.
② Денисов А. Е. Государственные займы Российской империи 1798—1917 годов. М., ИД "Финансы и кредит, 2005. С. 13-22.

业企业；二是购买俄国企业的股票和有价债券；三是购买国家债券。因俄国本身资金有限，为发展本国工商业，必须大量引进外资。19 世纪下半期，俄国的主要投资者是德国、英国、法国和比利时资本家。1860—1900 年德国、比利时、英国和法国资本家在俄国建立的企业数量分别达 207 家、40 家、38家和 26 家①。在外资的帮助下俄国工商业飞速发展，以石油工业为例，俄国石油产量从 1870 年的 170 万普特增至 1880 年的 2150 万普特②。19 世纪末，俄国已成为世界大石油出口国之一。20 世纪初，其石油产量达世界石油总产量的一半，出口量大增，一度超过美国。在外资和外国企业家的帮助下新式石油、煤炭、金属冶炼、机器制造和化学工业企业的数量大幅度增加，旧工业领域改造和国内资本大幅度增加都与外资扶持密切相关，1890 年俄国 25%的股份资本由外国人掌控，而 1900 年这一比例已达 50%③。

第三，保护性关税政策的实施。1877 年 1 月，俄国开始实行金币关税制度，进口商品需以金币支付关税，征税额度大幅度提高。1877 年之后，为保护民族工业和增加国库收入，俄国政府多次提高关税额度，其目的是限制国外工业品的进口量，推动国内工商业发展。以石油工业为例，19 世纪 70 年代包税制度废除后俄国政府立即提高煤油进口关税，旨在保护本国石油工业发展。1877 年起，俄国实施保护性关税政策，在大幅度提高煤油进口关税的同时，俄国政府规定必须使用黄金进行业务结算，每普特煤油进口关税提高至 55 金戈比，国外煤油进口量迅速降低。如 1873 年美国煤油进口量为 270 万普特，此时巴库地区煤油产量仅有83.2 万普特，1877 年美国煤油进口量降至 170 万普特，俄国煤油供给量增至 459 万普特，1883 年美国煤油进口业务完全终止④。1857 年起，美国煤油进口关税逐年提高，1891 年煤油关税提高至 1 金卢布/普特，实

① Ионичев Н. П. Иностранный капитал в экономике России（XVIII—начало XX в.）. С. 102，103.
② Чунтулов В. Т.，Кривцова Н. С.，Чунтулов А. В.，Тюшев В. А.，Экономическая история СССР. С. 92. Ионичев Н. П. Иностранный капитал в экономике России（XVIII—начало XX в.）. С. 104；Конотопов М. В.，Сметанин М. В. История экономики России. С. 78.
③ Чунтулов В. Т.，Кривцова Н. С.，Чунтулов А. В.，Тюшев В. А.，Экономическая история СССР. С. 92.
④ Наниташвили Н. Л. Экспансия иностранного капитала в Закавказье（конец XIX—начало XX вв.）. С. 249，260；Соболев М. Н. Таможенная политика России во второй половине XIX века. Том II. С. 11-13.

际上这是禁止进口美国煤油①。在限制进口的同时，俄国政府也希望引进外资发展本国经济，外国资本家首先将资金投入俄国重工业和新兴工业部门，因此俄国诸多工业部门迅速发展。

第四，获取高额利润的需要。19 世纪下半期，西欧国家陆续开始第二次工业革命，国内商品需大量输出，俄国是西欧主要的产品销售地之一。因俄国政府推行关税保护政策，商品出口利润明显降低，西欧国家很多企业主为获取高额利润，对俄国进行直接投资，纷纷在俄国建立工厂。1861 年农奴制改革后国外企业家投入俄国实业的热忱提高，1861—1881 年外国人创办的股份公司的数量从 54 家增至 356 家，股份资本从 3500 万卢布增至 3.3 亿卢布②。此外，俄国因工商业发展规模有限，有廉价的劳动力和广阔的市场，外国资本家在俄国投资可获取高额利润。

第五，许多大资本家与俄国政府关系密切。以诺贝尔家族为例，1837 年阿尔弗雷德从瑞典举家迁至圣彼得堡，在俄国建立机械厂，专门制作地雷，在克里木战争期间发挥了巨大作用，借此诺贝尔家族与俄国政府上层建立了稳定的业务联系。诺贝尔兄弟集团获得了国家订单，专门制造发动机，因与陆军部关系密切，其开始生产武器。此后诺贝尔兄弟集团迅速发展成为俄国大型军工和民用企业。1877—1878 年俄土战争期间，诺贝尔兄弟集团专门为俄国军队生产各种武器装备，也包括弹药等军事物资。此外，法国罗斯柴尔德家族、美国洛克菲勒家族，以及英国诸多资本家与俄国政府高层关系密切，俄国政府为这些资本家在俄国投资提供便利，但这也滋生了腐败并牺牲了本国企业主的利益。

在俄国政府政策的支持和高额利润的驱使下大量外资涌入俄国，对俄国工业发展影响巨大，最终导致俄国经济外资依赖性较高。石油工业最具代表性，因股份公司的建立与推广、外资参与石油工业和企业主之间竞争加剧，俄国石油垄断组织形成，19 世纪末至 20 世纪初俄国石油工业垄断的程度不断加强。随着俄国石油工业的发展，垄断趋势日益明显，1883 年巴库地区只有一家石油公司采油量超过 1000 万普特，但 1893 年已有

---

① Куприянова Л. В. Таможенно-промышленный протекционизм и российские предприниматели 40—80-е годы XIX века. C. 245.

② Гусейнов Р. История эконоики России. М., 1999. C. 217. Ионичев Н. П. Иностранный капитал в экономике России（XVIII—начало XX в.）. C. 99; Чунтулов В. Т., Кривцова Н. С., Чунтулов А. В., Тюшев В. А., Экономическая история СССР. C. 92.

12 家公司采油量超过 1000 万普特，1901 年这些公司采油量的比例达 67%。第一次世界大战前夕俄国石油工业中形成了诺贝尔兄弟集团、英荷壳牌石油公司和俄国石油总公司三足鼎立的局面，它们控制俄国石油工业资本、开采量、加工和销售业务的比例分别为 70%、60.7%、66% 和 90%[①]。俄国石油工业发展与外资关系密切，外资流入石油工业导致石油工业的股份资本从 1910 年的 1.8 亿卢布增至 1913 年的 3.3 亿卢布[②]。为了更好地探析俄国石油工业中的外资公司，笔者选取诺贝尔兄弟集团、里海-黑海石油工商业公司和英荷壳牌石油公司来进行分析。

二、诺贝尔兄弟集团

诺贝尔家族可谓家喻户晓，其在俄国更是耳熟能详。19 世纪上半期，诺贝尔家族入驻俄国工业，最初主要从事军事工业，获得巨额利润。1853 年克里木战争期间，诺贝尔家族开始为俄国军队生产武器和弹药。战争结束后军事订单的数量减少，但诺贝尔家族与政府和军队高层关系逐渐紧密，在为俄国军队生产枪支零件、水炮、水雷和炮兵炸药等产品的同时，其建立的诺贝尔兄弟集团也陆续生产自来水管道、开关和电池等民用产品。

诺贝尔兄弟集团对俄国石油工业的发展贡献最大，凭借资金优势，其从小煤油厂一度发展为俄国石油工业的龙头。为了更好地分析诺贝尔兄弟集团对俄国石油工业的影响，笔者从诺贝尔兄弟集团投资俄国石油工业的开端、成就和 20 世纪初经济危机对该公司影响等几方面进行阐述。

诺贝尔兄弟集团投资俄国石油工业的开端。1837 年罗贝尔特·诺贝尔曾去过高加索地区，当时其主要的目的是购买桦木以制造枪支，并未重视高加索石油工业。1873 年到达巴库地区后，他看到了石油工业的巨大

---

① Волобуев. П. В. Из истории монополизации нефтяной дореволюционной промышленности России. 1903—1914//Исторические записки. Т. 52. М., Наука, 1955. С. 98，102；Монополистический капитал в нефтяной промышленности России 1883—1914. Документы и материалы. М., Изд-во Академии наук СССР，1961. С. 10，13；Карпов В. П.，Гаврилова Н. Ю. Курс истории отечественной нефтяной и газовой промышленности. С. 66；Гиндин И. Ф. Банки и экономичеекая политика в России（XIX—начало XX вв.）. Очерки истории и типологии русских банков. С. 177；张广翔、白胜洁：《论 19 世纪末 20 世纪初俄国的石油工业垄断》，《求是学刊》2014 年第 3 期，第 1 页。

② Нанаташвили Н. Л. Экспансия иностранного капитала в Закавказье（конец XIX—начало XX вв.）. С. 306.

潜力。1875 年，他以 8000 卢布的价格购买了一个小型炼油厂，开始从事石油开采和钻探业务。1879 年，他与兄弟及朋友创建诺贝尔兄弟集团，注册资本达 300 万卢布，1879 年和 1881 年该公司石油工业投入占俄国石油工业总投入的 2/3。1879—1883 年诺贝尔兄弟集团纯利润增长了 16 倍[1]，公司股票十分紧俏。80 年代初期，公司的主要业务是阿塞拜疆石油。虽然巴库地区小企业众多，但因资金有限和技术落后，它们难与诺贝尔兄弟集团竞争。诺贝尔兄弟集团为增加公司竞争力开始并购小企业、改进石油开采和加工技术、完善石油运输体系。该公司还引进了美国标准普尔公司的管理方法和技术，尤为关注石油运输问题。

诺贝尔兄弟集团石油工业的成就。诺贝尔兄弟集团成立之日起，因资金雄厚，发展迅速。该公司在俄国建立石油矿井和石油加工厂，在发展石油勘探和加工技术、完善交通运输体系等方面作出了突出贡献。1880 年诺贝尔兄弟集团只有 12 口钻井，1900 年和 1909 年其钻井数量已经分别达到 180 口和 276 口[2]。1879—1883 年诺贝尔兄弟集团采油量增长了 4820%，其速度远超俄国国内石油企业，俄国本国石油企业主采油量增速从 416% 降至 254%。该公司凭借石油开采业务获得了巨大利润，1879—1883 年该公司的利润从 18.3 万卢布增至 308.8 万卢布，利润增长了约 16 倍，同时该公司采油量占全俄采油量的比例从 4.5% 增至 49.1%；1885 年诺贝尔兄弟集团煤油和重油产量分别为 1068 万普特和 2557 万普特；1900 年其煤油和重油产量分别为 2153 万普特和 5207 万普特。1899 年诺贝尔兄弟集团采油量占全俄采油量的比例为 18%，占世界总采油量的比例为 8.6%，煤油出口量为 1833 万普特，占俄国煤油出口总量的比例为 26.6%[3]。

诺贝尔兄弟集团垄断俄国国内石油运输业务。1878 年诺贝尔兄弟集团在伏尔加河流域拥有 10 艘载重量为 4—6 万普特的木制驳船和 2 艘蒸汽轮船[4]。随着石油开采和钻探技术的提高，诺贝尔兄弟集团开始关注石油

① Тридцать лет деятельности товарищества нефтяного производства Бр. Нобеля 1879—1909. C. 48；Матвейчук А. А，Фукс И. Г. Истоки российской нефти. Исторические очерки. C. 208.

② Матвейчук А. А，Фукс И. Г. Истоки российской нефти. Исторические очерки. C. 208.

③ Ахундов Б. Ю. Монополистический капитал в дореволюционной бакинской нефтяной промышленности. М.，Изд-во социально-экономической литературы，1959. C. 35；Дьяконова И. А. Исторические очерки. За кулисами нобелевской монополи//Вопросы истории. 1975. C. 130.

④ Фукс И. Г，МавейчукА. А. Иллюстрированные очерки по истории российского нефтегазового дела. Часть 2. C. 20.

运输业务。里海大型油罐船佐洛阿斯特、诺尔杰西里德等船只都是由瑞典生产的，这些船只属于诺贝尔兄弟集团所有，于 1880 年初次使用，1881年诺贝尔兄弟集团油罐船数量达 11 艘，1884 年其有 69 艘油罐船[①]。此外，该公司建设了俄国第一条输油管道，管道连接油田、工厂和消费市场。诺贝尔兄弟集团第一次大规模使用油轮运输煤油，推广油罐车。随着运输设施的不断完善，诺贝尔兄弟集团快速降低煤油价格，借此在国际市场上排挤美国煤油，在俄国市场上排挤中小企业主。诺贝尔兄弟集团最初垄断只限于运输领域，随后扩展为石油贸易领域。诺贝尔兄弟集团在俄国建立大型石油存储网络，以便扩大公司的影响力和增强竞争力。为加大石油贸易的力度，诺贝尔兄弟集团在俄国各地设有数千个代理处，主要集中于彼得堡、莫斯科、阿斯特拉罕、萨拉托夫、下诺夫哥罗德、彼尔姆等地。

20 世纪初经济危机对诺贝尔兄弟集团的影响较小。1900—1903 年经济危机期间俄国石油工业受到重创，但诺贝尔兄弟集团的业务飞速发展，其采油量占全俄采油量的比例从 1899 年的 32%增长到 1903 年的 58%。1879—1917 年诺贝尔兄弟集团在俄国煤油销售市场上所占的份额都在50%以上，个别年份达到 89.3%[②]。1883 年其注册资本为 300 万卢布，1912 年和 1917 年其注册资本已分别达 3000 万卢布和 4500 万卢布[③]。虽然煤油出口业务未成为诺贝尔兄弟集团的主导业务，但在国外市场上其产品所占的比例一直超过 1/3。1913 年诺贝尔兄弟集团采油量达 6580 万普特，钻井数量为 479 口，共有 11 台蒸汽发动机和 131 台电动机，工厂工人总数为 2541 人，还有 43 艘河运船只、14 艘纵帆船、209 艘驳船和1400 节油罐车厢[④]。诺贝尔兄弟集团凭借雄厚的资金优势、先进的管理和营销经验，在俄国石油市场上可谓首屈一指。其业务利润率明显高于其他公司，如 1909 年和 1910 年俄国石油公司的平均利润为 21.8%和 12.3%，

① Ахундов Б. Ю. Монополистический капитал в дореволюционной бакинской нефтяной промышленности. С. 21.

② Тридцать лет деятельности товарищества нефтяного производства Бр. Нобеля 1879—1909. СПб., Типография И. Н. Скороходова, 1910. С. 44; Дьяконова И. А. Исторические очерки. За кулисами нобелевской монополи. С. 134.

③ Сеидов В. Н. Архивы бакинских нефтяных фирм（XIX-начало XX века）. М., Медест Колеров, 2009. С. 37-38.

④ Матвейчук А. А, Фукс И. Г. Истоки российской нефти. Исторические очерки. С. 204.

而两大巨头诺贝尔兄弟集团和里海-黑海石油工商业公司的利润率分别为 36%和 40.4%[①]，明显高于其他垄断组织，在国内外石油市场上立于不败之地。诺贝尔兄弟集团的业务一直持续至十月革命期间。1917 年，苏维埃军队接收巴库地区，实施巴库油田国有化政策，诺贝尔兄弟集团被苏维埃政府收归国有。1920 年，诺贝尔兄弟集团领导人疯狂抛售股票，其股票多被美国标准普尔公司低价购买。

诺贝尔兄弟集团以生产武器起家，在克里米亚战争和俄土战争期间，诺贝尔兄弟集团就为俄国军队生产武器和军事物资。19 世纪上半叶，俄国政府资助诺贝尔兄弟集团 2.5 万卢布，用于建立军事物资工厂，1841 年该工厂获得政府 4 万卢布的订单[②]。1854 年，诺贝尔兄弟集团在圣彼得堡建立专业化机械制造厂，工人数量达数千人。1852 年，诺贝尔兄弟集团获得"第一基尔德商人"的称号。机械制造厂获得高额利润后，诺贝尔兄弟集团又在圣彼得堡建立工厂专门生产各类机器装置，1867—1875 年还改造了 10 万支老式步枪，生产规模迅速扩大，随后诺贝尔兄弟集团又租赁军工厂专门生产步枪[③]。

诺贝尔兄弟集团与俄国政府官员关系密切，因此获得了大量订单。1854 年，其在圣彼得堡建立机械制造厂，就是由官员 Э.И.托特列别尼力促的，诺贝尔兄弟集团也给其高额回报。诺贝尔兄弟集团与俄国军官关系也紧密，如将军 П.А.贝里杰吉格曾为诺贝尔兄弟集团提供军事订单，他退役后成为诺贝尔兄弟集团董事会成员，与诺贝尔兄弟集团一起租赁伊热夫斯克军工厂，租期为 8 年，共生产步枪 45.3 万支。此后，利用该将军的私人关系，诺贝尔兄弟集团的军事订单不断增加，1877—1878 年俄土战争期间诺贝尔兄弟集团为军队生产子弹和其他军事物资，仅子弹的数量就达 92 万枚[④]，借此诺贝尔兄弟集团和政府上层官员的关系更加牢固。

诺贝尔兄弟集团利用与政府高层的关系投资俄国石油工业。诺贝尔兄弟集团建立时除诺贝尔兄弟的自由资金外，还有其他俄国商人及政府官员参股。公司建立之初，A.诺贝尔就主张鼓励俄国人参股公司，认为外国人参股可以让公司的经营更加便捷。П.А.贝里杰吉格在公司建立时就参股，

① Дьяконова И. А. Исторические очерки. За кулисами нобелевской монополи. С. 135.

② R. Hennig. Alfred Nobel. Der Erfinder des Dynamits und Grunder der Nobelstiftung. Stuttgart. 1912，P. 9；Дьяконова И. А. Исторические очерки. За кулисами нобелевской монополи. С. 128.

③ Механический завод "Людвиг Нобель"，СПб.，Т-во Р. Голике и А. Вильборг，1912. С. 7.

④ Дьяконова И. А. Исторические очерки. За кулисами нобелевской монополи. С. 129.

入股资金为 93 万卢布，其控股数额近 1/4[①]，公司也凭借其影响力拉近与高加索地区政府官员的关系。由于与政府高层关系密切，1877 年俄国政府取消了诺贝尔兄弟集团 10 年的消费税，而且对进口煤油征收高额关税。利用与高加索官员的密切关系，在工人运动蓬勃发展时诺贝尔兄弟集团为当地警察局提供补助金，其金额甚至高于其他公司为工人增加的工资数额。此外，诺贝尔兄弟集团还利用与政府高层的关系获取廉价的巴库土地，19 世纪 70 年代诺贝尔兄弟集团获得土地的价格仅为几十卢布，20 世纪某些地块价格增长到数千卢布，几乎增长了 100 倍[②]。

诺贝尔兄弟集团以军工企业起家，凭借资金及其影响力迅速成为大型石油垄断组织，不但掌控俄国国内石油市场，还控制国内石油运输业务，在石油开采和出口业务上也可与其他石油公司一较高下。20 世纪初经济危机之前，诺贝尔兄弟集团掌控俄国国内石油贸易，而里海-黑海石油工商业公司控制俄国石油出口业务，是诺贝尔兄弟集团的主要竞争对手。

三、罗斯柴尔德家族的里海-黑海石油工商业公司

19 世纪末，德国政府推行世界政策，对俄国实行关税战，导致俄法关系逐渐密切，普法战争失败后，法国一直谋求德国外交包围困境。维特任财政大臣期间，通过罗斯柴尔德家族发展与国外金融界的关系。俄国政府为购买军火和推销国债，在国外市场上发行国债。19 世纪 80 年代末，俄国获得了法国的第一批债务，并在巴黎金融交易所销售俄国国债。仅 1888—1889 年俄国就先后 3 次从法国贷款 24 亿法郎[③]，俄法两国关系逐渐密切，最终于 1892 年签署《法俄军事协定》，法俄同盟正式成立。俄国政府多次在法国发行国债，俄法关系密切为法国资本入驻俄国奠定了基础。19 世纪末，随着法国金融市场上俄国国债和有价债券的饱和，法国资本家投资俄国实业的热忱提高。

罗斯柴尔德家族与俄国政府官员关系密切。为入驻俄国石油工业，罗斯柴尔德家族与俄国国家财产部矿物厅负责人斯卡里科夫斯基密切联系，

---

① 25-летие Т-ва нефтяного производства бр. Нобель". СПБ.，Т-во Р. Голике и А. Вильборг.，1904，С. 49.

② Дьяконова И. А. Исторические очерки. За кулисами нобелевской монополи. С. 130，131.

③ 刘德斌：《国际关系史》，北京：高等教育出版社，2003 年，第 158 页。

借此罗斯柴尔德家族不但获得了俄国政府的相应扶持，还享受到了俄国政府提供的诸多优惠政策，甚至获得了竞标和铁路税率变更等信息，并在诸多问题上得到斯卡里科夫斯基的建议。罗斯柴尔德家族还借助斯卡里科夫斯基与政府其他官员发展关系，罗斯柴尔德家族首先锁定了财政部贸易和手工工场办公厅负责人 В. И. 科瓦列夫斯基，借其处理法国投资人在俄国建立企业的相关事宜，力求在公司创建和并购企业时获得他的帮助。在俄国政府官员的帮助下，罗斯柴尔德家族开始投资俄国银行业和实业界，其标志就是罗斯柴尔德家族参股圣彼得堡国际银行，与诺贝尔兄弟集团一样，实施贿赂后他们就可以参股公司。19 世纪 90 年代开始，外国资本参股的圣彼得堡国际银行就参与大型冶金、采矿和石油企业的建立和资金划拨活动。罗斯柴尔德家族致力于最大限度地投资俄国实业界和金融界，在国外圣彼得堡国际银行负责发行俄国国债和债券等相关业务，19世纪末借助罗斯柴尔德家族的影响力，圣彼得堡国际银行成为外国银行和资本家与俄国连接的纽带。俄国政府迫于法国政界和金融业的影响力，在法国资本投资俄国实业界和金融界的过程中作出了诸多让步，当然俄国政府也获得了发展本国工业所需的资金，以及在法国金融市场销售有价证券的权利。

　　法国资本渗透俄国石油工业始于 1885 年，这一年罗斯柴尔德家族并购了巴库石油工业和贸易公司，并在此基础上建立了里海-黑海石油公司，这是罗斯柴尔德家族投资俄国石油工业的开端。1885 年，罗斯柴尔德家族在兼并巴统石油和贸易公司后将其与里海-黑海石油公司合并，建成里海-黑海石油工商业公司，注册资本为 600 万卢布，公司资金主要依靠法国银行集团[1]。1886 年，里海-黑海石油工商业公司开始公开出售股票，此后法国资本大量进入高加索石油工业，并一度垄断巴库石油出口业务，如 1888 年该公司掌控了俄国 58.6% 的煤油出口业务[2]。为了更好地阐述里海-黑海石油工商业公司对俄国石油工业的影响，笔者着重从罗斯柴尔德家族并购石油企业的热潮、里海-黑海石油工商业公司的业务及其与

① Наниташвили Н. Л. Экспансия иностранного капитала в Закавказье（конец XIX—начало XX вв.）. С. 262；Ахундов Б. Ю. Монополистический капитал в дореволюционной бакинской нефтяной промышленности. С. 38.

② Матвейчук А. А，Фукс И. Г. Истоки российской нефти. Исторические очерки. С. 218.

中小石油公司的初步合作、组建诺贝尔-马祖特卡特尔集团和投资俄国石油工业的终结等方面进行分析。

罗斯柴尔德家族并购石油企业的热潮。1881 年，里海-黑海石油工商业公司利用格罗兹尼罗俄国标准石油公司财务状况恶化之机，打算一举兼并该公司，虽然俄国政府并不同意此次兼并，但罗斯柴尔德家族已实际控股该公司，只是公司经营仍假手他人。19 世纪 90 年代，罗斯柴尔德家族相继在库班和格罗兹尼开展石油业务，俄国标准石油公司因经营不善濒临破产，里海-黑海石油工商业公司利用资金优势控股该公司，此后罗斯柴尔德家族试图兼并塔吉耶夫公司，但并未获得成功。19 世纪 90 年代，里海-黑海石油工商业公司购买了专门在伏尔加河流域从事石油贸易业务的波良科夫公司，之后组建马祖特公司，罗斯柴尔德家族和波良科夫公司的股份比例分别为 60% 和 25%[1]，1898 年罗斯柴尔德家族完全控股该公司。1895 年，里海-黑海石油工商业公司注册资本已从 150 万卢布增至 600 万卢布，1896—1897 年公司的红利为 8%，1897—1900 年为 10%[2]。1897 年，利用格罗兹尼油田莫斯科石油工业公司资金困难之机，罗斯柴尔德家族全盘收购了该公司的矿区和股票。

里海-黑海石油工商业公司的业务及其与中小石油公司的初步合作。19 世纪 80 年代末以前石油工业主要产品是煤油，但 90 年代开始随着内燃机的逐渐推广、水路和铁路运输的逐渐完善，国内外市场空前扩大，里海-黑海工商业公司业务迅速扩张。里海-黑海石油工商业公司已意识到国内市场有限，国内煤油贸易已无利可图，于是将重心转移至国际市场。该公司在俄国国内贸易中的作用逊色于诺贝尔兄弟集团，但在对外贸易中独占鳌头。1899 年巴统地区出口的 3500 万普特煤油中里海-黑海石油工商业公司的煤油数额达 2760 万普特[3]。为加大煤油出口量并扩大国际市场份额，该公司为国外寄售人和进口商提供了诸多优惠条件。除正常支出外，

---

[1]　Бовыкин В. И. Французкие банки в России： конец XIX—начало XX в. М.，РОССПЭН，1999. С. 75.

[2]　Ахундов Б. Ю. Монополистический капитал в дореволюционной бакинской нефтяной промышленности. С. 38；Бовыкин В. И. Французкие банки в России： конец XIX—начало XX в. С. 82.

[3]　Лисичкин С. М. Очерки по истории развития отечественной нефтяной промышленности （дореволюционный период）. С. 369.

该公司将总收入的 4%用于补偿国外寄售人，并且为买家提供短期贷款，此后补偿比例提升至 5%①。该公司与巴库诸多中小企业签署协议，中小企业为其提供煤油，但与其签署协议的小公司将失去独立发送和销售煤油以及从其他公司进口煤油的权利，中小企业主签署协议后失去了煤油出口权利，其在高加索地区的影响力不断增强。

组建诺贝尔-马祖特卡特尔集团。罗斯柴尔德家族的里海-黑海石油工商业公司影响力的扩大引起了其他大型石油公司的不满，尤其是诺贝尔兄弟集团。19 世纪末，为应对美国煤油的竞争，俄国大型石油垄断组织开始合作，其中诺贝尔兄弟集团与里海-黑海石油工商业公司的合作最具代表性。19 世纪 90 年代里海-黑海石油工商业公司控股马祖特石油公司后，诺贝尔兄弟集团和马祖特公司共同开展石油出口业务，1900 年两家公司签署《诺贝尔-马祖特协定》，其目的是共同垄断俄国国内外石油贸易和获得高额利润。1900 年在签署协议之后，这两家公司在俄国国内市场上的占有率为 70%—80%②。据统计，1901 年俄国国内市场上诺贝尔-马祖特卡特尔集团石油输出量分别占里海黑海区域煤油、重油和润滑油输出量的 57%、43.5%和 67.5%，此外该集团还垄断了俄国石油出口业务，1901 年俄国 50%的石油出口业务都由该集团掌控③。1900 年经济危机时期罗斯柴尔德家族在俄国的状况恶化。

罗斯柴尔德家族投资俄国石油工业的终结。罗斯柴尔德家族在俄国石油工业中获得高额利润后，并不关注更新钻探、开采和加工技术，不引进先进技术和管理经验，只关注经营方式和金融业务，利用丰富的自然资源和廉价劳动力获得高额利润，因此其里海-黑海石油工商业公司技术落后，机器设备配置不足。20 世纪初，公司状况开始逐渐恶化，1912 年石油托拉斯英荷壳牌石油公司并购罗斯柴尔德家族在俄石油工业和商业企业，包括里海-黑海石油工商业公司、马祖特石油公司和俄国标准石油公

---

① Наниташвили Н. Л. Экспансия иностранного капитала в Закавказье（конец XIX—начало XX вв.）. С. 264；Ахундов Б. Ю. Монополистический капитал в дореволюционной бакинской нефтяной промышленности. С. 42.

② Наниташвили Н. Л. Экспансия иностранного капитала в Закавказье（конец XIX—начало XX вв.）. С. 267.

③ Фурсенко А. А. Династия Рокфеллеров. Нефтяные войны（конец XIX—начало XX века）. С. 529；Наниташвили Н. Л. Экспансия иностранного капитала в Закавказье（конец XIX—начало XX вв.）. С. 266；Фурсенко А. А. Парижские Ротшильды и Русская нефть//Вопросы истории. 1962. С. 42.

司。罗斯柴尔德家族将里海-黑海石油工商业公司以 400 万卢布的价格出售给英荷壳牌石油公司，马祖特公司的价值为 2000 万卢布[①]，但需要用英荷壳牌石油公司的股票来购买罗斯柴尔德家族所属公司，以后罗斯柴尔德家族在俄石油业务活动终结。

四、高加索石油工业中的英国企业

19 世纪末至 20 世纪初，俄英两国关系日趋紧张，两国分别在近东、中亚和远东地区展开争夺，日俄战争爆发后俄英关系更加紧张。但 20 世纪初随着国际关系的变化，俄英关系日趋好转，1907 年《英俄协定》签署，两国就近东、中亚和远东地区的诸多问题达成一致，关系缓和，这也是英国于 20 世纪初大规模投资俄国石油工业的原因之一。

俄国政界就英国资本入驻石油工业的争论。在英国资本快速涌入的同时，俄国国内各界就引进外资问题开始了激烈的辩论。财政大臣维特对英国资本进入俄国石油工业的问题十分关注。研究英国资本参与巴库石油工业问题，必须关注俄国政府的态度。维特以美国为例，坚决捍卫外资对国内经济发展的益处，他认为俄国工业想要取得巨大成就必须借助外资。维特指出，不可能完全取消俄国石油工业中的外资，如果外资撤出，石油工业将立刻萧条，外资涌入实业领域会增加财政收入。石油开采和钻探业务需要大量资金，而外资足以解决燃眉之急，外资可以修建铁路、购买油罐船，以及修建石油管道、储油池、仓库，保障市场上石油产品的供应量。外资投入俄国石油工业领域对俄国工业发展十分有利，排挤世界市场上的美国石油产品需要巨额资本，同时还面临扩大生产规模、降低产品价格、完善运输和仓储设施等问题，引进外资后这些问题便可迎刃而解。就英国资本是否参与俄国石油工业的问题，俄国政界存在两种观点。第一种观点认为，英国资本持续增加可以扩大高加索油田开采面积，英国资本参与石油业务可增加俄国原油和石油产品的产量，还可以增加俄国石油产品的出口量；限制外资将导致石油产量减少，国内石油产品价格居高不下。外资入驻石油工业可推动俄国石油的开采技术，促进国家经济发展并提高居民的生活水平，因此应该支持外资流入。第二种观点认为英国外资持续注入将垄断巴库石油产

---

① Бовыкин В. И. Российская нефть и Ротшильды//Вопросы истории. 1978. С. 39.

品贸易，使俄国黄金大量外流，英国人借机获取高额利润，导致俄国货币市场和总体经济状况恶化。俄国财政部全力支持英国资本家投资俄国石油工业，维特认为，英国财阀入驻高加索石油工业可为俄国开辟伦敦货币市场，扩大俄国有价证券的影响力，以应对俄国政界和金融界的反对呼声。

英国资本流入俄国工业较早，但最初主要投资部门是纺织业。1860年以后，英国资本家开始关注冶金和煤炭工业。1869年，英国资本家在南俄创办了尤兹—新罗斯斯克石煤、生铁和铁轨生产公司，这是南俄地区较早的大型冶金工厂之一。此外，英国资本家还投资俄国机器制造业、石油和化学等工业。以机器制造业为例，1883年英国资本家在俄国创建约翰·格里弗斯公司，专门生产农业机器，19世纪末该公司已成为欧洲较大的农业机器制造商之一。虽然19世纪80年代英国资本家就开始涉猎俄国煤油进出口业务，但只是单纯从事石油进出口贸易，20世纪初才开始投资俄国石油工业。1909—1914年流入石油工业的外资中英国资本的比例最高，总金额和比例分别为7110万卢布和53%①。为了更好地阐述俄国石油工业中英国资本的比例以及探析英国资本对俄国石油工业的影响，笔者从英国资本入驻俄国石油工业的原因、高加索地区英国石油企业和迈科普地区英国资本数量等内容进行分析。

英国资本入驻俄国石油工业的原因。因英国率先完成工业革命，英国海军舰队和商船队都使用蒸汽机，虽以煤炭为主要燃料，但使用液体燃料的内燃机也逐渐推广，煤油需求量巨大。英国石油产量有限，石油燃料多依靠其他国家，尤其是美国。美国标准普尔公司掌控着英国石油市场，凭借巨大号召力，其开始掌控英国石油进出口业务。为了把美国煤油排挤出英国市场，在维特的支持下勒恩公司和其他英国公司决定在阿普歇伦半岛开采石油，公司业务也从煤油进出口转变为直接参与俄国石油工业。

19世纪80年代，英国资本家大多从事石油进出口贸易。高加索地区因其丰富的自然资源、廉价劳动力和高额利润，吸引了大量外国资本家。90年代之前，英国资本家就开始参与高加索石油工业，主要从事石油进出口业务。1884年，英国勒恩公司开始使用蒸汽油轮进口俄国煤油，该公司从巴统直接向欧洲港口出口煤油，并建立储油池以保障石油出口业务。1887年，该

---

① Оль П. В. Иностранные капиталы в народном хозяйстве Довоенной России. С. 34.

公司初次与诺贝尔兄弟集团合作，向英国出口散装煤油，此后石油出口业务迅速发展。1888 年，为增加英国市场上俄国煤油的数量，勒恩公司和罗斯柴尔德家族签署《里海–黑海合作协议》，并且在伦敦创立克洛萨尼公司。1887年英国进口阿普歇伦半岛煤油的数量仅为 18 万桶，1888 年其数量已达 771 万桶[1]，但克洛萨尼公司最终被美国标准普尔公司收购。此后，诺贝尔兄弟集团和罗斯柴尔德家族签署新的《里海–黑海合作协议》，共同建立英国—高加索公司以对抗美国标准普尔公司，其目的是减少中间环节，直接向伦敦和曼彻斯特出口煤油，英国很多城市都建有俄国煤油的储存仓库。

英国资本入驻高加索石油工业。为降低风险和业务成本、快速回本、减少多余支出和获得更高利润，英国资本家一般购买已开发过的油田。1897 年末至 1898 年初，巴库石油企业主资金匮乏，英国资本家借此时机大量购买油田和石油加工厂。1897—1898 年英国资本家购买的油田和企业价值为 1780 万卢布，不但并购了诸多小企业，塔吉耶夫、阿布金、希巴耶夫等大型公司也被英国人收购。1897 年 11 月至 1898 年 3 月短短 4个月内塔吉耶夫公司的采油量就达 4000 万普特，纯利润达 30 万英镑。1896—1903 年英国资本家在巴库、格罗兹尼和高加索其他地区创建的石油公司数量分别为 11 家、7 家和 6 家[2]。1897—1899 年伦敦出现了许多石油公司以便在俄国从事石油业务，其中著名的石油公司有英俄石油公司、拉马尼辛迪加、巴拉哈尼辛迪加、巴库煤油公司，注册资本分别为 114 万卢布、104 万卢布、95 万卢布和 47 万卢布。1898—1903 年投入俄国石油工业中的外国资本总额为 7500 万卢布，其中英国资本数量为 6360 万卢布，其比例约为 85%。1910—1913 年俄国境内英国石油企业数量为 50家，注册资本为 2.9 亿卢布[3]。因篇幅有限，笔者只对规模最大的英荷壳

① Наниташвили Н. Л. Экспансия иностранного капитала в Закавказье（конец XIX—начало XX вв.）. С. 269.

② Бовыкин В. И. Иностранное предпринимательство и заграничные инвестиции в России. С. 72；Ахундов Б. Ю. Монополистический капитал в дореволюционной бакинской нефтяной промышленности. С. 63；Наниташвили Н. Л. Экспансия иностранного капитала в Закавказье（конец XIX—начало XX вв.）. С. 272, 274；Бовыкин В. И. Формирование финансового капитала в России: конец XIXв. —1908г. С. 182.

③ Ахундов Б. Ю. Монополистический капитал в дореволюционной бакинской нефтяной промышленности. С. 45-46；Наниташвили Н. Л. Экспансия иностранного капитала в Закавказье（конец XIX—начало XX вв.）. С. 272.

牌石油公司进行分析。

20 世纪初，英国资本家投资俄国石油工业的热忱高涨。1899 年 5 月 1 日，尼古拉二世确认外资进入石油工业的意见，并且颁布如下决议：第一，承认现阶段外国人参与俄国石油工业十分有利，采矿法暂不进行变更，允许外国人投资高加索石油工业；第二，外国公司可在俄国从事石油开采和加工业务，但要通过竞标的方式在阿普歇伦半岛获得土地后才能进行。此决议生效不久，英国资本在高加索石油工业中迅速扩张，1900—1903 年经济危机和 1904—1908 年经济萧条时期这一扩张过程放缓。1909—1914 年，英国资本家购买了格罗兹尼、迈科普和恩巴地区众多石油矿区，英国壳牌石油公司在巴库地区的业务量逐年提高，甚至超过了罗斯柴尔德家族的公司。

1907 年，壳牌石油贸易和运输公司与英荷石油公司合并为英荷壳牌石油公司，公司总部从海牙迁至伦敦，此后该公司迅速成为世界知名的石油垄断组织。该公司凭借雄厚的资金优势开始购买欧洲、亚洲、非洲和美洲石油公司的股份，以打击美国标准普尔公司。英荷壳牌石油公司迅速成为俄国最具影响力的石油工业集团，因该公司拥有雄厚的人力和财力，业务不断扩展，虽然英国壳牌石油公司和荷兰石油公司合并，荷兰公司所占股份为 60%，壳牌石油公司所占股份为 40%，但英国银行家操控着该公司[1]，公司一直以英国石油公司自居，一方面可获得当时最大的金融组织花旗银行的支持；另一方面可借助英国政府强大的外交优势开展业务。由于财政和外交优势，英荷壳牌石油公司在短期内发展成为大型石油垄断组织，可在国际石油市场上与美国标准普尔公司一较高下。为了更好地阐述英荷壳牌石油公司在俄国的业务状况，笔者对其几次兼并业务进行阐述。

1910 年，英荷壳牌石油公司先后并购了俄国卡兹别克辛迪加集团、格罗兹尼油田第三大石油公司北高加索石油公司，同时还持有乌拉尔-里海石油公司的 3 万股股份，每股价值为 100 卢布[2]。随后为打击德国企业在罗马尼亚建立的阿斯特拉公司，英荷壳牌石油公司利用罗马尼亚列卡杜尔石油公

① Мир-Бабаев М. Ф. Краткая история Азербайджанской нефти. С. 51; Фурсенко А. А. Династия Рокфеллеров. Нефтяные войны（конец XIX—начало XX века）. С. 551; Наниташвили Н. Л. Экспансия иностранного капитала в Закавказье（конец XIX—начало XX вв.）. С. 290.

② Фурсенко А. А. Династия Рокфеллеров. Нефтяные войны（конец XIX—начало XX века）. С. 554; Бовыкин В. И. Иностранное предпринимательство и заграничные инвестиции в России. С. 72.

司财政困难之机将其并购，短时期内英荷壳牌石油公司的注册资本增加了约 1 倍，从 2940 万列伊增至 6000 万列伊①，1910 年该公司的石油开采量已超过德国石油公司的石油开采量。英荷壳牌石油公司十分关注俄国石油工业，1911 年末几乎购买了罗斯柴尔德家族俄国标准石油公司的所有股份，随后购买了德国人控股的格罗兹尼第二大石油公司——卡兹别克斯基辛迪加公司的股票。为排挤德国人，英国股份持有人联合两家公司建立新俄国标准石油公司。在格罗兹尼站稳脚跟后，英荷壳牌石油公司开始关注巴库石油业务。1913 年，其在希巴耶夫公司财务状况恶化时决定清算公司，组建新公司，新组建的石油公司股份资本价值为 116 万英镑，确定股票票面价值后开始在金融市场上销售②。1912 年，英荷壳牌石油公司从罗斯柴尔德家族购手中购买了里海-黑海石油工商业公司 90%的股份，投入资本达 1000 万卢布，此后又投入 1200 万卢布购买马祖特公司的股份，英荷壳牌公司成为该公司第一大股东。英荷壳牌石油公司还参与希巴耶夫石油公司改组业务，成功并购了该公司。至 1915 年，英国公司掌控了俄国15%的石油开采业务③，该公司在乌拉尔和迈科普地区的业务也不断扩展，并和其他大型垄断组织签署协议共同开展业务。至 1916 年末，英荷壳牌石油公司已成为俄国大型石油集团之一，公司股票收入已超 4400 万卢布，其中 516 万卢布源自里海-黑海石油工商业公司，928 万卢布源自马祖特公司，619 万卢布源自俄国标准石油公司④。

　　迈科普石油工业中英国资本独占鳌头。迈科普位于俄国北高加索地区，1909 年该地区发现石油，次年俄国政府修建铁路至此，迈科普市城市基础设施也随之完善。1909 年以后，迈科普地区成为外国资本家关注的对象，但因该地区自然状况恶劣，众多外国资本家都未采取实际行动，只有英国资本家尤为关注该地区。1910—1914 年，英荷壳牌石油公司已购买了俄国许多石油工业企业和石油贸易企业，英国企业已成为俄国石油

① Наниташвили Н. Л. Экспансия иностранного капитала в Закавказье（конец XIX—начало XX вв.）. С. 290.
② Бовыкин В. И. Иностранное предпринимательство и заграничные инвестиции в России. С. 74.
③ Матвейчук А. А，Фукс И. Г. Истоки российской нефти. Исторические очерки. С. 222；Наниташвили Н. Л. Экспансия иностранного капитала в Закавказье（конец XIX—начало XX вв.）. С. 291；Волобуев. П. В. Из истории монополизации нефтяной дореволюционной промышленности России. 1903—1914//Исторические записки. Т. 52. М.，Наука，1955. С. 39-40.
④ Бовыкин В. И. Иностранное предпринимательство и заграничные инвестиции в России. С. 74.

工业具影响力的垄断组织之一。1910—1914 年，迈科普地区建立了数十家英国石油公司，注册资本达 9000 万卢布。迈科普很多石油公司的股票都在伦敦交易所出售。1910 年初，14 家英国股份公司注册资本达 450 万英镑[①]，并向俄国政府申请购买新油田。因迈科普地区气候恶劣，虽然诸多公司都入驻该地区开展业务，但只有英国公司取得了傲人成就。英国迈科普石油集团旗下的黑海石油公司年采油量在迈科普地区首屈一指，达 65 万普特，1913 年该公司年石油开采量增至 250 万普特[②]。英荷壳牌石油公司的业务一直维持至十月革命期间，苏维埃政府胜利后公司被收归国有。

　　第一次世界大战前夕俄国石油工业中的三大石油集团分别是诺贝尔兄弟集团、英荷壳牌石油公司和里海-黑海石油工商业公司。它们之间既有合作，也有斗争，共同垄断着俄国石油工业。在巴库石油工业中外国资本家和本地石油企业主的关系密切，他们共同促进了垄断组织的诞生，共同掌控着各地区的石油业务。20 世纪初，外国资本家成为高加索地区大型石油公司的拥有者，他们确定石油开采数量，制定价格、运输和贸易规章，其出发点主要是获取高额利润，并不关心该部门的发展趋势和走向，虽然促进了俄国石油工业的发展，但是也带来了诸多负面影响。

五、石油工业垄断组织的经济与社会影响

　　第一次世界大战前夕俄国石油工业中外资的比重占所有股份资本的一半以上，外国资本加速了俄国石油工业的垄断进程。大公司掌控了俄国石油开采、加工和销售业务，虽然带来了先进技术、管理经验和资金，促进了俄国石油工业的飞速发展，但同时也带来了诸多问题。为了更好地分析石油工业中外资集团的影响，笔者从其经济影响和社会影响两个方面进行分析。

（一）经济影响

　　外资流入俄国的主要目的是获取高额利润，因此外资垄断组织的经济影响最为突出，其经济影响主要为垄断俄国国内外石油市场，为攫取高额利润

---

① Наниташвили Н. Л. Экспансия иностранного капитала в Закавказье（конец XIX—начало XX вв.）. С. 293；Лисичкин С. М. Очерки по истории развития отечественной нефтяной промышленности（дореволюционный период）. С. 372.

② Бовыкин В. И. Иностранное предпринимательство и заграничные инвестиции в России. С. 75；Матвейчук А. А，Фукс И. Г. Истоки российской нефти. Исторические очерки. С. 75.

抬高油价，导致中小企业纷纷破产，同时推动了石油工业技术的革新。通过垄断俄国国内外石油市场和抬高油价，垄断组织获取了高额利润，而推动石油工业技术革新只是其客观影响，并不是垄断组织的主观意愿。

1. 垄断俄国国内外石油市场

首先，垄断组织垄断俄国石油开采和加工业务。垄断组织凭借资金和技术优势逐步垄断俄国国内外石油市场，除兼并中小企业外，垄断组织还通过控制石油运输和仓储设施等手段打击中小企业。因生产成本降低，垄断组织陆续降低石油价格，中小企业因资金不足、开采、钻探和加工技术落后，纷纷倒闭。1885—1900 年，巴库石油加工厂数量从 120 家降至 93 家；1890 年，13 家工厂的煤油产量约占全俄煤油产量的 3/4，这一年全俄煤油产量为 5100 万普特，其中诺贝尔兄弟集团和罗斯柴尔德家族的公司的产量分别为 1790 万普特和 470 万普特。1900 年，6 家大企业掌控了俄国 63%的石油加工业务；1910 年，5 家大企业掌控了俄国 56%的石油加工业务，小工厂的石油加工业务所占的比例仅为 1.5%[①]。石油开采行业也是如此，1888 年诺贝尔兄弟集团的石油开采量为 2600 万普特，该公司的采油量为全俄采油量的 13.2%，1898 年该公司的采油量占全俄采油量的比例为 17.7%，掌控着俄国 50.1%的煤油销售业务。1900 年诺贝尔兄弟集团和里海-黑海石油工商业公司的采油量和石油产品外运量所占的比例分别为 21%和 40%，6 家大型石油加工厂的煤油产量约占全俄煤油产量的 44%，其中诺贝尔兄弟集团的煤油产量所占的比例为 22%。1908 年高加索地区采油公司数量为 149 家，其中 10 家公司采油量所占比例为 70%[②]。由此可见，十月革命前俄国石油开采和加工业务由垄断组织垄断。

其次，垄断组织垄断俄国国内石油市场。19 世纪 80 年代将美国煤油赶出俄国市场后，垄断组织开始垄断俄国国内市场，笔者以诺贝尔兄弟集团为例，对垄断组织垄断俄国国内市场的状况进行分析。诺贝尔兄弟集团的产品不但在俄国国内市场十分畅销，而且开始入驻国际石油市场。1879 年和 1881 年该公司投入石油工业的资金数量分别占俄国石油工业总投入

① 　Лисичкин С. М. Очерки по истории развития отечественной нефтяной промышленности （дореволюционный период）. С. 360；Мир-Бабаев М. Ф. Краткая история Азербайджанской нефти. С. 105；Самедов В. А. Нефть и экономика России 80—90-е годы XIX века. С. 21.

② 　Ахундов Б. Ю. Монополистический капитал в дореволюционной бакинской нефтяной пром ышленности. С. 81；Мир-Бабаев М. Ф. Краткая история Азербайджанской нефти. С. 67.

的 62%和 85%①，1879—1883 年该公司的石油开采量从 32 万普特增至 1550 万普特，在俄国国内市场所占的份额从 1.4%增至 25.9%。1890 年、1900 年和 1903 年诺贝尔兄弟集团的石油开采量分别为 4520 万普特、8430 万普特、6430 万普特。1879—1885 年该公司占俄国国内煤油市场的份额从 2.3%增至 46%，1899 年和 1905 年分别增至 50.1%和 69.7%，石油出口业务中该公司所占的比例为 25%—40%。1879—1904 年诺贝尔兄弟集团的资产价值从 300 万卢布增至 4 亿卢布②。该公司也发展为俄国大型垄断组织，集开采、加工、运输和贸易于一体。诺贝尔兄弟集团资金雄厚，国外家族也为诺贝尔兄弟集团提供巨额资本。1907 年，诺贝尔兄弟集团和马祖特公司掌控着阿斯特拉罕至下诺夫哥罗德石油交易量的 75%和 85.4%，第一次世界大战前夕上述公司垄断了俄国国内 77%的石油销售业务③。

最后，垄断组织垄断俄国石油出口业务。为巩固俄国煤油的国际地位、增加俄国煤油出口量并促进巴库石油工业发展，罗斯柴尔德家族的公司和巴库地区众多中小企业形成里海-黑海石油公司联盟，同时诺贝尔兄弟集团也和诸多小型石油企业形成联盟，以应对复杂的市场状况。最终巴库石油工业形成了诺贝尔兄弟集团、罗斯柴尔德家族的里海-黑海石油工商业公司和马塔舍夫的巴库标准公司三足鼎立的局面，1893 年这三家公司煤油出口的份额分别为 25.5%、35.7%和 12.9%，其他中小企业所占的比例为 25.9%，1896 年上述三家公司煤油出口的份额分别为 30.3%、32.4%和 9.5%④。诺贝尔兄弟集团、里海-黑海石油工商业公司和巴库标准

---

① Наниташвили Н. Л. Экспансия иностранного капитала в Закавказье（конец XIX—начало XX вв.）. С. 257，258.

② Дьяконова И. А. Исторические очерки. За кулисами нобелевской монополи. С. 130；Наниташвили Н. Л. Экспансия иностранного капитала в Закавказье（конец XIX—начало XX вв.）. С. 260，261；Нардова В. А. Начало монополизации бакинской нефтяной промышленности//Очерки по истории экономики и классовых отношений в России концаXIX—начала XX в. М-Л.，Изд-во Академии наук СССР，1962. С. 15；Дьяконова И. А. Нобелевская корпорация в России. М.，Мысль，1980. С. 64.

③ Лившин Я. И. Монополии в экономике России. М.，Изд-во Социально-экономической литературы. 1961. С. 27；Лисичкин С. М. Очерки по истории развития отечественной нефтяной промышленности（дореволюционный период）. С. 360，369.

④ Фурсенко А. А. Первый нефтяной экспертный синдикат в России（1893—1897）//Монополии и иностранный капитал в России. М-Л.，Изд-во Академии наук СССР，1962. С. 76；Бовыкин В. И. Зарождение финансового капитала в России. С. 57；Дьяконова И. А. Нефть и уголь в энергетике царской России в международных сопоставлениях. С. 172；Предпринимательство и предприниматель России. От истоков до начала XX века. С. 73.

公司国内外石油产品销售量所占的比例为 83.9%，在这三家公司中诺贝尔兄弟集团所占的比例最高，接近 40%，另外有 22 家中小企业所占比例仅为 16.1%，1906 年、1907 年、1908 年、1909 年和 1910 年诺贝尔兄弟集团煤油出口量分别为 316.5 万普特、459.7 万普特、678.3 万普特、887.7 万普特和 985.7 万普特，其中 1910 年该公司石油出口量占全俄石油出口量的比例为 31.4%[①]。第一次世界大战前夕罗斯柴尔德家族退出俄国石油市场，诺贝尔兄弟集团、英荷壳牌石油公司和俄国石油总公司垄断了俄国石油市场，它们拥有 86% 的石油资本，控制着俄国 60% 的石油开采量，俄国石油出口业务也由这三家公司掌控[②]。大型垄断组织在凭借资金和技术优势垄断俄国石油开采、钻探和加工业务的同时，还掌控了俄国的国内外石油市场。可见，俄国石油工业的生产和消费环节均由垄断组织掌控，这些垄断组织借此获取了高额利润。此外，利用价格指数获取高额利润也是垄断组织的惯用手段之一，其通过抬高油价和控制采油量获取了高额利润，严重损害了中小企业和消费者的利益。

2. 为攫取高额利润抬高油价，导致中小企业纷纷破产

首先，因价格优势，俄国石油产品将美国煤油赶出了国内市场并出口国外。就国内市场而言，运输工具完善后巴库至下诺夫哥罗德港口的石油运输成本从 45 戈比/普特降至 12 戈比/普特，1884 年阿斯特拉罕至察里津、萨拉托夫、萨马拉和喀山的运费分别为 2.9 戈比/普特、4.8 戈比/普特、6.1 戈比/普特和 6.5 戈比/普特。运费降低使油价大跌，1880 年和 1882 年俄国煤油生产成本分别为 1 卢布 36 戈比/普特和 33 戈比/普特[③]，油价降低后煤油的需求量大增，国内石油市场范围和容量逐年扩大。此时美国煤油和巴库煤油均价分别为 3 卢布 30 戈比/普特和 1 卢布 75 戈比/普特，美国煤油因失去价格优势而退出俄国市场。19 世纪末，俄国政府提高煤油消费税，煤油价格提高了 1 倍，此后国内市场的煤油需求量停滞不

① Наниташвили Н. Л. Экспансия иностранного капитала в Закавказье（конец XIX—начало XX вв.）. С. 191，192；Дьяконова И. А. Исторические очерки. За кулисами нобелевской монополи. С. 137.

② Монополистический капитал в нефтяной промышленности России 1883—1914. С. 13；Карпов В. П.，Гаврилова Н. Ю. Курс истории отечественной нефтяной и газовой промышленности. С. 66；Гиндин И. Ф. Банки и экономическая политика в России（XIX—начало XX вв.）. С. 177.

③ МавейчукА. А.，Фукс И. Г. Иллюстрированные очерки по истории российского нефтегазового дела. Часть 2. С. 18；Лисичкин С. М. Очерки по истории развития отечественной нефтяной промышленности（дореволюционный период）. С. 206，322.

前，大量煤油运至国外市场。世界石油市场上俄国煤油的价格低于美国煤油的价格，19 世纪末巴库煤油成本为 12.6 戈比/普特，运至伦敦、汉堡和埃及后市场价格分别为 94 戈比/普特、98 戈比/普特和 1 卢布 5 戈比/普特[①]，巴库煤油迅速涌入世界市场。

其次，俄国石油产品在国内外市场站稳脚跟后，垄断组织为攫取高额利润抬高石油价格。垄断组织常以各种借口提高石油产品价格，如 1913 年提出石油及其产品的生产成本由 1905 年的 9.5 戈比/普特增至 1913 年的 22 戈比/普特，因此石油产品价格应从 16.6 戈比/普特抬高至 47.1 戈比/普特[②]。很显然，这一说法差强人意。通过抬高石油价格，垄断组织攫取了高额利润，如 1901—1907 年垄断组织利润率增长了 236%，此时采油量却减少了 290 万普特，1901—1912 年垄断组织因重油价格提高，利润率增长了 200%[③]。垄断组织抬高石油价格攫取高额利润是其惯用手段之一，诺贝尔兄弟集团常以价格打击对手，为抬高石油产品价格，先从小生产厂家处低价购买煤油，然后囤积，伺机销售。1908 年、1909 年、1910 年和 1911 年该公司以 20 戈比/普特的价格分别购买了 4659 万普特、5152 万普特、5504 万普特和 4474 万普特煤油，然后以 32—55 戈比/普特的价格销售，从中攫取了高额利润[④]。1888 年，诺贝尔兄弟集团同众多石油企业主签订数份合同，按固定价格销售 120—180 万普特石油[⑤]；1900 年，希望轮船公司一次性从诺贝尔兄弟集团购买 400 万普特石油燃料。1881—1900 年工业和运输业所需要的石油燃料多从巴库地区购买，交易量从 1130 万普特增至 9570 万普特[⑥]。石油产品交易业务为垄断组织带来了巨额利润，1893—1900 年垄断组织销售石油燃料年均纯利润为 5240 万卢布[⑦]。

最后，垄断组织收购中小企业石油产品以垄断产品价格。19 世纪 90

① Лисичкин С. М. Очерки по истории развития отечественной нефтяной промышленности （дореволюционный период）. С. 206.

② Монополистический капитал в нефтяной промышленности России 1883—1914. Документы и материалы. С. 754.

③ Лисичкин С. М. Очерки по истории развития отечественной нефтяной промышленности （дореволюционный период）. С. 362-363.

④ Дьяконова И. А. Исторические очерки. За кулисами нобелевской монополи. С. 134.

⑤ Самедов В. А. Нефть и экономика России 80—90-е годы XIX века. С. 21.

⑥ Монополистический капитал в нефтяной промышленности России 1883—1914. Документы и материалы. С. 754.

⑦ Самедов В. А. Нефть и экономика России 80—90-е годы XIX века. С. 90.

年代俄国重油需求量迅速增加，垄断组织收购中小石油企业原油和重油的现象十分普遍。1895 年诺贝尔兄弟集团在巴库收购原油和重油的量分别为 3225 万普特和 2100 万普特，1897 年分别为 4820 万普特和 2640 万普特，1898 年分别为 4513 万普特和 4544 万普特。同时诺贝尔兄弟集团将收购的原油交由中小石油加工企业代加工。19 世纪末，诺贝尔兄弟集团变成名副其实的"重油王国"，1893—1901 年俄国重油消费量从 1.45 亿普特增至 2.86 亿普特，其中诺贝尔兄弟集团重油的销售量从 2800 万普特增至 9570 万普特[①]。垄断组织在控制产品价格的同时垄断了俄国国内石油产品的销售市场，产品销售价格提高后，垄断组织获得了高额利润，但消费者损失巨大，很多中小企业纷纷改用煤炭充当燃料。

3. 推动了石油工业的技术革新

垄断组织虽然借助抬高油价和垄断国内外市场获得了高额利润，但其资金和技术投入在客观上促进了俄国石油工业的发展。19 世纪 70 年代以前，俄国石油开采技术十分落后，主要使用原始的皮囊捞油法，即便 70 年代钻井开始逐步推广，开采技术仍十分落后。外国资本涌入高加索地区之后，垄断组织不断引进先进的石油开采和加工技术，俄国石油钻探和开采技术迅速提高。以诺贝尔兄弟集团为例，该公司率先使用钻子钻探方式采油。20 世纪初，该方法已在俄国众多油田中普及，采油量迅速增加。此外该公司还率先将蒸汽机用于石油开采和加工业务中，并将连续蒸馏釜用于石油加工业务中，使俄国石油蒸馏技术达世界前列。虽然垄断组织对俄国石油工业发展的意义重大，但其主要关注自身利益，很少关注革新石油开采和加工技术，最终造成俄国石油开采和加工技术长期停滞不前。垄断组织抬高石油价格虽然在客观上促进了俄国生产力的提高和税收的增加，但也造成诸多问题。

（二）社会影响

石油垄断组织对俄国社会发展产生了诸多影响，主要包括如下几个方面：一是促进生产力提高；二是增加税收；三是损害消费者的利益；四是为军队提供燃料。以下通过这四个方面来论证石油垄断组织的社会影响。

---

① Дьяконова И. А. Нобелевская корпорация в России. С. 86-87.

1. 促进生产力提高

垄断组织促进生产力提高主要体现在两个方面：其一，石油工业发展为工业和运输业提供了丰富的燃料；其二，石油工业取得的傲人成就足以体现其对生产力的促进作用。

就第一方面而言，伴随着石油工业的发展，19 世纪 80—90 年代，俄国工业和运输业普遍使用石油产品充当燃料，石油产品在国家燃料结构中的比重明显提高，木柴一家独大的局面最终完结。1900 年俄国燃料结构中煤炭、石油、木柴、焦炭、木炭和泥炭分别占 35%、23.2%、21%、10.5%、6.3% 和 4%[①]。巴库石油和顿涅茨克煤炭迅速挤压了价格高、热效低、不易使用的木柴的市场空间。巴库石油备受青睐的原因如下：一是工业和运输业矿物燃料需求量激增；二是工业革命后工业和运输业技术快速进步，新设备和机器需要与之相适应的燃料，木柴明显不适合，煤炭仍需大量进口，石油燃料需求量居高不下；三是石油燃烧后热量高，等量石油比煤和木柴的热值高 70% 和 300%—400%，较之煤和木柴，石油燃烧得更加充分，利用石油燃料明显可以减少人力，节省储存空间；四是石油燃料价格和运输成本均低于其他燃料。因此，19 世纪 80—90 年代石油产品在工业和运输业快速普及。19 世纪末，俄国石油燃料需求量从 1887 年的1769 万普特增至 1900 年的 3.3 亿普特，而在整个燃料体系中石油产品的比例也从 3% 增至 24%[②]。石油燃料首先在伏尔加河流域普及，伏尔加河流域运输部门和上游地区纺织企业都开始使用廉价的石油燃料，北高加索、伏尔加河流域中下游地区大多数企业也陆续使用石油作为燃料，但主要集中在磨面、榨油和化学工业等部门。具体而言，1900—1905 年俄国工业部门石油燃料的需求量从 9800 万普特增至 1.5 亿普特，1904 年石油产品在铁路燃料结构中的比例为 33%，河运船只的石油产品消耗量为 7000 万普特[③]，虽然煤炭需求量快速增加，但各部门的石油需求量仍居高不下。

就第二方面而言，十月革命前俄国石油工业经历了三个阶段。第一阶

---

① Дьяконова И. А. Нефть и уголь в энергетике царской России в международных сопоставлениях. С. 97.

② Кафенгауз Л. Б. Эволюция промышленного производства России（последняя треть XIXв. —30-е годы XXв）. С. 31.

③ Шполянский Д. И. Монополии угольно-металлургической промышленности юга России в начале XX века. С. 127.

段为 18 世纪至 19 世纪 70 年代初，该阶段为俄国石油工业的起源阶段，该阶段采油量低、开采方式落后，但 19 世纪 60 年代以前俄国采油量一直独占鳌头。第二阶段为 19 世纪 70 年代至 1900 年，该阶段凭借资源、资金、技术和政策等优势，高加索地区石油工业迅速崛起，石油不但可以自给，还大量出口国外。此阶段俄国石油开采量一度超过美国，主导着世界石油市场。1898 年俄国石油开采量达 6.3 亿普特，占世界总采油量的 51.6%；1901 年俄国石油开采量达最高值，超 7 亿普特[①]。第三阶段为 1901 年至十月革命期间，该阶段俄国国内政治经济形势复杂，历经世界经济危机、日俄战争、1905 年革命、第一次世界大战、二月革命和十月革命，石油工业长期衰落，很难回归至 1900 年以前的水平。1901—1913 年世界石油市场上俄国石油所占的比例从 51.6%降至 18.1%，1905 年、1906 年、1907 年和 1910 年俄国石油开采量分别为 4.5 亿普特、4.9 亿普特、5.9 亿普特和 5.6 亿普特[②]，即便如此，从采油量和国内外市场上俄国石油的比例足以看出俄国石油工业明显促进了生产力的发展。

2. 增加税收

俄国石油工业快速发展之后，石油消费税就成为国家财政收入的主要来源之一。19 世纪 70 年代，为扶持俄国石油工业，俄国政府一度取缔了 10 年的消费税。1888 年，俄国政府重新征收石油消费税，对轻型煤油和重型煤油分别征收 40 戈比/普特和 50 戈比/普特的消费税。1892 年，税率抬高至 60 戈比/普特和 50 戈比/普特，消费税的征收把俄国国内煤油价格抬高了 1 倍。俄国政府因征收石油消费税获得了巨额收入，如 1913 年俄国政府财政收入为 84 亿卢布，其中间接税为 9.3 亿卢布，石油消费税税额为 4500

① Ахундов В. Ю. Монополистический капитал в дореволюционной бакинской нефтяной промышленности. С. 23；Монополистический капитал в нефтяной промышленности России 1883—1914. С. 19；Маевский И. В. Экономика русской промышленности в условиях первой мировой войны. С. 8；Натиг А. Нефть и нефтяной фактор в экономике Азербайджана в XXI веке. С. 111；Матвейчук А. А，Фукс И. Г. Истоки российской нефти. Исторические очерки. С. 39, 40；Менделеев Д. И. Проблемы экономического развития России. С. 444；Ковнир В. Н. История Эконоики России：Учеб. пособие. С. 87；Хромов П. А. Экономика России периода промышленного капитализма. С. 137；Лившин Я. И. Монополии в экономике России. С. 323，328.

② Матвейчук А. А，Фукс И. Г. Истоки российской нефти. Исторические очерки. С. 39-41；Монополистический капитал в нефтяной промышленности России 1883—1914. Документы и материалы. С. 19；Тридцать лет деятельности товарищества нефтяного производства Бр. Нобеля 1879—1909. С. 44.

万卢布，约占整个间接税收入的 4.8%。当时俄国政府年均开支为 1700 万卢布，教会年均开支为 4600 万卢布[①]，石油消费税足以弥补教会开支。以诺贝尔兄弟集团为例，该公司虽然获得了巨额利润，但其支付给俄国政府的消费税金额远高于公司利润，1892 年、1894 年、1899 年、1900 年诺贝尔兄弟集团缴纳的消费税分别为净利润的 4.1 倍、2.8 倍、1.9 倍和 0.6 倍[②]。由此可见，俄国石油工业垄断组织的经营活动促进了俄国税收的增加。

3. 损害消费者的利益

俄国政府征收消费税之后，垄断组织将损失转嫁到消费者的身上。因国内征收消费税，俄国国内煤油价格高于国外，如 1903 年伦敦、汉堡、埃及市场上俄国煤油的价格分别为 94 戈比/普特、98 戈比/普特、1 卢布 5 戈比/普特，而在莫斯科、圣彼得堡、华沙和波尔塔瓦的煤油价格分别为 1 卢布 16 戈比/普特、1 卢布 33 戈比/普特、1 卢布 29 戈比/普特和 2 卢布/普特。1901 年，俄国欧洲部分居民消耗俄国煤油的价值为 6053 万卢布，其中只有 456 万卢布为产品成本，1289 万卢布为附加费和其他支出，但这两项支出大约仅占 8% 和 21%，4308 万卢布为消费税支出，所占比例约达 71%[③]。表面上税率提高增加了石油企业主的负担，但最终都转嫁到了消费者身上，因煤油价格较高，俄国国内市场煤油需求量数年内都维持在同一水平线上，所以俄国大部分煤油都运至国外市场。国内市场上油价居高不下完全是消费税所致，虽然石油企业主反对国家征收消费税，但十月革命前俄国政府只关注财政收入，对石油征收消费税一直持续至 1917 年。消费税和垄断组织垄断油价制约了俄国国内石油市场的发展。虽然俄国国内石油工业发展十分迅速，但因俄国国内外市场联系脱节、政府征收消费税和垄断组织垄断国内市场，俄国国内石油产品价格逐年提高。1892—1900 年重油价格从 2 戈比/普特增至 18 戈比/普特。1898 年初原油和煤油价格就有提高趋势，已达 12 戈比/普特，当年秋季其价格最高达 30 戈比/普特[④]，此

---

① Лисичкин С. М. Очерки по истории развития отечественной нефтяной промышленности. С. 208.

② Ахундов Б. Ю. Монополистический капитал в дореволюционной бакинской нефтяной промышленности. С. 35; Дьяконова И. А. Исторические очерки. За кулисами нобелевской монополи//Вопросы истории. 1975. С. 130.

③ Лисичкин С. М. Очерки по истории развития отечественной нефтяной промышленности. С. 206-207.

④ Наниташвили Н. Л. Экспансия иностранного капитала в Закавказье (конец XIX—начало XX вв.). С. 162, 166.

状况主要是俄国垄断组织垄断国内市场价格所致。垄断组织抬高石油价格后带来诸多恶劣影响，石油产品价格由 1903 年的 15 戈比/普特抬高至 1913 年的 56 戈比/普特，迫使萨马拉市诸多企业主减产或停产，伏尔加河流域诸多公司运输业务濒临瘫痪，居民更是无力购买煤油照明，因此，严重损害了消费者的利益①。

4. 为军队提供燃料

20 世纪初，军事舰队的石油燃料需求量激增。19 世纪 80 年代俄国河运和海运舰队大规模使用石油燃料后，军舰也开始尝试使用石油燃料。70 年代初，俄国军队初次将重油作为里海军舰的燃料。奇里加号、比夏里号和康斯坦丁号军舰成功安装石油发动机后舰队燃料成本大幅度降低。1885—1888 年，波罗的海军舰已开始使用巴库地区生产的润滑油。19 世纪末，英国军舰大规模使用石油燃料后，俄国军舰也开始使用石油产品作为燃料。1900 年末，俄国诸多中小型军舰都开始使用新型燃料，巴库地区生产的重油成为军舰的主要燃料之一，1898—1900 年仅诺贝尔兄弟集团就向海军部提供了 140 万普特重油，货物价值 49 万卢布。随着石油加工业和机器制造业的发展，部分军舰开始安装汽油发动机，军队的汽油需求量开始增加，1905 年其汽油需求量为 2.5 万普特②。1908 年俄国军舰尝试使用柴油发动机，柴油需求量也有所增加。俄国军舰的石油燃料需求量逐渐增加，1914 年、1915 年石油燃料需求量分别为 600 万普特和 1400 万普特，此后年均需求量为 800 万普特③。巴库石油企业主持续向军队提供石油燃料，其中诺贝尔兄弟集团的供货量最大。1914 年，俄国军队所需的汽油、煤油、润滑油和制动油几乎都由诺贝尔兄弟集团提供，随着石油产品需求量的增加，海军部专门建立了石油仓库存储石油燃料，为保障军舰石油燃料供应量，1913 年大臣会议决议在

① Ахундов Б. Ю. Монополистический капитал в дореволюционной бакинской нефтяной промышленности. С. 144；Монополистический капитал в нефтяной промышленности России 1883—1914. Документы и материалы. С. 590 ；Лаверычев В. Я. Военный государственно-монополистический капитализм в России. М.，Наука，1988. С. 82.

② Мовсумзаде Э.，Самедов В. Бакинская нефть как топливо для российского военного флота//Черное золото Азербайджана. 2014. №5. С. 15.

③ Гертер М. Я. Топливно-нефтяной голод в России и экономическая политика третьеиюньской монархии // Исторические записки. Т. 83. С. 76-122.

阿普歇伦半岛为海军部划出 300 俄亩油田[①]。1916 年，军舰的石油燃料需求量激增，其中重油的需求量为 1800 万普特，其他石油产品的需求量为 80 万普特[②]。1916 年 5 月至 1917 年 5 月，军舰的石油燃料需求量为 2000 万普特，虽然军舰石油燃料需求量逐年增加，但只是在第一次世界大战期间石油燃料才成为军舰的主要燃料[③]。

19 世纪末，凭借资源、资金和政策等优势，俄国石油工业迅速崛起，促进石油工业发展的因素很多，其中外资为俄国石油工业发展带来了活力，凭借资金和技术优势，外国垄断组织掌控了俄国石油工业。俄国石油工业垄断始于 19 世纪 80 年代，19 世纪 90 年代末至 20 世纪初垄断程度强化，卡特尔等类型的石油垄断组织先后建立，攫取了高额利润。在石油垄断组织中外资垄断组织所占比例最高，它们掌控了俄国石油工业，在石油开采和钻探业务中独占鳌头，也控制着俄国国内外石油市场。石油垄断组织是生产社会化的必然产物，促进了经济制度和企业制度的变革，推动了新技术和发明的广泛使用，刺激了工业革命和石油工业的发展，适应了生产力发展的要求，但其阻碍技术和设备革新、抑制生产效率提高、破坏市场秩序、损害消费者的利益和恶化工人生活水平等消极影响也不容忽视。

第二节　煤炭工业垄断组织

1917 年以前，外资主要投入的工业部门为采矿、冶金、化学和电力等，因技术和各国工业发展模式的差异，各国企业主关注的重心不同，英国企业主主要关注冶金工业和机器制造业，德国企业主主要关注电力和化学工业，法国和比利时企业主主要关注采矿和冶金工业。19 世纪下半期开始，外资大量涌入南俄地区，主要投资南俄煤炭业和冶金工业，其中以法国、比利时和英国资本所占的比例最高。1894 年开始，外资对俄国经济的发展发挥着越来越重要的作用，维特的货币改革成绩斐然，卢布汇率稳定后外资源源不断地流入俄国。因此，19 世纪末俄国经济高涨与国外

---

① Мовсумзаде Э., Самедов В. Бакинская нефть как топливо для российского военного флата. С. 17.

② Алияров С. С. Истории государственно-монополистического капитализма в России. Особое совещание по топливу и нефтяные монополии//История СССР. 1977. №6. С. 70.

③ Сидоров А. Л. К Истории топливного кризиса в России в годы первой мировой войны（1914—1917гг.）// Исторические записки. Т. 59, 1957. С. 50.

资本大量涌入密不可分。俄国也融入世界资本主义经济体系中，成为全球资本主义体系的有机组成部分。由于南俄地区的顿涅茨克煤炭工业最具代表性，笔者以其为例展开分析。为了更好地阐述外资对顿涅茨克煤炭工业的影响，笔者先从总体上分析外资对南俄煤炭工业的影响，然后分别对南俄煤炭工业中外资比例最高的法国资本和比利时资本进行分析。

一、外资对南俄煤炭工业的影响

19 世纪下半期开始，南俄凭借丰富的煤炭、矿石资源获得了西欧国家的青睐，外国企业主对俄国直接和间接投资的兴趣倍增，纷纷在南俄兴建工厂或并购企业。外资涉足众多企业，为了更好地阐述外资对南俄煤炭工业的影响，笔者分别从南俄采矿业中外资的比例占绝对优势、外资流入的方式和 20 世纪初南俄地区外资流入状况等角度进行分析。

南俄采矿业中外资的比例占绝对优势。19 世纪 80 年代，南俄地区煤炭工业中纯俄国人建设的企业只有两家，其他工厂或是外商独资企业，或是合资企业。这些工厂的股票在国外发行后十分紧俏，国外证券市场上只要提到顿涅茨克彼得洛夫或顿涅茨克股票很快就会被抢购一空。短时间内顿涅茨克煤田的土地价格急剧上涨，从 100—150 卢布/俄亩上涨至 200—300 卢布/俄亩，有时甚至达 500—600/俄亩[①]。南俄地区经济发展势头不可阻挡，工业发展速度惊人，几年内南俄地区的工业发展状况便焕然一新。在南俄众多企业中，德鲁日科夫车站附近的顿涅茨克集团工厂、沃雷尼采夫车站附近的俄国与比利时合资企业、塔加尼洛克车站附近的乌格列冶金工厂、鲁加尼斯克车站附近的顿涅茨克—尤里耶夫等工厂较为著名。哈里科夫出现大型蒸汽和机械制造厂后南俄其他城市也开始兴建机器制造厂，如叶卡捷琳斯拉夫、敖德萨、尼古拉耶夫和马里乌波尔等城市。此外，大型机械制造厂数量迅速增加，但大型冶金和煤炭企业多由外国人控股。

外资流入的方式。外资主要通过资金雄厚的国外银行投入南俄工业企业中，此业务流程中外国银行保持着业务独立性，俄国银行并未参与相关

---

① Туган-Барановский М. И. Избранное. Русская фабрика в прошлом и настоящем：Историко-экономическое исследование. Т. 1. Историческое развитие русской фабрики в XIX веке. М.，Кооперативное издательство «Московский рабочий»，1922. C. 261.

业务。在南俄工业发展过程中诸多外国银行具有重要作用，如巴黎总公司、巴黎银行、比利时总公司、德国银行和巴黎国际银行。虽然俄国银行也参与相关业务，但主要从事信贷和核算业务。1897 年，法国、比利时和俄国银行在布鲁塞尔组建俄国工业和冶金工业总公司，该公司的创立资本为 2500 万法郎[①]，其主要目的是垄断南俄采矿工业。外资投入的方式差异也较大，主要投资方式有两种：一是直接工业投资，创办企业进行生产；二是通过购买当地公司股票来控制和干预南俄采矿工业。南俄地区两种投资方式都存在，英国企业主多选择通过新建企业来控制南俄冶金工业，法国和比利时企业主除兴建工厂外，还通过购买当地公司证券来干预南俄煤炭工业。

19 世纪末，南俄地区外资涌入量急剧增加。19 世纪下半期，外资对俄国工业的影响逐渐强化，年均外资投入从 1856—1887 年的 230 万卢布增长至 1896—1902 年的 3610 万卢布[②]。因自然资源丰富和交通运输便利，国外企业主对南俄煤炭工业的兴趣倍增，顿涅茨克大型煤矿多属法国和比利时公司所有，二者掌控着顿涅茨克煤田半数以上的采煤量。1890年、1900 年和 1915 年法国投入俄国的资金数量（包括有价证券投资）分别为 6660 万卢布、2.2 亿卢布和 6.8 亿卢布，这三年比利时投入俄国的资金数量分别为 2460 万卢布、2.9 亿卢布和 3.1 亿卢布，虽然证券投资所占比例较高，但工业投资的比例也不容忽视。外资主要流入采矿企业，1880年投入采矿企业的外资总额为 2750 万卢布，该年度投入俄国的外资总额为 9720 万卢布，约占总投资额的 28%。1890 年投入采矿企业的外资总额已达 7010 万卢布，该年度工业中外资投资总额为 2.7 亿卢布，其比例已达 26%。1897 年流入南俄冶金和煤炭工业中的外资数额（以独资或合资形式创办企业）为 1.6 亿卢布，而该年度工业领域共引进外资约 2 亿卢布。1899—1900 年外国资本中比利时资本所占比例最高，1900 年其数额达 4.3 亿卢布（包括有价证券投资），占 1900 年外资投入比例的 48.1%[③]。

① Шполянский Д. И. Монополии угольно-металлургической промышленности юга России в начале XX века. С. 43.

② Братченко Б. Ф. История угледобычи в России. С. 151.

③ Оль П. В. Иностранные капиталы в народном хозяйстве Довоенной России. С. 15，26. Туган-Барановский М. И. Избранное. Русская фабрика в прошлом и настоящем：Историко-экономическое исследование. Т. 1. Историческое развитие русской фабрики в XIX веке. С. 266.

20 世纪初南俄地区外资流入状况。因 20 世纪初经济危机，俄国外资流入量迅速减少，1903 年稍有好转，但日俄战争和国内革命导致外资流入量长期低迷，1909 年后才稍有好转。第一次世界大战前夕仍有大量外资流入南俄地区，俄国学者卡里茨斯基认为工业中外资总额为 13.4 亿卢布，其中大部分资本，即 9.8 亿卢布投入采矿和冶金部门，法国、英国、德国、比利时和美国资本所占的比例分别为 32.6%、22.6%、19.7%、14.3% 和 5.2%[①]，各国企业主对南俄地区十分关注。虽然各国企业主和银行家对南俄采矿业兴趣浓厚，但南俄煤炭工业中法国和比利时资本的比例最高，以下进行详细分析。

（一）法国资本

19 世纪 80 年代以前，俄法两国政治经济关系恶劣，两国商品和资本流通量明显逊色于俄英之间和俄德之间的商品和资本流通量。最初法国企业主的主要投资领域是轻工业，其中以纺织工业为主。80 年代起，法国企业主投资俄国实业和金融业的热情逐渐提高，在罗斯柴尔德家族并购俄国石油公司之后，法国企业主和银行家对南俄冶金和煤炭工业的兴趣倍增，1888—1900 年俄国境内共新建 33 家法国独资企业，还有许多俄法合资企业，但因资料较少，其数量很难确定[②]。法国公司的主要投资领域为石煤、冶金、机器制造、石油开采和加工等行业。1895 年、1896 年和1897 年投入采矿工业的外资主要流入石煤和冶金行业，二者的份额几乎不相上下。南俄采矿业外国资本中法国资本所占比例最大，比利时资本略逊一筹，随后是德国、英国、北美和瑞典等国资本。

顿涅茨克石煤工业发展过程中法国资本意义重大。1900 年以前，顿涅茨克地区 16 家大型石煤企业中 9 家企业由法国企业掌控，法国企业采煤量占顿涅茨克煤田总采煤量的 38%，1900 年东布罗夫煤田法国企业的数量为 4 家，其煤炭开采量占该煤田总采煤量的 41%。顿涅茨克煤田 14 家大型石煤开采企业中都有法国资本，1914 年法国资本投入的企业采煤量为 4 亿普特，再加上法国企业所属的 7 家冶金工厂，法国企业参与的采

---

① Фомин П. И. Горная и горнозаводская промышленность Юга России. Том II. С. 30; Оль П. В. Иностранные капиталы в народном хозяйстве Довоенной России. С. 34-35.

② Бовыкин В. И. Иностранное предпринимательство и заграничные инвестиции в России. С. 164.

煤量更多，其数量超过 6 亿普特[①]。此外，法国企业主还控制了南俄、波兰和乌拉尔—伏尔加河流域的大量冶金企业。因此，法国资本对顿涅茨克煤田石煤工业的影响巨大，法国企业还与顿涅茨克矿区矿物燃料贸易集团联合组成煤炭销售辛迪加，由法国企业主控制。法国企业主不仅在顿涅茨克煤田创办企业，还在俄国其他煤田创办企业，十月革命前法国企业主建立的煤炭企业数量和投入金额详见表 4-1。

表 4-1　法国企业家在俄国各煤田建立的煤炭企业数量和投入金额

煤田	企业数量/家	投入金额/卢布
顿涅茨克煤田	14	81 855 600
东布罗夫煤田	5	18 812 500
库兹涅茨煤田	1	2 000 000
莫斯科近郊煤炭煤田	1	300 000
总计	21	102 968 100

资料来源：Фомин П.И.Горная и горнозаводская промышленность Юга России.Том II.С.61

南俄煤炭工业中的法国企业。表 4-1 所列顿涅茨克煤田 14 家煤炭企业中只有 4 家是法国独资企业，遵循法国企业规章，分别是南俄石盐和煤炭加工公司、法俄别列斯托夫—克里尼斯克石煤集团、尼克托夫斯基石煤集团和叶卡捷琳斯拉夫石煤公司，这几家企业中法国资本总投入量为 2617 万卢布[②]，其余企业多为法比和法俄合资企业。十月革命前南俄采矿企业中只有两家完全依靠法国资本建立，即杜波夫·巴尔卡矿业集团、克里沃罗格矿石集团，石煤企业中法国资本的投入量明显超过采矿企业。南俄采煤和冶金工业是法国资本的重点投资领域。除采煤工业外，南俄地区冶金工业中法国资本所占的比例最高。南俄地区大型冶金企业都有矿区，这些企业也在矿区内从事采煤和采矿业务。南俄地区法国独资冶金企业中以俄国采煤和冶金联合公司与克里沃洛热铁矿石集团较为著名，其余企业多为法比和法俄合资企业，法俄合资企业有德鲁日科夫的顿涅茨克铁制零件和钢轧件生产企业、南俄德涅彼洛夫斯克冶金集团、彼良尼斯克工厂集团、顿涅茨克—尤里耶夫斯克冶金集团、尼卡波里—马里乌波尔采矿冶金集团，这些企业的企业法人虽然是俄国人，但法国企业主的持股比例明显

---

① Бовыкин В. И. Формирование финансового капитала в России: конец XIXв. —1908г. С. 181；
　　Бовыкин В. И. Иностранное предпринимательство и заграничные инвестиции в России. С. 164；
　　Фомин П. И. Горная и горнозаводская промышленность Юга России. Том II. С. 60.

② Фомин П. И. Горная и горнозаводская промышленность Юга России. Том II. С. 62.

高于俄国企业主。

南俄采矿业中法国资本的比例。1880 年、1900 年和 1915 年法国资本投入采矿业的资金数额分别为 460 万卢布、9410 万卢布和 1.2 亿卢布，分别占采矿业资金总投入量的 80.7%、50.5% 和 47.8%[①]。十月革命前法国对俄国工业的总投资为 7.3 亿卢布，其中投入采矿业的资金为 3.1 亿卢布，所占比例为 42.5%，投入冶金和机器制造工业的金额为 1.5 亿卢布，其比例为 20.5%[②]。虽然南俄煤炭工业中法国资本所占比例最高，但法国资本投入冶金工业的资金数量明显多于投入煤炭工业的资金数量。第一次世界大战前夕法国投入 55 家采矿企业中的资金数量为 3.1 亿卢布，29.1% 的采矿企业由法国资本控制[③]。

20 世纪初，法国资本流入量减少。1899—1903 年工业危机对俄国工业影响巨大，因俄国境内法国企业对银行的依赖性较高，大部分企业都从事证券业务，所以 1901—1904 年有 6 家法国企业倒闭，1905 年 1 月只有 46 家企业正常运营，但利润明显减少，这一时期法国银行家和企业主几乎停止对俄投资。1900 年，法国投资几乎占俄国境内直接投资的 1/2，但 1915 年其比例已不足 1/4。即便如此，十月革命前法国投入俄国煤炭工业中的资金数额非常巨大，法国资本的投入量约占所有外国公司股份资本的 1/3，虽然十月革命前俄国境内法国独资采煤企业只有 6 家，但其总投资额达 4190 万卢布，而此时俄国企业主投入采煤工业的总资金仅为 6030 万卢布[④]，法国资本对南俄煤炭工业的影响不言而喻。

（二）比利时资本

19 世纪 70 年代，比利时资本家投资国外金融业和实业的热忱开始提高。1874—1883 年，比利时资本家在国外创办了 107 家股份制企业，其中在法国和德国创办的企业数量为 50 家，在意大利、西班牙和葡萄牙创办的企业数量为 32 家，在俄国创办的企业数量只有 5 家。1884—1894 年，比利时资本在国外创建的股份制企业数量达 118 家，其中在俄国创办

① Оль П. В. Иностранные капиталы в народном хозяйстве Довоенной России. С. 27.
② Фомин П. И. Горная и горнозаводская промышленность Юга России. Том II. С. 59.
③ Фомин П. И. Горная и горнозаводская промышленность Юга России. Том II. С. 59.
④ Бовыкин В. И. Иностранное предпринимательство и заграничные инвестиции в России. С. 169, 177.

的企业数量为 12 家；1896—1900 年，比利时资本家在俄国创办的企业数量为 117 家①，但比利时资本家主要通过购买国外公司股票和证券的形式来控制外国公司。因笔者掌握的资料有限，以及比利时资本投入南俄煤炭工业的数据较为零散，所以只能通过 19 世纪下半期和 20 世纪初俄国境内比利时资本的总体流入状况来分析南俄煤炭工业中比利时资本的比例。

　　19 世纪下半期，比利时资本涌入俄国。70 年代，比利时工业企业在俄国的主要合作伙伴是绍杜尔公司，1876 年，该公司在圣彼得堡创建金属加工厂，主要生产喷烟器管道，随后该公司与法国金融集团一起在俄国开展相关业务。1887 年，俄国境内的比利时企业中规模较大的两家企业是留比莫夫制碱厂和南俄顿涅茨彼得洛夫冶金工厂，但这两家企业并不是独资企业，而分别是俄比和法比合资企业。80 年代外国资本大量涌入俄国时，比利时资本也迅速流入。1896 年，在俄国境内只有 7 家比利时企业，这些企业分布于华沙、敖德萨、哈里科夫、莫斯科、基弗里斯等地，其中以南俄地区数量最多。90 年代下半期，俄国境内的比利时企业数量大增，至 1901 年其数量已达 117 家，1897—1901 年流入俄国工业中的比利时资本数量达 1.6 亿卢布②，此时比利时资本所占比例最高。比利时资本的主要投资领域是煤炭开采和焦炭生产工业（企业数量为 15 家，总投资额为 2630 万卢布）、黑色冶金工业（企业数量为 15 家，总投资额为 5030 万卢布）、金属加工和机器制造业（企业数量为 27 家，总投资额为 3220 万卢布）、建筑材料生产工业（企业数量为 19 家，总投资额为 1480 万卢布）等部门③。90 年代下半期，俄国境内俄比合资企业数量增多，其中 8 家大型企业包括俄比冶金公司、俄国顿涅茨克石煤工业公司、俄比玻璃制造厂等企业。同时比利时境内也创建了许多商业企业，其主要业务是在俄国直接建立工厂。至 1900 年，比利时投入俄国的股份资本数量达 2.2 亿卢布，比利时投资以实业为主，投入股份制企业的资金数量占比利时资本总投入量的 4/5④。

---

① Бовыкин В. И. Иностранное предпринимательство и заграничные инвестиции в России. C. 235; Бовыкин В. И. Формирование финансового капитала в России: конец XIXв. —1908г. C. 170.

② Бовыкин В. И. Иностранное предпринимательство и заграничные инвестиции в России. C. 187.

③ Бовыкин В. И., Бабушкина Т. А., Крючкова С. А. Погребинская В. А. Иностранные общества в России в начале XX в. //Вестник Московского университета. История. 1968, №2. C. 56.

④ Оль П. В. Иностранные капиталы в народном хозяйстве Довоенной России. C. 15; Бовыкин В. И. Бабушкина Т. А., Крючкова С. А., Погребинская В. А. Иностранные общества в России в начале XX в. C. 57.

20 世纪初，比利时资本的流入量大减。受 20 世纪初经济危机的影响，1901—1904 年俄国境内比利时资本的流入量从 1.8 亿卢布降至 1.21 亿卢布，几乎降低了 1/3，造成巨大损失。只有 1/3 的企业继续盈利，其余企业全部亏损。1899—1903 年经济危机期间俄国境内比利时企业的状况急剧恶化，1901—1904 年 11 家比利时企业倒闭，1905 年 1 月倒闭的企业数量达 87 家。1905—1910 年俄国境内只成立了 8 家比利时企业，这一时期有 24 家比利时企业倒闭，只有 71 家比利时企业仍继续开展相关业务[①]。1905—1910 年，虽然俄国境内的比利时企业数量减少，但比利时股份资本的数量仍增加了 1.25 亿卢布，4/5 的比利时企业都盈利，即便如此，第一次世界大战前夕比利时资本的数量变化不大。此时俄国外资企业中比利时企业的数量所占的比例低于 1/3，股份资本的数额所占的比例低于 1/4[②]。石煤、黑色冶金、金属加工和机器制造业、建筑材料生产等部门中比利时企业的数量分别为 6 家、5 家、15 家和 8 家，其股份资本的数量分别为 1680 万卢布、2590 万卢布、1990 万卢布和 1010 万卢布[③]。虽然 20 世纪初比利时资本的流入量减少，但其对俄国工业的影响不容忽视。

南俄采矿工业中比利时资本的主要关注对象是南俄采煤和冶金工业。比利时企业主很少创办独资企业，多为法比合资或俄比合资。南俄采矿工业中只有 3 家企业完全由比利时人建立，即马里乌波尔的俄国彼洛维达尼斯集团、康斯坦丁的比利时铁轧件股份公司、奥里哈夫高炉工厂集团。1898—1900 年外资投入最多的俄国工业部门为冶金、石油和采煤工业，其中以比利时资本所占比例最高，其次是英国、法国和德国资本。1901 年，俄国煤炭企业中比利时独资企业的数量为 10 家，总投资额为 2625 万卢布，该年度投入俄国煤炭工业中的外资数量以比利时资本最多，而法国和英国资本的投入量分别为 1571 万卢布和 338 万卢布[④]。1901—1909 年，流入冶金和煤炭工业中的外资数量为 5090 万卢布和 4400 万卢布，其

① Абрамова Н. Г. Из истории иностранных акционерных обществ в России（1905—1914гг.）//Вестник Московского университета. История. 1982，№2. С. 84-85；Бовыкин В. И.，Бабушкина Т. А.，Крючкова С. А.，Погребинская В. А. Иностранные общества в России в начале XX в. С. 57；Бовыкин В. И. Формирование финансового капитала в России：конец XIXв. —1908г. С. 176.

② Бовыкин В. И. Иностранное предпринимательство и заграничные инвестиции в России. С. 189.

③ Абрамова Н. Г. Из истории иностранных акционерных обществ в России（1905—1914гг.）. С. 84-85，88.

④ Бовыкин В. И. Формирование финансового капитала в России：конец XIXв. —1908г. С. 172.

所占比例分别为 25.5%和 22.8%[①]，俄国煤炭工业中比利时资本的数量仅次于法国，位居第二位。

南部采煤业中英国与德国资本的投入量明显逊色于法国和比利时资本。英国资本虽然也大量流入南俄地区，但在顿涅茨克矿区只有一家于 1875 年成立的新罗斯斯克石煤、冶铁及轨道生产联合企业属于英国所有，1916 年该企业大部分股份出售给法国企业主。南俄采矿业中英国独资煤炭企业只有两家，即俄国无烟煤开发股份公司和亚述—乌拉尔煤炭有限公司，英国投入俄国煤炭工业的资金数量远逊色于法国和比利时资本，因此，采煤量无法与法国和比利时资本控制的企业相比。南俄采矿工业中外资以法国和比利时资本居多，其对南俄地区工业发展的意义重大，但俄国工业并未被外资所掌控，也未丧失民族性特征。外国人虽然投资俄国工业，但更热衷于并购和证券业务，很少有外国企业主亲自经营企业。借助外国企业主雄厚的资金和先进的技术，南俄采煤和冶金工业飞速发展，但在工业发展过程中大企业凭借其资金和技术优势迅速崛起，中小企业在与其竞争的过程中纷纷倒闭。

二、煤炭工业垄断组织的形成与影响

在煤炭市场容量和规模不断扩大的同时，煤炭企业之间的竞争日趋激烈，大企业逐步垄断煤炭市场，煤炭工业生产集中化程度日益加强。在南俄煤炭工业快速发展的过程中，外资功不可没。南俄煤炭和冶金工业由国外大企业垄断，大企业凭借其资金和技术优势，规模日趋扩大，市场份额逐步稳固。笔者从煤炭工业垄断趋势强化、南俄煤炭销售辛迪加和南俄煤炭工业垄断的影响等几方面来阐述煤炭工业垄断组织。

（一）煤炭工业垄断趋势强化

促使煤炭工业垄断组织诞生的因素很多，其中俄国政府实施保护性关税政策、外资大量流入和国内煤炭需求量巨大等因素较为重要。首先，俄国政府实施保护性关税政策致使外国廉价煤炭难以进入俄国，促使采矿工业垄断形成。为保护煤炭工业，俄国政府实施严格的关税保护措施，数次提高煤炭进口关税，最终除波罗的海地区外俄国煤炭垄断国内市场。其

---

① Оль П. В. Иностранные капиталы в народном хозяйстве Довоенной России. С. 31.

次，俄国政府为保障铁路的燃料供给量，定期从大企业大量采购煤炭，大企业因有国家订单，不但产品价格较高，而且无须担心产品的销路。最后，南俄煤炭工业在发展过程中对外资依赖度较高，几乎所有的大型企业都由外资掌控。外国企业拥有资金和技术优势，俄国企业无法比拟，在与其的竞争过程中俄国中小企业纷纷落败。受上述因素的影响，南俄煤炭工业的垄断程度明显高于其他地区。19 世纪末，俄国各煤田，首先是顿涅茨克煤田已具备建立大型垄断组织的条件。

在外资大量涌入的同时，俄国煤炭工业的垄断趋势日益明显。1880 年顿涅茨克、东布罗夫、莫斯科近郊和乌拉尔煤田大型露天矿井企业的数量分别为 22 家、13 家、7 家和 2 家，采煤量分别为 5312 万普特、7579 万普特、2290 万普特和 721 万普特，其煤炭开采量占上述各地区总采煤量的比例分别为 61.5%、96.6%、91.2% 和 100%。此时南俄地区因小煤矿企业众多，生产集中程度弱于其他地区。1880 年南俄地区 45 家大型煤矿企业的采煤量为 1.6 亿普特，占全区总采煤量的 79.8%，其中 13 家企业的采煤量都超 400 万普特，采煤总量为 1 亿普特，其占全区总采煤量的比例达51.4%[①]，大企业的垄断地位逐渐增强，1894—1895 年其比例已达 79%。1882—1894 年大煤矿企业的采煤量增长了 6 倍，中小煤矿企业的采煤量无明显变化[②]。19 世纪末至 20 世纪，顿涅茨克煤炭工业生产集中程度强化，小企业虽数量众多，但产量有限。1890 年采煤量超过 100 万普特的企业的采煤量占全俄总采煤量的 89.9%，1900 年这一比例达 95.3%[③]。

19 世纪 80 年代以后，煤炭工业的垄断趋势强化。80 年代以前，小企业的煤炭开采量居多。以南俄地区为例，1855—1885 年煤炭开采技术十分落后，这一时期顿涅茨克共有 104 个露天矿，其中年采煤量超过 305 万普特的企业共有 7 家，其采煤量占全区总采煤量的比例为 6.7%；年采煤

① Тихонов Б. В. Каменноугольная промышленность и черная металлургия России во второй полов инеXIXв. С. 40，197；Бовыкин В. И., Формирование финансового капитала в России：конец XIXв. —1908г. С. 94.

② Туган-Барановский М. И. Изобранное. Русская фабрика в прошлом и настоящем： Историко-экономическое исследование. Т. 1. Историческое развитие русской фабрики в XIX веке. С. 290.

③ Модестов В. В. Рабочие Донбасса в трех русских революциях. С. 19；Бовыкин В. И. Формирование финансового капитала в России：конец XIXв. —1908г. С. 94；Тихонов Б. В. Каменноугольная промышленность и черная металлургия России во второй половинеXIXв. С. 182；Соловьева. А. М. Промышленная революция в России в XIXв. С. 229.

量为 48.8—61 万普特的企业共有 31 家，其采煤量占全区总采煤量的比例为 29.8%；采煤量低于 48 万普特的小企业有 66 家，其采煤量占全区总采煤量的比例为 63.5%，这一时期小企业的采煤量所占的比例最高①。80 年代初，主要煤田都已通行铁路，包括顿涅茨克、东布罗夫、莫斯科近郊、乌拉尔煤田。随着交通运输环境的改善，外资快速涌入南俄地区，凭借资金和技术优势，外资控制的大煤矿垄断了煤炭开采业务。

煤炭开采量增加导致生产集中化程度增强。1890 年顿涅茨克煤田 104 家小企业的煤炭开采量占全区总开采量的比例仅有 2%，37 家企业的煤炭开采量占全区总开采量的比例达 78%。1899 年南俄地区 17 家煤炭企业的采煤量约为 4 亿普特，约占该地区总采煤量的 76.2%，1900 年顿涅茨克煤田 11 家超大矿井企业的煤炭开采量达 2000 万普特，其煤炭开采量占顿涅茨克煤田总开采量的 44%②。因小企业的采煤量占主导以及煤炭开采技术落后，19 世纪 70 年代顿涅茨克煤田的采煤量仅占全俄采煤量的 1/2，90 年代开始，其采煤量占全俄采煤量的比例达 2/3，此时，南俄金属产量也迅速提高，1910 年南俄金属产量占全俄金属产量的 2/3③。需着重强调的是，在南俄煤炭工业发展过程中股份企业具有决定性作用。1902 年 40 家煤炭股份企业的煤炭产量达 4.9 亿普特，其余企业的煤炭产量只有 8080 万普特。但在无烟煤工业中非股份制企业占主导，1902 年其无烟煤产量占南俄无烟煤总产量的 87.7%④。股份企业凭借其雄厚的资金优势、先进的设备和管理经验，在南俄煤炭工业中发挥了巨大的作用。1908 年采煤量超过 100 万普特的企业的煤炭开采量占顿涅茨克、莫斯科近郊、东布罗夫和乌拉尔煤田采煤量的比例分别为 77.5%、97.4%、99.7%和 96.5%⑤，大企业垄断采煤业已毋庸置疑。

具体而言，1875 年南俄地区采煤量已占全俄煤炭产量的 72.3%，而格鲁什夫煤矿的产量为 2093 万普特，其产量占全俄煤炭产量的比例为

① Братченко Б. Ф. История угледобычи в России. С. 133.

② Соловьева. А. М. Промышленная революция в России в XIXв. С. 229；Шполянский Д. И. Монополии угольно-металлургической промышленности юга России в начале XX века. С. 40. Бовыкин В. И. Формирование финансового капитала в России：конец XIXв. —1908г. С. 96.

③ Бакулев Г. Д. Черная металлургия Юга России. С. 113.

④ Шполянский Д. И. Монополии угольно-металлургической промышленности юга России в начале XX века. С. 42.

⑤ Бовыкин В. И. Формирование финансового капитала в России：конец XIXв. —1908г. С. 97.

40.7%。除格鲁什夫煤矿外，南俄地区还有很多大型煤矿。以叶卡捷琳斯拉夫省为例，该以新罗斯斯克公司、法国采矿工业公司、科尔苏尼斯克公司、乌斯别斯克公司、彼得罗夫斯克公司的采煤量较大，上述 5 家企业的采煤量都超过了 100 万普特，占叶卡捷琳斯拉夫省煤炭开采量的 81.3%。顿涅茨克铁路通行后，煤炭开采量迅速增加，1880 年上述企业的采煤量增至 8634 万普特，占叶卡捷琳斯拉夫省煤炭开采量的一半以上。此时，石煤的产量已超过无烟煤，其比例分别为 66.1%和 33.9%①。19 世纪 90 年代，煤炭生产集中程度进一步强化，以叶卡捷琳斯拉夫省为例，1890 年该省只有一家煤矿企业的年开采量超过 2000 万普特，占该省煤炭总开采量的 21.1%；1895 年采煤量超过 2000 万普特的企业数量有 3 家，其采煤量占该省煤炭总开采量的比例为 46%；1900 年采煤量超过 2000 万普特的企业有 7 家，其采煤量占该省煤炭总开采量的比例为 50.3%，煤炭工业垄断趋势日益强化②。

随着顿涅茨克煤炭工业垄断趋势的强化，各煤田的垄断程度逐渐加强。就东布罗夫煤田而言，1885 年该煤田已有 4 家生产力超过 1000 万普特的露天煤矿企业，其开采量占该煤田总采煤量的 59.3%③。莫斯科近郊煤田也出现了垄断状况，1870 年莫斯科近郊煤田无一家年开采量超过 200 普特的露天煤矿企业，1875 年其数量已经超过 5 家，这 5 家企业的煤炭开采量占莫斯科近郊煤田总采煤量的比例达 60.7%；1880 年大型露天煤矿企业的数量为 3 家，其煤炭开采量占莫斯科近郊煤田总采煤量的比例达 66.2%；1885 年大型露天煤矿企业的数量为 3 家，其煤炭开采量占莫斯科近郊煤田总采煤量的比例达 77.8%；1890 年大型露天煤矿企业的数量为 2 家，其煤炭开采量占莫斯科近郊煤田总采煤量的比例达 58.4%；1895 年大型露天煤矿企业的数量为 1 家，其煤炭开采量占莫斯科总采煤量的比例达 40.4%；1900 年大型露天煤矿企业的数量为 3 家，其煤炭开采量占莫斯科近郊煤田总采煤量的比例达 64.4%。铁路大规模建设时期莫斯科近郊煤田

---

① Тихонов Б. В. Каменноугольная промышленность и черная металлургия России во второй половине XIXв. С. 134-135.

② Тихонов Б. В. Каменноугольная промышленность и черная металлургия России во второй половине XIXв. С. 181；История технического развития угольной промышленности Донбасса. Киев., Наук. думка，1969. С. 98-111.

③ Братченко Б. Ф. История угледобычи в России. С. 127；Тихонов Б. В. Каменноугольная промышленность и черная металлургия России во второй половине XIXв. С. 136.

的采煤量剧增，从 1865 年的 137 万普特增至 1870 年的 507 万普特、1875
年的 2365 万普特。随后采煤量逐年减少，1879 年莫斯科近郊煤田的采煤
量达 19 世纪最高值，为 2859 万普特[①]。虽然上述煤田生产集中程度日益
强化，但其采煤量仍远落后于顿涅茨克煤田。19 世纪末，莫斯科近郊煤
田采煤量占全俄采煤量的比例仅为 1.5%，乌拉尔、东西伯利亚和西伯利
亚煤田采煤量占全俄采煤量的比例分别为 3%、3%—5% 和 2%。只有东布
罗夫煤田采煤量较高，其占全俄采煤量的比例略超过 20%，1901—1905
年、1906—1907 年其所占的比例分别为 24%、21%[②]。因南俄地区采煤量
最大，笔者以南俄地区最大的垄断组织煤炭销售辛迪加为例，来分析俄国
煤炭工业的垄断状况。

（二）南俄煤炭销售辛迪加

20 世纪初，世界经济危机和工业萧条加速了顿涅茨克煤炭工业的辛
迪加化进程。1901 年南俄地区采煤量已停滞不前，1902 年顿涅茨克煤田
的采煤量减少了 5200 万普特[③]。南俄采矿主代表大会上会议代表屡次提出
成立煤炭企业联合组织的提案，为垄断国内煤炭市场以及将煤炭出口至黑
海和巴尔干半岛，大多数与会者都同意该提案。1903 年，南俄采矿主第
28 次代表大会作出建立煤炭销售辛迪加的决议，顿涅茨克矿物燃料贸易
股份公司（以下简称南俄煤炭销售辛迪加）正式挂牌成立。

在煤炭工业生产集中程度加强的同时，辛迪加应运而生。1906 年，
南俄煤炭销售辛迪加正式开展业务，该组织由 13 家采矿企业联合而成，
掌控着顿涅茨克煤田 45% 的采煤量和 41% 的煤炭销售量。1909—1910 年，
该组织成员增加到 24 家，掌控了顿涅茨克煤田 67% 的采煤量和 60% 的煤炭
销售量[④]。莫斯科近郊煤田中最大的煤炭企业是莫斯科近郊煤田石煤工业股
份公司，该公司于 1916 年成立，成立之初其开采量就达 1952 万普特[⑤]，因

① Тихонов Б. В. Каменноугольная промышленность и черная металлургия России во второй половине
　　XIХв. С. 197；Братченко Б. Ф. История угледобычи в России. С. 127.
② Бакулев Г. Д. Черная металлургия Юга России. С. 114.
③ Шполянский Д. И. Монополии угольно-металлургической промышленности юга России в начале
　　XX века. С. 84.
④ Кушнирук С. В. Монополия и конкуренция в угольной промышленности юга России в начале XX
　　века. С. 35.
⑤ Братченко Б. Ф. История угледобычи в России. С. 112.

西伯利亚大铁路和乌拉尔冶金工厂的煤炭需求量增加，乌拉尔和西伯利亚煤田的生产集中化程度逐渐加强。因笔者掌握的数据有限，只对南俄煤炭销售辛迪加的状况进行分析。南俄煤炭销售辛迪加是俄国知名的大型垄断组织之一，该组织建立的主要目的是巩固顿涅茨克煤炭在俄国能源市场上的垄断地位并消除竞争，该组织的主要市场定位是铁路和冶金企业。南俄煤炭销售辛迪加的煤炭供应量占南俄冶金企业煤炭需求量的 50%以上，同时占南俄铁路煤炭总需求量的 39%—42%[①]。虽然南俄煤炭销售辛迪加占领了大量市场份额，但因其是松散的企业联盟，各大企业之间矛盾重重，很多举措不能达成一致，所以并未完全垄断南俄煤炭市场。为了更好地探析南俄煤炭销售辛迪加的垄断状况，笔者分别对南俄煤炭销售辛迪加的成员和职能、主要活动和成员之间的矛盾进行分析。

1. 南俄煤炭销售辛迪加的成员和职能

19 世纪末，煤炭工业生产和资本的集中过程促使大型垄断组织诞生，1899—1903 年经济危机加速了顿涅茨克煤炭工业的垄断进程。南俄重工业生产和资本集中过程的强化导致更高形式的垄断组织产生。辛迪加通过签署条约确定各公司和契约人之间的关系，同时确定煤炭生产规模和价格，但成员之间的斗争也异常激烈。辛迪加很多成员都不满足自己的配额，很多成员实际的采煤量明显高出规定份额，各加盟成员都致力于增加自身的配额。南俄煤炭销售辛迪加是由各大煤田企业组成的松散联盟，为了更好地阐述该组织的内部机构和管理规章，笔者从其内部规章、成员、工作机制等几方面来进行分析。

内部规章。南俄煤炭销售辛迪加是采矿企业组成的联合组织，各个成员保存了各自的企业法律和商业独立性，因此不能形成卡特尔组织，更不可能组建托拉斯组织。委员会是南俄煤炭销售辛迪加的日常事务和资本管理机构，其总部设在哈里科夫，由 7—12 名成员组成，由各企业选举出委员会成员。调整南俄煤炭销售辛迪加成员内部活动的规则是"红色条约"，根据该条约，各企业将煤炭销售权转移给南俄煤炭销售辛迪加，由其确定煤炭价格和销售条件。如果南俄煤炭销售辛迪加成员只能获得较小的订单，那么其可以自由销售产品。如果南俄煤炭销售辛迪加委员会 2/3

---

① Кушнирук С. В. Монополия и конкуренция в угольной промышленности юга России в начале XX века. С. 117.

成员确认某企业煤炭开采量增加会引起成员之间的竞争，那么该企业的多余份额将过渡至南俄煤炭销售辛迪加。"红色条约"的主要任务是规范各成员的煤炭开采量，使其控制在规定配额之内，如果产量超过规定配额，那么不能通过南俄煤炭销售辛迪加销售。原则上，"红色条约"规定各成员的配额长期不变，只有在南俄煤炭销售辛迪加协议的基础上各成员的煤炭生产和销售配额才能有所变化，但各成员就配额问题矛盾重重。

南俄煤炭销售辛迪加成员。最初南俄煤炭销售辛迪加的成员有布良尼斯基石煤公司、克里沃洛格尔科公司、格鲁波夫·别列斯托夫-波格杜霍夫集团、克列涅夫和希比洛夫集团、叶卡捷琳娜诺夫采矿公司、伊尔米尼斯克公司、南俄煤炭和食盐加工公司、尼克托夫采矿集团、南俄石煤工业公司、罗斯顿涅茨克集团、鲁特切尼科夫采矿公司、俄法别列斯托夫煤矿公司、俄比冶金集团。1907 年，三个新成员加入南俄煤炭销售辛迪加，即巴伊拉克斯国立石煤公司、水运和公路轨道公司、奥里霍夫高炉和工厂集团。1909—1910 年，阿列克谢耶夫公司、沃兹涅谢斯克公司、布洛霍洛夫公司、俄国石煤公司、谢列兹涅夫公司、南俄顿涅彼洛夫公司、尼古拉-米哈伊洛夫公司加入南俄煤炭销售辛迪加。此时南俄煤炭销售辛迪加成员数量已达 24 家，成员总采煤量为 6.1 亿普特，占顿涅茨克煤田总采煤量的 66.8%，煤炭外运数量为 4.1 亿普特，占顿涅茨克煤炭外运总量的 60.1%[①]。

工作机制。根据南俄煤炭销售辛迪加内部规章，股东大会分为正常会议和紧急会议，正常会议由委员会定期举办，每年一次，主要是确认资产负债表和年度报表，以及选举委员会和监察委员会成员。在股东的强烈要求下委员会可召开紧急会议，但召集紧急会议要得到持有 1/10 创立资本的股东的同意。如果参加会议的人数未达到规定的要求，应该召开第二次会议，第二次会议上研究第一次会议上未解决的问题。如果第一次会议的决议赞成的人数少于 3/4，那么第二次会议所有的决议都需要得到大多数人的同意。虽然南俄煤炭销售辛迪加的影响力不断增强，但其内部成员之间依旧矛盾重重。

---

① Кушнирук С. В. Монополия и конкуренция в угольной промышленности юга России в начале XX века. С. 16；Бовыкин В. И. Формирование финансового капитала в России：конец XIXв. —1908г. С. 203.

2. 南俄煤炭销售辛迪加的主要活动和成员之间的矛盾

南俄煤炭销售辛迪加的成员几乎包括所有的大型煤炭企业，37 家大型煤炭企业拥有南俄地区 3/5 的煤炭工人，并控制着该地区 70%的采煤量[①]。虽然南俄煤炭销售辛迪加有垄断煤炭市场和销售的便利条件，但是其并不能掌控顿涅茨克煤田的全部煤炭工业。其建立的主要目的是巩固顿涅茨克煤炭的市场份额，以便和高加索石油垄断组织竞争。南俄煤炭销售辛迪加的形成使俄国能源市场状况发生了变化，1905 年巴库油田大火后其状况更加明显。顿涅茨克煤炭排挤石油的状况一直持续至 1909 年，因石油开采量的增加，1909—1911 年石油需求量大增，1911—1914 年煤炭又开始排挤石油产品。

1911—1914 年，南俄煤炭销售辛迪加的作用弱化。尽管各成员总采煤量持续增加，至 1914 年已达 7 亿普特，但其采煤量占南俄地区总采煤量的比例却降低至 47.42%，即便如此，南俄煤炭销售辛迪加持续保持着在顿涅茨克煤炭销售市场中的主导地位。1906—1912 年顿涅茨克煤炭开采量和外运量均同比增长，但 1913—1914 年供货规模远低于南俄煤炭销售辛迪加的生产规模。1912 年南俄煤炭销售辛迪加的采煤量占顿涅茨克煤田总采煤量的比例为 54.75%，1913 年其比例增长至 62.85%[②]，很多企业开始保留一定量的煤炭供自己的工厂使用，主要是用于生产焦炭。

南俄煤炭销售辛迪加与非辛迪加成员之间的竞争。虽然南俄煤炭销售辛迪加成员包括南俄大部分煤炭企业，但因诸多原因，很多大企业仍未加入辛迪加，在市场上与其展开了激烈的竞争。南俄煤炭销售辛迪加希望通过竞争纳入更多大企业，但效果有限。因南俄煤炭销售辛迪加获得了大部分国家订单，很多大企业纷纷上书交通部、财政部和工业贸易部，指责南俄煤炭销售辛迪加的煤炭价格过高，政府不作为等。当大企业的煤炭价格低于南俄煤炭销售辛迪加的煤炭价格时，大企业也能获得国家订单，1907 年一些大企业就凭借价格优势获得了 5150 万普特的国家订单，1909 年南俄煤炭销售辛迪加和非辛迪加企业获得的国家订单数量分别为

---

① Ленин В. И. Развитие капитализма в России. Полн. собр. соч. Т. 3. С. 493；Кушнирук С. В. Монополия и конкуренция в угольной промышленности юга России в начале XX века. С. 4.

② Кушнирук С. В. Монополия и конкуренция в угольной промышленности юга России в начале XX века. С. 16；Шполянский Д. И. Монополии угольно-металлургической промышленности юга России в начале XX века. С. 95.

2925 万普特和 2050 万普特。1911 年铁路部门从南俄煤炭销售辛迪加购买的煤炭数量为 1.3 亿普特，而从 45 家非辛迪加企业采购的煤炭数量为 2.7 亿普特，非辛迪加企业的煤炭供应量已超过辛迪加[①]。为了获得更大的市场占有率，南俄煤炭销售辛迪加常以价格打击非辛迪加企业，很多企业迫于压力纷纷与南俄煤炭销售辛迪加签署协议。

南俄煤炭销售辛迪加成员之间的矛盾。南俄煤炭销售辛迪加的组织程序和"红色条约"保证所有成员的平等性，但这并不意味着辛迪加成员之间的竞争能够消除，各成员都致力于为煤炭生产和销售创造最好的条件，获取最高利润。南俄煤炭销售辛迪加成立之初，各成员为获得更大的配额争论不断。例如，俄比冶金公司掌控 420 股，1906 年供货量为 3307 万普特，此时鲁特切尼科夫公司只掌控 230 股，其供货量却是 3207 万普特，同样掌控 420 股的别列斯托沃-克累尼斯克公司的供货量只有 675 万普特[②]。各成员斗争的焦点是担任委员会成员的职务和配额量。与此同时，南俄煤炭销售辛迪加内部成员就章程和诉讼权进行长期的争斗，其目的是在南俄煤炭销售辛迪加管理机构中占据关键位置，使自身利益最大化。1909 年，23 家企业加入南俄煤炭销售辛迪加，此时南俄煤炭销售辛迪加委员会成员增至 24 人。1910 年南俄煤炭销售辛迪加成员数量达 24 家，各成员之间的矛盾日益尖锐，最终导致一些成员退出。一些成员为强化自身的主导地位，开始提出改组管理机构的建议，提出成立董事会，由总经理管理日常事务，委员会所在地由哈里科夫迁至圣彼得堡。改组的主要目的如下：第一，提高企业业务领导职能，在经济提升的情况下重点关注圣彼得堡市场；第二，章程变更可强化南俄煤炭销售辛迪加管理机构的工作效率，董事会实际上并未独立于委员会和股东大会之外。此时委员会的主要职能是按照合约确定各成员的企业责任和义务，而董事会主要负责协调各成员之间的矛盾。在 1910 年 11 月 17 日的股东大会上，大多数成员赞成变更规章，都支持改组管理机构的提案，在危机和萧条时期南俄煤炭销售辛迪加管理机构能够适应当时的经济形势，但经济活跃时期各成员之间的

---

① Шполянский Д. И. Монополии угольно-металлургической промышленности юга России в начале XX века. С. 90.

② Кушнирук С. В. Монополия и конкуренция в угольной промышленности юга России в начале XX века. С. 13；Шполянский Д. И. Монополии угольно-металлургической промышленности юга России в начале XX века. С. 86.

矛盾迅速激化。众所周知，每个成员都从南俄煤炭销售辛迪加获得开采配额，配额确定各成员的煤炭开采量，但南俄煤炭销售辛迪加所提供的配额不能满足大多数成员的要求，这是各成员之间争夺配额的根源。斗争导致南俄煤炭销售辛迪加成员重新审查"红色协议"，各成员都为获得最大配额而斗争。虽然成员矛盾重重，但南俄煤炭销售辛迪加的诞生有利于大企业整合资源，提高市场占有率，以及增强顿涅茨克煤炭的影响力，但煤炭工业垄断的诸多弊端也不容忽视。

（三）南俄煤炭工业垄断的影响

生产力发展和生产停滞趋势并存是垄断资本主义的主要特征之一，二者同时存在，且相互交替，俄国煤炭工业不外如是。当生产关系适应生产力发展时煤炭工业发展迅速，俄国煤炭产量迅速提高；反之，当生产关系无法与生产力相适应时，采煤量增长缓慢，甚至进入停滞时期。俄国煤炭工业中的垄断强度明显低于石油工业，垄断组织的影响力也不如大型石油公司。19 世纪 80 年代末期，俄国煤炭工业开始迅速发展，但 20 世纪初以前，其发展规模和速度无法与石油工业相较。1885—1900年、1900—1905 年和 1905—1913 年石油及其产品产量的增长速度分别为 294%、41% 和 6%，而煤炭产量增长速度较慢，1887—1900 年、1901—1908 年和 1913—1916 年煤炭产量年均增长速度分别为 13.2%、7.0% 和 18.6%[①]。19 世纪末是俄国石油工业垄断快速发展的时期，随着 20 世纪初经济危机的到来，石油工业受到重创，石油产量迅速减少，石油工业进入停滞期，垄断组织的影响力降低。而煤炭工业恰恰相反，19世纪末该工业部门发展速度滞后，燃料结构中石油燃料的作用突出；20世纪初经济危机对煤炭工业影响较小，此时俄国煤炭工业飞速发展，煤炭工业中诞生了大型垄断组织，煤炭工业的垄断化趋势加强。

19 世纪末至 20 世纪初是俄国煤炭工业垄断的形成时期，此时该工业部门刚刚完成从自由竞争到垄断资本主义的过渡，虽然煤炭工业的垄断趋势加强，但并未形成大型垄断组织。各企业为扩大市场份额展开激烈竞争，它们尽可能地提高劳动生产率、引进先进技术、降低生产成本以增强

自身竞争力，提高企业的市场占有率。这一竞争过程在客观上促进了煤炭开采技术的革新、运输设施的逐步完善和产品市场占有率的提高，煤炭工业得以快速发展，俄国煤炭开采量从 1860 年的 1800 万普特增至 1900 年的 6.7 亿普特①。与石油工业不同的是，煤炭工业并未形成类似于诺贝尔兄弟集团、里海-黑海石油工商业公司等大型垄断组织，但各煤田的垄断程度迅速加强，大企业的煤炭开采量迅速增加，以南俄地区为例，1899 年南俄 17 家煤炭企业的采煤量为 4 亿普特，这些企业的采煤量占南俄地区总采煤量的比例为 76.2%。南俄煤炭工业中股份企业具有决定性作用，1902 年 40 家南俄股份企业的煤炭产量为 4.9 亿普特，其他企业的煤炭产量为 8080 万普特②。19 世纪 90 年代末顿涅茨克煤炭工业中已有垄断组织产生的决定性条件，即股份企业水平较高、外资占据主导地位、工业和银行业的联系密切。此外，南俄煤炭企业主为分配市场份额和国家订单，纷纷签署垄断协议。

南俄煤炭销售辛迪加掌控南俄煤炭市场。19 世纪末，顿涅茨克煤田的煤炭产量开始迅速提高，凭借丰富的资源和交通优势，该煤田的煤炭产量独占鳌头。20 世纪初，该煤田垄断的趋势日益强化，为扩大市场占有率和排挤石油燃料，顿涅茨克煤炭销售辛迪加诞生，该组织的成立标志着俄国煤炭工业垄断化趋势增强，已过渡至辛迪加形式。该组织成立后凭借资金、运输和技术优势垄断了南俄地区半数以上的采煤量和市场份额。1906—1914 年顿涅茨克煤炭销售辛迪加的石煤外运量增长了 1 倍，1914 年增至 10.7 亿普特。但不同时期顿涅茨克煤炭销售辛迪加的市场份额仍有一定波动，1906—1908 年该组织的煤炭供应量占顿涅茨克煤炭外运量 40%以上，1909—1910 年此份额达 60%。1911—1912 年工业提升期间，很多自由公司的煤炭开采量激增，该组织的市场份额降至 55%。1913 年，在南俄市场行情较好的情况下，该组织的煤炭外运量大幅度增加，市场份额一度达 65%，虽然该组织的煤炭外运量持续增加，但 1914 年其比例降至 57.3%。

① Баканов С. А. Угольная промышленность Урала：Жизненный цикл отрасли от зарождения до упадка. С. 42；Иголкин А. А. Источники энергии：экономическая история（до начала XX века）. С. 137；Дьяконова И. А. Нефть и уголь в энергетике царской России в международных сопоставлениях. С. 165.

② Шполянский Д. И. Монополии угольно-металлургической промышленности юга России в начале XX века. С. 40, 84.

不过即便该组织的煤炭外运量波动较大，但其市场占有率仍高于50%[1]。

大型垄断组织通过垄断煤炭价格获取高额利润。1904—1905年煤炭价格为6.5—7.5戈比/普特，根据企业主的协议煤炭价格继续提升，1907年已达10戈比/普特，1905年敖德萨地区顿涅茨克煤炭的价格已达14.5—15.5戈比/普特，1906年在煤炭销售辛迪加的影响下煤炭价格提升至17.5—18戈比/普特[2]。煤炭价格提升促使大企业的煤炭开采量迅速增加，企业主之间的竞争加剧。煤炭销售辛迪加还利用与银行的密切关系及自身的影响力阻止俄国其他地区建立煤田开采企业。

虽然煤炭垄断组织具有一定的积极作用，但其消极作用也不容忽视。其消极作用主要有三点：第一，开采技术长期落后，煤炭垄断组织只关注煤炭产量，对改善煤炭开采技术和引进新设备的兴趣不大；第二，煤炭垄断组织垄断了煤炭价格，严重损害了消费者的利益；第三，煤炭工人的生存状况逐渐恶化，煤炭垄断组织对工人的剥削程度较高，工人的工资长期处于低水平。

20世纪初，煤炭销售辛迪加与石油垄断组织的竞争加剧。1905年以前，煤炭排挤石油的状况并不明显，1905年以后，二者的斗争逐渐剧烈。1906—1914年煤炭销售辛迪加和石油辛迪加之间的斗争主要经历了三个阶段：第一阶段是1906—1908年，为煤炭排挤石油的阶段，第二阶段是1909—1911年，因石油开采量提高和油价降低，石油产品重新占领了以前失去的市场；第三阶段是1912—1914年，煤炭的需求量开始增加，逐渐排挤石油产品。前文笔者已详细对前两阶段石油和煤炭工业的竞争状况进行了阐述，第二阶段石油排挤煤炭的状况持续至1911年，此时巴库石油的开采量继续减少，燃油价格重新抬高。1911—1913年铁路使用的石油燃料的价格从24.8戈比/普特增加至34戈比/普特，煤炭的价格从12.6戈比/普特增加至14.1戈比/普特。石油价格提高致使诸多领域重新开始使用煤炭作为燃料，工业领域对石油产品的需求量从1911年的1.3亿普特减少至1912年的1.1亿普特和1913年的9300万普特，此时河运

① Кушнирук С. В. Монополия и конкуренция в угольной промышленности юга России в начале XX века. С. 116-117.

② Шполянский Д. И. Монополии угольно-металлургической промышленности юга России в начале XX века. С. 32.

部门的石油燃料需求量也减少了 1000 万普特，1912 年其需求量仅为 4000 万普特[①]，同期煤炭的需求量却急剧增加。为占领国内燃料市场和抵制石油燃料的冲击，煤炭工业集中化的程度日趋加强，大企业凭借其资金和价格优势垄断煤炭开采和销售业务，以打击中小企业。20 世纪初，南俄地区也形成了大型煤炭垄断组织，但该组织只是众多大型煤炭企业组成的松散联盟，虽然垄断了煤炭开采和销售业务，但集中化程度明显弱于石油工业。因南俄地区冶金工业繁荣，很多中小企业仍有生存空间，但其市场份额逐渐减少。

一方面，煤炭工业的发展受工业化的影响；另一方面，煤炭工业是推动俄国工业革命进程强有力的因素，煤炭开采、加工、销售和运输无一不体现出工业革命的特征。工业和运输领域广泛使用煤炭不但改变了俄国的传统燃料结构，还促进了工业和运输业的繁荣。19 世纪末，因石油工业的冲击，俄国采煤量增长缓慢，20 世纪初经济危机和萧条时期石油工业停滞不前，各工业部门和运输业中的煤炭需求量增加，煤炭年均开采量的增长速度超过石油，在国内燃料结构中煤炭已独占鳌头。俄国煤田众多，莫斯科近郊和东布罗夫煤炭多供本地消费，虽然 20 世纪初顿涅茨克煤炭已畅销全国，但仍以南俄、俄国东南部地区和中央工业区为主，冶金和铁路部门是最大的消费群体。在石油燃料供应不足时很多边远地区也开始使用顿涅茨克煤炭，各地区和各部门对煤炭需求量的增加是顿涅茨克煤田采煤量增加的动力。在此过程中俄国煤炭的产量逐年增加，从煤炭进口国发展至国内煤炭基本自给，虽然不能像石油工业一样一度左右世界市场，但其也在客观上带动了诸多工业部门和运输业的发展。南俄冶金工业和炼焦工业的飞速发展都以丰富的煤炭资源作为后盾，煤炭工业和其他工业部门的联系逐渐加强。在大小煤炭企业的角逐过程中，大企业垄断煤炭开采和销售业务，以攫取更多利润。垄断组织在煤炭工业技术革新、企业组织形式和企业制度变革等领域功不可没，利用资金优势建立的大企业推动了煤炭工业的发展，适应了生产力发展的要求，但其消极影响也不容忽视。

---

① Шполянский Д. И. Монополии угольно-металлургической промышленности юга России в начале XX века. C. 133.

第五章

矿物燃料在工业和运输业领域的使用

19 世纪下半叶，俄国工业化进程开启后诸多工业部门迅速崛起，能源工业飞速发展就是例证。能源工业为俄国工业和运输业提供了丰富的燃料，能源工业的发展状况在一定程度上决定了俄国的工业化进程。能源工业的发展是俄国工业和运输业从传统木制燃料向矿物燃料转变的标志，也是俄国诸多工业部门的发展动力，更是 19 世纪俄国工业取得傲人成就的保障。石油和煤炭一直是俄国工业和运输部门的重要燃料，不同的是，在不同发展阶段和不同工业部门中二者的作用有所差异。19 世纪末，石油工业飞速发展时期工业和运输部门以石油燃料为主；受经济危机的影响，20 世纪初，工业和铁路部门以煤炭燃料为主，而石油一直是河运部门的主要燃料。

第一节　石油产品的工业和运输业用途

19 世纪下半期俄国能源工业飞速发展之后，木柴因体积大、热量低、开采相对困难等缺点，无力适应新技术的要求，矿物燃料的需求量与日俱增。19 世纪末，俄国煤炭长期不能自给，石油因热量高、运输成本低和易保存等优势，成为工业和运输业最主要的燃料，此时俄国燃料结构中石油产品的比重最高。20 世纪初，俄国石油工业长期停滞不前，燃料结构中石油产品的比重降低，煤炭的比重迅速提高，虽然石油产品的热量最高，但因其价格较高，煤炭的使用量迅速增加。20 世纪俄国的采煤量迅速增加，工业和运输业的煤炭需求量大增，除波罗的海地区外，本国煤炭已垄断国内市场，俄国燃料结构的煤炭化趋势日益明显。阐述工业和运输业中矿物燃料所占的比例不但能了解各部门的燃料结构，还可以从中探析矿物燃料在俄国工业化中的作用。

19 世纪 80—90 年代，俄国工业和运输业普遍使用石油产品充当燃料，石油产品在国家燃料结构中的比重明显提高，木柴一家独大的局面最终完结。1900 年俄国燃料结构中煤炭、石油、木柴、焦炭、木炭和泥炭所占的比例分别为 35%、23.2%、21%、10.5%、6.3% 和 4%[1]。巴库石油和顿涅茨克煤炭迅速挤压了价格高、热效低、不易使用的木柴的市场空间。巴库石油受青睐的原因如下：一是工业和运输业对矿物燃料的需求量激增；二是工业革命后工业和运输业的技术快速进步，新设备和机器需要与之相适应的燃料，木柴明显不适应，煤炭仍需大量进口，石油燃料需求量居高不下；三是石油燃烧后热量高，等量石油比煤炭和木柴热值高 70% 和 300%—400%，较之煤炭和木柴，石油燃烧得更加充分，利用石油燃料明显可以减少人力，节省储存空间；四是石油燃料的价格和运输成本均低于其他燃料。因此，19 世纪 80—90 年代石油产品在工业和运输业中快速普及。

19 世纪末，俄国石油燃料的需求量从 1887 年的 1769 万普特增至 1900 年的 3.3 亿普特，而在整个燃料体系中石油产品所占的比例也从 3% 增至 24%[2]。石油燃料首先在伏尔加河流域普及，伏尔加河流域的运输部门和上游地区的纺织企业都开始使用廉价石油燃料，北高加索、伏尔加河流域中下游地区大多数企业也陆续使用石油作为燃料，但主要集中在磨面、榨油和化学工业等部门。具体而言，1900—1905 年俄国工业部门对石油燃料的需求量从 9800 万普特增至 1.5 亿普特，1904 年石油产品在铁路

---

① Дьяконова И. А. Нефть и уголь в энергетике царской России в международных сопоставлениях. С. 97.

② Кафенгауз Л. Б. Эволюция промышленного производства России（последняя треть XIXв. —30-е годы XXв）. С. 31.

燃料结构中的比例为 33%，河运船只的石油产品消耗量为 7000 万普特①。虽然煤炭的需求量快速增加，但各部门的石油需求量仍居高不下。1905年以前，国内燃料结构中石油产品仍独占鳌头，但因巴库油田大火和国内政治经济局势的影响，石油工业一直停滞不前，各工业部门和运输业的石油需求量迅速减少，诸多领域开始使用顿涅茨克煤炭作为燃料。1905 年至第一次世界大战前，只有 1909—1911 年俄国燃料结构中石油产品的比例有所提升，1909 年和 1910 年巴库油田和格罗兹尼油田的采油量分别为5.5 亿普特和 5.7 亿普特。采油量增加后油价也随之降低，巴库地区石油价格从 1907 年的 27.7 戈比/普特降至 1909 年的 21 戈比/普特。因油价降低，很多工业部门重新使用石油充当燃料，石油产品的需求量激增。顿涅茨克煤的销售量急剧减少，与 1908 年相比，1909 年石油产品的需求量增加了 2400 万普特，1910 年其数量又增加了 1700 万普特，铁路部门和莫斯科工厂的煤炭消费量分别减少了 970 万普特和 730 万普特②。1909—1911 年石油垄断组织开始采取各种措施排挤煤炭和夺回被顿涅茨克煤炭侵占的市场份额，因石油产品的需求量增加，中部工业区燃料结构中石油所占的比例上升，东南铁路、乌拉尔—梁赞铁路和莫斯科—喀山铁路主要使用重油作为燃料，即便如此，俄国燃料结构的煤炭化趋势不可逆转。为了更好地阐述石油产品的工业和运输业用途，笔者分别对河运部门、铁路部门和各工业部门石油产品的消费量进行分析，从中探析上述部门燃料结构中石油产品的比例。

一、河运部门的燃料中石油产品占主导

随着 19 世纪下半期俄国工业和交通运输业的快速发展，燃料问题迫在眉睫，在此背景下石油工业迅速崛起。石油工业发展之初，石油产品很少用作交通和工业部门的燃料，多用作居民照明和机器润滑油，重油更是被当作垃圾无人问津。19 世纪下半期起，俄国诸多工厂主和工程师尝试

---

① Шполянский Д. И. Монополии угольно-металлургической промышленности юга России в начале XX века. С. 127.

② Дьяконова И. А. Нефть и уголь в энергетике царской России в международных сопоставлениях. С. 166；Кафенгауз Л. Б. Эволюция промышленного производства России（последняя треть XIXв. — 30-е годы XXв）. С. 177；Шполянский Д. И. Монополии угольно-металлургической промышленности юга России в начале XX века. С. 130.

将重油作为燃料使用，经过多年试验，喷油嘴诞生，之后重油等石油产品开始作为工业和运输业的燃料，喷油嘴的广泛使用使重油成为工业和运输业的重要燃料，石油燃料的使用范围逐步扩大。

19 世纪下半期，蒸汽船只开始大规模使用，虽然木制船只数量减少，但因蒸汽机船的燃料以木柴为主，航行时仍需准备大量木柴。因国内煤炭开采量有限、进口煤炭价格较高，19 世纪 60—80 年代除个别地区外，轮船燃料中木柴所占的比例最高。巴库石油工业的发展促进了轮船燃料结构的变更，最初石油燃料并未在河运部门中广泛使用，如 80 年代虽然巴库地区的石油价格为 15 戈比/普特，但运至下诺夫哥罗德和圣彼得堡的价格分别为 1 卢布 60 戈比/普特和 2 卢布/普特[①]。此价格远高于木柴的价格，河运部门的燃料仍以木柴为主，从而导致木柴价格急剧上涨，供应量不足。随着石油工业的迅速崛起，80 年代，重油开始成为河运部门最主要的燃料，此状况一直持续至 1917 年。为了更好地阐述河运部门中石油燃料的使用状况，笔者分别从 19 世纪 70 年代以前石油燃料很难在河运部门中推广、河运部门使用石油燃料的初步尝试、石油燃料的大规模使用等几部分进行分析。

19 世纪 70 年代以前，石油燃料很难在河运部门中推广。虽然俄国的石油产量迅速提高，从 1865 年的 55 万普特增至 1880 年的 2150 万普特，但因石油价格昂贵以及重油并未得到重视，此时石油很难成为河运部门的主要燃料。19 世纪 70 年代，伏尔加河流域一些船只开始使用重油作为燃料，但因燃料成本较高，并未大规模使用。70 年代末，重油价格仍居高不下，1877 年巴库地区的重油价格为 2 戈比/普特，而阿斯特拉罕和察里津的重油价格分别为 23 戈比/普特和 33 戈比/普特，其价格优势逊色于木柴[②]。所以，因重油价格较高，很难在河运部门中大规模使用。

河运部门使用石油燃料的初步尝试。随着国内对重油的认识加深，重油开始广泛用作工业和运输业燃料，与煤炭竞争。俄国工程师发明诺贝尔喷油嘴可谓重油广泛使用的开端，喷油嘴通过气流使重油雾化，雾化后重

① Марухин В. Ф. История речного судоходства в России. М., Орехово-Зуевский педагогический институт，1996. С. 75.

② Наниташвили Н. Л. Экспансия иностранного капитала в Закавказье（конец XIX—начало XX вв.）. С. 47；Дьяконова И. А. Нефть и уголь в энергетике царской России в международных сопоставлениях. С. 165；Марухин В. Ф. История речного судоходства в России. С. 75.

油可作为燃料使用。但最初人们对重油的认识不足，认为其不易保存，运输过程安全性低，但经过实验确认雾化状态的重油燃点较高，燃烧的重油一旦放入密封存储器将立即熄灭，此后重油开始迅速推广，甚至黑海舰队也尝试使用重油作为燃料。喷油嘴大规模用于工业和运输部门后，重油的使用范围迅速扩大。随着诺贝尔喷油嘴的发明，重油从毫无用处的垃圾变为畅销商品，在俄国煤油出口量逐渐消退之际，俄国重油的出口量却迅速增加。随着重油应用范围的扩大，伏尔加河流域油轮的数量迅速增加，但同时也出现了诸多弊端。例如，门捷列夫曾指出，俄国石油企业大规模生产重油，将重油用作锅炉燃料，严重阻碍了国民经济的发展，造成资源的大量浪费。

石油燃料的大规模使用。19 世纪 70 年代初期，使用重油作为燃料的轮船锅炉诞生，伏尔加号率先安装该类型锅炉。70 年代中期，伏尔加河流域高加索和梅尔库里轮船公司、德鲁日纳轮船公司相继开始使用重油作为燃料。80 年代初，里海轮船船主都开始安装轮船锅炉，该区域几乎所有的船只都使用重油作为燃料。随着石油燃料的广泛使用，伏尔加河流域德鲁日纳轮船公司专门在察里津建造了石油仓库，便于石油销售的同时，还可存储大量重油作为轮船的燃料。此后很多企业主都在伏尔加河沿岸各港口修建石油仓库，1874 年巴库石油公司斥巨资在察里津修建当时最大的石油仓库，重油逐渐成为伏尔加河流域轮船最主要的燃料。至此，19 世纪 50 年代以来困扰轮船船主的燃料问题得以解决，虽然这一时期是俄国铁路建设的高涨期，但 70—80 年代铁路的煤炭运输量有限，煤炭价格仍远高于重油价格，因此煤炭对石油产品的冲击较小，19 世纪末石油产品是伏尔加河流域和里海地区最主要的货物之一，重油也成为上述地区轮船的最主要燃料。

河运部门燃料结构中重油占主导。重油因价格低廉、燃烧热量高等优势很快获得轮船船主的青睐。重油作为船只的燃料先在里海地区普及，然后推广至伏尔加河流域和其他地区。轮船使用石油燃料的成本明显低于使用煤炭，如 19 世纪 70 年代伏尔加河流域轮船通航期使用煤炭的燃料成本为 3.4 万卢布，而使用石油燃料后其成本降至 3000 卢布。一个通航期伏尔加河流域轮船使用木柴的燃料成本为 540 万卢布，而使用重油后燃料成本仅为 320 万卢布，所以轮船船主纷纷改用重油作为燃料，重油在河运部门中快速普及[①]。在喷油嘴大规模使用后，1878 年里海地区绝大部分轮船都使用重油作为燃料。19 世纪 70 年代末期诺贝尔兄弟集团的输油队率先使用重油作为燃料，此后重油逐渐成为伏尔加河流域船只的燃料。1879 年，里海地区 556 艘轮船和 342 艘拖轮都使用重油作为燃料[②]。1892 年俄国石油产品的总消耗量为 1.1 亿普特，其中水运（包括河运和海运）、工业和铁路部门的需求比例分别为 50%、28% 和 22%[③]。因价格优势，19 世纪 80—90 年代伏尔加河流域大部分蒸汽机船都使用重油作为燃料，1890—1895 年仅伏尔加河船队的年均重油需求量就达 1000 万普特[④]，1900 年伏尔加河流域 92% 的轮船都使用重油作为燃料，其他河流的轮船也纷纷放弃传统木柴和煤炭，改用重油作为燃料，20 世纪初俄国 70.7% 的内河轮船都使用重油作为燃料[⑤]。可见，十月革命前河运部门船只的燃料中重油已占据主导地位。

石油工业的发展对运输业具有双重意义：一方面，石油工业可为运输业提供大量运输业务，石油产品运输量惊人，是运输业主要货源之一；另一方面，石油工业的发展为运输业提供了廉价燃料，降低了运输成本，增大了运输业的利润空间。第一次世界大战前水路和铁路的石油产品需求量占国内市场需求总量的 50%—65%。1913 年轮船的石油燃料需求量为 7000 万普特，其中伏尔加河轮船的需求量就达 4000 万普特[⑥]。因此，石油不但是伏尔加河水路的大宗货物之一，也是伏尔加河流域轮船的主要燃料。因俄国水路燃料使用问题的资料较为零散，笔者掌握的数据有限，只能以伏尔加河轮船的石油燃料使用状况为例，来探析水运部门中石油燃料的比例。经过大量分析，笔者最终确认，石油燃料（重油）是俄国水运部门的主要燃料，即便是 20 世纪初石油工业萧条时期，以及第一次世界大战前水运部门的燃料结构中石油产品的比例有所下降，但石油产品仍占主导地位。

---

① Лисичкин С. М. Очерки по истории развития отечественной нефтяной промышленности. С. 249.

② Самедов В. А. Нефть и экономика России（80—90-е годы XIXв.）. С. 26.

③ Соловьева А. М. Железнодорожный транспорт России во второй половине XIXв. С. 208.

④ Ахундов В. Ю. Монополистический капитал в дореволюционной бакинской нефтяной промышленности. С. 9；张广翔：《19 世纪至 20 世纪初俄国的交通运输与经济发展》，《社会科学战线》2014 年第 12 期，第 238 页。

⑤ Лозгачев П. М. Развитие отечественной техники перегонки нефти и мазута. М.，Гостоптехиздат，1957. С. 19.

⑥ Межлаука В. И. Транспорт и топливо. М.，Транспечать，1925. С. 117，118.

二、铁路部门的燃料中石油产品的比例较高

19 世纪下半期，俄国开始大规模的铁路建设，因石油工业发展较晚，最初铁路部门的燃料以木柴和煤炭为主。俄国铁路修建之初燃料问题就迫在眉睫，主要问题如下：第一，俄国虽然森林资源丰富，但铁路通行地区多为森林资源匮乏的工业区，木柴供应量严重不足；第二，俄国煤炭产量较低，进口煤炭价格较高，因此燃料问题制约了俄国铁路的建设规模。19 世纪 80 年代之后，随着俄国石油和煤炭工业的发展，煤炭和重油逐渐成为铁路部门的主要燃料，铁路部门的燃料供应问题才得以解决。为了更好地探析铁路部门的燃料结构中石油产品的比例，笔者除分别对 19 世纪末之前和 20 世纪初该部门石油燃料的整体使用状况进行阐述外，还要对具体铁路线路中石油燃料的使用量进行分析。

19 世纪 80 年代起，铁路部门尝试使用石油产品作为燃料。1883 年，俄国铁路部门开始使用石油产品作为燃料，最先以石油产品作为燃料的铁路是高加索铁路，此后格里亚杰—察里津等铁路也尝试使用石油产品作为燃料。随着石油产品市场规模的不断扩大，1888 年，莫斯科—梁赞铁路和弗拉基米尔铁等线路也开始使用重油作为燃料。19 世纪末铁路的石油产品需求量居高不下，诺贝尔兄弟集团率先使用石油产品作为燃料，试图通过和铁路部门签署长期供货合同来加固自身在俄国国内石油市场中的地位。1892 年俄国国内石油产品的需求量为 1.1 亿普特，水运部门的石油产品需求量所占的比例为 50%、工业领域的石油产品需求量所占的比例为 28%，铁路部门的石油产品需求量所占的比例仅为 22%。1881—1892 年，铁路部门的燃料需求量增长了 50%，1892 年铁路部门矿物燃料的比例已达 70%[①]。1892 年，俄国 34.5%的铁路仍使用木柴作为燃料，以木柴为主要燃料的铁路为尼古拉耶夫、西南、库尔斯克—基辅、圣彼得堡—华沙等铁路，铁路临近地区每年都要砍伐数万俄亩木柴作为燃料。例如，尼古拉耶夫铁路 19 世纪 70—80 年代的木柴消耗量为 9.1 万立方俄丈，圣彼得堡—华沙铁路同期的木柴需求量为 6.1 万立方俄丈[②]。随着石油工业的发展，俄国诸多铁路开始使用石油产品作为燃料，19 世纪末

---

① Соловьева А. М. Железнодорожный транспорт России во второй половине XIX в. С. 208，210.

② Соловьева А. М. Железнодорожный транспорт России во второй половине XIX в. С. 210.

铁路部门的燃料中石油产品已占据主导地位。

19 世纪末，铁路部门的燃料中石油产品独占鳌头。因俄国石油工业快速发展始于 19 世纪 70 年代，所以铁路部门在 70 年代才开始使用石油作为燃料，主要燃料为重油。等量石油产品的热量是煤炭的 1.8 倍、优质木柴的 3.3 倍，从理论角度来说，石油产品最适合作为工业燃料，且石油密度较大，与煤炭相比便于运输，运输中所需的铁路机车和轮船吨位数量明显低于煤炭。石油还可以使用管道运输，19 世纪 90 年代，俄国石油管道的长度不断增加，其运费仅为铁路运输的 1/3—1/5[①]，与水路运输相比也有许多优势。石油与煤炭相比更适合远距离运输，而体积大、热值低的木柴的劣势就更加明显。最初只有高加索地区的少数铁路线路使用重油作为燃料，1874 年格罗兹尼—察里津铁路的蒸汽机车率先使用重油作为燃料，1875 年敖德萨铁路也开始尝试使用重油，此后重油作为铁路部门的燃料开始广泛使用，1878 年和 1883 年波罗的海和高加索铁路先后使用重油作为燃料。19 世纪 80 年代开始，更多的铁路使用重油作为燃料，1888 年唐波夫—萨拉托夫铁路，1889 年奥廖尔—格利亚兹铁路、梁赞—科兹洛夫铁路、莫斯科—梁赞铁路，1891 年塞兹兰—瓦杰姆斯克铁路，1894 年梁赞—乌拉尔铁路、萨马拉—兹拉托乌斯托夫铁路等都陆续使用重油作为燃料。1882 年铁路部门的重油使用量只有 13 万普特，1883 年激增至 172 万普特，1885 年铁路部门的石油产品需求量增至 500 万普特，1890 年其需求量增至 1800 万普特，1897 年达 7200 万普特。19 世纪末俄国铁路部门已广泛使用重油作为燃料，1880—1900 年铁路部门的重油消耗量从 11 万普特增至 1 亿普特，增长了近 908 倍，铁路部门石油燃料消耗量的比例已达 40%[②]。1898—1902 年铁路部门年均石油产品消耗量为 9640 万普特，其中以梁赞—乌拉尔铁路、弗拉基米尔—高加索铁路、高加索铁路和东南铁路的消耗量最高，占铁路部门石油燃料消耗量的 50%[③]。19 世纪

---

① Дьяконова И. А. Нефть и уголь в энергетике царской России в международных сопоставлениях. С. 109.

② 张广翔：《19 世纪 60—90 年代俄国石油工业发展及其影响》，《吉林大学社会科学学报》2012 年第 6 期，第 121 页；张广翔：《19 世纪至 20 世纪初俄国的交通运输与经济发展》，《社会科学战线》2014 年第 12 期，第 238 页；Самедов В. А. Нефть и экономика России（80—90-е годы XIXв.）. С. 32-33；Ахундов В. Ю. Монополистический капитал в дореволюционной бакинской нефтяной промышленности. С. 9.

③ Лисичкин С. М. Очерки по истории развития отечественной нефтяной промышленности. С. 250.

末，石油燃料在铁路部门的燃料结构中独占鳌头，铁路部门的石油产品需求量从 1885 年的 500 万普特增至 1897 年的 7200 万普特①，因 20 世纪初的数据较为完整，笔者可以更好地探析铁路部门的燃料结构和石油燃料所占的比例。

20 世纪初，铁路部门的燃料结构中石油产品的比例降低。20 世纪初经济危机和工业萧条对俄国石油工业的影响较大，石油工业步入萧条期，在铁路部门的燃料结构中石油产品的比例开始下降，铁路部门的燃料结构出现煤炭化特征。1907—1913 年铁路部门的燃料结构虽有所波动，但仍可确定其比例，这一时期铁路部门的燃料结构中煤炭、石油和木柴的比例分别为 47%—65%、20%—30% 和 13%—23%，其平均比例分别为 56%、26% 和 18%，铁路部门燃料结构的煤炭化趋势日益明显。具体而言，1900 年铁路部门的石油燃料需求量为 1.04 亿普特，其燃料结构中重油的比例为 34.7%；1901 年其石油燃料需求量为 1.07 亿普特，其燃料结构中重油的比例为 34.2%；1905 年其石油燃料需求量为 1.1 亿普特，其燃料结构中重油的比例为 30.5%；1913 年其石油燃料需求量为 1.09 亿普特，其燃料结构中重油的比例为 21.7%；1914 年其石油燃料需求量为 0.99 亿普特，其燃料结构中重油的比例为 19.0%；1917 年其石油燃料需求量为 1.3 亿普特，其燃料结构中重油的比例为 22%②。1913 年铁路部门的石油燃料需求量达 1.09 亿普特，该部门的石油燃料需求比例已从 1911 年的 29.5%降至 19%③。从以上数据可知：第一，铁路部门的燃料结构中石油燃料的比例逐年降低，从独占鳌头降至第二位，仅次于煤炭；第二，铁路部门燃料结构的煤炭化趋势日益加强。即便如此，铁路部门的燃料结构中石油燃料的比例仍不容忽视。

具体铁路线路的石油产品消耗量。铁路部门燃料结构的变化主要源于燃料价格的变化，因石油工业危机和 1905 年大火，巴库石油产量大减，大公司仍垄断俄国石油价格，同时煤炭的价格逐步降低，煤炭成为铁路部

① Ахундов В. Ю. Монополистический капитал в дореволюционной бакинской нефтяной промышленности. С. 9.

② Шполянский Д. И. Монополии угольно-металлургической промышленности юга России в начале XX века. С. 130；Межлаука В. И. Транспорт и топливо. С. 16，117-118.

③ Лившин Я. И. Монополии в экономике России. С. 297；Лисичкин С. М. Очерки по истории развития отечественной нефтяной промышленности. С. 250.

门的主要燃料。十月革命前俄国境内石油燃料仍占主导的铁路分别为北方铁路、萨马拉—兹拉托乌斯托夫铁路、高加索铁路、塔什干铁路、中亚铁路、下诺夫哥罗德—莫斯科铁路、尼古拉铁路、梁赞—乌拉尔铁路和梁赞—弗拉基米尔铁路等。因地理位置和资源状况的差异，各地铁路的燃料结构有所区别，南俄地区因煤炭资源丰富，铁路的燃料以煤炭为主，高加索地区和伏尔加河流域因是产油区，与里海地区联系紧密，这两个地区的铁路燃料多以重油为主，而其他边远地区和森林资源丰富地区的铁路燃料多以木柴为主。1907年下诺夫哥罗德—莫斯科铁路、莫斯科—库尔斯克铁路、莫斯科—喀山铁路、北方铁路、尼古拉耶夫铁路、亚历山大洛夫铁路、莫斯科—雷宾斯克铁路、梁赞—乌拉尔铁路、塞兹兰—维亚杰姆斯克铁路、莫斯科—基辅—沃罗涅日铁路、东南铁路、里加—奥廖尔铁路、梁赞—富拉尔基米尔铁路的石油消耗量分别为 451万普特、607万普特、325万普特、132万普特、144万普特、102万普特、234万普特、264万普特、100万普特、1376万普特、1750万普特、919万普特、64.8万普特；1910年其石油消耗量分别为 125万普特、66万普特、77万普特、89.2万普特、46.9万普特、21.6万普特、24.8万普特、20.7万普特、47.8万普特、73.1万普特、53.4万普特、120万普特、121万普特；1913年其石油消耗量分别为 176万普特、1.3万普特、2.3万普特、3.6万普特、1.9万普特、3.1万普特、2.6万普特、0.7万普特、2.4万普特、5.2万普特、1.1万普特、4.3万普特、4.5万普特[①]。因此，除个别铁路外，大部分铁路的石油燃料需求量明显减少，煤炭的需求量持续增加。

　　具体而言，1913年下诺夫哥罗德—莫斯科铁路、莫斯科—库尔斯克铁路、莫斯科—喀山铁路、北方铁路、阿斯特拉罕铁路的石油消耗量明显减少，上述铁路的石油消费量分别只是 1907年的 71.96％、77.6％、42.8％、66.8％和 61％。也有一些铁路的石油消耗量增加，与 1907年相比，1913年尼古拉耶夫铁路、梁赞—乌拉尔铁路、塞兹兰—维亚杰姆铁路、莫斯科—基辅—沃洛涅日铁路、东南铁路和里加—奥马洛夫铁路的石油消耗量分别增加了 102.5％、111.7％、146.2％、227％、134.3％和

① Дьяконова И. А. Нефть и уголь в энергетике царской России в международных сопоставлениях. С. 106-107.

710%，即便 20 世纪初铁路部门的燃料结构中煤炭的比例迅速上升，但十月革命前铁路部门的燃料结构中石油燃料的比例仍高于 1/3[①]。随着 1909—1911 年石油燃料价格的下跌，中部工业区诸多铁路重新使用石油作为燃料，如东南铁路、梁赞—乌拉尔铁路和莫斯科—喀山铁路。虽然 20 世纪初石油产品的价格大涨，但这对铁路部门的燃料需求量影响较小，以莫斯科—喀山铁路为例，虽然煤炭价格一直高于石油产品，但该铁路的石油产品消耗量仍不断减少，煤炭的消耗量却持续增加。下诺夫哥罗德—莫斯科铁路的石油和煤炭价格也不稳定，但第一次世界大战前煤炭的消耗量增加，石油产品的消耗量却开始减少。1907—1913 年北方铁路的煤炭消耗量增加，石油的需求量降低，即便煤炭价格有一定波动，但铁路部门的燃料结构中煤炭已占据主导地位。因此，第一次世界大战前 10 年铁路部门中煤炭和石油产品之间的竞争一直存在，但煤炭取代石油产品的趋势不可逆转。

伏尔加河沿岸各港口都建有石油仓库，因此伏尔加河流域沿线铁路的燃料多以石油产品为主。在伏尔加河沿岸各港口中下诺夫哥罗德港口石油仓库的储量最大，同时该港口也是俄国重要的石油交易点和转运点，常年向莫斯科和圣彼得堡输送石油，因此下诺夫哥罗德—莫斯科等铁路的主要燃料为石油。因伏尔加河流域港口石油仓库众多，很多机车都可靠站补充燃料，所以即便 20 世纪初煤炭价格低廉，这些铁路的主要燃料仍是重油。十月革命前铁路部门的燃料中煤炭和石油的竞争一直存在，但铁路部门的燃料结构中煤炭已占据主导地位。除了河运和铁路部门外，工业领域对石油产品的需求量也很大。

三、各工业部门石油燃料的消费状况

19 世纪末石油产品成为运输业的主要燃料之后，一些工业部门也开始使用石油燃料。因俄国石油工业起步较晚，最初各工业部门主要使用煤炭和木柴作为燃料。19 世纪 60 年代初期，巴库地区一些石油企业已尝试使用石油产品作为燃料，但范围有限。80 年代后，因石油产品价格低廉和石油工业飞速发展，石油燃料开始在高加索地区、伏尔加河流域和中部工业区的工厂内使用。高加索地区的工厂率先使用石油产品作为燃料，除

[①]　Дьяконова И. А. Нефть и уголь в энергетике царской России в международных сопоставлениях. С. 107.

一些大型工厂外，一些轻工业工厂，如纺织、磨面、酿酒、纺纱和食品等工厂都开始使用石油燃料。除高加索地区、东南部地区（阿斯特拉罕等地区）和北部地区（工业不发达，燃料需求量有限）外，巴库石油产品在北高加索和莫斯科工业企业中所占的比例较高。虽然 20 世纪初诸多工业企业的燃料以煤炭为主，但 1913 年北高加索和莫斯科工业企业中石油燃料的比例仍为 44.7%和 30.8%[①]，在伏尔加河中游地区和中部黑土区其地位也不容小觑。中部工业区中莫斯科、弗拉基米尔、科斯特罗马和下诺夫哥罗德等省份的石油产品需求量一直很大，其他地区的石油产品需求量出现下降趋势，煤炭的需求量却有所增加。20 世纪初，中部工业区石油产品的总体消耗量出现下降趋势，煤炭消耗量出现增加趋势。

　　19 世纪末，俄国大部分工业企业普遍使用石油燃料，如莫斯科所有工业企业都使用重油作为燃料，伏尔加河流域和中部工业区很多工业企业都开始大规模使用石油燃料。需要说明的是，乌拉尔地区的冶金企业也开始尝试使用石油作为燃料，但因价格较高，石油燃料很难推广，这些企业仍使用木柴冶炼。因笔者掌握的数据有限，不能对所有工业企业的石油燃料使用状况进行分析，只能选择一些颇具代表性的工业部门和各工业部门中石油燃料的比例来证明俄国工业发展中石油燃料的重要意义。19 世纪末，俄国工业燃料结构中石油产品所占比例最高，如 1900 年石油燃料的比例为 41.7%，虽然木柴和煤炭所占的比例不容忽视，但无法与石油相较。随后石油工业长期萧条，工业燃料中石油的比例逐渐下降，煤炭的比例迅速上升，至 1908 年俄国工业燃料中煤炭的比例上升至 55.2%，石油的比例降低至 12.1%，工业燃料结构中煤炭占据主导地位[②]。因篇幅有限，笔者不能对各工业部门石油燃料的使用状况逐一分析，只择其重点进行阐述。

　　冶金工业。十月革命前俄国两大冶金基地为乌拉尔和南俄地区，因乌拉尔地区木材资源丰富，冶金燃料以木柴为主；南俄地区因煤炭资源丰富，冶金燃料以石煤和焦炭为主，即便如此 19 世纪末俄国冶金工业燃料结构的石油化趋势最强。虽然俄国两大冶金基地的燃料都以本地燃料为

---

① Дьяконова И. А. Нефть и уголь в энергетике царской России в международных сопоставлениях. С. 100.

② 张广翔：《19 世纪 60—90 年代俄国石油工业发展及其影响》，《吉林大学社会科学学报》2012 年第 6 期，第 122 页；Дьяконова И. А. Нефть и уголь в энергетике царской России в международных сопоставлениях. С. 86，87.

主，但西北部、中部工业区和伏尔加河流域工业区冶金企业的燃料以重油为主，1900 年冶金工业燃料结构中石油燃料的比例一度超过 40%[①]。很多大型冶金企业的高炉都使用重油作为燃料，20 世纪初因石油工业长期停滞不前，冶金工业的燃料中石油的比例迅速降低。此时俄国冶金基地乌拉尔地区冶金工业的燃料仍以木柴为主，虽然尝试使用重油作为燃料，但因为运费较高以及当地木材资源丰富，木柴仍是主要的冶金燃料。20 世纪，南俄煤炭工业飞速发展，南俄地区盛产焦炭，其炼焦性较好，南俄焦炭迅速占领中部工业区等地的市场，并成为冶金工业的主要燃料，圣彼得堡的冶金焦炭多从英国进口。随着煤炭工业的发展，1908 年冶金工业的燃料中石油的比例已降至 5.3%，而煤炭的比例从 24.6%增至 69.2%[②]。焦炭和石煤成为冶金工业的主要燃料，冶金燃料结构中重油的比例迅速降低。俄国石油产品另一重要用途为锅炉燃料，如 1914 年石油的开采量为 5.5 亿普特，其中加工石油的数量为 4.1 亿普特，其余石油主要作为锅炉燃料使用。在 4.1 亿普特石油产品中重油数量为 2.8 亿普特，所占比例约为 68%[③]。因此巴库石油工业重油特征日趋明显，重油不但成为铁路和水运部门的重要燃料，也成为各工业部门的主要燃料。

木材加工业。十月革命前俄国木材加工业主要集中于森林资源丰富的北部工业区和伏尔加河上游地区，木材加工业有天然燃料优势，燃料本应以木柴为主，但俄国木材加工业的燃料结构中石油燃料的比例最高。1900 年木材加工业石油、煤炭和木柴的消耗量分别为 230 万普特、19 万普特和 64 万普特，燃料结构中三者的比例分别为 68.5%、5.9%和 19.1%。虽然 20 世纪初经济危机对石油工业打击巨大，但使用石油燃料的木材加工业产品的产量仍继续增加，由 1900 年的 507 万立方米增至 1908 年的 823 万立方米[④]。木材加工业的燃料结构中石油产品的比例仍最高，1908 年该

① Дьяконова И. А. Нефть и уголь в энергетике царской России в международных сопоставлениях. С. 87.

② Кафенгауз Л. Б. Эволюция промышленного производства России（последняя треть XIXв. —30-е годы XXв）. С. 31；Дьяконова И. А. Нефть и уголь в энергетике царской России в международных сопоставлениях. С. 87.

③ Лисичкин С. М. Очерки по истории развития отечественной нефтяной промышленности. С. 251.

④ Кафенгауз Л. Б. Эволюция промышленного производства России（последняя треть XIXв. —30-е годы XXв）. С. 97；Дьяконова И. А. Нефть и уголь в энергетике царской России в международных сопоставлениях. С. 87-88.

工业部门的燃料中石油、煤炭和木柴所占的比例分别为 72.5%、8.2%和 18.9%，即便 20 世纪初各工业部门的燃料结构中煤炭的比例大增，但石油产品仍是木材加工业最重要的燃料[①]。

纺织工业。俄国纺织工业主要分布于中部工业区的莫斯科、弗拉基米尔省和圣彼得堡等地，纺织工业从使用蒸汽机时起燃料问题就迫在眉睫。莫斯科纺织工业发达，18 世纪下半期莫斯科周边居民开始从事手工织布，19 世纪初农民手工工场逐渐转换为大型工厂。19 世纪末，莫斯科地区棉纺织业最为发达，大型工厂的数量明显超过圣彼得堡和弗拉基米尔省，莫斯科地区大型纺织工厂的数量为 21 家，而圣彼得堡和弗拉基米尔省此类工厂的数量分别为 16 家和 13 家[②]。最初该部门的燃料以木柴和进口煤炭为主，但随着俄国石油工业的发展，石油产品成为纺织工业最重要的燃料，如 1890 年俄国各工业部门的石油燃料消耗量为 3500 万普特，而纺织工业的石油产品消耗量为 1170 万普特，其比例达 33%左右[③]。19 世纪末，纺织工业燃料结构发生变化，木制燃料的比例从 1887 年的 75.1%降至 1900 年的 29.7%，石油产品的比例从 1.3%增至 41.9%。1900 年俄国纺织工业的燃料结构中石油产品比例为煤炭比例的 3 倍[④]。因石油工业长期萧条，20 世纪初之后纺织工业的燃料以木柴和煤炭为主，棉花加工业的燃料结构中煤炭的比例从 1900 年的 20.6%增至 1908 年的 43.6%，丝织业中石油燃料仍占主导，1900 年和 1908 年其燃料结构中石油产品的比例分别为 43.9%和 59.7%[⑤]。除丝织业外，20 世纪初其他纺织工业部门的燃料都以木柴和煤炭为主。

化学工业。19 世纪 80—90 年代，俄国新建了许多大型化工厂，此前俄国化学工业只使用原始设备生产商品。俄国化学工业明显落后，由于缺

---

① Дьяконова И. А. Нефть и уголь в энергетике царской России в международных сопоставлениях. С. 87-88.

② Пажитнов К. А. Очерки истории текстильной промышленности дореволюционной Россиии. М., Изд-во академии науки СССР. 1958. С. 91.

③ Динамика российской и советской промышленности в связи с развитием народного хозяйства за сорок лет 1887—1926 гг. М-Л., Госиздат, 1928. Т. 1. Ч. 1. С. 246, 276.

④ Кафенгауз Л. Б. Эволюция промышленного производства России (последняя треть XIXв. —30-е годы XXв). С. 31, 75.

⑤ Дьяконова И. А. Нефть и уголь в энергетике царской России в международных сопоставлениях. С. 93.

少勒布朗苏打生产工艺，所以碳酸钾的需求量大幅度增加。碳酸钾、纯碱都是从木材灰烬和草灰中提取的。勒布朗苏打生产工艺发明后，19 世纪初西欧使用纯碱生产苏打，而俄国的纯碱生产水平发展得非常缓慢。80 年代初生产纯碱需要大量苏打，因此很多试剂从国外进口，纯碱和其他碱类的进口量从 1870 年的 91.5 万普特增至 1885 年的 201.3 万普特[①]。19 世纪 70—80 年代，巴库地区产生了几家硫酸工厂，主要从高加索地区的矿石中提取硫酸，用于石油蒸馏业务。但此时化学产品的关税较低，国外相关产品充斥国内市场，俄国化学工业发展缓慢，大多数苏打、苛性钠和硫酸都从国外进口。19 世纪 80 年代起，俄国政府对进口化学产品征收 6% 的关税，国外产品的进口量减少，国内化学工业飞速发展。1890 年俄国苛性钠的产量达 73 万普特，但仍需从国外进口大量同类产品[②]。20 世纪初化学工业中石油燃料的比例降低。俄国化学工业起步较晚，多由外国公司掌控，19 世纪末俄国工业革命完成后，化学工业飞速发展。20 世纪初以前，化学工业的燃料结构中煤炭一直占据主导地位，1900 年该工业部门的燃料结构中煤炭的比例几乎为石油的 1 倍，石油和煤炭所占的比例分别为 28.8% 和 54%。20 世纪初，虽然炼焦和煤炭深加工工业快速发展，但化学工业的燃料中石油产品的比例增加，逐渐超过煤炭的比例。1908 年该工业部门的燃料结构中煤炭和石油的比例分别为 43.6% 和 48%[③]，石油成为该工业部门最重要的燃料。

以具体地区为例，19 世纪末，中部工业区的燃料结构中石油产品占据首位，因莫斯科近郊煤田采煤量逐年减少，莫斯科附近铁路和工业企业开始使用顿涅茨克煤炭和石油产品作为燃料。重油的需求量迅速增加，1895 年经铁路运至莫斯科的重油数量就达 1290 万普特，1896 年其数量达 1400 万普特，与此同时经铁路运至莫斯科的煤炭数量分别为 830 万普特和 1040 万普特。1860—1880 年莫斯科近郊煤田的采煤量持续减少，1896 年其采煤量已减至 1000 万普特以下。1898 年，莫斯科工厂的主要燃料为

---

① Кафенгауз Л. Б. Эволюция промышленного производства России（последняя треть XIXв. —30-е годы XXв）. С. 45-46.

② Фабрично-заводская промышленность и торговля России. СПб., Типография И. А. Ефрона, 1896. С. 191, 195.

③ 张广翔：《19 世纪 60—90 年代俄国石油工业发展及其影响》，《吉林大学社会科学学报》2012 年第 6 期，第 122 页。

石油产品。1899 年俄国矿物燃料中煤炭和石油的比例分别为 46%和
54%[1]。20 世纪初石油产品的比例稍有降低，1908 年中部工业区的燃料结
构中石油产品的比例为 30.8%。1907—1913 年莫斯科省重油和煤油的消
耗量明显降低，降低幅度达 23%，煤炭的消费量却明显增加，增加的比
例达 144%。弗拉基米尔省石油需求量的降低幅度更大，与 1907 年相
比，1913 年其石油需求量降低了 35%，煤炭的需求量增长了 247%。科斯
特罗马省的石油需求量降低的幅度明显逊色于上述地区，与 1907 年相
比，1913 年其石油需求量降低了 15%，但煤炭需求量的增长率高
达 1509%[2]。雅罗斯拉夫尔省、特维尔省、斯摩棱斯克省、土拉省煤油、
重油和煤炭的进货量都有所增加。下诺夫哥罗德省的情况较为特殊，该省
石油产品的进货量虽然增加了 38%，但煤炭消耗量的增加速度也十分惊
人，同比增长 900%[3]。第一次世界大战前夕，煤炭在莫斯科省、弗拉基
米尔省、科斯特罗马省、雅罗斯拉夫尔省、特维尔省、下诺夫哥罗德省和
梁赞省的燃料结构中已占据主导地位。

　　除上述工业部门外，19 世纪末，在畜牧产品加工业等部门中石油燃
料仍占绝对优势。在其他工业部门中，除羊毛加工业和食品工业中煤炭
长期占主导外，冶金、制革、毛皮加工、服装和混纺工业的燃料结构中
煤炭需求量增长最快，各工业部门燃料的煤炭化趋势势不可挡。此外，
硅酸盐、造纸、皮毛和制鞋工业中木柴燃料占绝对优势。20 世纪初，各
工业部门的燃料结构中石油产品所占的比例开始下降，煤炭的比例增
加，木柴的作用一直下降，可见工业燃料中矿物燃料已占主导地位。19
世纪末，交通和工业部门的燃料结构中石油产品所占的比例最高，石油
燃料的大规模使用在促进俄国燃料结构矿物化的同时，直接推动了石油
加工、造船和冶金工业等部门的快速发展。伴随着俄国的工业革命浪
潮，石油工业飞速发展，在一定程度上促进了诸多工业部门的崛起。因

---

[1]　Иголкин А. А. Источники энергии: экономическая история（до начала XX века）. C. 139；
　　Дьяконова И. А. Нефть и уголь в энергетике царской России в международных сопоставлениях. C.
　　60，70.

[2]　Дьяконова И. А. Нефть и уголь в энергетике царской России в международных сопоставлениях.
　　C. 103.

[3]　Дьяконова И. А. Нефть и уголь в энергетике царской России в международных сопоставлениях.
　　C. 103.

煤炭产量有限，石油产品一度成为工业和运输业的主要燃料，虽然煤炭
和木柴也占一定比例，但无法与石油相较。即便是 20 世纪初俄国石油
工业萧条时期，铁路和诸多工业部门燃料结构中石油的比例降低，但石
油的作用仍不容忽视。

第二节　煤炭的工业和运输业用途

　　工业和运输领域巨大的煤炭需求量是俄国煤炭工业发展的动力，19 世
纪中期以前煤炭除少量用于手工业部门外，多用于居民取暖。19 世纪下半
期，随着煤炭开采和加工技术的发展，工业和运输业的煤炭需求量逐年增
加，其中以冶金工业和铁路运输领域的煤炭需求量较大，但水运和其他工
业部门的煤炭需求量也不容忽视。19 世纪末，俄国工业和运输业中煤炭的
需求量明显逊色于石油产品的需求量，但石煤的开采量仍从 1887 年的 1.6
亿普特增至 1900 年的 5 亿普特，增长了约 2 倍。煤炭需求量的减少主要源
于俄国煤炭开采速度较慢，但各部门的煤炭需求量都有所增加，工业企业
的煤炭需求量从 1.1 亿普特增至 3.8 亿普特，铁路部门的煤炭需求量从
5002 万普特增至 1.2 亿普特，分别增长了约 245% 和 140%[①]，即便工业和
运输领域的煤炭需求量低于石油燃料的需求量，但煤炭的需求量仍快速增
加。顿涅茨克煤炭辛迪加集团成立后，石油产品与煤炭之间的竞争愈演愈
烈。1905 年大火后，巴库油田内 3/4 的设备损坏，石油开采量严重不足，
同时石油企业主抬高产品价格，这为顿涅茨克煤炭工业的发展提供了契机，
石油产品的主导地位岌岌可危。1904 年巴库地区的石油产量为 6.1 亿普特，
而 1905 年和 1906 年的石油产量分别降至 4.1 亿普特和 4.4 亿普特[②]。石油价
格居高不下对煤炭工业的发展十分有利，因石油产品价格居高不下，距离
顿涅茨克煤田 1000—2000 俄里的区域都开始使用煤炭作为燃料。煤炭成为

---

① Кафенгауз Л. Б. Эволюция промышленного производства России（последняя треть XIXв. —30-е
　　годы XXв）. С. 31.

② Шполянский Д. И. Монополии угольно-металлургической промышленности юга России в начале
　　XX века. С. 128；Ахундов В. Ю. Монополистический капитал в дореволюционной бакинской
　　нефтяной промышленности. С. 23；Монополистический капитал в нефтяной промышленности
　　России 1883—1914. С. 19；Хромов П. А. Экономика России периода промышленного капитализма.
　　М., Изд-во ВПШ и АОН при ЦК КПСС, 1963. С. 137；Лившин Я. И. Монополии в экономике
　　России. С. 323，328.

伏尔加河右岸地区铁路部门最主要的燃料，同时也成为莫斯科工厂的主要燃料，俄国燃料结构的煤炭化趋势开启。

1908 年俄国欧洲部分地区的燃料需求结构中工业、铁路和河运部门的煤炭需求量分别为 7.6 亿普特、3.8 亿普特和 2800 万普特，而石油燃料的需求量分别为 2.2 亿普特、1.2 亿普特和 9300 万普特[①]，煤炭的需求总量明显高于石油燃料的需求量，工业和铁路部门的煤炭需求量已远高于石油产品的需求量，但水运部门仍以石油燃料为主。1906—1907 年顿涅茨克煤炭排挤石油燃料的程度逐渐增强，其取代石油产品的数量逐年增加，1908 年其数量为 9500 万普特，其中铁路和工业部门的煤炭需求比例分别增加了 53% 和 44%。1908 年铁路部门对顿涅茨克煤炭的需求量已达 2.8 亿普特，与 1904 年相比增加了 1.07 亿普特，而此时石油产品的需求量比 1904 年减少了 1830 万普特[②]。

20 世纪初，煤炭和石油产品的竞争不断加剧。受 20 世纪初经济危机和国内政治经济形势的影响，俄国石油工业长期停滞不前，顿涅茨克煤炭的需求量大幅度增加，巴库石油的需求量降低。1904—1908 年石油燃料的价格从 16.2 戈比/普特增至 33.2 戈比/普特，每普特增长了 17 戈比，煤炭的价格从 11.2 戈比/普特增至 13.6 戈比/普特，仅增加了 2.4 戈比[③]。此时市场上顿涅茨克煤炭的需求量大增，除波罗的海地区外，俄国众多工业区都使用顿涅茨克煤炭作为燃料。1909 年以前，煤炭一直排挤石油燃料，1909 年后此状况有所缓解。1909 年巴库油田和格罗兹尼油田的采油量达 5.5 亿普特，1910 年达 5.7 亿普特，因石油产量增加，市场价格也随之降低，巴库石油价格从 1907 年的 27.7 戈比/普特降至 1909 年的 21 戈比/普特。许多需求者重新开始使用石油燃料，石油产品的需求量激增，顿涅茨克煤炭的销售量急剧降低，1908 年、1909 年、1910 年和 1911 年铁路部门中石油燃料取代煤炭的数量分别为 5000 万普特、3650 万普特、2600 万普特和 2000 万普特；这 4 年冶金工业部门中石油燃料取代煤炭的数量分别为 300 万普特、250 万普特、200 万普特

[①]　Братченко Б. Ф. История угледобычи в России. С. 141.

[②]　Шполянский Д. И. Монополии угольно-металлургической промышленности юга России в начале XX века. С. 129.

[③]　Шполянский Д. И. Монополии угольно-металлургической промышленности юга России в начале XX века. С. 130.

和 250 万普特；这 4 年其他工业部门中石油燃料取代煤炭的数量分别为 4200 万普特、3200 万普特、2600 万普特和 3000 万普特。与 1908 年相比，1909 年顿涅茨克煤炭的需求量增加了 2400 万普特，1910 年增加了 1700 万普特。1910 年 4 月 1 日至 1911 年 4 月 1 日，煤油和重油的需求量约为 2.5 亿普特，同比增长 2900 万普特，增长了近 13%。1911 年铁路部门消耗煤炭的数量为 2.4 亿普特，与 1908 年相比减少了 3700 万普特，但这一时期石油产品的消耗量增加，1911 年铁路部门的石油燃料消耗量为 1.2 亿普特，与 1908 年相比增加了 1820 万普特[①]。即便石油产品和煤炭的竞争加剧，煤炭的需求量仍持续增加。1910 年、1911 年、1912 年和 1913 年几大工业区（莫斯科、伏尔加河沿岸地区和高加索地区）的煤炭燃料需求量分别增加了 3000 万普特、3000 万普特、5500 万普特和 1.1 亿普特[②]。1905 年是俄国燃料供应体系的转折时期，在此之前受 20 世纪初经济危机和市场供求状况的影响，市场上各种燃料之间竞争激烈，因巴库油田大火和国内政治经济形势，燃料市场行情急剧变化，俄国燃料结构的煤炭化趋势凸显。整体上俄国煤炭的需求量增加，各部门的石油需求量有明显下降趋势，以传统木制燃料为主的工业部门也逐渐衰落。为了更好地分析各工业部门的燃料结构中煤炭的比例，笔者分别对冶金工业、铁路部门、河运部门和其他工业部门的煤炭使用量进行分析。

一、冶金工业燃料结构中煤炭占主导

冶金工业从诞生之初起主要的燃料就是木柴和煤炭，虽然 19 世纪末石油产品也成为冶金工业的重要燃料，但是俄国最大的冶金基地南俄冶金工业区仍以煤炭燃料为主。顿涅茨克煤炭较大的需求部门是铁路部门和冶金工业，第一次世界大战前冶金工厂和铁路部门的煤炭消耗量约占该地总采煤量的 2/3[③]。因南俄冶金工业发展较晚，乌拉尔冶金基地主要使用木柴作为燃料，煤炭的作用有限。19 世纪 80 年代下半期起，南俄冶金工业

---

① Шполянский Д. И. Монополии угольно-металлургической промышленности юга России в начале ХХ века. С. 130-131.

② Дьяконова И. А. Нефть и уголь в энергетике царской России в международных сопоставлениях. С. 105.

③ Бакулев Г. Д. Черная металлургия Юга России. С. 117；Кушнирук С. В. Монополия и конкуренция в угольной промышленности юга России в начале ХХ века. С. 117.

迅速崛起，乌拉尔冶金工业的主导地位逐渐丧失，20 世纪初南俄的金属产量已独占鳌头，在此过程中煤炭的作用不断加强。为阐述冶金工业的煤炭需求量，笔者除对冶金工业燃料结构中煤炭的作用不断加强进行分析外，还对南俄冶金工业的具体煤炭需求量进行探析，并以此为例对俄国冶金工业的煤炭需求量进行论述。

　　20 世纪以前，冶金工业燃料结构中煤炭的比例不断增加。对于俄国冶金工业来说，不同地区冶金工业的燃料结构各异，传统的乌拉尔冶金工业区中木柴一直是最主要的燃料，中部和波罗的海工业区冶金工业燃料结构中重油所占的比例最高，其次是煤炭和木柴，而 19 世纪末新型冶金基地（南俄冶金工业区）的燃料一直是煤炭。从 19 世纪末开始，俄国冶金工业燃料结构中煤炭的作用不断强化，1887 年冶金工业燃料结构中木柴和煤炭的比例为 68.2%，其中煤炭的比例为 30.3%[①]。因石油工业飞速发展，19 世纪末，冶金工业燃料中煤炭的份额受到挤压，巴库石油经阿斯特拉罕运至中部工业区和伏尔加河流域。1900 年，冶金工业燃料结构中石油燃料的比例迅速提高，一度达 40%，煤炭的比例仅为 24.6%[②]，但南俄冶金工业的燃料仍以煤炭为主。顿涅茨克煤炭并未像莫斯科近郊煤炭一样遭到石油产品的冲击，其原因在于煤炭在冶金工业中具有重要作用，该地的焦炭石油产品无法代替，1886—1900 年俄国生铁、钢和铁的产量增长了 3.6 倍，煤炭的产量相应增长了 3.6 倍（其中 91%归功于顿涅茨克煤田）。1895 年南俄地区生铁、铁和钢的产量首次与乌拉尔地区持平。焦炭是冶金工业最主要的燃料，其经济系数为石油燃料的 6 倍，因此冶金工业中焦炭的作用无法替代[③]。俄国焦炭均产自顿涅茨克煤田，此地焦炭只有 40%用于冶金工业，其余 60%用于锅炉燃料，造成资源大量浪费[④]。

　　20 世纪初，煤炭开始成为冶金工业的主要燃料。20 世纪初经济危机

---

① Кафенгауз Л. Б. Эволюция промышленного производства России（последняя треть XIXв. —30-е годы XXв）. С. 31.

② Дьяконова И. А. Нефть и уголь в энергетике царской России в международных сопоставлениях. С. 87.

③ Иголкин А. А. Источники энергии: экономическая история（до начала XX века）. С. 143.

④ Дьяконова И. А. Нефть и уголь в энергетике царской России в международных сопоставлениях. С. 61.

后俄国石油工业停滞不前，冶金工业燃料结构中石油的比例迅速下降，1908 年其比例降至 5.3%，煤炭的比例增至 62.8%，冶金工业的煤炭需求量占全俄煤炭总需求量的 52%[①]。南俄冶金工业的燃料以煤炭为主毋庸置疑，此时乌拉尔冶金工业区也开始大规模使用煤炭，乌拉尔煤田的煤炭产量迅速提高，其采煤量在全俄采煤量中的比例曾达 5%[②]，虽然铁路部门的煤炭需求量独占鳌头，但冶金工业的煤炭需求量迅速增加。俄国其他大型工业区的冶金工厂也因石油价格上涨、煤炭炼焦性较好，纷纷放弃石油燃料，改用石煤和焦炭作为冶金燃料。第一次世界大战前夕冶金工厂的煤炭需求量进一步增加，1910 年、1912 年和 1913 年冶金工厂的煤炭需求量分别为 1.6 亿普特、2.3 亿普特和 2.6 亿普特[③]。冶金工业燃料结构中煤炭的作用无法替代，冶金工业燃料结构的煤炭化趋势不可逆转，该趋势一直持续至十月革命期间。

顿涅茨克煤炭用于冶金工业的开端。南俄地区的煤炭很早就用于冶金工业，1795 年，政府就颁布命令在顿涅茨克煤田的卢加河附近建立铸铁厂，使用石煤冶铁。1799 年，该工厂第一次尝试用焦炭炼铁，因焦炭质量较好，所以该工厂生产的铸铁质量明显高于乌拉尔地区的铸铁。但因南俄居民密度较低，铁路建立之前顿涅茨克煤炭很少被开发。卢加河铸铁厂试图使用当地铁矿石和煤炭冶炼金属，但并未取得较好的效果。19 世纪上半期卢加河铸铁厂为提高金属产量、完善生产技术并提高工人的工作效率，但成效也不大。1859 年，巴赫姆特地区的彼得罗夫国有工厂已使用焦炭生产出 9.1 万普特铸铁，此后焦炭开始大规模用于冶铁。1870 年，卢加区里西恰尼克国有工厂也开始使用焦炭生产铸铁。1870 年俄国境内使用焦炭作为燃料的铸铁产量为 18.8 万普特，主要集中于波兰地区[④]。为了便于使用焦炭生产铸铁，1869 年尤兹工厂建立，但 1870 年其才正式开工，第一台高炉的容量为 333 立方米，预计年生产铸铁量为 200 万普特。

① Фомин П. И. Горная и горнозаводская промышленность Юга России. Том II. С. 144；Дьяконова И. А. Нефть и уголь в энергетике царской России в международных сопоставлениях. С. 87.

② Панкратов Ю. А., Шолубько И. Г., Эллис А. М. Челябинский угольный бассейн（краткий историко-экономический очерк）. С. 12；Баканов С. А. Угольная промышленность Урала：жизненный цикл отрасли от зарождения до упадка. С. 78.

③ Кафенгауз Л. Б. Эволюция промышленного производства России（последняя треть XIXв. —30-е годы XXв）. С. 73, 126.

④ Струмилин С. Г. История черной металлургии в СССР. С. 364.

1872 年，该工厂建设完毕，1873 年、1875 年其铸铁产量分别为 30.7 万普特和 32.7 万普特，不足预计产量的 1/4。1876 年，尤兹工厂建立第二台高炉，至 1900 年，该工厂已具有 7 台高炉，铸铁产量远超过预期产量，1899 年其铸铁产量达 1000 万普特[1]。此后其他使用焦炭作为燃料的冶金工厂陆续建立，1887 年亚历山大洛夫工厂、1889 年顿涅茨克彼得罗夫工厂、1894 年德鲁日科夫冶金工厂都开始使用焦炭冶铁。1900 年亚历山大洛夫工厂的煤炭消耗量为 4.4 万节车厢（每节车厢的容量为 600 普特），顿涅茨克彼得罗夫工厂和德鲁日科夫冶金工厂的煤炭需求量分别为 5.7 万节车厢和 2.5 万节车厢[2]。需要说明的是，南俄地区众多冶金工厂都自行开采煤炭，如 19 世纪 80 年代新罗斯斯克公司的采煤量为 100 万普特，法比石煤公司的煤炭产量为 460 万普特，尤兹公司的煤炭产量为 150 万普特，雷科夫斯克公司的煤炭产量为 130 万普特，伊洛瓦伊斯克公司的煤炭产量为 470 万普特。尼克托夫斯克矿区内最大的冶金工厂为科尔苏尼斯克的南俄石煤工业公司，其采煤量为 380 万普特，该公司的下设分公司和彼得罗夫公司的采煤量分别为 170 万普特和 160 万普特。乌斯别矿区内最大的冶金工厂是阿列克耶夫采矿工业公司，其采煤量为 150 万普特。格鲁什夫矿区内俄国轮船贸易公司、亚述公司、波波夫公司的采煤量分别为 470 万普特、190 万普特和 100 万普特，此外，顿河流域伊洛瓦伊矿区和杜赫夫矿区的公司的煤炭产量分别为 120 万普特和 100 万普特，上述公司开采的煤炭多用于生产焦炭以便自身冶炼金属[3]。因此，南俄铁路大规模修建后大量石煤和焦炭用于冶金燃料，凭借丰富的燃料和原料优势，南俄冶金工业迅速崛起。

南俄冶金工业燃料一直以煤炭为主。冶金工业一直是顿涅茨克煤炭主要的需求者之一，除个别年份外，其需求量一直独占鳌头。1875—1878 年、1896—1900 年和 1900—1908 年南俄冶金工业的煤炭需求量分别占顿涅茨克煤田总采煤量的 21%、30% 和 24.2%[4]。1896—1900 年冶金工厂和机器制造厂的顿涅茨克煤炭需求量比例持平，分别占顿涅茨克煤田总采

[1] Бакулев Г. Д. Черная металлургия Юга России. С. 113.
[2] Бакулев Г. Д. Черная металлургия Юга России. С. 132.
[3] Тихонов Б. В. Каменноугольная промышленность и черная металлургия России во второй половине XIX. С. 135.
[4] Братченко Б. Ф. История угледобычи в России. С. 129，147，166.

煤量的 30%和 30%，二者总和为 60%，1900—1908 年冶金工厂和机器
制造厂的顿涅茨克煤炭需求量比例分别为 24.2%和 11.8%[1]。具体来说，
1896 年、1897 年、1898 年、1899 年和 1900 年南俄地区冶金工厂的煤
炭消耗量分别为 9.6 万节车厢、12 万节车厢、15 万节车厢、21 万节车
厢和 24 万节车厢[2]。1900 年顿涅茨克煤田共运出煤炭 24 万节车厢，其
中 19.6 万节车厢煤炭运往冶金工厂，1900—1913 年冶金工厂的年均煤
炭需求量约为 7500 万至 1 亿普特，南俄冶金工厂的煤炭消耗量约占顿涅
茨克煤田总采煤量的 40%[3]。冶金工厂所需煤炭以本地生产的煤炭为主，
如 1890 年、1895 年和 1899 年本地冶金工厂的煤炭需求量占顿涅茨克煤
田总采煤量的比例分别为 17.1%、23.3%和 32.5%，其他地区冶金工厂的
煤炭需求量所占的比例分别为 0.6%、0.2%和 1.90%[4]。例如，1900 年俄
国管材厂叶卡捷琳斯拉夫工厂石煤和焦炭的需求量分别为 450 万普特和
250 万普特，鲍维尔和拉尼格工厂的煤炭需求量为 230 万普特。1900 年顿
涅茨克彼得罗夫冶金工厂的石煤和焦炭需求量分别为 3690 万普特
和 3240 万普特[5]。1900 年、1902 年、1904 年、1906 年和 1908 年顿涅茨
克煤田运往冶金工厂的煤炭数量分别为 1.4 亿普特、1.1 亿普特、1.4 亿普
特、1.4 亿普特和 1.5 亿普特，冶金工厂的煤炭需求量远超石油产品的需
求量。从南俄地区的燃料结构中也可以看出煤炭对冶金工业的影响，1914
年南俄地区的燃料结构中煤炭、焦炭、木炭、泥炭、木柴和石油的比例分
别为 56.9%、41.3%、0.1%、0.1%、0.9%和 0.7%[6]，煤炭为诸多工业部门
和运输业的主要燃料。1908—1914 年，顿涅茨克煤炭畅销全国，中部工
业区等地的冶金工业因石油供应量不足，煤炭需求量大增。1907 年、
1911 年和 1913 年运往中部工业区的顿涅茨克煤炭数量分别为 4288 万普
特、4411 万普特和 1.1 亿普特。与 1907 年相比，1913 年运往莫斯科

---

① Братченко Б. Ф. История угледобычи в России. С. 148，166.

② Кафенгауз Л. Б. Эволюция промышленного производства России（последняя треть XIXв. —30-е
годы XXв）. С. 26.

③ Бакулев Г. Д. Черная металлургия Юга России. С. 114，117.

④ Шполянский Д. И. Монополии угольно-металлургической промышленности юга России в начале
XX века. С. 26.

⑤ Тихонов Б. В. Каменноугольная промышленность и черная металлургия России во второй половине
XIX в. С. 154，155.

⑥ Братченко Б. Ф. История угледобычи в России. С. 171.

市、莫斯科省其他地区、弗拉基米尔省、科斯特罗马省、雅罗斯拉夫省等地的顿涅茨克煤炭数量分别增长了 238%、244%、347%、1509%、434%①。1906—1908 年南俄以外地区冶金工厂的年均顿涅茨克煤炭需求量为 300 万普特②，一些冶金企业因受地理因素的限制仍使木柴作为燃料，但因生产效率低下抑制了公司生产规模的扩大。

　　具体来说，1900 年俄国使用焦炭作为燃料的高炉有 51 个，铸铁产量为 1 亿普特，1910 年其数量分别为 57 个和 1.4 亿普特③。1880 年、1885 年、1890 年、1895 年和 1900 年铸铁车间的燃料结构中煤炭的比例分别为 6.4%、9.3%、32.3%、47.9%和 64.1%，可见煤炭的作用不断加强④。与英国一样，俄国冶金工厂成为煤炭的主要需求者之一，1900 年俄国冶金工厂的煤炭需求量为顿涅茨克煤田采煤量的 32%⑤。1900 年，南俄地区每生产 1 吨铸铁消耗 2.8 吨石煤，或者 1.3 吨焦炭。此外，冶金工厂在炼钢和锻造生产时也需要大量的石煤和焦炭，生产 1 吨金属产品的煤炭消耗量为 1 吨，冶金工厂的蒸汽、压缩、煅烧和运输作业都需要使用煤炭⑥。19 世纪末南俄焦炭高炉的容量为 380 立方米，而乌拉尔使用木柴作为燃料的高炉容量为 100 立方米，焦炭高炉的年铸铁产量为 314 万普特，使用木制燃料的高炉的年铸铁产量为 50 万普特⑦。1880—1910 年南俄高炉产量为乌拉尔高炉产量的 1.9 倍，乌拉尔高炉生产的铸铁不但质量不如南俄高炉生产的铸铁，其价格也略高⑧。因此，南俄冶金工业凭借其燃料优势，成为俄国冶金工业的龙头，在此过程中煤炭可谓功不可没。

---

①　Дьяконова И. А. Нефть и уголь в энергетике царской России в международных сопоставлениях. С. 102.

②　Шполянский Д. И. Монополии угольно-металлургической промышленности юга России в начале XX века. С. 128.

③　Струмилин С. Г. История черной металлургии в СССР. С. 364.

④　Тихонов Б. В. Каменноугольная промышленность и черная металлургия России во второй половине XIX в. С. 51.

⑤　Иголкин А. А. Источники энергии：экономическая история（до начала XX века）. С. 154.

⑥　Бакулев Г. Д. Черная металлургия Юга России. С. 120.

⑦　Струмилин С. Г. История черной металлургии в СССР. С. 365-366；Иголкин А. А. Источники энергии：экономическая история（до начала XX века）. С. 155.

⑧　Иголкин А. А. Источники энергии：экономическая история（до начала XX века）. С. 155.

冶金工业矿物燃料的比例逐渐增加是冶金工业现代化的重要标志，南俄地区丰富的煤炭资源为冶金工业的繁荣奠定了基础，因价格优势，南俄冶金产品竞争能力较强。与此同时，以木柴燃料为基础的乌拉尔冶金基地因生产技术落后和成本较高，在与南俄冶金工业的竞争中逐渐落败，在二者竞争的过程中燃料是关键因素之一。

二、铁路部门燃料结构中煤炭的作用不断加强

俄国铁路建设伊始，燃料问题就迫在眉睫，因石油工业发展较晚，铁路部门最初的主要燃料为煤炭和木柴。随着俄国能源工业的发展，铁路部门燃料结构中矿物燃料的比例不断上升，木柴的比例逐年下降。受地理位置和各地经济模式差异的影响，不同地区铁路的燃料差异较大，南俄地区因煤炭资源丰富，铁路的燃料以煤炭为主；伏尔加河流域和高加索地区铁路的燃料以重油为主；乌拉尔地区因木材资源丰富，铁路的燃料中木柴的比例较高。俄国主要使用煤炭作为燃料的铁路线路为叶卡捷琳斯拉夫铁路、南部铁路、东南铁路、北顿涅茨克铁路和华沙铁路，以煤炭和木制燃料为主的铁路线路为莫斯科—基辅—沃罗涅日铁路、里加—奥廖尔铁路、亚历山大洛夫铁路、西北部铁路、莫斯科—弗拉基米尔铁路、彼尔姆铁路和西伯利亚铁路等。19 世纪 90 年代，顿涅茨克煤炭的主要需求者为冶金企业和金属加工厂，20 世纪初经济危机时期其煤炭需求量并无明显变化，但铁路部门对顿涅茨克煤炭的需求量大幅度提高。因南俄地区的煤炭产量最高，此地铁路的燃料以煤炭为主，因此笔者以南俄铁路为例来阐述铁路部门的煤炭使用状况。

铁路部门的燃料结构中煤炭的作用不断强化。铁路建设之初，木柴和煤炭为其主要燃料，最初煤炭多依赖进口。1874 年和 1879 年铁路部门的煤炭需求量分别占顿涅茨克煤田煤炭开采总量的 32%和 62%[①]，铁路部门成为顿涅茨克煤炭的主要需求者之一。铁路建设热潮引起顿涅茨克煤炭开采热潮，顿涅茨克煤炭的产量迅速提高，1855—1859 年、1860—1864 年、1865—1869 年、1870—1874 年和 1875—1879 年顿涅茨克煤炭年均开采量分别为 400 万普特、733 万普特、1083 万普特、2901 万普特、6087

---

① Братченко Б. Ф. История угледобычи в России. С. 133.

万普特①。1875—1878 年、1896—1900 年和 1900—1908 年铁路部门的煤炭需求量分别占顿涅茨克煤田总产量的 63%、27% 和 31.9%②，部分年份铁路部门的煤炭需求量独占鳌头。1860—1900 年铁路部门的煤炭需求量增长了约 38 倍，从 1860 的 1708 万普特增至 1900 年的 6.7 亿普特③。19 世纪 80 年代，石油工业迅速崛起，很多铁路都放弃煤炭而使用廉价重油作为燃料。即便如此，铁路部门的煤炭需求量仍逐年增加，1896 年、1897 年、1898 年、1899 年和 1900 年南俄铁路的煤炭消耗量分别为 10 万节车厢、14 万节车厢、13 万节车厢、13 万节车厢和 18 万节车厢，铁路部门的煤炭燃料需求量从 1887 年的 5000 万普特增至 1900 年的 1.2 亿普特，增长了 140%④。随着铁路的大规模修建，铁路部门的煤炭需求量不断攀升，1880 年、1885 年、1890 年、1895 年和 1899 年铁路部门的煤炭需求量分别占顿涅茨克煤炭总产量的 59.9%、47.1%、31.1%、28.0% 和 22.6%⑤。

　　20 世纪初，铁路部门的燃料结构中煤炭占主导。20 世纪初经济危机并未立即波及石油工业，经济危机的最初阶段工业和运输业燃料结构中石油所占的比例最高，1900 年铁路部门的燃料结构中石油燃料和煤炭的比例分别为 40.5% 和 35.2%，虽然煤炭稍逊色于石油燃料，但其比例已超过 1/3⑥。石油工业的萧条为煤炭工业的发展带来了契机，铁路部门的煤炭需

① Менделеев Д. И., Сочинение XI. М., Изд-во академии СССР, 1949. С. 15. Бакулев Г. Д. Черная металлургия Юга России. С. 112；Тихонов Б. В. Каменноугольная промышленность и черная металлургия России во второй половине XIX в. С. 36；Фомин П. И. Горная и горнозаводская промышленность Юга России. Том I. С. 168，173，180；Струмилин С. Г. Черная металлургия в России и в СССР. С. 81.

② Братченко Б. Ф. История угледобычи в России. С. 129，147，166；Соловьева А. М., Железнодорожный транспорт России во второй половине XIXв. С. 211；Фомин П. И. Горная и горнозаводская промышленность Юга России. Том II. С. 12.

③ Баканов С. А. Угольная промышленность Урала：жизненный цикл отрасли от зарождения до упадка. С. 44.

④ Кафенгауз Л. Б. Эволюция промышленного производства России（последняя треть XIXв. —30-е годы XXв）. С. 26；Бакулев Г. Д. Черная металлургия Юга России. С. 114.

⑤ Шполянский Д. И. Монополии угольно-металлургической промышленности юга России в начале XX века. С. 26.

⑥ Иголкин А. А. Источники энергии：экономическая история（до начала XX века）. С. 139；Дьяконова И. А. Нефть и уголь в энергетике царской России в международных сопоставлениях. С. 107.

求量迅速增加，1900 年、1902 年、1904 年、1906 年和 1908 年铁路部门消耗的顿涅茨克煤炭数量分别为 1.1 亿普特、1.4 亿普特、1.7 亿普特、2.4亿普特和 3.1 亿普特，铁路部门的煤炭需求量已超过冶金工业，1910 年、1912 年和 1913 年其数量分别为 1.9 亿普特、2.7 亿普特和 3.0 亿普特[①]。1906—1908 年铁路部门的顿涅茨克煤炭需求量增长了 30%，达 2.9 亿普特，与 1904 年相比增长了 1 亿普特，而 1904 年铁路部门的石油燃料需求量为 9160 万普特，1908 年铁路部门的石油产品需求量为 1.09 亿普特。铁路部门石油产品需求量的增速远逊色于煤炭需求量，煤炭已成为铁路部门最主要的燃料。随着石油工业的长期萧条，煤炭取代石油燃料的数量迅速增加，1908 年、1909 年、1910 年和 1911 年铁路部门煤炭取代石油燃料的数量分别为 5000 万普特、3650 万普特、2600 万普特和 2000 万普特，1908 年和 1911 年铁路部门的煤炭需求量分别为 2.8 亿普特和 2.4 亿普特，而此时其石油产品的需求量分别为 1.1 亿普特和 1.2 亿普特，因石油工业危机逐渐缓解，铁路部门的石油产品需求量有所增加。1909—1911年铁路部门的燃料结构中煤炭的比例上升，与 1906 年相比，1909—1910年铁路部门的顿涅茨克煤炭需求量减少至 2.1 亿普特，1911—1912 年铁路部门的煤炭需求量增加了 14.3%，达 2.4 亿普特[②]。20 世纪初俄国石油工业停滞不前，运输领域煤炭需求量的增长幅度开始大于石油燃料需求量的增长幅度，1913 年尼古拉耶夫铁路、梁赞—乌拉尔铁路、东南铁路和里加—奥马洛夫铁路的石油和煤炭需求量分别是 1907 年的 102.5% 和214.1%、111.7% 和 260.3%、134.3% 和 272.7%、71% 和 354.8%，铁路部门煤炭需求量的增长速度远快于石油燃料需求量的增长速度[③]。

具体铁路的煤炭需求量。1900 年铁路部门的煤炭需求量为 1.3 亿普特，占顿涅茨克煤炭总需求量的比例为 29.3%，其中煤炭需求量最高的几条铁路为叶卡捷琳娜斯拉夫铁路、库尔斯克—哈里科夫—谢瓦斯托波里铁

---

① Кафенгауз Л. Б. Эволюция промышленного производства России (последняя треть XIXв. —30-е годы XXв). C. 73, 126; Шполянский Д. И. Монополии угольно-металлургической промышле нности юга России в начале XX века. C. 128.

② Шполянский Д. И. Монополии угольно-металлургической промышленности юга России в начале XX века. C. 129-131; Кушнирук С. В. Монополия и конкуренция в угольной промышленности юга России в начале XX века. C. 117.

③ Дьяконова И. А. Нефть и уголь в энергетике царской России в международных сопоставлениях. C. 107.

路、东南铁路、哈里科夫—尼古拉耶夫铁路、莫斯科—基辅—沃罗涅日铁路和西南铁路，其需求量分别为 2950 万普特、2040 万普特、1950 万普特、1310 万普特、1060 万普特和 920 万普特[①]。第一次世界大战前夕铁路部门的煤炭需求量剧增，1910 年和 1913 年用于铁路部门燃料的顿涅茨克煤炭的数量分别为 2.2 亿普特和 3.2 亿普特，仅次于冶金工业的煤炭需求量[②]。因笔者掌握的数据有限，不能对各铁路的顿涅茨克煤炭需求量一一分析，只能略举一二。1900 年莫斯科—布列斯特铁路、波兰—彼列维斯里铁路、莫斯科—库尔斯克铁路、塞兹兰—瓦亚杰姆铁路的顿涅茨克煤炭需求量分别为 270 万普特、90 万普特、140 万普特和 110 万普特，其余线路的燃料为本地煤炭或重油[③]。

需要说明的是，20 世纪初南俄煤炭工业的垄断趋势增强，煤炭销售辛迪加通过提高煤炭价格和限制采煤量来增强自身的竞争优势，很多铁路线路尝试使用无烟煤作为燃料。莫斯科地区的竞争最为显著，铁路、工业企业和家庭取暖都尝试使用无烟煤作为燃料，为抑制无烟煤需求量的增加，南俄煤炭销售辛迪加和莫斯科大型公司签署合同。1911 年，俄国交通部成立专门委员会研究无烟煤用于铁路锅炉的效益问题，此后南俄地区部分铁路锅炉开始尝试使用无烟煤供暖，但成效不大，第一次世界大战前夕使用无烟煤作为燃料的铁路机车寥寥无几。但市场上无烟煤的需求量迅速增加，1906—1912 年顿涅茨克煤田无烟煤的开采量从 1.0 亿普特增至 2.1 亿普特，而石煤的开采量仅增加了 34.7%，无烟煤的产量在南俄采煤量中的比例已提高至 16.7%。虽然铁路部门的无烟煤需求量增加缓慢，但 1913 年已增至 1850 万普特，与 1910 年相比增长了 23.8%[④]。

其他地区的铁路燃料中煤炭的比例也不断攀升。莫斯科近郊煤田的煤炭产量虽无法与顿涅茨克煤田相比，但诸多铁路燃料仍以莫斯科近郊煤炭为主。使用莫斯科近郊煤炭的铁路主要是莫斯科—库尔斯克铁路、下诺夫

① Тихонов Б. В. Каменноугольная промышленность и черная металлургия России во второй половине XIX в. C. 187.

② Бакулев Г. Д. Черная металлургия Юга России. C. 117.

③ Тихонов Б. В. Каменноугольная промышленность и черная металлургия России во второй половине XIX в. C. 188.

④ Шполянский Д. И. Монополии угольно-металлургической промышленности юга России в начале XX века. C. 135，137，138.

哥罗德—莫斯科铁路、梁赞—乌拉尔铁路、塞兹兰—维杰姆斯克铁路和尼古拉耶夫铁路。1870—1879 年铁路部门的煤炭消费量位居第一位，中部工业区煤炭消费量最大的几条线路为梁赞—利亚热斯克—科兹洛夫铁路、科兹洛夫—唐波夫铁路、奥廖尔—叶列茨—格利亚吉铁路、瓦吉马—土拉—利亚热斯克铁路，其煤炭消费量分别为 1067 万普特、289 万普特、133 万普特和 117 万普特，其煤炭消耗量高于工业领域[①]。虽然中部工业区铁路燃料中煤炭的作用逊色于石油燃料，但其比例也不容忽视，诸多铁路线路的燃料仍以煤炭为主。此外，随着西伯利亚大铁路的建成，乌拉尔和西伯利亚煤炭的需求量明显增加。1900 年乌拉尔和西伯利亚煤炭的需求总量仅为 1586 万普特，而 1908 年乌拉尔和西伯利亚煤炭的需求量分别增至 2196 万普特和 6588 万普特[②]。第一次世界大战前俄国铁路的煤炭需求总量已超过石油燃料，铁路燃料结构中煤炭独占鳌头。除冶金工业和铁路部门外，其他工业和交通运输部门的煤炭需求量也不容忽视，但河运部门燃料结构中煤炭的比例较小。

三、河运部门燃料结构中煤炭的比例较小

19 世纪下半叶蒸汽机船普及后，燃料问题一直困扰着轮船企业主。随着森林资源的日益枯竭，伏尔加河流域的木柴供应量减少，木柴价格上涨，诸多轮船企业主对煤炭的兴趣大增。19 世纪中期，一些报纸指出煤炭热能较高，浪费较少，便于运输，当时拖轮、轮船和驳船的日木柴需求量为 20—40 立方俄丈，其重量为 1700—3400 普特，如果使用煤炭，那么其日消耗量仅为 580 普特[③]，运输成本将大幅度降低。此外，使用木柴充当燃料常发生火灾，诸多消费者已认识到煤炭的优越性，但因铁路运输发展滞后，19 世纪中期，煤炭并未大规模用于轮船运输。19 世纪 60—70 年代，顿涅茨克煤炭充当水路船只燃料的数量不多，虽然乌拉尔和莫斯科近郊煤田的开采量增加，但轮船的燃料问题仍未解决。此时诸多地区轮船的燃料依靠进口煤炭，波罗的海和黑海地区都是如此。

---

① Тихонов Б. В. Каменноугольная промышленность и черная металлургия России во второй половине XIX в. C. 198.

② Кафенгауз Л. Б. Эволюция промышленного производства России（последняя треть XIXв. —30-е годы XXв）. C. 76.

③ Марухин В. Ф. История речного судоходства в России. C. 61.

在河运轮船中推广矿物燃料的进程非常缓慢，持续的时间很长。19 世纪 70 年代，河运蒸汽轮船的主要燃料仍是木柴，甚至距离顿涅茨克煤田较近的第聂伯河和顿河流域的轮船燃料结构中煤炭也未完全取代木柴，70 年代第聂伯河轮船的顿涅茨克煤炭需求量为 268 万普特，而进口煤炭的需求量为 170 万普特，诸多轮船仍使用木柴作为燃料。19 世纪，随着铁路的大规模修建，运往伏尔加河流域的顿涅茨克煤炭数量增加，顿涅茨克煤炭首先用于伏尔加河下游和里海地区的轮船燃料。19 世纪 50 年代中期和 60 年代年均运往伏尔加河流域的煤炭分别为 30 万普特和 60 万普特，虽然煤炭的运输量增加，但木柴仍占据主导地位。19 世纪 80 年代，煤炭的需求量增加，如 1884 年伏尔加河流域使用木柴、煤炭和石油作为燃料的轮船数量分别为 562 艘、442 艘和 261 艘[①]。河运船只的煤炭需求量仅次于木柴，但随着石油工业的发展，石油燃料成为伏尔加河流域和里海地区船只的主要燃料。19 世纪下半期轮船大规模使用后，煤炭的作用与日俱增，波罗的海、黑海、亚速海和伏尔加河下游流域的轮船都已广泛使用煤炭，但因煤炭产量有限，进口煤炭的比例较高。19 世纪末，河运部门的燃料结构中石油占据主导地位，石油燃料多在里海和伏尔加河流域的航运中使用，1900 年伏尔加河流域 92%的轮船使用重油作为燃料[②]。即便如此，水运部门的燃料结构中煤炭仍有一席之地，顿涅茨克煤炭就是黑海和亚速海蒸汽船只的主要燃料。

随着南俄地区铁路网的逐渐完善，顿涅茨克煤炭开始经顿河运至伏尔加河流域，19 世纪 50—60 年代运至伏尔加河流域和里海的煤炭仅为数十万普特[③]。克里木战争期间顿河、伏尔加河等水路的无烟煤需求量和波罗的海舰队的煤炭需求量持平，黑海和亚速海舰队的煤炭需求量更是巨大，在一定程度上，克里木战争为南俄煤炭工业的发展带来了契机。1884 年，伏尔加河流域 400 多艘轮船使用煤炭作为燃料，而使用石油产品作为燃料的轮船仅有 200 多艘，此年度涅瓦河、北德维纳河、顿河流域船只的燃料中煤炭的比例分别为 32%、0.5%和 19%[④]。90 年代水运部门的燃料中

---

① Марухин В. Ф. История речного судоходства в России. С. 69，74.

② 张广翔：《19 世纪 60—90 年代俄国石油工业发展及其影响》，《吉林大学社会科学学报》2012 年第 6 期，第 121 页。

③ Фомин П. И. Горная и горнозаводская промышленность Юга России. Том II. С. 9.

④ Марухин В. Ф. История речного судоходства в России. С. 71，74；Фабрично-заводская промышленность и торговля России. С. 387.

石油产品开始独占鳌头。虽然伏尔加河流域轮船的煤炭需求量有限，但在黑海和亚速海舰队中煤炭的作用不容忽视，1875—1878 年、1896—1900 年和 1900—1908 年上述地区蒸汽轮船的煤炭需求量分别占顿涅茨克煤田总采煤量的 4%、4.5% 和 4.1%[1]，1896 年、1897 年、1898 年、1899 年和 1900 年用于黑海和亚速海蒸汽机船燃料的顿涅茨克煤炭数量分别为 1.7 万节车厢、1.8 万节车厢、2.8 万节车厢、2.4 万节车厢和 3.2 万节车厢，进口煤炭的数量迅速减少，1910 年和 1911 年进口煤炭的数量分别减至 160 万普特和 120 万普特，而黑海和亚速海蒸汽机船的煤炭需求量为 4000 万普特，顿涅茨克煤炭的作用不言而喻[2]。由此可见，虽然水运部门的燃料结构中顿涅茨克煤炭的比例较小，但黑海和亚速海舰队蒸汽船只的燃料多以顿涅茨克煤炭为主。

四、其他工业部门的煤炭使用状况

19 世纪下半期，俄国冶金工业和铁路部门普遍使用煤炭燃料，同时煤炭开始在化学、食品、肉产品加工、皮革、纺织和造纸等工业部门中广泛普及。19 世纪 90 年代，俄国大部分工业企业使用石油产品充当燃料，莫斯科所有工业企业都使用石油产品作为燃料，伏尔加河流域大多数工业企业也是如此。即便如此，工业企业的煤炭需求量仍从 1887 年的 1.1 亿普特增至 1900 年的 3.9 亿普特，增长了 254.5%[3]。20 世纪初，各工业部门中煤炭的作用仍不断加强。1908 年和 1913 年工业部门的煤炭需求量分别为 3.5 亿普特和 4.5 亿普特，分别占工业部门中燃料比例的 55.3% 和 62.0%[4]。

因笔者掌握的材料有限，不能对各部门的煤炭消耗量逐一阐述，但可确定各工业部门燃料结构中煤炭的比例，同时也能对个别工业部门的煤炭消耗量进行分析。20 世纪初，硅酸盐、化学工业、毛线加工、呢绒加工和造纸工业的燃料中煤炭所占比例最高，畜牧产品加工、皮革、纺织和服装等工业的燃料中煤炭所占的比例不断增加。1900 年，工业燃料中煤

---

① Братченко Б. Ф. История угледобычи в России. С. 129，147，166.

② Кафенгауз Л. Б. Эволюция промышленного производства России (последняя треть XIXв. —30-е годы XXв). С. 6；Фомин П. И. Горная и горнозаводская промышленность Юга России. Том II. С. 84，142.

③ Бакулев Г. Д. Черная металлургия Юга России. С. 114.

④ Братченко Б. Ф. История угледобычи в России. С. 173.

炭、木炭、石油、木柴和泥炭的比例分别为 28%、1.2%、41.7%、20.4%、8.7%，1908 年其比例分别为 55.2%、3.4%、12.1%、25.6%、3.7%，煤炭的比例快速增加。就工业部门而言，1900 年硅酸盐、化学工业、毛线加工、呢绒加工和造纸工业的燃料中煤炭的比例分别为 35.23%、54%、43.6%、30.8%、35.4%，1908 年其比例分别为 42.6%、41%、54.1%、29.6%、45.2%[①]，煤炭的比例均较高。食品、畜牧产品加工和服装等工业的燃料中煤炭的比例不断增加，1908 年煤炭的比例已超过石油。20 世纪初，因石油价格上涨和大公司垄断国内石油市场，工业企业的燃料中煤炭已跃居第一位。

部分纺织工业部门的燃料以煤炭为主。俄国毛纺织工业发展较晚，因波兰地区资源丰富、进口原料价格低廉，该工业主要集中于波兰境内。19 世纪下半期，俄国工业革命开启后纺织工业最先开始技术革新，国外技术和设备迅速传入俄国，俄国毛纺织工业迅速发展。在俄国毛纺织工业的燃料中煤炭一直占据主导地位，1900 年该工业部门的燃料结构中煤炭所占的比例为 43.6%，石油所占的比例仅为 18.3%。20 世纪初，该工业部门的燃料结构中煤炭的作用不断强化，其比例达 54.1%[②]，占绝对优势。20 世纪初除丝织工业的燃料以石油产品为主以外，其他纺织工业部门的燃料都以煤炭为主。

制糖业和煮盐业。南俄地区制糖业最为发达，该地区的产品质量高、价格低廉，因此南俄糖类产品不但畅销国内，而且大量出口国外。制糖业是南俄地区早期的支柱产业之一，除本地盛产甜菜外，丰富的煤炭资源也是该地制糖业发展的原因之一。煮盐业也是南俄地区早期重要的工业部门之一，顿涅茨克煤炭最早用于煮盐业，18 世纪末南俄煮盐厂就开始使用煤炭作为燃料，1790—1794 年煤炭开采量较少，主要供给酿酒厂和煮盐工厂，1797—1806 年煤炭产量仅为 244 万普特[③]。上述两个部门的煤炭需求量巨大，1900 年、1902 年、1904 年、1906 年、1908 年、1910 年、1912 年和 1913 年顿涅茨克煤田运往制糖厂煤炭数量分别为 280 万普特、3782 万普特、3416 万普特、5429 万普特、3956 万普特、5429 万普特、

① Дьяконова И. А. Нефть и уголь в энергетике царской России в международных сопоставлениях. С. 93-94.
② Дьяконова И. А. Нефть и уголь в энергетике царской России в международных сопоставлениях. С. 93.
③ Братченко Б. Ф. История угледобычи в России. С. 101.

6100 万普特、6222 万普特，这些年份顿涅茨克煤田运往煮盐厂的煤炭数量分别为 305 万普特、305 万普特、488 万普特、549 万普特、549 万普特、610 万普特、546 万普特、610 万普特①。虽然上述工业部门的煤炭需求量无法与冶金工业和铁路部门相较，但其需求量也不容忽视。

呢绒和混纺工业。俄国呢绒工业始于 18 世纪初，彼得一世时期俄国就创建了大型国有呢绒工厂，国家提供农奴和贷款，呢绒工业迅速崛起。19 世纪下半期因农奴制劳动工作效率低下，国有呢绒工厂的地位一落千丈，以自由雇佣劳动力和蒸汽机为特征的新型呢绒工业发展迅速。虽然呢绒工厂一直以木制燃料为主，但 20 世纪初该工业部门的矿物燃料中煤炭已占据主导地位。20 世纪初，混纺工业迅速发展，产品价值已从 1900 年的 3350 万卢布增至 1908 年的 5250 万卢布，增长了约 56.7%。虽然该工业部门的燃料中木柴的比重最高，但矿物燃料中煤炭的比重最高，煤炭的比重从 30.8% 降至 29.6%，而此时石油的比重从 22.8% 降至 11.3%②，因此该工业部门中煤炭的作用不容忽视。

俄国工业和运输业的燃料结构中，除煤炭和石油产品的竞争外，木柴也是矿物燃料的主要竞争对手之一。在俄国能源工业崛起之前，木柴一直是工业和运输业的主要燃料，即便燃料结构中矿物燃料占主导，木柴的消耗量仍不容忽视，一些地区和诸多工业部门中木柴仍占主导地位。木柴长期使用的主要原因如下：第一，部分地区森林资源丰富，木柴砍伐容易，其成本明显低于矿物燃料；第二，一些工业部门的锅炉长期使用木柴作为燃料，一时很难更换；第三，木柴是一些地区工业部门、铁路部门和家庭取暖的主要燃料，因此十月革命前俄国燃料结构中木柴比例仍较高，1900 年和 1908 年燃料结构中木柴的比例分别为 20.4% 和 12.1%③。在矿物燃料的价格提高时，木柴的需求量就迅速增加。铁路部门的木柴需求量最高，1905 年和 1906 年铁路部门的燃料中木柴的比例分别为 23% 和 19%，

---

① Кафенгауз Л. Б. Эволюция промышленного производства России（последняя треть XIXв. —30-е годы XXв）. С. 73，126.

② Дьяконова И. А. Нефть и уголь в энергетике царской России в международных сопоставлениях. С. 93；Кафенгауз Л. Б. Эволюция промышленного производства России（последняя треть XIXв. — 30-е годы XXв）. С. 112.

③ Дьяконова И. А. Нефть и уголь в энергетике царской России в международных сопоставлениях. С. 97.

1906—1907 年 10% 的蒸汽机车仍使用木柴作为燃料。其中里加—奥廖尔铁路、莫斯科—雷宾斯克铁路、西北铁路和波列斯克铁路的燃料结构中木柴的比例较高。即便 20 世纪初铁路部门的燃料结构中煤炭的比例最高，但每年铁路部门仍需大量木柴作为燃料，1906—1912 年铁路部门的木柴需求量为 1.2 亿立方俄丈[①]。

　　1861 年农奴制改革后，俄国经济的发展速度加快。工业与运输业发展日新月异，至 19 世纪末，俄国资本主义的物质基础形成。在俄国资本主义经济发展的过程中，工业和运输业使用并推广矿物燃料具有重要意义，其强有力地刺激了煤炭和石油工业的迅速发展。阿塞拜疆石油工业是俄国最发达的重工业部门之一，它是俄国资本主义发展的产物，其发展速度之快，史无前例。19 世纪末，俄国的采油量赶上并一度超过了美国，居世界首位。工业和运输业石油产品的需求量与日俱增，强有力地刺激了石油工业的发展。至 19 世纪末，巴库石油在国家的燃料结构中举足轻重，里海和伏尔加河的轮船，黑海的远洋船队，俄国欧洲部分河流的一些船只，多数铁路，伏尔加河流域、中部、北部和俄国其他工业区的工业企业，无不以巴库石油产品作为燃料。重工业和运输业的石油燃料需求量增加，意味着价格高、热值低、不易运输的木柴受到排挤。与西方国家相比，19 世纪下半期俄国率先使用石油产品作为燃料，对俄国的经济造成巨大影响，其中既有积极意义，也产生了诸多负面影响。一方面，石油燃料的大规模使用促进了诸多地区大批工业企业的迅速建立，如中部工业区和伏尔加河中部地区的莫斯科省、斯摩棱斯克省、土拉省、梁赞省、特维尔省、弗拉基米尔省、雅罗斯拉夫尔省、下诺夫哥罗德省建立了大批工业企业，1911 年以前这些地区工业企业的石油燃料需求量高于顿涅茨克煤炭需求量。另一方面，俄国石油的开采、加工和消费方式落后，重油主要用于蒸汽锅炉燃料，而未用于内燃机，造成资源严重浪费，20 世纪初俄国石油的消费量为欧洲各国的总和。此外，巴库地区距离内陆地区较远，造成诸多工业部门燃料供应不足。20 世纪初，俄国煤炭工业迅速发展，虽然俄国煤炭并未完全垄断国内市场，其发展速度、规模和影响力也远逊色于石油工业，但因石油工业长期停滞不前，俄国燃料结构中煤炭已占据主导地位。

---

① Шполянский Д. И. Монополии угольно-металлургической промышленности юга России в начале XX века. С. 138-139.

19 世纪末，因石油工业飞速发展，在诸多工业部门和运输业的燃料结构中石油燃料占据主导地位，但因 20 世纪初国内外社会经济状况的影响，石油工业发展相对滞后，俄国燃料结构中煤炭的作用日益强化。工业革命的特征之一就是燃料结构中矿物燃料的比重不断攀升，以传统燃料木柴为主的工业部门必定衰落，而以矿物燃料为主的新兴工业部门必将崛起。工业革命开启后，运输革命也随之展开，蒸汽机、内燃机等都以矿物燃料为主。在第一次工业革命中，煤炭的作用无法替代，煤炭是重要的燃料，促进了诸多工业部门的发展。20 世纪初，俄国燃料结构中煤炭占据主导地位，俄国燃料结构模式与西欧国家相同，即便如此，石油产品仍是众多工业部门和运输业的重要燃料，因此，石油和煤炭工业发展是燃料结构矿物化最终完成的动力。能源工业对俄国工业的影响主要包括直接和间接两方面，其直接影响为能源工业的发展推动了诸多工业部门的崛起，如石油工业带动了石油加工业和造船业的发展、煤炭工业拉动了冶金工业和炼焦工业的发展，此影响较为直观。其间接影响主要体现为矿物燃料在工业和运输业领域广泛使用后，俄国燃料结构矿物化最终完成，交通运输革命也随之完成。能源工业成为促进俄国工业化顺利完成的重要因素，本章着重阐述俄国工业和运输业中矿物燃料的使用状况，第六章详细分析能源工业在俄国工业化过程中的作用。

第六章

俄国工业化过程中能源工业的作用

  工业化是现代化的核心部分，衡量一个国家工业化发展程度的指标众多，笔者不能一一陈述，只从能源工业带动相关工业部门发展的角度探析该工业部门对俄国工业化进程的影响。虽然各国工业化的发展模式各异，但工业化都以工业革命为基础，生产力和生产方式都发生了巨大变革。19 世纪下半期俄国工业化进程开启后，诸多工业部门迅速崛起，能源工业飞速发展就是例证。能源工业为俄国工业和运输业提供了丰富燃料，同时带动了诸多工业部门的发展，其发展状况在一定程度上决定着俄国工业化的进程。能源工业的发展直接推动了俄国的工业化进程，石油工业的发展直接带动了石油加工业、交通运输业、冶金和造船业等工业部门的发展，而煤炭工业的崛起在推动冶金工业发展的同时，其相关附属部门也快速发展。为了更好地阐述俄国工业化进程中能源工业的作用，笔者分别从石油工业和煤炭工业的影响来进行分析。需要说明的是，因石油工业的发展规模和速度远超过煤炭工业，所以石油工业对俄国工业化的影响强度大于煤炭工业，其影响领域包括工业、运输业等重要部门，涉及范围甚广。煤炭工业的影响略逊一筹，对运输业的影响仅限于为铁路和水运部门提供燃料，因此，笔者着重从工业角度论述煤炭工业的影响。

第一节 石油工业的影响

石油工业作为第一次工业革命的产物，在为工业和运输业提供大量燃料的同时，也促进了石油深加工业和运输业的发展。就石油深加工业而言，煤油、润滑油和汽油等新型燃料的广泛使用不但为石油企业主带来了巨大利润，同时也推动了俄国石油工业的飞速发展。阿塞拜疆石油工业的发展和俄国石油燃料需求量的猛增导致巴库石油及其产品大量外运，巴库外运的大部分石油产品经水路运往俄国国内市场，里海和伏尔加河输油船队迅速壮大，加速了里海和伏尔加河流域造船业和修船业的发展，同时还促进了石油仓储设施的进一步完善。19 世纪 80—90 年代，铁路部门、工业企业、远洋货轮、内河蒸汽轮船普遍使用石油燃料，俄国石油机器制造业应运而生。此外，随着俄国石油开采和钻探技术的提高，钻管、蒸汽机和管道等设备的需求量激增，因此，石油工业的发展在一定程度上推动了冶金工业和机器制造业的发展。

一、直接推动石油加工业发展

随着俄国石油开采和钻探技术的提高，石油企业主开始关注石油加工业。俄国石油加工业发展较早，但 19 世纪 80 年代之后该工业部门才迅速崛起，最初该工业部门的产品以煤油为主，所以很长一段时间内俄国石油工业的煤油化特征显著，但随着石油燃料在工业和运输业的广泛使用，国内煤油的消费量停滞不前，石油工业开始出现重油化特征。因国内外市场的煤油需求量有限，重油的需求量迅速提高，但很多工厂主十分关注石油深加工业务，汽油、润滑油和硫酸加工业快速发展。为了更好地阐述石油加工业的发展状况，笔者以俄国石油工业中最具代表性的巴库石油加工业为例，展开论述。

巴库石油加工业的发展分为两大阶段。第一阶段为 19 世纪 80 年代中期以前，此时巴库石油加工业的主要产品为煤油，因技术落后，石油加工业产品产量有限，主要用于家庭照明。因润滑油使用范围有限，其产量较少。重油仍被当作废料丢弃，汽油更未引起消费者重视。第二阶段为 19 世纪 80 年代至 20 世纪初，此阶段为俄国石油加工业快速发展阶段，该阶段不但煤油产量大增，开始出口国外，重油更成为工业和运输业的主要燃料，国内重油需求量大增。随着内燃机的发明，汽油的产量也大幅度提高，俄国润滑油更是因质量较好，大量出口国外。值得一提的是此时期巴库石油加工业具有重油特征。巴库企业主提炼煤油时，提取后 70%—80% 为重油，从 1893 年开始，巴库石油工业重油占据主导地位，此趋势一直持续至十月革命期间。

煤油加工业的开端。石油加工业由来已久，但其具体产生时间，各国学者争论不休。经考证，19 世纪初俄国就开始蒸馏煤油，但产量有限。1823 年，俄国第一家现代意义上的石油加工厂——杜宾兄弟石油加工厂成立，而美国于 19 世纪 50 年代才产生石油加工厂。但此时的加工产品只能被称为照明物质，因杂质较高，不能称为煤油，同时浪费严重。杜宾兄弟石油加工厂位于格罗兹尼附近的沃兹涅先矿区内。工厂主想通过蒸馏方法获得纯度较高的轻型煤油以便直接作为照明物质使用。该工厂的工程师经过不断改进生产技术，从 40 桶石油中获得了 16 桶煤油，这种煤油十分畅销，主要销售至莫斯科、下诺夫哥罗德等城市，而渣油作为润滑油在当地销售。但俄国政府并未给予相应的扶持，工厂的规模难以进一步扩大。即便如此，该工厂的石油蒸馏经验对高加索地区石油加工工业的发展影响巨大，高加索地区大型石油加工厂都以其为模板，生产工艺和经营模式也未发生重大改变。此后诸多石油加工厂陆续建立，蒸馏技术不断完善，但因缺少运输工具，巴库煤油很难销售至国内市场。1872 年，巴库石油加工厂的数量已达 57 家，煤油产量已达 50 万普特；1873 年，巴库石油加工厂的数量迅速增至 80 家[①]。因包税制度的阻碍，工厂主不愿意投入大量资金以及改进生产技术，因此巴库石油加工业发展缓慢。一般小工厂拥有 2—3 个蒸馏器，蒸馏器的单位容量为 10—15 普特，产品质量十分粗糙，很难与国外同类产品竞争。

石油蒸馏技术完善后煤油产量大增。巴库地区的石油加工厂最初都使用定期运行蒸馏器加工煤油。蒸馏器由铸铁和生铁制成，铸铁蒸馏器为梨形圆底容器，因质量大、价格高和不易修理而不能得到广泛普及，因此蒸馏容器以生铁制为主。虽然此时国外石油蒸馏技术发展较快，但铁制蒸馏

---

① Лисичкин С. М. Очерки по истории развития отечественной нефтяной промышленности. C. 197; Наниташвили Н. Л. Экспансия иностранного капитала в Закавказье（конец XIX—начало XX вв.）. C. 66.

器形状各异，圆柱圆底蒸馏器的容量可达 240—600 普特，是当时较为常见的蒸馏器。随着石油蒸馏技术的不断完善，冷藏设备开始应用于蒸馏器中，蒸馏器管道一般为 3—6 英寸，其长度主要取决于蒸馏器的体积。一般蒸馏的温度为 220—250 摄氏度。硫酸等物质也开始用于蒸馏器的清洗工作。叶轮搅拌器最初为手动装置，逐渐过渡为蒸汽驱动和滑轮驱动。随着持续运行蒸馏器的广泛使用，石油的蒸馏技术迅速提高，煤油的产量迅速增加，煤油的质量也有所改善。石油加工业核心装置周期运转的独立蒸馏器被连续运转的蒸馏器组所取代，独立蒸馏器的主要缺点是工人用于蒸馏石油的时间短，大部分时间都于填料、蒸馏过程前的加热和冷却以及煤油蒸馏后重油的提取业务上，因此独立蒸馏器效率低。此外，独立蒸馏器还不能对石油蒸馏后的蒸馏部分进行稳定回收，造成煤油质量粗糙和生产效率低下。连续运转蒸馏器因其优点快速普及，1893 年连续运转蒸馏器的数量为 180 个，为总蒸馏器数量的 15.7%，1901 年其数量已达 791 个，占总蒸馏器数量的比例已达 79.1%[①]。随着石油加工品产量的提高，硫化物清洗容器数量增加，蒸汽动力装置功率提升、存储装置数量增加，内部运输装置也开始大规模调整。1910 年巴库地区持续运转蒸馏器占总蒸馏器数量的比例已达 90.7%[②]，俄国专家已完全掌握高质量蒸馏器的生产工艺和应用技术。生产工艺完善后煤油的产量迅速增加。巴库地区煤油产量从 1871 年的 38 万普特增至 1880 年的 78 万普特，1895 已达 326 万普特，1900 年达 1.2 亿普特[③]。俄国煤油产量巨大，长期出口国外，在石油加工业中最具代表性，但除煤油外，润滑油、汽油和硫酸等产品的产量也逐年增加，其发展状况也值得深究。

　　19 世纪末，石油加工业的重油特征日趋明显。19 世纪末，煤油产量虽逐年增加，但其比例却逐年下降，1887 年、1890 年、1895 年和 1900

---

①　Ахундов Б. Ю. Монополистический капитал в дореволюционной бакинской нефтяной промышленности. С. 18.

②　Наниташвили Н. Л. Экспансия иностранного капитала в Закавказье（конец XIX—начало XX вв.）. С. 64；Лисичкин С. М. Очерки по истории развития отечественной нефтяной промышленности. С. 231.

③　Кафенгауз Л. Б. Эволюция промышленного производства России. последняя треть XIXв. —30-е годы XXв）. С. 29；Ахундов Б. Ю. Монополистический капитал в дореволюционной бакинской нефтяной промышленности. С. 23；Наниташвили Н. Л. Экспансия иностранного капитала в Закавказье（конец XIX—начало XX вв.）. С. 66，148，238.

年石油产品结构中其比例分别为 49.4%、39.8%、30.0% 和 29.9%，重油的比例却逐年增加，1887 年、1895 年和 1900 年重油的比例分别为 47.9%、67.1% 和 66.3%[①]。煤油减产的同时，重油产量剧增。1891—1900 年巴库地区的煤油和重油产量分别增长了 62% 和 180%，1892 年煤油产值为重油产值的 3.5 倍，而 1900 年重油产值为煤油产值的 1.5 倍，煤油收入一再减少，1892 年、1894 年和 1897 年煤油产值分别占石油加工业产值的 77.3%、41.4% 和 36.7%[②]。大石油公司更热衷于生产重油，1881—1892 年诺贝尔兄弟集团的年均重油产量从 156 万普特增至 2680 万普特，增长了约 16 倍[③]。热量较高、价格低廉等优势致使 19 世纪 90 年代，特别是 20 世纪重油成为工业和运输业的主要燃料。1885 年铁路部门的重油需求量仅为 500 万普特，1890 年其需求量增长至 1800 万普特，1897 年增长至 7200 万普特[④]。与此同时在石油贸易中，重油的比例上升，如 1894 年巴库地区石油贸易中煤油和重油的交易量分别为 7090 万普特和 1.03 亿普特；1895 年其交易量分别为 8600 万普特和 1.85 亿普特；1898 年其交易量分别为 9500 万普特和 2.42 亿普特；1900 年其交易量分别为 1.24 亿普特和 2.64 亿普特，重油的交易量明显超过煤油[⑤]。20 世纪初，整个里海和伏尔加河舰队、众多铁路线路、成千上万工厂都使用重油作为燃料。此时国外市场的重油需求量也迅速增加。因重油产量增加，很多工厂放弃生产煤油，转产重油。石油加工业中煤油的产量处于第二位，巴库石油加工业也由煤油化阶段过渡至重油化阶段。

润滑油的生产。人类使用润滑油由来已久。随着机器的不断完善，其对润滑材料的要求逐步提高，润滑油也从水逐渐过渡为动植物油脂和专业润滑油。19 世纪下半期，美国润滑油垄断了俄国和西欧市场，但美国润滑油质量粗糙，需不断完善生产工艺。美国石油企业主试图从重油中获得润滑油，把重油和动植物油脂混合在一起充当润滑油，为获得良好黏性，美

---

① Кафенгауз Л. Б. Эволюция прошмышленного производства России（последняя третьXIXв. —30-е годы XXв）. С. 29；Самедов В. А. Нефть и экономика России（80—90-е годы X IXвека）. С. 22.

② Самедов В. А. Нефть и экономика России（80—90-е годы X IXвека）. С. 23.

③ Дьяконова И. А. Нобелевская корпорация в России. С. 87.

④ Ахундов В. Ю. Монополистический капитал в дореволюционной бакинской нефтяной пром ышленности. С. 14.

⑤ Дьяконова И. А. Нефть и уголь в энергетике царской России в международных сопоставлениях. С. 55.

国石油企业主在混合物中添加了马来树胶。19 世纪 60 年代，美国产生了新型润滑油，其生产工艺是用骨炭过滤原油来生产润滑油，但产品质量仍十分粗糙。19 世纪 70 年代，巴库地区维伊杰尔和巴加洛夫工厂的润滑油产量最大。巴加洛夫工厂主要生产沥青和润滑油，工厂由巴库杰出的工程师古里沙巴洛夫创立，该工厂生产工艺较高，生产润滑油的锅炉高度达 2.5 米，直径达 2 米。该工厂使用重油加热蒸馏器，蒸馏器容量达 500 普特，加热过程一般为 12.5 个小时，蒸馏器制冷时间为 6 个小时，然后重新加热，整个生产流程约 24 个小时。随着生产工艺的不断完善，润滑油生产在全国范围内普及，圣彼得堡、芬兰和斯摩陵斯克相继建立工厂生产润滑油。最初生产的润滑油气味较大，不适合作为润滑燃料，对人体健康伤害极大，即便仔细过滤，润滑性仍较差。俄国工程师不断改善润滑油的生产技术并完善生产工艺，19 世纪末俄国润滑油的生产工艺明显高于其他国家，1888 年其润滑油的产量已达 257 万普特，1895 年其产量增至 692 万普特，1904 年其产量增至 1990 万普特，其中 1360 万普特出口国外，630 万普特运至国内市场[1]。俄国生产的润滑油质量较好，不但迅速占领了国内市场，而且开始大量出口国外，主要出口国为英国、法国、德国和奥地利等国家，1905 年俄国生产的润滑油已占德国润滑油进口总量的 46.5%。1888 年和 1912 年俄国润滑油的出口量分别为 280 万普特和 1650 万普特[2]。俄国很多大型石油企业如希巴耶夫公司、诺贝尔兄弟集团等相继建立了润滑油加工厂。

俄国大部分工厂都用硫酸清洗润滑油来获得高质量的润滑油，因此硫酸加工厂也陆续建立。硫酸作为石油加工业的重要原料，最初从国外进口，因国内价格居高不下，利润高，很多大企业从国外进口设备，在巴库地区建立硫酸工厂。巴库地区主要的硫酸工厂有四家，分别是诺贝尔兄弟集团硫酸厂、希巴耶夫硫酸厂、杜巴耶夫硫酸厂和加里德留斯特硫酸厂，1894 年上述几家工厂的硫酸产量分别为 25 万普特、18 万普特、3 万普特

---

① Лисичкин С. М. Очерки по истории развития отечественной нефтяной промышленности. С. 259, 270; Кафенгауз Л. Б. Эволюция промышленного производства России (последняя треть XIXв. —30-е годы XXв). С. 29; Ахундов Б. Ю. Монополистический капитал в дореволюционной бакинской нефтяной промышленности. С. 25；Наниташвили Н. Л. Экспансия иностранного капитала в Закавказье (конец XIX—начало XX вв.). С. 68.

② Лисичкин С. М. Очерки по истории развития отечественной нефтяной промышленности. С. 269.

和 2 万普特，因价格较低和质量较好，这些硫酸十分畅销。除硫酸外，这几家硫酸厂还生产黑酸和白酸，1894 年其黑酸和白酸的产量都为 1 万普特，64—66 度白酸的价格为 75 戈比/普特，黑酸的价格为 60 戈比/普特，产品供不应求[①]。1895 年，巴库地区已有 6 家硫酸工厂，即诺贝尔兄弟集团硫酸厂、阿达莫夫硫酸厂、杜巴耶夫硫酸厂、加里德留斯特硫酸厂、希巴耶夫硫酸厂和塔吉耶夫硫酸厂。1894 年，诺贝尔兄弟集团硫酸厂初次使用铜矿石生产硫酸，硫酸的产量迅速提高。该工厂和铜矿公司签署合同，定期进口原料。润滑油在勾兑一定比例的酸碱后产品质量迅速提高。硫酸和苛性钠的产量也迅速提高，这些物质是清洗汽油和润滑油必不可少的材料。1909 年，巴库地区已有 7 家大型专业硫酸厂，年生产硫酸超过100 万普特，还有 4 家苛性钠生产工厂，年生产苛性纳 20 万普特[②]。除上述工厂外，1890—1900 年还产生了石油垃圾处理厂，主要负责清洗装置和相关修理工作。第一次世界大战期间诺贝尔兄弟集团硫酸厂在加工硫酸垃圾时获得新产品，该产品很快在染料工业和肥皂工业中普及，此时巴库地区还成立了生产苯和甲苯的专业工厂，主要为炸药厂提供原料。

　　汽油加工业。十月革命前巴库石油加工业发展迅速，除生产煤油和润滑油外，还开始生产汽油。汽油的挥发性最高，为轻质馏分，巴库石油企业主最初从煤油中提取汽油，但因生产成本较高和安全性较低，汽油的产量较低。随后石油企业主尝试从重油中提取汽油，汽油的产量迅速提高。内燃机和发动机的广泛使用促进了石油深加工业的发展，当内燃机使用液体燃料（重油、煤油和汽油）后功率迅速提高、重量迅速减少。1885年，达梅尔发明了世界上第一台煤油发动机，所以 1885 年可被认定为煤油发动机的诞生日。1893 年，迪塞尔发明内燃发动机，此后石油产品成为内燃机的主要燃料。世界上第一台以重油为燃料的内燃机在俄国制造。1898 年，俄国迪塞尔发动机公司成立，该公司生产的发动机功率为 25 马力，单位马力每小时的石油产品需求量为 240 克。1903 年，发动机的功率已达 120 马力，至 1910 年，俄国境内使用汽油作为燃料的内燃机的功

---

① Наниташвили Н. Л. Экспансия иностранного капитала в Закавказье（конец XIX—начало XX вв.）. С. 68.

② Ахундов Б. Ю. Монополистический капитал в дореволюционной бакинской нефтяной промышленности. С. 18.

率已达 21 万马力①。俄国内燃发动机的广泛使用促进了汽车、航空和造船业的发展，与此同时，汽油的需求量大增。

20 世纪初，俄国的汽油产量迅速增加。因内燃发动机的广泛使用，汽油的需求量明显增加，1890 年汽油开始成为橡胶、洗毛和骨头煅烧行业必备的产品。但是此时巴库地区还没有专门的工厂生产汽油。1891年，诺贝尔兄弟集团在巴库建立了第一家汽油加工厂，当时俄国所需汽油都是从德国进口的，德国进口巴库石油后，在本国生产汽油，又出口至俄国，因此巴库石油企业主为增加公司利润开始尝试生产汽油。由于内燃机的快速普及，汽油迅速成为巴库石油加工业的主要产品之一。1892 年巴库地区已建成 3 家汽油加工厂，1900 年巴库地区已有 4 家专业的汽油加工厂。1889 年俄国汽油的产量为 8.7 万普特，1895 年其数量达 30 万普特。因汽油价格较高，很多厂家转产汽油，1911 年俄国汽油的产量已达 1390 万普特，在石油加工产品中所占的比例已近 1%。1906 年巴库地区汽油的产量仅为 40 万普特，至 1908 年，其产量已超过 1000 万普特，大企业凭借资金和技术优势，对石油深加工工业的兴趣日益加深。随着石油加工业务的发展，1895—1915 年巴库地区的工厂数量迅速增加，产品种类也发生了变化，虽然市场上汽油和润滑油的产量增加，但煤油和重油的产量仍占首位，1900 年、1910 年和 1914 年重油和润滑油的比例分别为94.5%、84.7%和 87.5%②。

俄国石油工业中影响重大的部门首推石油加工业，该部门的发展是石油工业告别传统的粗放型生产模式向集约型转变的标志，虽然煤油、汽油和润滑油的产量大幅度增加并大量出口国外，但十月革命前俄国石油工业仍为粗放型生产模式。俄国石油工业的发展促进了诸多工业部门的发展，不但催生了里海和伏尔加河输油船队，还促进了冶金工业和造船业等相关部门的发展。

---

① Лисичкин С. М. Очерки по истории развития отечественной нефтяной промышленности. С. 280.

② Кафенгауз Л. Б. Эволюция промышленного производства России（последняя треть XIXв.—30-е годы XXв）. С. 29；Наниташвили Н. Л. Экспансия иностранного капитала в Закавказье（конец XIX— начало XX вв.）. С. 68；Лисичкин С. М. Очерки по истории развития отечественной нефтяной промышленности. С. 281；Ахундов Б. Ю. Монополистический капитал в дореволюционной бакинской нефтяной промышленности. С. 16，25.

二、促进输油船队诞生和仓储设施完善

巴库油田位于里海沿岸，距离内陆较远，因此巴库石油外运多依靠水路运输，即便 19 世纪末铁路成为货物运输的主角，但巴库石油产品的运输仍以水路运输为主。石油工业在促进里海和伏尔加河流域运输业繁荣的同时，石油仓储设施也逐步完善，为保存石油，诸多港口都建有石油仓库，港口基础设施也不断完善。

（一）里海和伏尔加河输油船队诞生

伏尔加河流域自古就是俄国主要的内河航线，也是重要的贸易线路。18 世纪，阿斯特拉罕鱼、盐和进口货物就沿着伏尔加河运至中上游各口岸，中下游金属、木材和粮食等货物也沿伏尔加河运至阿斯特拉罕和里海地区。里海与伏尔加河密切联系是巴库石油运至俄国国内市场的基础，便利的水路运输是巴库石油产品市场规模和容量扩大的前提。巴库石油工业的发展直接促进了里海和伏尔加河流域输油船队的诞生，为了更好地阐述该问题，笔者从该地区运油船种类的变化、里海输油船队和伏尔加河输油船队等几方面来探析石油工业对水路运输的影响。

运油船种类的变化。18 世纪和 19 世纪上半期，俄国船只多以木船为主，除木筏和木排外，还有帆船、驳船、拖轮等类型船只，19 世纪上半期俄国轮船的数量迅速增加，1861 年农奴制改革之前轮船的数量已达 400 艘，至 1913 年，俄国内河轮船数量已达 5500 艘[①]。最初石油运输以帆船为主，俄国帆船多由松木制成，长度为 5—14 俄丈，宽度为 10—12 俄尺，载重量可达 3 万普特[②]。随着石油工业的发展，石油外运量大增，帆船已不能满足石油运输要求，为方便石油运输，里海和伏尔加河流域先后出现金属箱平底船、油罐船、发动机船等船只。在蒸汽油轮广泛使用前，

---

① Сметанин С. И.，КонотоповМ. В. Развитие промышленности в крепостной России. Изд-во «Академический Проект»，2000. С. 410；В. А. Федоров. История России 1861—1917. М.，Высшая школа，2003. С. 88，191.

② Марухин В. Ф. История речного судоходства в России. С. 35；Старый рыбинск. История Города В описаниях совреников XIX – XX вв. Рыбинск Михайлов посад. 1993. С. 97；Смирнов И. А. История северно-Двинской водной системы（Канал герцога Виртембергского）//Кирилло-Белозерский историко-архитектурный и художественный музей Заповедник. Белогодский гос. пед. ин-т. Кириппов историко-краеведческий альманах. Вып 1. Вологда.，Изд-во Русь，1994. С. 103.

帆船是运输石油的主力。因帆船运输量有限且损失巨大，轮船船主开始使用铁制平底船运输石油产品，此类船只使用后货物运行速度和船只载重量增加了 25%，运输成本降低了 35%，修理费用降低了 50%[①]。铁制平底船的建造进程十分缓慢，19 世纪 60 年代俄国只建造了 3 艘长度为 75 米的铁制平底船[②]。19 世纪末，俄国石油产品多使用油轮运输，只有润滑油、汽油等货物才使用包装容器运输。1898 年 1 月，里海地区有容量为 1800 万普特的油轮 752 艘，占运油船只总量的 44%[③]，里海地区蒸汽轮船的数量明显多于白海和波罗的海，略逊于亚速海和黑海，按吨位来算，里海地区的货物容量占全俄第一位。

里海输油船队。巴库地区生产的石油需大量外运，因高加索地区铁路建设滞后、石油管道 19 世纪末才有所发展，最初巴库石油外运以水路为主，主要沿里海经阿斯特拉罕运至国内各港口。巴库地区近 80% 的石油都需要外运，绝大部分石油产品沿里海运至伏尔加河流域[④]，石油运输业务成为里海地区航运的重要业务之一，随着石油运输数量的逐年增加，里海输油船队诞生。最初里海输油船队的船只以帆船为主，1889 年里海输油船队中帆船和蒸汽油轮的数量分别为 275 艘和 28 艘，总容量达 100 万普特，但仍不能满足石油运输的需要；1886—1889 年里海地区新增船只的数量为 125 艘，至 1890 年输油船的数量占里海航行船只总量的 1/4[⑤]。蒸汽油轮因载重量大、运输速度快，逐渐获得企业主的青睐，从 19 世纪 90 年代开始，里海运输船队中帆船的数量迅速减少，蒸汽油轮的数量急剧增加。1894 年，里海输油船队已有 95 艘蒸汽船、251 艘帆船，船只数量仍在增长[⑥]。1898 年，里海输油船队增添了 8 艘大型油轮，其容量为 60 万普特。轮船船主之间的竞争导致运费降低，运费降低又导致轮船船主亏损巨大。为弥补亏损，1898 年，轮船船主签署协议并组成运输同盟，选举出 7 人委员会处理相关事务。蒸汽油轮成为里海输油船队的主

---

① Лисичкин С. М. Очерки по истории развития отечественной нефтяной промышленности. С. 316.

② Шубин А. И. Волга и волжское судоходство. М.，Транспечать，1927. С. 558.

③ Наниташвили Н. Л. Экспансия иностранного капитала в Закавказье（конец XIX—начало XX вв.）. С. 85.

④ Самедов. В. А. Нефть и экономика России（80—90-е годы X IX века）. С. 52.

⑤ Самедов. В. А. Нефть и экономика России（80—90-е годы X IX века）. С. 55-56.

⑥ Наниташвили Н. Л. Экспансия иностранного капитала в Закавказье（конец XIX—начало XX вв.）. С. 84.

导，此时运输同盟中 51 艘帆船的容量为 260 万普特，约占输油队船只数量的 37.4%[①]。1900 年，里海输油船队中蒸汽油轮的地位更加突出，在里海石油产品运输中，蒸汽油轮和帆船运输的货物比例分别为 91.3%和 8.7%[②]。至 1899 年 1 月，里海输油船队共有 334 艘输油船，其容量为 825 万立方俄尺，蒸汽油轮的数量为 129 艘，其容量为 463 万立方俄尺，帆船的数量为 205 艘，其容量为 362 万立方俄尺。蒸汽油轮的容量约占输油船总容量的 56%，但其数量的比例仅为 39%[③]左右。1903 年蒸汽油轮的数量明显少于帆船的数量，但其容量为 200 万立方俄尺，占输油船总容量的 65.5%，蒸汽油轮成为运输石油产品的主力，帆船的作用日渐下降[④]。1899—1913 年里海输油船队的船只数量、载重量详见表 6-1。

表 6-1　1899—1913 年里海输油船队的船只数量及载重量

年份	内燃机船		蒸汽机船		帆船和平底船			船队总运输量/普特
	数量/艘	载重量/普特	数量/艘	载重量/普特	帆船数量/艘	平底船数量/艘	总载重量/普特	
1899	—	—	34	1 317 000	294	—	5 988 000	7 305 000
1902	—	—	126	7 368 000	157	—	4 582 000	11 950 000
1910	2	490 000	128	7 859 000	150	3	4 618 000	12 967 000
1913	7	1 311 000	103	6 974 000	47	11	2 577 000	10 862 000

资料来源：Лисичкин С.М.Очерки по истории развития отечестваной нефтяной промышленности.С.352

随着里海输油船队的诞生，巴库石油经该船队运至伏尔加河流域并出口国外，其中运至伏尔加河流域的石油产品数量最多，致使伏尔加河流域货物结构中石油产品的数量超过粮食，占据第一位。石油工业的发展在促进里海输油船队诞生的同时，伏尔加河流域也诞生了输油船队，但其规模和运油数量逊色于里海地区，诺贝尔兄弟集团等一些大型石油企业垄断了伏尔加河流域的石油运输业务。

伏尔加河输油船队。随着石油工业的发展，大量石油产品经里海地区运至伏尔加河流域，如 1894—1899 年伏尔加河水路商品的总量约为 6 亿

① Наниташвили Н. Л. Экспансия иностранного капитала в Закавказье（конец XIX—начало XX вв.）.С. 85.

② Самедов. В. А. Нефть и экономика России（80—90-е годы X IXвека）. С. 57-58.

③ Наниташвили Н. Л. Экспансия иностранного капитала в Закавказье（конец XIX—начало XX вв.）.С. 85.

④ Наниташвили Н. Л. Экспансия иностранного капитала в Закавказье（конец XIX—начало XX вв.）.С. 86.

普特，其中石油产品的数量为 1.8 亿普特，石油产品的运输量接近 1/3[1]，1901 年经伏尔加河流域运输的货物总量为 5.72 亿普特，石油产品的数量为 2.7 亿普特[2]，其占货物总量的比例已近 1/2，由此可见石油货物在伏尔加河流域水路货运结构中的重要性。如此庞大的货流量催生了伏尔加河输油船队。伏尔加河输油船队的船只变化与里海输油船队类似，最初也以运油帆船、木制和铁制平底船为主，19 世纪末该类船只的运油量占伏尔加河流域石油运送量的 1/3[3]，随着蒸汽轮船的快速普及，最终蒸汽轮船成为伏尔加河流域运油的主力。伏尔加河输油船队使用专门运输原油和重油的拖轮后，运输成本大大降低，从巴库到下诺夫哥罗德每普特石油的运输成本从 45 戈比降至 12 戈比。1884 年每普特石油从阿斯特拉罕运至察里津、萨拉托夫、萨马拉和喀山的运费分别为 2.9 戈比、4.8 戈比、6.1 戈比和 6.5 戈比。运费降低引起煤油价格迅速下降，煤油价格从 1880 年的 1 卢布 36 戈比/普特下降至 1882 年的 33 戈比/普特[4]。运费降低后巴库石油产品的运输量也大幅度增加，19 世纪 80—90 年代里海和伏尔加河输油船队将巴库石油运至俄国工业中心，此时巴库石油燃料的运输距离达 2900 俄里，成为俄国国内水路线路的主要货物之一。伏尔加河输油船队中诺贝尔兄弟集团的运油队最具代表性，1914 年石油产品成为伏尔加河流域主要的货流之一，伏尔加河流域油轮数量众多，1913 年伏尔加河流域铁制油罐船的数量为 160 艘，其中 72 艘属于诺贝尔—马祖特公司，诺贝尔兄弟集团的船只数量为 46 艘，马祖特公司的船只数量为 26 艘。19 世纪末诺贝尔兄弟集团和罗斯柴尔德家族的里海-黑海石油工商业公司控制了俄国 70%的石油贸易[5]。随着石油运输业务的发展，大企业开始关注石油存储业务，巴库油田、里海和伏尔加河沿岸港口的仓储设施逐步完善。

[1] Мавейчук А. А., Фукс И. Г. Истоки российской нефти: Исторические очерки. С. 231.

[2] Соловьева А. М. Железнодорожный транспорт России во второй половине XIXв. С. 208; Клейн Н. Л. Факторы развития хозяйства Поволжья на рубеже XIX—XX веков//НИИ проблем экономической истории России XX века волгоградского государственного университеиа. Экономическая история России: проблемы, пойски, решения: Ежегодник. Вып. 2. Волгоград., Изд-во Вол ГУ, 2000. С. 108; Бессолицын А. А. Поволжский региона на рубеже XIX—XXвв. С. 197.

[3] Самедов. В. А. Нефтъ и экономика России (80—90-е годы XIXвека). С. 60.

[4] Лисичкин С. М. Очерки по истории развития отечественной нефтяной промышленности. С. 322.

[5] Мир-Бабаев М. Ф. Краткая история Азербайджанской нефти. С. 45.

（二）石油产品仓储设施逐渐完善

19 世纪 80 年代，巴库石油工业的发展促进了石油产品保存方式的逐步完善，很多大型石油公司如诺贝尔兄弟集团、希巴耶夫和里海-黑海石油工商业公司等都非常注重石油存储业务。1894 年，诺贝尔兄弟集团已有 10 个露天油坑，其存储量为 400 万普特，此时巴库地区共有 11 个油坑。此外黑城和白城还建立了众多小型仓库，总容量达 6500 万普特。1895 年，巴库地区已有众多石制、铁制的油坑，主要用于保存原油。1899 年，64.7%的石制和铁制油坑属于几家大型石油企业，分别是诺贝尔兄弟集团、希巴耶夫公司、马塔舍夫公司、里海-黑海石油工商业公司。1898 年原油存储器的数量为 266 个，容量为 8283 万普特，重油的存储器有 387 个，容量为 1.4 亿普特，石油存储器中铁制存储器数量最多；1903 年 1 月，阿普歇伦半岛石油产品的存储器达 2049 个，其容量为 3.8 亿普特[①]。因石油工业快速发展，许多大型石油企业十分关注石油仓储设施的修建和完善工作。

19 世纪八九十年代，存储足够的石油产品是控制石油燃料价格的重要手段。19 世纪末，俄国石油燃料的所有消费地（500 个城市）都能存储石油。1900 年，阿斯特拉罕、下诺夫哥罗德、萨拉托夫、雅罗斯拉夫尔、察里津是伏尔加河流域城市中储油量较大的城市。俄国内陆存储的石油主要用于冬季调节石油交易量，巴库存储的石油则主要是为了在伏尔加河通航后能迅速将石油产品运往伏尔加河流域。俄国内陆和巴库石油存储业务的发展致使大企业能够随意调节石油价格。1888—1899 年，下诺夫哥罗德的煤油存储量从 200 万减至 125 万普特，而重油的存储量则从 615 万普特增至 2670 万普特。大石油企业存储大量石油产品以垄断石油价格，如 1896 年和 1898 年诺贝尔兄弟集团在俄国 58 个城市和巴库油田分别存储石油产品 5200 万普特和 3250 万普特[②]。大型石油企业通过控制市场上石油产品的供应量来抬高油价，因此，它们十分关注石油仓储设施的修建和完善业务。

---

① Наниташвили Н. Л. Экспансия иностранного капитала в Закавказье（конец XIX—начало XX вв.）. С. 73，76，78.

② Фукс И. Г.，МавейчукА. А. Иллюстрированные очерки по истории российского нефтегазового дела. Часть 2. С. 57；В. А. Самедов. Нефть и экономика России（80—90-е годы X IXвека）. С. 93.

大型石油企业的仓储设施最为完善。1907 年，诺贝尔—马祖特公司有众多石油仓库，主要保存巴库石油产品。1900 年约有 2000 个石油仓库，总容量为 2.7 亿普特。伏尔加河沿岸的石油仓库最多，1900 年阿斯特拉罕石油仓库的总容量为 3500 万普特，萨拉托夫有 46 个铁路存储仓库和大量油坑以存储石油，多属诺贝尔兄弟集团、里海-黑海石油工商业公司、梁赞—乌拉尔铁路集团和东方公司所有，石油仓库的存储容量达 2000 万普特。1899 年下诺夫哥罗德港口的仓库中重油的存储量为 890 万普特，其中诺贝尔兄弟集团和罗斯柴尔德家族所属公司仓库的存储量分别为 296 万普特和 290 万普特[①]。在察里津诺贝尔兄弟集团有 10 个铁制存储器，其单位容量为 7 万普特，还有 2 个容量为 10 万普特的石制存储器[②]。随着石油工业的不断发展和石油外运量的增加，大企业十分关注石油产品的存储业务，其目的在于通过控制石油产品的存储量来干预油价和运输量以便获得高额利润。

三、拉动冶金工业发展

石油工业对冶金工业的影响如下：一是因重油价格低廉，中部工业区诸多冶金工厂和机器制造厂都使用重油作为燃料，客观上降低了冶金工业的生产成本；二是随着石油钻探技术的提高，零件需求量大增，带动了南俄冶金工业的发展；三是石油加工业中蒸汽机大规模使用，石油运输业发展带动造船业崛起，蒸汽机和内燃机的需求量大增，拉动机器制造业发展。下文对其详细阐述。

第一，石油燃料降低了冶金工业的生产成本。俄国冶金工业主要集中于乌拉尔和南俄地区，乌拉尔冶金工业的燃料主要是木柴，南俄冶金工业的燃料主要为顿涅茨克煤炭和焦炭。俄国其他工业区虽然无法与上述冶金基地相比，但其金属产量也十分可观，其他地区的冶金工业或以煤炭，或以木柴作为燃料，但随着 19 世纪末石油工业的快速发展，冶金工业燃料中石油产品的比例快速提升。很多地区的冶金企业都开始使用重油作为燃料，乌拉尔地区也开始使用重油作为燃料，虽然成效有限，但其燃料也开始了石油化趋势，1900 年冶金工业燃料结构中石油产品的比例一度达

---

① Мир-Бабаев М. Ф. Краткая история Азербайджанской нефти. С. 108.

② Тридцать лет деятельности товарищества нефтяного производства Бр. Нобеля 1879—1909. С. 282.

40%①。19 世纪 90 年代初期，巴库石油燃料主要经输油船队运至中部工业区市场，1891 年俄国冶金工厂的石油需求量为 184 万普特，使用石油燃料的大型冶金工厂有下诺夫哥罗德省的索尔莫夫工厂、维克苏尼工厂，其石油产品的需求量分别为 61 万普特和 28 万普特；弗拉基米尔省的科尔比尼斯克工厂、多夏金斯基工厂，其石油产品需求量分别为 140 万普特和 9000 普特；莫斯科省的安德洛尼耶夫工厂，其石油产品需求量为 71 万普特；圣彼得堡省的圣彼得堡钢铁锻造和铁丝厂，其石油产品需求量为 6 万普特；萨拉托夫省的布良斯基工厂，其石油产品需求量为 61 万普特②。20 世纪初经济危机波及石油工业，冶金工业燃料结构中石煤和焦炭的比例迅速提升，重油的比例迅速下降，煤炭成为冶金工业的主要燃料，即便如此，19 世纪末石油工业对冶金工业的影响仍不可忽视。

第二，石油工业直接带动了南俄冶金工业的发展。随着石油开采、钻探和运输业的快速发展，各种套管、弯管和管道的需求量急剧增加。高加索油田所需管道和套管等产品大多源于南俄地区，因此高加索石油工业的发展在一定程度上带动了南俄冶金工业的发展。以管道为例，19 世纪末至 20 世纪初，俄国管道输送成为运输石油的主要方式之一，至 1917 年，石油管道的长度达 1200 千米③，管道直径一般为 3—8 英寸，大多都由铸铁制造，石油管道所需铁制品都由南俄冶金工厂提供。以石油钻探和开采工业所需零件为例，19 世纪末石油工业飞速发展时期套管、弯管等各种零件的需求量迅速增加，南俄地区一些冶金工厂专门生产油田所需的轧件、铸铁和弯管等零件。1898 年，俄国政府规定石油管道所使用的管材必须由指定的俄国工厂生产，同年第一批国产管材运往施工地。此时管材的主要供货商为马里乌波尔工厂、沙斯诺维茨克工厂和叶卡捷琳诺夫卡工厂④。上述零件主要来自南俄地区的大型冶金工厂，其中以马里乌波尔工厂、沙斯诺维茨克工厂、亚历山大洛夫工厂和顿涅茨克彼得洛夫工厂的供

① Дьяконова И. А. Нефть и уголь в энергетике царской России в международных сопоставлениях. С. 87.

② Тихонов Б. В. Каменноугольная промышленность и черная металлургия России во второй половине XIX в. С. 199.

③ Лисичкин С. М. Очерки по истории развития отечественной нефтяной промышленности. С. 342.

④ Акимов А. В. Использование трубопрокатной продукции в начале XX в. в России//Экономическая история. Ежегодник. 2013. С. 10.

应量较大，上述工厂的主要产品为铸铁、角铁、钢块、盘条、弯管和套管等零件。1900 年南俄地区铸铁和轧件的产量分别为 9190 万普特和 7380 万普特[①]，其中运往高加索地区用于管道、钻探和铁路等领域的产品数量巨大。塔甘罗格工厂专门生产钢板、轨道、条铁和型铁，其中条铁和型铁主要用于制作石油管道。此外，尼古拉-马里乌波里工厂除生产铸铁外主要生产铁板、管道和套管，上述工厂大部分管道和套管制品多运往高加索地区，因此可以说高加索地区石油工业的发展在一定程度上促进了南俄冶金工业产品的多样化。

第三，石油工业的发展拉动了机器制造业的发展。随着巴库石油工业的发展，石油钻探领域蒸汽机的数量迅速增加，蒸汽机由普通单缸机器转变为带冷凝装置的多缸发动机，此后电力发动机等产品也应用于石油工业。石油工业直接拉动了蒸汽机等机器制造业的发展，1907 年巴库油田蒸汽机的需求量已达 2769 台，1909 年巴库地区蒸汽机、石油发动机、天然气发动机和电力发动机采油量的比例分别为 74.3%、3.5%、2.5% 和 19.7%[②]，蒸汽机采油量的比例仍最高，蒸汽机和发动机数量的迅速增加直接促进了机器制造业和相关产业的发展。此外，石油工业还促进了汽车制造业的诞生和发展，20 世纪初俄国机器制造厂已能生产汽车及其配件，如 1910 年里加俄比工厂的汽车产量近 500 台，还有一些工厂专门生产汽车零件或组装汽车，第一次世界大战时莫斯科、雅罗斯拉夫和雷宾斯克等地都建有汽车制造厂，石油工业促进了水路和公路运输工具的改进和完善。

此外，为了更好地为石油工业服务，巴库地区产生了诸多机器制造厂和手工工场，主要负责钻探工具、蒸汽锅炉、泵体和其他设备与装置的生产和维修工作。1890 年，巴库地区建立阿里别科夫索具厂，专门为油田生产金属绳索。同时巴库地区还建立了阿特拉斯制砖厂，专门为油田提供砖块，此外还成立了专门生产木桶和铁皮的工厂。1900 年，巴库地区已经有 80 家机械工厂、14 家化工厂、18 家制砖厂和多家索具厂和制桶厂[③]。石油

[①] Бакулев Г. Д. Черная металлургия Юга России. С. 230.

[②] Лисичкин С. М. Очерки по истории развития отечественной нефтяной промышленности. С. 151, 156.

[③] Ахундов В. Ю. Монополистический капитал в дореволюционной бакинской нефтяной промышленности. С. 12.

开采和钻探领域中蒸汽机和发电机的快速普及直接带动了俄国机器制造业的发展，因此石油工业对冶金工业和机器制造业的影响也不容忽视。

四、刺激巴库电力工业蓬勃发展

19 世纪末，俄国电力工业迅速发展，在电力工业发展的进程中巴库石油工业意义重大，石油工业的发展直接推动了俄国电力工业的发展。电力发动机用于巴库石油钻探业务后，1897 年巴库地区建立了第一家电站，为油田和工厂供电，并建立了专门的电力公司保证石油企业的供电，至 1900 年巴库地区已有 5 家电站，专门为石油企业供电[①]。

19 世纪末，发电机广泛用于工业企业。发电机的总功率从 1900 年的 8231 马力增加至 1908 年的 7.8 万马力，增长了约 847.6%，电能的需求量也大幅度提高。与 1897 年相比，1908 年俄国的电站数量从 21 家增至 46 家，工人的数量从 717 人增至 3134 人，1908 年电站内发动机的功率达 13 万马力，电站的发电价值从 1897 年的 195.5 万卢布增至 1908 年的 1463 万卢布，增长了约 6.5 倍[②]。这一时期电力主要用于照明和大城市无轨电车用电，1908 年全国 50 家电站的供电量为 17.5 亿千瓦时，圣彼得堡 6 家电站和莫斯科 1 家电站的发电量为 8.5 亿千瓦时，几乎占总发电量的一半。巴库 3 家电站的发电量为 3.5 亿千瓦时，其余电站的发电量不大。因资料有限，笔者并未掌握大型工厂有电站发电的数据，但工厂电气化水平的增强足以证明电动机的使用量明显增加，电动机的功率从 1900 年的 7747 马力增至 1908 年的 1.3 万马力[③]。

1901 年，巴库油田产生了第一台电力发动机；1903 年，格罗兹尼油田的阿赫维尔多夫工厂也开始使用电力发电机。1903 年，格罗兹尼地区成立希比斯发电站，此后电力的需求量迅速增加。1906 年、1910 年和 1911 年巴库油田的电力消耗量分别为 2038 万千瓦时、3746 万千瓦时和 1.4 亿千瓦时。19 世纪 90 年代，巴库建立了第一家电站，电站修建后电

① Ахундов В. Ю. Монополистический капитал в дореволюционной бакинской нефтяной промышленности. С. 12.

② Кафенгауз Л. Б. Эволюция промышленного производства России（последняя треть XIXв. —30-е годы XXв）. С. 81.

③ Кафенгауз Л. Б. Эволюция промышленного производства России（последняя треть XIXв. —30-е годы XXв）. С. 82.

力发动机的需求量迅速增加，1911 年电力发动机采油量的比例已达 26%，蒸汽发动机采油量的比例为 58.2%[①]。1908 年巴库地区的发电量约占全俄发电量 1/3，巴库电力除一部分用于企业和居民日常照明外，大部分都用于石油开采、钻探和加工业务，因此，巴库石油工业的发展直接刺激了电力工业的发展。俄国电力工业虽然发展相对滞后，但发展速度惊人，电力工业发展后除改善了居民的生活水平外，也促进了诸多工业部门的快速发展。

五、带动伏尔加河流域造船业发展

因伏尔加河流域水资源丰富，造船业十分发达。18 世纪初，伏尔加河流域沃罗涅日、雷宾斯克、下诺夫哥罗德、喀山、萨拉托夫和阿斯特拉罕等城市就有造船厂。伏尔加河流域造船业取得巨大成就的原因如下：第一，随着交通运输业的发展，船只的需求量迅速增加；第二，造船企业具有便利的地理位置，便于获取原料和销售产品；第三，伏尔加河流域的居民历来从事造船业，造船经验丰富，有大量优秀工人。伏尔加河流域著名的造船点有雷宾斯克、特维尔、科斯特罗马、巴拉赫纳、下诺夫哥罗德、阿斯特拉罕、彼尔姆、叶卡捷琳堡等地。随着航运的发展，轮船、发动机相关零件的需求量增加，很多企业开始专门从事轮船发动机及其配件的生产业务。下诺夫哥罗德省巴拉赫尼县和戈尔巴托夫县的造船业迅速发展，1845 年巴拉赫尼县已经建成了 2 艘轮船和 5 艘拖船，此时俄国河流中航行的轮船已超过 40 艘，19 世纪 50 年代，仅伏尔加河流域的轮船已达 200 艘[②]。即便伏尔加河流域造船业发达，伏尔加河工业区的造船业仍以手工造船为主。1840 年俄国国内河流中航行的轮船达 40 艘，1850 年和 1860 年其数量分别达 99 艘和 339 艘。轮船已在涅瓦河、伏尔加河、拉多加河、黑海、里海等地区航行。19 世纪中期伏尔加河航行的轮船达 200 艘[③]。因造船业较为发达，伏尔加河流域各省份从事木材加工

① Лисичкин С. М. Очерки по истории развития отечественной нефтяной промышленности. С. 151, 156.
② Халин А. А. Система путей сообщения нижегородского поволжья и ее роль в социально-экономическом развитим региона（30—90 гг. XIX в.）. С. 106；Чунтулов В. Т., Кривцова Н. С., Чунтулов А. В., Тюшев В. А. Экономическая история СССР. С. 75-76.
③ Ковнир В. Н. История экономики России. С. 178.

业的人数众多，沃罗涅日、库尔斯克、奥廖尔、奔萨、梁赞、唐波夫、土拉、萨马拉和萨拉托夫等省从事木材加工业的人数占手工业总人数的比例分别为 26%、19%、16%、53%、21%、34%、18%、25% 和 25%，虽然造船业不是该地居民的主导产业，但也不容忽视[①]。

随着石油工业的发展，里海和伏尔加河流域的石油运输量迅速增加，运油船只的数量也快速增长，船只由帆船逐渐变为铁制平底船、煤油发动机船和汽油发动机船，船只需求量的增加直接带动了造船业的发展。最初运油船只以帆船为主，19 世纪 80 年代帆船为运输石油的主力，1883 年帆船和蒸汽船只的载重量分别为 2854 万普特和 908 万普特。19 世纪末帆船开始受到排挤，而改运其他货物，1889 年里海地区帆船的数量为 1131 艘，其中 1091 艘由俄国制造，1900 年里海外运的石油产品中 91.3% 由蒸汽油轮承担，8.7% 由载油帆船承担[②]。帆船运油损失量大，容易发生火灾，铁制平底船开始大规模使用，铁制平底船造价低，能够同蒸汽油轮和载油帆船竞争，容量同为 3 万普特的蒸汽油轮和铁制平底船的造价分别为 10 万卢布和 3 万卢布，虽然铁制平底船的造价较低，但其运行速度和载油量无法与蒸汽油轮相较。19 世纪 90 年代，俄国石油燃料普遍推广，促使里海石油及其制品的运输量倍增。最初帆船的载重量较小，往返巴库—阿斯特拉罕所需时间为 7—8 天，蒸汽油轮的载重量为 6—8 万普特，航行速度快，通航期可往返巴库—阿斯特拉罕 40—60 次，而帆船仅能往返 10—12 次，二者的速度相差悬殊[③]。俄国帆船多由国内造船厂生产，其中阿斯特拉罕和下诺夫哥罗德的造船厂生产的帆船数较多，伏尔加河和里海地区的运油帆船多由这两个地区的造船厂制造。

驳船开始大量运输石油。铁制船只的建设过程非常缓慢，驳船开始应用于石油运输。19 世纪 60 年代，高加索和梅尔库里公司建造了 3 艘长度

---

① Водарский Я. Е., Истомина Э. Г. Сельские кустарные промыслы Европейской России на рубеже XIX—XX столетий. М., Иститут Российской истории РАН. 2004. С. 80，82，84，85，87，91，95，102.

② Самедов. В. А. Нефть и экономика России（80—90-е годы X IX века）. С. 57-58；Лисичкин С. М. Очерки по истории развития отечественной нефтяной промышленности. С. 316；Фабрично-заводская промышленность и торговля России. С. 390.

③ Кириченко В. П. Роль Д. И. Менделеева в развитии нефтяной промышленности. С. 309；МавейчукА. А., Фукс И. Г. Иллюстрированные очерки по истории российского нефтегазового дела. Часть 2. С. 17.

为 75 米的铁制驳船。1880 年，诺贝尔兄弟集团在察里津建造了 2 艘长度为 75 米、载重量为 3.5 万普特的铁制驳船；1881 年，其从瑞典订购了 2 艘长度为 85 米的驳船。木制驳船的使用期限为 8—15 年，也有众多驳船的使用期限为 20 年。铁制和钢制驳船可使用 29—30 年。伏尔加河流域驳船的长度为 65—335 俄尺，宽度为 25—45 俄尺，载重量为 0.7—18 万普特[①]。虽然铁制驳船的优点很多，但中小企业主无力建设该类船只，诺贝尔兄弟集团决定利用该类船只加固自己在俄国石油市场上的地位。伏尔加河流域第一艘驳船建造于 19 世纪 50 年代，由高加索和梅尔库里公司制造，其长度为 55 米，宽度为 1.4—4.3 米。俄国驳船建造业快速发展始于 1884 年，距离雷宾斯克 5 俄里的克巴耶夫和巴拉赫尼村生产驳船和蒸汽船只。最初石油货物使用木船运输，铁制驳船运输石油产品的效率明显高于其他船只，驳船的运行速度和载重量增加，而运费和修理费用大幅度降低，人员编制减少了一半，浪费率降低了一半。20 世纪初，铁制驳船的建造已广泛普及，1908 年伏尔加河流域已有 117 艘总容量为 1.8 万普特的铁制驳船，1908 年伏尔加河流域又建造了 11 艘铁制驳船，其中 8 艘由石油企业主建设，3 艘由造船厂建设[②]。19 世纪 80 年代，卡拉什尼科夫造船厂建设了 3 艘铁制驳船，主要用于运输煤油，并在轮船上安装了喷油嘴，此后该类船只在伏尔加河流域快速普及，主要用于运输石油产品。最初石油企业主和帆船船主从国外订购船只，并不自己建造船只，此后石油企业主也开始建造和改造船只。1884—1902 年，仅萨拉托夫造船厂生产的用于运输石油燃料的驳船就达 47 艘，总载重量达 440 万普特[③]。

因驳船的使用范围有限，轮船和油罐船开始用于石油运输。轮船运输石油产品主要具有过渡作用，19 世纪末至 20 世纪初油罐船已成为运输石油产品的主力。1843 年，伏尔加河流域诞生了伏尔加河轮船制造公司，该公司建立后俄国摆脱了外国轮船垄断俄国蒸汽船制造业的局面。此后俄国的轮船制造公司陆续成立，如彼尔姆轮船公司、下诺夫哥罗德机器和轮

① Иголкин А., Горжалцан Ю. Русская нефть о которой мы так мало занаем. С. 34；Чшиева М. Ч. Кавказская нефть и Нобелевская премия//Человек, Цивилизация, Культура. 2005. №1. С. 35. Фабрично-заводская промышленность и торговля России. С. 375.

② Лисичкин С. М. Очерки по истории развития отечественной нефтяной промышленности. С. 316.

③ МавейчукА. А., Фукс И. Г. Иллюстрированные очерки по истории российского нефтегазового дела. Часть 2. С. 29.

船制作厂。诸多企业和金属工厂也参与造船业，1842 年里海地区蒸汽船只的数量已达 30 艘。1852 年俄国欧洲部分河流上航行的轮船中，俄国生产的船只已达 148 艘[①]。虽然轮船的数量急剧增加，但这些轮船并不适合运输石油产品，油罐船的需求量迅速增加。19 世纪末，萨拉托夫造船厂开始建设油罐船，这种船长达 150 米，载重量超过 1 万吨，此后油罐船成为里海运输船队的主力。1903 年，雷宾斯克—圣彼得堡航线上产生了世界上第一艘柴油发动机油轮，该船只有 3 个 120 马力的发动机。1909 年，里海流域产生了两艘大型柴油驱动油轮，其发动机的功率为 1200 马力，容量为 28 万普特。截至 1910 年，俄国共有 33 艘内燃发动机船只，大多数船只都用于输送石油。随着油罐船的广泛使用，石油船队的货流量明显增加，如 1874 年、1884 年、1894 年和 1904 年从巴库运往伏尔加河流域的石油产品数量分别为 0.1 亿普特、0.5 亿普特、2.0 亿普特和 3.2 亿普特[②]。石油工业崛起后，里海地区和伏尔加河流域的造船业随之崛起，轮船配件行业也快速发展。

石油工业带动了伏尔加河流域的修船业。随着里海和伏尔加河船队规模的扩大，修船业也快速发展起来，每逢冬季或恶劣天气，轮船船主都会定期维修和保养船只。阿斯特拉罕的轮船修理业务最为发达，1900 年阿斯特拉罕省有 30 家修船企业，其中较大的企业有高加索和梅里库里公司、马祖特公司、诺贝尔公司和东方公司，其工人数量分别为 237 人、195 人、170 人和 176 人[③]。除阿斯特拉罕外，伏尔加河流域的大型轮船公司在伏尔加河沿岸各港口都设有轮船维修点，以保障船只的正常运行。伏尔加河流域生产轮船、轮船配件和锅炉的主要厂家有科斯特罗马省的希波夫工厂、雷宾斯克的茹拉夫列夫造船厂、彼尔姆省的莫托维里赫工厂、沃伦省的谢别列夫工厂。此时乌拉尔地区有诸多冶金工厂为造船企业专门生产船身和锅炉用铁。

在石油工业快速发展的同时，俄国工业和运输业的石油燃料需求量剧增，19 世纪末在工业和运输业领域燃料结构中石油燃料的比例独占鳌头，各行业都出现了石油化特征。但 20 世纪初的经济危机对石油工业的

① Фабрично-заводская промышленность и торговля России. С. 384.

② Лисичкин С. М. Очерки по истории развития отечественной нефтяной промышленности. С. 324.

③ Мир-Бабаев М. Ф. Краткая история Азербайджанской нефти. С. 106.

危害巨大，工业和运输业中石油燃料的比例降低，煤炭的比例明显增加，俄国工业和运输业的煤炭化趋势日益明显。俄国石油工业部门中影响最大的是石油加工业，随着石油工业的崛起，石油加工业飞速发展，俄国煤油、汽油和润滑油等产品迅速占领了国内外市场。巴库石油工业的发展促进了里海和伏尔加河流域输油船队的诞生和发展，同时巴库地区的石油仓储设施也逐步完善，此外，石油工业的发展对冶金工业、电力工业、机器制造业和造船业的影响也不容忽视。

第二节 煤炭工业的影响

煤炭工业的发展受到了工业化的影响，同时其本身也是推动俄国工业化进程的强有力因素，煤炭的开采、加工、销售和运输无一不体现出工业革命的特征。工业和运输领域广泛使用煤炭不但改变了俄国传统的燃料结构，还促进了工业和运输业的繁荣。19 世纪末，因石油工业的冲击，俄国的采煤量增长缓慢，20 世纪初经济危机和工业萧条时期石油工业停滞不前，各工业部门和运输业中煤炭的需求量增加，煤炭的年均开采速度超过了石油燃料，在国内燃料结构中已独占鳌头。20 世纪初，顿涅茨克煤炭已畅销全国，但仍以南俄、东南部地区和中部工业区为主，冶金和铁路部门是最大的消费群体。在石油燃料供应不足时，很多边远地区也开始使用顿涅茨克煤炭，各地区和各部门煤炭需求量的提高是顿涅茨克煤田采煤量增加的动力。南俄冶金工业和炼焦工业飞速发展都以丰富的煤炭资源作为后盾，其他工业部门对煤炭工业的依赖程度逐渐增加。1903 年起，受石油开采量大幅度降低的影响，煤炭的开采量提升，但顿涅茨克煤田的煤炭开采量增长缓慢，1900—1908 年其煤炭开采量提升了 56.1%，年平均增长约 7.0%，而 1887—1900 年年均煤炭开采量增长了 13.2%[①]，因此，经济危机和工业萧条期煤炭的开采速度放慢。在第一次工业革命的进程中煤炭的作用至关重要，可称为"工业粮食"，煤炭开采量的增加促进了诸多工业部门的蓬勃发展。煤炭影响的工业部门诸多，其中影响最为直接的是冶金、炼焦和化学工业等部门。煤炭作为

① Кафенгауз Л. Б. Эволюция промышленного производства России（последняя треть XIXв. —30-е годы XXв）. С. 72.

南俄冶金工业的重要燃料，其作用不言而喻，为南俄冶金工业的繁荣奠定了基础，在此过程中其衍生部门炼焦工业也迅速崛起，煤炭工业的相关附属部门也快速发展。

一、煤炭是南俄冶金工业繁荣的燃料基础

因煤田分布和各地燃料结构的差异，煤炭对不同地区冶金工业发展的作用各异。就传统的乌拉尔地区而言，因该地区森林资源丰富，冶金燃料一直以木柴为主，煤炭对该地冶金工业的作用有限。19 世纪下半期，顿涅茨克煤炭产量逐年增加的同时，南俄冶金工业蓬勃发展，冶金工业和煤炭工业相互依赖的程度逐年增加，南俄地区丰富的煤炭资源是南俄冶金工业繁荣的基础。笔者欲以顿涅茨克煤炭在南俄冶金工业发展过程中的作用来探析煤炭与冶金工业之间的密切关系。

工厂分布受诸多因素的影响，其中以燃料、市场、运输等因素最为重要，南俄冶金工业的发展也受到了上述因素的影响。顿涅茨克煤炭资源丰富，煤炭价格和运输成本低廉是南俄冶金工业发展的基础；铁路大规模修建后，南俄地区与国内联系日趋紧密，同时冶金产品的市场规模和范围也随之扩展；南俄诸多工厂按照国家订单进行生产，产品的销路无须担忧，上述因素都刺激了南俄冶金工业的发展。南俄地区有丰富的煤炭、铁矿石、锰矿石、石灰岩和白云石等矿产资源（矿石中的金属含量高达 40%—52%）[1]，上述资源中煤炭的作用首屈一指。据苏联地质学家统计，顿涅茨克煤炭中碳（75%—97%）、灰分和硫分（个别区域达10%）含量较高[2]，炼焦性较好，适合充当高炉燃料。铁矿区和煤矿距离较近，石灰石和耐火黏土也是重要的炼铁材料。19 世纪 80—90 年代南俄地区冶金工业飞速发展，第一次世界大战前南俄地区铁矿石、煤炭、铸铁、焦炭、钢轨和蒸汽机车的产量分别占全俄总产量的约 72.2%、86.9%、73.7%、99.4%、75% 和 40%[3]。因篇幅有限，笔者只对煤炭对冶金工业的影响进行论述。

① Тихонов Б. В. Каменноугольная промышленность и черная металлургия России во второй половине XIX в. С. 40.

② Симоненко В. Д. Очерки о природе Донбасса. Донецк., Изд-во Донбасса, 1977. С. 30；Гагозин Е. И. Железо и уголь на юге России. С. 75；Бакулев Г. Д. Черная металлургия Юга России. С. 7.

③ Бакулев Г. Д. Черная металлургия Юга России. С. 9.

煤炭成为南俄冶金工业燃料的开端。18 世纪至 19 世纪中期，因俄国经济发展滞后，煤炭的需求量有限，此时俄国冶金工业主要集中于乌拉尔地区，因当地森林资源丰富，主要使用木柴冶铁。顿涅茨克地区人口密度最低，在铁路建设之前人们对该地的煤炭知之甚少。人类文明进程和经济发展规模与工业发展水平和居民密度密切相关，因此 19 世纪上半期俄国工业发达地区为莫斯科、土拉和下诺夫哥罗德等省份，人口稀少的顿涅茨克地区经济十分落后。1795 年，俄国地质工程师 П. С. 巴拉斯在顿涅茨克地区进行长期地质考察后发现该地煤炭和铁矿资源丰富，并在该地建设卢加铸铁厂。其他企业主也打算利用南俄地区丰富的燃料资源建立煤矿工厂，但最初以卢加铸铁厂规模最大，该工厂的主要任务是为黑海舰队生产炮弹和其他武器。1829 年，杰米多夫家族派遣法国工程师对顿涅茨克地区的煤炭和矿石含量进行分析，在顿涅茨克西部地区发现了众多的煤炭岩层，当时估算煤炭含量为 4150 亿普特[①]。此后冶金工厂的数量不断增加，顿涅茨克煤炭成为众多冶金工厂的主要燃料。

南俄冶金工业的发展主要依靠顿涅茨克煤炭。1795 年卢加铸铁厂成立后就开始采煤炼铁，但 1861 年农奴制改革前煤炭的开采速度较慢，1796—1810 年顿涅茨克煤田年均采煤量只有 15 万普特，1820 年、1830 年、1840 年、1850 年和 1860 年已分别达 25 万普特、59 万普特、85 万普特、350 万普特和 600 万普特[②]。此时顿涅茨克煤炭主要用于本地冶金手工业和居民的燃料，黑海和亚速海港口、黑海舰队所需煤炭仍从英国进口。1860 年俄国的煤炭产量仅占世界煤炭总产量的 0.2%，进口煤炭占俄国煤炭总需求量的 55%—60%，进口煤炭长期垄断俄国煤炭市场[③]。铁路大规模修建后，南俄的煤炭产量逐年增加，1880 年其产量已达 8600 万普特，约占全俄煤炭总产量的 40%—50%，19 世纪 90 年代其比例开始超过

① Братченко Б. Ф. История угледобычи в России. С. 106.

② Иголкин А. А. Источники энергии: экономическая история（до начала XX века）. С. 102；Тихонов Б. В. Каменн-оугольная промышленность и черная металлургия России во второй половине XIX в. С. 126；Баканов С. А. Угольная промышленность Урала: жизненный цикл отрасли от зарождения до упадка. С. 42.

③ Баканов С. А. Угольная промышленность Урала: жизненный цикл отрасли от зарождения до упадка. С. 42.

50%，1913 年俄国的煤炭产量已超 15 亿普特[①]。凭借资源优势，南俄冶金工业飞速发展。19 世纪末除南俄地区，俄国其他地区冶金工业燃料结构中煤炭的比例也迅速上升，已远超木柴。1896—1900 年冶金工厂和机器制造厂的顿涅茨克煤炭需求量分别为 30%和 30%，1901—1908 年其需求量分别为 24.2%和 11.8%，1908 年和 1913 年冶金部门的煤炭需求量分别为 5.2 亿普特和 9.3 亿普特，其需求量在工业部门的燃料结构中的比例分别为 46.4%和 63.1%[②]。南俄煤炭的需求者中以冶金工业的需求量最大（个别年份除外），凭借丰富的煤炭资源，南俄冶金工业迅速崛起。

南俄地区丰富的煤炭资源是冶金工业繁荣的基础。1859 年，彼得罗夫工厂就开始使用顿涅茨克煤炭炼铁，但铸铁产量只有 9.1 万普特[③]，1870 年一些南俄冶金工厂已用焦炭炼铁。1887 年以前，南俄地区只有 2 家大型冶铁工厂，即尤兹冶铁厂和巴斯杜霍夫冶铁厂，1887 年以后因顿涅茨克煤炭的产量逐年提高，冶金工厂犹如雨后春笋，1899 年南俄地区已有 17 家大冶铁工厂，共有 29 个大型高炉，还有 12 个高炉尚在建设之中，高炉的日产量为 1 万普特。19 世纪 90 年代是南俄冶金工业蓬勃发展的时期，德鲁日科夫、顿涅茨克—尤里耶夫、尼科波利—马里乌波里、马可耶夫斯基、塔甘罗格等大型冶金工厂都于此时成立。至 1900 年，南俄已有 16 家大型金属冶炼工厂，高炉数量为 51 个。此外南俄地区还有 2 家大型冶金工厂尚在建设之中，南俄地区已有 20 多家炼钢、机器制造、管道和机械工厂。冶金工厂的燃料需求量巨大，仅 1889—1898 年冶金工厂的煤炭需求量就达 1.1 亿普特[④]。1900 年和 1910 年南俄地区使用焦炭作为燃料的高炉数量分别为 51 个和 57 个，其金属产量分别为 1 亿普特和 1.4 亿普特[⑤]。1900 年运往顿涅彼洛佩德洛夫斯克、亚历山大罗夫、

① Фомин П. И. Горная и горнозаводская промышленность Юга России. Том I. С. 168；Куприянова Л. В. Таможенно-промышленный протекционизм и российские предприниматели 40—80-е годы XIX века. С. 216；Федоров В. А. История России 1861—1917. С. 84. Общий обзор главных отраслей горной и горнозаводской промышленности. С. 272，229-232.

② Братченко Б. Ф. История угледобычи в России. С. 148，166，173.

③ Баканов С. А. Угольная промышленность Урала：жизненный цикл отрасли от зарождения до упадка. С. 43.

④ Шполянский Д. И. Монополии угольно-металлургической промышленности юга России в начале XX века. С. 25，28.

⑤ Туган-Барановский М. И.，Изобранное. Русская фабрика в прошлом и настоящем： Историко-экономическое исследование. Т. 1. Историческое развитие русской фабрики в XIX веке. С. 154.

德鲁日科夫、塔甘罗格、尼科波里—马里乌波里、俄国彼洛维达尼斯和顿涅茨克—尤里耶夫工厂的煤炭数量分别为 3420 万普特、2660 万普特、1550 万普特、1360 万普特、1090 万普特、1080 万普特和 610 万普特，总需求量近 1.2 亿普特[①]。1900 年顿涅茨克彼得洛夫斯克冶金工厂的石煤需求量为 3690 万普特，焦炭的需求量为 3240 万普特，无烟煤的需求量为 20 万普特，当时焦炭与煤炭的比例为 1 普特焦炭等同于 1.4 普特煤炭，因此该工厂的煤炭需求总量为 8246 万普特，占整个顿涅茨克煤炭需求量的 12.3%。亚历山大采矿公司、南俄石煤工业公司和加鲁波夫斯克冶金集团都在顿涅茨克地区购买石煤和焦炭，上述企业都有炼焦炉，1900 年布里亚石煤矿井的石煤开采量超过 1600 万普特，亚历山大洛夫工厂的石煤需求量为 1500 万普特，焦炭和无烟煤的需求量分别为 1120 万普特和 18 万普特[②]。冶金工厂如此庞大的煤炭需求量需要丰富的煤炭资源作为后盾，1900 年南俄冶金工业燃料中矿物燃料的比例已从 1880 年的 6.4% 增至 1900 年的 64.1%[③]。20 世纪初，南俄冶金工厂的煤炭需求量更大。以南俄煤炭销售辛迪加为例，1906—1914 年其运往南俄冶金工厂的煤炭数量为 1.3 亿普特，其煤炭供应量占南俄冶金工业燃料供货量的一半以上。1906—1911 年南俄煤炭销售辛迪加冶金工厂煤炭供应量的比例从 52.1% 增至 69.2%，1912—1914 年其冶金工厂的供货比例有所下降，但仍为 59.6%[④]，足以证明煤炭工业是南俄冶金工业发展的燃料基础。

　　19 世纪末，黑色冶金工业的发展对石煤工业影响巨大。据统计（除伏尔加河流域下游需要重油的工厂外），1900 年 1 普特焦炭等于 1.4 普特煤炭，冶金工业的石煤和无烟煤需求量为 2.6 亿普特，约占 1900 年南俄煤炭总开采量的 40%。在顿涅茨克煤炭需求者中冶金工厂的需求量最大，因此黑色冶金工业是刺激煤炭工业发展的重要力量，两个部门之间联系愈加紧

① Бакулев Г. Д. Черная металлургия Юга России. С. 117；Тихонов Б. В. Каменноугольная промышленность и черная металлургия России во второй половине XIX в. С. 186.

② Тихонов Б. В. Каменноугольная промышленность и черная металлургия России во второй половине XIX в. С. 150，155.

③ Иголкин А. А. Источники энергии：экономическая история（до начала XX века）. С. 154.

④ Кушнирук С. В. Монополия и конкуренция в угольной промышленности юга России в начале XX века. С. 118.

密。此时铁路的煤炭需求量为 1.1 亿普特，约占南俄煤炭开采量的 25%[①]。具体而言，1886 年南俄地区第一家新式大型冶金工厂（亚历山大罗夫冶金工厂）修建后，煤炭的需求量激增，顿涅茨克煤炭的开采量从 1886 年的 1.2 亿普特增加至 1890 年的 1.8 亿普特、1900 年的 6.7 亿普特[②]。需要说明的是，一些冶金工厂都有私人煤矿，1901 年私人工厂的采煤量为 1.2 亿普特，其中尤兹工厂、彼得罗夫工厂、亚历山大洛夫工厂、阿尔马兹工厂、格达采夫工厂、苏里尼工厂、顿涅茨克彼得罗夫工厂的煤炭开采量分别为 4390 万普特、2650 万普特、1740 万普特、1690 万普特、840 万普特、330 万普特和 150 万普特，由此可见大型冶金工厂的竞争力更强[③]。

南俄冶金工业成绩显著。凭借原料和燃料优势，南俄地区的冶金工业飞速发展，19 世纪 80 年代以前南俄地区只有 2 家大型冶金工厂。铁路修建和外资大规模涌入后南俄地区大型冶金工厂的数量迅速增加。南俄冶金工厂主要集中在顿涅茨克、第聂伯河沿岸和亚速海沿岸地区，其中以顿涅茨克地区的金属产量最高。以铸铁产量为例，第一次世界大战前夕顿涅茨克地区的铸铁产量为 1.1 亿普特，约占南俄地区金属产量的 58%，而第聂伯沿岸和亚速海沿岸地区的铸铁产量分别为 5050 万普特和 2400 万普特，其比例分别为 26.7%和 12.6%[④]。随着南俄冶金工业的发展，19 世纪末其金属产量已超过乌拉尔地区，1895 年南俄铸铁产量、1897 年南俄钢产量、1896 年南俄轧件产量已超过乌拉尔地区同类产品产量，1902—1903 年南俄地区的钢和铸铁产量已是乌拉尔地区同类产品产量的 1 倍。乌拉尔地区金属产量的提高主要依靠增加工人数量，而南俄冶金工业的飞速发展主要依靠蒸汽机的大规模使用和丰富的矿物原料，1900 年乌拉尔冶金工人数量为南俄冶金工厂工人数量的 4 倍[⑤]，但其金属产量明显逊色于南俄地区。第一次世界大战前夕，南俄地区铸铁、钢和轧件的产量分别是乌拉尔地区的 2.5 倍、2 倍和 2.5 倍，而 19

① Тихонов Б. В. Каменноугольная промышленность и черная металлургия России во второй половине XIX в. С. 186-188.
② Тихонов Б. В. Каменноугольная промышленность и черная металлургия России во второй половине XIX в. С. 181.
③ Шполянский Д. И. Монополии угольно-металлургической промышленности юга России в начале XX века. С. 32.
④ Бакулев Г. Д. Черная металлургия Юга России. С. 92.
⑤ Соловьева А. М. Промышленная революция в России в XIXв. С. 222-223.

世纪 90 年代俄国黑色冶金工业的蒸汽发动机数量增长了 489%，工人数量增长了 65%，铸铁产量增长了 216.3%，主要依靠南俄地区[①]。因此，凭借丰富的燃料资源，南俄冶金工业快速发展，传统乌拉尔工业区因使用木柴作为燃料，其地位日趋下降。

19 世纪末，俄国机器制造业开始飞速发展。19 世纪 90 年代，俄国金属加工业产量增长了 2 倍，19 世纪末俄国蒸汽机车的供给量已达到国内需求量的一半以上，1900 年进口蒸汽机车的数量迅速减少。20 世纪初俄国已有 7 家蒸汽车制造工厂，年产火车机车 1200 台，其产量仅逊色于德国和美国。19 世纪末，机器制造业的发展速度仅次于机车制造业，但主要生产普通的机器和机械装置，高工艺产品仍从国外进口。1900 年锅炉厂、齿轮和船舶零件、驱动装置生产厂家的产值分别达 2460 万卢布、1668 万卢布和 454 万卢布。19 世纪末，蒸汽机的产量已能满足国内需求量的一半以上，1900 年俄国境内蒸汽机的生产价值为 328 万卢布，此时从国外进口的该类机器数量减少了一半，1900 年进口金额为 247 万卢布[②]。在冶金工业快速发展的同时，南俄机器制造业、金属加工业等行业也飞速发展，第一次世界大战前夕南俄地区蒸汽机、农业机器和机器制造业的产品数量分别占全俄同类产品总产量的 41.3%、51.5%和 16.7%左右[③]。因此，在南俄机器制造业的发展过程中煤炭工业的影响不容忽视。

以木制燃料为主的乌拉尔冶金工业迅速衰落。乌拉尔是十月革命前俄国著名的冶金中心之一，南俄冶金工业崛起之前，乌拉尔铁制品的产量独占鳌头。1800 年，乌拉尔生铁的产量约占全俄生铁产量的 81.1%，铸铁产量所占的比例为 88.3%。1740—1800 年乌拉尔生铁产量增长了 6.4 倍，但此时国有工厂的生铁产量只增长了 1.2 倍，私人工厂的冶金产品数量激增[④]。19 世纪，乌拉尔冶金工业飞速发展，生铁和铸铁产量遥遥领先，曾跃居世界第一位，19 世纪中期以后逐渐衰落，究其原因有三：第一，国外冶金工业

① Бакулев Г. Д. Черная металлургия Юга России. С. 99.

② Кафенгауз Л. Б. Эволюция промышленного производства России（последняя треть XIXв. —30-е годы XXв）. С. 40-42.

③ Бакулев Г. Д. Черная металлургия Юга России. С. 132.

④ Алексеев В. В., Гаврилов Д. В. Металлургия Урала с древнейших времен до наших дней. М., Наука，2008. С. 352.

的飞速发展促进了西方国家的工业变革，英国率先完成工业革命；第二，因使用农奴劳动，乌拉尔冶金工业技术落后；第三，冶金燃料以木柴为主致使工厂的生产效率低下。1861 年农奴制改革前夕乌拉尔地区有 154 家冶金企业，但技术落后，1860 年只有 7%的冶金工厂使用蒸汽机。因技术落后，乌拉尔冶金工业无力与英国和其他欧洲国家相竞争。即便如此，19 世纪下半期乌拉尔地区仍是俄国重要的冶金中心，仍有很多大型工厂，如下塔吉克、杰米多夫等大型工厂，但乌拉尔地区冶金产品所占的比例逐年降低，1869 年其铸铁产量所占的比例为 70.7%，1900 年降至 27%，同期生铁产量所占的比例从 78.5%降至 27%[①]。随着南俄冶金工业的快速发展，乌拉尔冶金工业的龙头地位丧失。

19 世纪下半期，俄国诸多煤田都受到了石油工业的冲击，但因顿涅茨克煤炭适合炼焦，生产出的焦炭石油无法替代，1886—1900 年顿涅茨克采煤量增长了 3.6 倍[②]。因顿涅茨克煤炭为冶金工业提供了大量的廉价燃料，1895 年南俄的生铁、铁和钢产量首次与乌拉尔地区同类产品的产量持平。1910 年，南俄的金属产量已占全俄金属总产量的 2/3[③]。随着南俄冶金工业的飞速发展，俄国的铸铁产量逐年提高，1886 年俄国铸铁产量不足世界铸铁总产量的 3%，不仅落后于美国、英国和德国，也落后于法国、比利时和奥匈帝国；1899 年，俄国的铸铁产量已达世界铸铁总产量的 7%[④]。在欧洲，俄国的铸铁产量只落后于英国与德国，已超越法国、比利时和奥匈帝国，煤炭工业的崛起强有力地刺激了冶金工业的发展。乌拉尔地区森林资源丰富，主要使用木柴炼铁，但随着俄国燃料结构的变化，乌拉尔地区的金属产量逐年降低，以煤炭为冶金燃料的南俄冶金工业却后来居上，成为俄国冶金工业的龙头，煤炭的作用不可忽视。

---

① Алексеев В. В., Алексеева Е. В., Зубков К. И., Побережников И. В. Азиатская Россия в геополитической и цивилизационной динамике XIX-XX века. С. 500-501.

② Дьяконова И. А. Нефть и уголь в энергетике царской России в международных сопоставлениях. С. 62.

③ Федоров В. А. История России 1861—1917. С. 84；Струмилин С. Г. Черная металлургия в России и в СССР. С. 77；Бакулев Г. Д. Черная металлургия Юга России. С. 113；Тихонов Б. В. Каменноугольная промышленность и черная металлургия России во второй половине XIX в. С. 36；Гагозин Е. И. Железо и уголь на юге России. С. 130.

④ Туган-Барановский М. И. Изобранное. Русская фабрика в прошлом и настоящем： Историко-экономическое исследование. Т. 1. Историческое развитие русской фабрики в XIX веке. С. 262.

二、炼焦部门迅速崛起

焦炭是高炉的主要燃料之一，焦炭对冶金工业发展的作用巨大。焦炭源自煤炭，煤炭加热后经过干燥、热解、熔融、固化和收缩等工艺可制成焦炭，焦炭主要用于高炉冶炼、锻造等冶金生产部门。随着冶金工业的快速发展，因石煤的炼焦性较差，俄国各地冶金工厂都开始使用焦炭冶铁和炼钢，因此焦炭的需求量迅速增加。顿涅茨克煤田生产的焦炭属于一级焦炭，不但燃烧时间长、挥发性和炼焦性能好，还适合用于蒸汽机、蒸汽锅炉燃料和锻造金属，巨大的需求量促进了该地焦炭工业的快速发展。莫斯科近郊煤田和东布罗夫煤田衰落的重要原因之一就是当地煤炭多为褐煤，发热量低、含灰量高、炼焦性差，不适合生产焦炭。冶铁高炉使用焦炭炼铁为现代化冶金工业的发展奠定了基础，是冶金工业史上重要的里程碑。

俄国焦炭均产自顿涅茨克煤田。十月革命前俄国众多大型煤田中只有顿涅茨克煤炭适合生产焦炭，随着冶金工业的发展，南俄地区的焦炭产量迅速增加，1890 年、1895 年和 1900 年其焦炭产量分别为 1710 万普特、3100 万普特和 1.3 亿普特，南俄地区的焦炭产量占全俄总产量的94%—99%[①]。1892—1900 年南俄的焦炭产量增长了 448.6%，1900—1913年南俄地区 2/3 的焦炭都用于冶金工厂[②]。1914 年顿涅茨克煤田共有 5812个炼焦炉，其中 4028 个炼焦炉建在煤矿区附近，其余 1784 个炼焦炉建在冶金工厂中，年均焦炭产量达 2.7 亿普特。焦炭已成为重要的冶金燃料，一些工厂的焦炭需求量巨大，如 1900 年尼古拉-马里乌波里冶金工厂的焦炭需求量为 5800 万普特，俄国普洛维达斯冶金工厂的焦炭需求量为600 万普特[③]，其他大型冶金工厂的焦炭需求量可想而知，俄国焦炭产量

① Тарновский К. Н. Формирование государственно-монополистического капитализма в России в годы первой мировой войны. М.，Изд-во МГУ，1958. С. 33；Тихонов Б. В. Каменноугольная промышленность и черная металлургия России во второй половине XIX в. С. 188.

② Кафенгауз Л. Б. Эволюция промышленного производства России. последняя треть XIXв. —30-е годы XXв）. С. 73；Тихонов Б. В. Каменноугольная промышленность и черная металлургия России во второй половине XIX в. С. 166，167.

③ Баканов С. А. Угольная промышленность Урала：жизненный цикл отрасли от зарождения до упадка. С. 43；Тарновский К. Н. Формирование государственно-монополистического капитализма в России в годы первой мировой войны. С. 33；Хромов П. А. Экономика России периода промышленного капитализма. С. 33.

不能自给，一些地区焦炭依赖国外进口。俄国 90%以上的焦炭产自顿涅茨克煤田，焦炭产量占顿涅茨克煤田总产量的一半左右，虽然焦炭产量巨大，但只有 40%的焦炭用于冶金工业[①]，浪费现象十分严重。

因俄国焦炭生产数据较为零散，笔者不能详尽阐述南俄地区所有工厂的焦炭产量，只能选择有代表性的工厂进行陈述。1900 年，南俄地区大型焦炭企业有新罗斯斯克公司、南俄石煤工业公司、叶卡捷林诺夫采矿工业公司、俄国-比利时冶金公司、阿列克谢耶夫采矿公司、雷克夫石煤公司、乌斯别尼石煤公司和鲁特切尼克夫公司，其焦炭产量分别为1560 万普特、1110 万普特、1000 万普特、970 万普特、910 万普特、660 万普特、630 万普特和 610 万普特。一些大型冶金集团也自行生产焦炭冶铁和炼钢，以新罗斯斯克工厂集团为例，1900 年其煤炭开采量为4860 万普特，部分煤炭用于生产焦炭，共生产焦炭 1560 万普特，此年度其工厂共需要 1400 万普特石煤和 1800 万普特焦炭[②]，很明显，其大部分煤炭都用于炼焦。发送焦炭的主要铁路站点有阿尔马兹纳、格尔洛夫卡、克里尼奇纳亚、姆什克托沃、鲁德尼奇亚和谢格洛夫卡车站。就需求地而言，俄国的主要焦炭消费区为南俄、波兰、波罗的海等地，1914 年焦炭在上述地区燃料结构中的比例分别为 41.3%、11.6%和5.9%，而中部工业区和乌拉尔工业区焦炭消费量的比例分别为 1.6%和0.7%[③]，南俄地区的焦炭多用于本地消费，而波兰和波罗的海地区的焦炭多依靠进口，波罗的海地区的焦炭多源自英国，波兰地区的焦炭主要源自德国。

俄国焦炭长期不能自给。20 世纪初，俄国的焦炭产量迅速增加，1900年、1904 年、1908 年、1910 年和 1914 年顿涅茨克煤田的焦炭产量分别为1.4 亿普特、1.4 亿普特、1.5 亿普特、2.4 亿普特和 5.9 亿普特，1900 年、1904 年、1908 年炼焦炉的数量分别为 4231 个、3748 个、4128 个[④]。尽管

---

① Дьяконова И. А. Нефть и уголь в энергетике царской России в международных сопоставлениях. С. 62.

② Тихонов Б. В. Каменноугольная промышленность и черная металлургия России во второй половине XIX в. С. 156, 188.

③ Братченко Б. Ф. История угледобычи в России. М., 2003. С. 171.

④ Кафенгауз Л. Б. Эволюция промышленного производства России (последняя треть XIXв. —30-е годы XXв). С. 74.

1913 年俄国焦炭产量已达 2.6 亿普特，炼焦炉数量达 5545 个[①]，但仍远逊色于西欧国家，俄国需长期进口国外焦炭。南俄煤矿区大部分冶金工厂都有煤矿和炼焦炉，焦炭首先用于自身生产，多余部分才销售至其他地区。南俄和中部工业区冶金工业的发展促进了顿涅茨克焦炭产量的增加，1913 年焦炭产值已达 5150 万卢布，1914 年焦炭产量增至 2.7 亿普特[②]。虽然 19 世纪 90 年代起焦炭的产量逐年增加，但仍需大量进口，如1897—1998 年进口焦炭的数量达 2440 万普特，而此时国产焦炭的数量为 3995 万普特，进口焦炭所占比例约达 38%。为保护本国焦炭工业，俄国对进口焦炭征收较高的关税，1891 年其税率达 33%[③]，即便如此，1903—1913 年俄国 15% 的焦炭仍从国外进口，主要进口国为英国[④]。顿涅茨克焦炭多用作本地冶金工厂的燃料，焦炭生产虽是煤炭工业的衍生部门，然而其作用不逊于独立的工业部门。此外，焦炭产量迅速提高是俄国煤炭工业告别原始的粗放型开采模式，向集约型模式转变的标志。

三、推动南俄制糖业发展

俄国制糖手工业产生较早，但 1802 年才在土拉省产生了第一家制糖工厂。1844—1845 年俄国制糖厂已达 206 家，砂糖产量已达 48 万普特，1854—1855 年其数量分别为 395 家和 79 万普特。此时制糖厂已开始使用蒸汽机生产[⑤]。1861 年农奴制改革使俄国制糖业遭受危机，但时间较为短暂，1864 年该工业部门已摆脱危机。从 1866 年开始，大量资本投入制糖业。19 世纪 70 年代，南俄制糖业开始飞速发展，此时俄国制糖业主要集中在三大区域：一是基辅、沃伦、别萨拉比亚和波兰；二是哈里科夫、沃罗涅日、库尔斯克等省；三是中部工业区和圣彼得堡等地，由此可以看出

---

① Корелин А. П. Россия 1913 год. С. 38; Бакулев Г. Д. Черная металлургия Юга России. С. 118; Кафенгауз Л. Б. Эволюция промышленного производства России（последняя треть XIXв. —30-е годы XXв）. С. 127.

② Кафенгауз Л. Б. Эволюция промышленного производства России（последняя треть XIXв. —30-е годы XXв）. С. 177; Тарновский К. Н. Формирование государственно-монополистического капитализма в России в годы первой мировой войны. С. 33; Корелин А. П., Россия 1913 год. С. 38.

③ Братченко Б. Ф. История угледобычи в России. С. 151; Куприянова Л. В. Таможенно-промышленный протекционизм и российские предприниматели 40—80-е годы XIX века. С. 238.

④ Бакулев Г. Д. Черная металлургия Юга России. С. 118.

⑤ Фабрично-заводская промышленность и торговля России. С. 167.

俄国制糖业主要集中于南俄地区。此后俄国政府减少糖类产品的消费税并提高进口关税，制糖业快速发展。19 世纪末，随着交通运输的发展和国内市场的扩大，制糖厂的分布发生了变化，主要分布区域如下：第一，西南部省份，主要为别萨拉比亚、基辅、沃伦和博多利斯克省，1892—1893 年上述省份产糖量占全俄产糖量的比例为 51.8%；第二，中部工业区，主要为沃罗涅日、叶卡捷琳斯拉夫、库尔斯克、奥廖尔、萨马拉、哈里科夫、土拉和唐波夫等省份，上述省份的产糖量占全俄产糖量的比例为 29.9%；第三，波兰各省，其产糖量占全俄产糖量的比例为 17.9%[①]。因此，虽然中部工业区和波兰地区的制糖业有所发展，但俄国制糖业最为发达的地区仍是南俄地区。南俄地区制糖业发达的原因有三个：第一，原材料充足，南俄地区一直是俄国主要的甜菜产区；第二，燃料充足，南俄地区丰富的煤炭资源为制糖厂提供了充足的燃料；第三，交通运输发达，便于产品运至国内外市场。

南俄地区气候宜人，适合甜菜生产，南俄铁路修建完毕后，凭借便利的交通运输条件、丰富的原料和燃料，制糖业迅速发展。从制糖业崛起之时煤炭就是该工业部门的重要燃料，冶金工业燃料多以石煤为主，而制糖厂的燃料多以无烟煤为主。1867 年工业领域的煤炭需求量占格鲁什夫无烟煤需求量的 51%，其中以制糖厂的煤炭需求量最高。1877 年制糖厂的煤炭需求量占工业领域煤炭总需求量 46.6%，此时冶金工厂的煤炭需求量仅占工业领域煤炭总需求量的 0.9%，制糖厂的需求量最大[②]。1880 年、1885 年、1890 年、1895 年和 1899 年制糖厂的煤炭需求量分别占顿涅茨克煤炭总产量的 17.6%、12.9%、9.8%、8.2%、6.6%[③]。制糖厂的煤炭需求量巨大，煤炭对制糖业的影响不言而喻。

制糖业的发展趋势与煤炭工业一致。19 世纪末开始，随着南俄煤炭工业的快速崛起，制糖业也快速发展，虽然制糖业的生产规模和速度无法与煤炭和冶金工业相较，但南俄糖类产品也逐步进入国内市场并出口国外。20 世纪初，南俄制糖业的发展更为迅速，1901—1908 年砂糖产量年

① Фабрично-заводская промышленность и торговля России. С. 175.

② Братченко Б. Ф. История угледобычи в России. С. 128, 129.

③ Шполянский Д. И. Монополии угольно-металлургической промышленности юга России в начале XX века. С. 26.

均增长幅度为 7.6%，明显高于 19 世纪末，与此同时，甜菜制糖业占制糖业的比例从 1900—1901 年的 12.5%增加到 1907—1908 年的 14.0%[①]。只有第一次世界大战期间因甜菜播种面积减少、挖掘工人数量不足、燃料供应不足和交通运输困难等因素，制糖业发展速度明显放慢。燃料对俄国制糖业的发展意义重大，最初因矿物燃料开采量有限，其燃料多以木柴为主，19 世纪上半期大型制糖厂多分布于圣彼得堡、中部工业区和伏尔加河流域。19 世纪末随着工业燃料结构中矿物燃料比例的不断增加，矿物燃料也成为制糖业的主要燃料，中部工业区和伏尔加河流域制糖厂的主要燃料为石油产品和木柴，而南俄制糖业的主要燃料一直为煤炭，煤炭对制糖业的发展功不可没。

四、拉动南俄煮盐业

19 世纪上半期之前，俄国的主要产盐地为伏尔加河流域中下游地区，阿斯特拉罕地区的湖盐和卡马河流域的井盐最为著名，19 世纪下半期南俄地区岩盐产量迅速增加。18 世纪下半期和 19 世纪上半期，卡马河流域年均向伏尔加河流域供盐数量为 500—600 万普特[②]。铁路修建后卡马河流域盐产品的运输以铁路为主，1861—1900 年和 1901—1912 年奥伦堡铁路的盐类产品运输量分别为 5700 万普特和 2760 万普特[③]。19 世纪下半期俄国煮盐业飞速发展，1897—1899 年盐产品的生产规模增长了 36.2%[④]。此时煮盐业的发展得益于南俄地区，其中巴赫穆茨基区域新建工厂数量最多，市场上该地盐的需求量明显高于乌拉尔地区。南俄地区煮盐业的发展主要源于该地燃料和原料充足，18 世纪南俄地区煮盐业已初具规模，但因此时煤炭产量有限，该地交通滞后和人烟稀少，卡马河流域和阿斯特拉罕地区的煮盐业最为发达。19 世纪

---

① Кафенгауз Л. Б. Эволюция промышленного производства России（последняя треть XIXв. —30-е годы XXв）. C. 104.

② Ястребов Е. В. Из истории освоения рассолов Прикамья//Природные ресурсы и вопросы их рационального исполнения. М., МОПИ, 1976. C. 102；Марухин В. Ф. История речного судоходства в России. C. 260.

③ Горюнов Ю. А. Воздействие ташкентской железной дороги на экономическую жизнь оренбуржья первый трети XX века. Диссертация. Оренбург., 2010. C. 140-141.

④ Кафенгауз Л. Б. Эволюция промышленного производства России（последняя треть XIXв. —30-е годы XXв）. C. 54.

下半期，随着南俄铁路建设规模的逐渐扩大和外资的大量涌入，南俄地区的煮盐业快速发展。丰富的煤炭资源促进了南俄制盐业的发展，1896 年、1897 年和 1900 年煮盐业的煤炭消耗量分别为 499 万普特、559 万普特和 616 万普特[①]。南俄地区的盐产品除运至国内市场外，还出口国外，如塞尔维亚、保加利亚和罗马尼亚等国市场上都出现了南俄盐制品[②]。

1901—1908 年，俄国制盐业发展速度放缓。1901—1908 年年均盐产量为 1.0 亿普特，其中岩盐、食盐和湖盐的数量分别为 2610 万普特、2543 万普特和 542 万普特。1908—1913 年岩盐开采量的年均增长率为 1.8%，食盐开采量的年均增长率为 4.2%，此时受气候影响，湖盐开采的数量波动较大，岩盐和食盐的开采量明显增加，食盐开采量快速增加主要源于库班河畔斯拉维扬斯克区制盐业快速发展。第一次世界大战前夕库班河畔斯拉维扬斯克区诞生了 3 家大型制盐厂，1914 年其盐产量为该区域总产盐量的 22%。1912 年，顿涅茨克留比莫夫·索里维制碱厂专门建设管道输送盐制品，该公司盐矿中有 30 口钻井，年均盐供给量为 700 万—793 万普特。新企业的建立促进了南俄地区盐产量的大幅度增加，顿涅茨克地区制盐业飞速发展[③]。第一次世界大战期间因燃料危机和气候影响，乌拉尔地区的制盐业受到严重冲击，俄国制盐业主要集中于南俄地区。

影响煮盐业发展的因素有三个：一是原料；二是燃料；三是运输。南俄地区矿石资源丰富，矿石中含有众多盐分，因此南俄地区盐产品以岩盐为主。煮盐业在制盐过程中需要丰富的燃料作为后盾，南俄地区的煤炭资源为其燃料基础，需要指出的是，南俄煮盐企业的燃料以无烟煤为主。铁路大规模修建后盐制品的市场迅速扩大，南俄地区的盐类产品经由顿涅茨克铁路运至中部工业区和圣彼得堡等地。

① Шполянский Д. И. Монополии угольно-металлургической промышленности юга России в начале XX века. С. 26；Кафенгауз Л. Б. Эволюция промышленного производства России（последняя треть XIXв. —30-е годы XXв）. С. 26，42.

② Фомин П. И. Горная и горнозаводская промышленность Юга России. Том II. С. 170.

③ Кафенгауз Л. Б. Эволюция промышленного производства России（последняя треть XIXв. —30-е годы XXв）. С. 157-158.

五、煤炭深加工工业初步发展

随着工业革命进程的不断深化，顿涅茨克煤炭除生产焦炭外，还可生产煤焦油、氨水和焦炉气等物质，其中煤焦油和氨水产量最高。19 世纪下半期俄国所需煤焦油和氨气多从国外进口，20 世纪初国产煤焦油数量已超过国外进口量，1908 年国产和进口煤焦油数量分别为 103.7 万普特和 73.2 万普特[①]。因国内需求量较大，很多企业从国外进口设备生产煤焦油、氨水和焦炉气。1908 年顿涅茨克煤田生产的煤焦油和氨水的数量分别为 37 万普特和 14.8 万普特；1910 年其数量分别为 67.1 万普特和 24 万普特；1913 年其数量分别为 240 万普特和 101 万普特[②]。外资公司垄断了焦炉气生产，其中以比利时埃卡比公司最为著名，该公司从国外进口设备并引进先进技术，生产工艺不亚于国外同类企业。煤焦油、氨水和焦炉气等产品为炼焦行业的初级产品，在生产诸多初级产品的同时，再生产品的生产数量也不容忽视，如硫化铵、甲苯、重型油脂和沥青。

随着南俄煤炭深加工工业的发展，硫化铵、甲苯、重型油脂等产品的产量逐渐增多，硫化铵是化肥的主要原料，甲苯是生产炸药的主要材料，而重型油脂用于多种化学物质生产工艺中。因为这些产品都在炼焦过程中产生，在南俄炼焦业发展之前该类化学物质多从国外进口。即便南俄炼焦工业迅速发展，这些产品仍多从国外进口，如 1913 年俄国从国外进口的甲苯数量为 22 万普特，而国内产量仅为 2400 普特[③]，俄国硫化铵的产量更低，需要从西欧及北欧国家进口大量同类产品。上述化学产品多在南俄本地使用，因产量有限，并不运至国内其他地区。第一次世界大战前夕俄国国内各种化学产品的需求量急剧增加，炼焦厂也尝试生产其他产品，如工业染料、油漆和药物等，1915—1916 年南俄地区煤炭附属行业发展最为迅速，其中甲苯产量的增长最为明显。

煤炭工业快速发展后俄国国内市场上煤炭与石油产品的竞争加剧，非矿物燃料木柴、泥炭的作用逐渐降低。煤炭和石油成为工业和运输业的主

① Братченко Б. Ф. История угледобычи в России. С. 166.
② Кафенгауз Л. Б. Эволюция промышленного производства России（последняя треть XIXв. —30-е годы XXв）. С. 128；Бакулев Г. Д. Черная металлургия Юга России. С. 135.
③ Бакулев Г. Д. Черная металлургия Юга России. С. 135.

要燃料，从 19 世纪 90 年代开始，石油和煤炭之间的竞争就已凸显，此时工业企业的石油需求量激增，在莫斯科和圣彼得堡等工业区尤为突出。1900—1905 年俄国工厂的石油产品需求量从 9800 万普特增至 1.5 亿普特，1904 年铁路部门的石油产品需求量占该全俄石油产品总需求量的 33%，煤炭的比例为 49%（木柴的比例为 18%），铁路部门的燃料中煤炭已占据主导地位。同时伏尔加河运输船队的石油产品需求量增加，1904—1905 年其石油产品需求量为 7000 万普特[①]。此时俄国燃料结构中石油化特征犹在，但 1906 年之后随着石油工业状况恶化和油价上涨，煤炭开始大量排挤石油，俄国燃料结构的煤炭化趋势势不可挡。煤炭工业对冶金工业的影响最大，顿涅茨克煤炭是南俄冶金工业崛起的燃料基础，凭借丰富的煤炭和矿石资源，南俄金属产量跃居全俄第一位。南俄冶金工厂距煤田较近，本身不但有煤矿，还生产焦炭冶铁，此优势其他地区无法相比。冶金工业巨大的煤炭需求量是南俄煤炭工业发展的动力，同时也是煤炭工业集约化的推动力。在煤炭和冶金工业发展的同时，炼焦和煤炭深加工工业也随之发展，南俄地区焦炭等不但可以自给，而且垄断了国内市场。

在总结能源工业对俄国工业化的影响之前，有必要对俄国工业化的特征进行阐述，俄国工业化的具体特征包括：工业化起步晚、缺少社会文化积淀、内部积累不足、各区域之间经济发展失衡、在工业化进程中外资具有重要作用（重工业尤其）、国家干预经济、农业领域工业化进程滞后、工业化进程不彻底等。影响俄国工业化进程的因素诸多，笔者只从能源角度探析工业化进程中能源工业的作用。通过分析，笔者初步得出如下结论。

第一，能源工业是俄国工业化的基础，燃料结构矿物化是工业化的主要标志之一，虽然各时期不同矿物燃料占据主导地位，但燃料结构矿物化趋势已不可逆转。丰富的能源是工业和运输业发展的基础，能源工业加速了俄国的工业化进程。

第二，工业化重要的指标之一是工业产值在国民生产总值中的比重，虽然十月革命前俄国仍是农业国，但在能源工业飞速发展的背景下，俄国诸多工业部门迅速崛起。19 世纪末，世界工业产值中俄国的比重仅次于美国，1860—1900 年俄国工业品数量增长了 7 倍，法国增长了 1.5 倍，英

[①] Шполянский Д. И. Монополии угольно-металлургической промышленности юга России в начале XX века. С. 127.

国增长了 1 倍，俄国工业取得了傲人成就。1913 年俄国国民生产总值中农业、工业、贸易、运输和建筑业的比例分别为 51.4%、28%、8.6%、7.9%和 4.1%，俄国的工业化成就可谓举世瞩目[①]。20 世纪初俄国国民生产总值已超过西欧，在此过程中能源工业可谓功不可没。

第三，能源工业的发展直接推动了俄国交通运输业的现代化进程，石油和煤炭在成为铁路和水路运输的主要燃料后，直接带动了俄国造船业和机器制造业的发展，蒸汽机船成为水路运输的主力，内燃机和发动机大规模使用，交通运输革命成为俄国工业革命的重要组成部分。

第四，冶金工业的发展状况是衡量一国工业化程度的重要指标，十月革命前俄国冶金工业的成就不言而喻，俄国冶金工业的飞速崛起是诸多工业部门发展的动力，而冶金工业的发展离不开能源工业。因此，能源工业加速了俄国的工业化进程，成为影响俄国工业化进程的强有力杠杆。

---

① Ахундов В. Ю. Монополистический капитал в дореволюционной бакинской нефтяной промышленности. С. 8；Ковнир В. Н. История экономики России. С. 286；Корелин А. П. Россия 1913 год. С. 35；Бовыкин В. И. Финансовый капитал в России накануне первой мировой войны. С. 30.

结 论

19世纪下半期俄国的工业化进程开启，虽然能源工业的发展速度和规模独占鳌头，迅速成为工业和运输业的燃料基础，但俄国能源工业的崛起时间晚于其他工业部门。俄国能源工业兴起于19世纪七八十年代，19世纪末至20世纪初达到顶峰，19世纪末石油工业取得傲人成就，此时俄国燃料结构的石油化趋势最为明显。20世纪初经济危机、日俄战争和国内革命造成俄国国内经济局势恶化，在此过程中石油工业备受打击，长期停滞不前，煤炭工业在采油量降低和石油产品价格居高不下的契机下蓬勃发展，工业和运输业的煤炭需求量大增，俄国燃料结构的煤炭化趋势日益加强。俄国工业发展速度、规模和工业化进程都受制于能源工业的发展状况，能源工业为工业和运输业提供了赖以生存的燃料，其自身也成为重要的工业部门，成为俄国工业革命顺利完成的有力保障。笔者除研究俄国能源工业发展的总体趋势外，还从微观角度对石油和煤炭市场、运输、供求、外资和垄断组织等因素进行了详细的分析，力求更全面和客观地揭示十月革命前俄国能源工业的影响。通过对十月革命前俄国能源工业发展状况的梳理和研究，笔者初步得出了一些结论。

为了更好地阐述俄国能源工业的历史意义，笔者分两部分进行分析，第一部分为该工业部门发展的直接影响，第二部分对该工业部门发展过程中具有双重作用的外资和垄断组织进行分析，上述因素在促进能源工业发展的同时，也在一定程度上阻碍了该部门的长足发展。

一、能源工业的直接影响

第一，能源工业的发展直接促进了俄国燃料结构的变更。俄国地广人稀、森林资源丰富，工业革命之前木柴是工业、运输业和居民取暖的主要燃料，即便是 19 世纪末俄国工业革命完成之际，乌拉尔等森林资源丰富的地区仍以木柴作为主要燃料。伴随着世界工业革命的浪潮，俄国燃料结构中木柴的比例逐年下滑，但因能源工业发展滞后，矿物燃料并未占据主导地位。俄国工业化进程开启后，矿物燃料的比重逐渐提升，19 世纪末因石油工业勃兴，俄国燃料结构中矿物燃料的比例已达 70%，石油燃料和煤炭所占比例分别为 41% 和 28%。20 世纪初经济危机后煤炭的作用逐渐强化，1908 年俄国燃料结构中石油产品和煤炭所占比例分别为 12% 和 55%，第一次世界大战前夕矿物燃料的比例已达 77.1%[①]，除部分工业部门外，运输业和大部分工业部门的燃料都以矿物燃料为主。虽然 19 世纪末至 20 世纪初石油和煤炭之间的竞争加剧，不同时期燃料结构中二者的比重有所差异，但因能源工业的发展，十月革命前俄国燃料结构最终完成了由传统木制燃料向矿物燃料的转变。

第二，俄国能源工业的发展促进了全俄市场的进一步深化。18 世纪，俄国统一的国内市场形成，但因交通运输滞后，市场规模和范围有限，商品流通和交换处处受到掣肘。19 世纪下半期，俄国开始大规模修建铁路，铁路修建后弥补了传统水路运输的不足，全俄市场进一步深化。虽然交通运输在促进全俄市场形成和发展的过程中功不可没，但俄国能源市场作为市场体系的有机组成部分，对全俄市场的进一步深化功不可没。就商品市场而言，该工业部门为俄国工业和运输业提供了赖以生存的燃料，直接推动了工业和运输业的发展，从一定程度上来看，交通运输业的发展依赖于能源工业。就资本市场而言，该工业部门在俄国证券市场中的比例不容小觑，俄国煤炭和石油公司的证券和股票不但在国内市场上十分紧俏，更是国际金融市场上的畅销产品。就劳动力市场而言，该工业部门提供了大量的工作岗位和机会，吸纳了众多闲散劳动力，对俄国劳动力市场的影响可

---

① Баканов С. А. Угольная промышленность Урала：жизненный цикл отрасли от зарождения до упадка. С. 42；Кафенгауз Л. Б. Эволюция промышленного производства России（последняя треть XIXв. —30-е годы XXв）. С. 131.

谓举足轻重。因此能源工业的市场影响囊括了市场体系的三大支柱，不但对俄国商品市场影响巨大，对资本和劳动力市场的影响也不容忽视。

　　需要指出的是，能源工业在促进俄国国内商品、资本和劳动力市场进一步发展的同时，加大了俄国与国际市场之间的联系，巩固了国际市场上俄国商品的地位。就石油工业而言，在将美国煤油赶出俄国市场后，石油企业主将视角转向了国际市场。世界石油市场上俄国石油工业可谓成绩斐然，不但采油量一度超过美国，在世界石油市场上的占有率也曾独占鳌头。俄国石油企业主不但在欧洲市场上与美国石油公司角逐，在东方市场上也与其一较高下。俄国石油产品在世界能源市场上可谓风靡一时，但受20世纪初经济危机、巴库油田大火和国内政治经济形势所迫，国际能源市场上俄国石油产品的竞争力逐步下降，市场占有率大幅度降低。就煤炭工业而言，虽然俄国长期从国外进口煤炭，但随着该工业部门的发展，俄国生产的煤炭将进口煤炭先后从南俄、中部工业区和伏尔加河流域排挤出去，进口煤炭的市场占有率逐步下降。即便如此，长期从国外进口煤炭也密切了俄国煤炭市场与世界能源市场之间的联系。

　　第三，能源工业加速了俄国工业革命的进程。工业革命的源头为技术革命，而俄国技术革命的核心在于应用技术推动了能源开发与利用方式的变更，在能源开采和利用技术革新的过程中，新兴工业陆续产生。第一次工业革命中蒸汽机的发明和使用促进了煤炭的大规模利用，煤炭工业随之崛起，从而推动了铁路、机器制造业、冶金工业等相关部门的发展，现代化工业体系也随之诞生。伴随着内燃机和发动机的广泛使用，石油工业迅速崛起，铁路、机器制造业和造船业等工业部门获得了长足发展。因此工业化与矿物燃料的大量使用密不可分，能源部门的技术革新在为工业化提供廉价燃料的同时，也提供了先进的技术和设备，技术创新降低了矿物燃料的生产和运输成本，同时也刺激了矿物燃料开采量的大幅度增加，为俄国工业化的继续发展提供了动力。19世纪80年代，俄国能源工业开始飞速发展，能源工业在为工业和运输业提供足够燃料的同时，直接推动了冶金工业、石油加工业、造船业等工业部门的发展。能源工业的发展促进了冶金工业燃料结构的变革，以木制燃料为主的乌拉尔工业区逐渐衰落和以煤炭为燃料的南俄冶金工业迅速崛起就是例证。

　　第四，能源工业的发展直接促进了运输革命的诞生。运输革命是工业革命的重要组成部分，而能源工业对运输革命的影响更为直接。在 19 世纪下半期俄国运输革命中，铁路的作用最大，铁路的大规模建设直接推动了俄国轻重工业的快速发展，运输革命促进了铁路机车和蒸汽机船只的迅速普及，而能源工业是运输工具更新和大规模使用的燃料基础。没有能源工业的长足发展，铁路和蒸汽机船的燃料就不能得到充分供应，运输革命也无法顺利展开。俄国的铁路建设晚于其他国家，其主要问题之一就是燃料短缺，虽然矿物资源丰富，但 19 世纪 80 年代以前煤炭还依靠进口，石油工业还未崛起，燃料问题制约了俄国运输革命的进程。19 世纪末，俄国能源工业飞速发展，铁路和蒸汽机船的燃料得以保障，此时俄国铁路的建设规模独占鳌头，以能源为基础的运输革命成为工业和运输业发展的主要推力，是工业革命得以完成的重要保障。

第五，能源工业的发展促进了俄国经济重心的逐渐南移。19 世纪中期以前，俄国的主要工业基地为中部工业区、西北部工业区和乌拉尔工业区，中部工业区和西北部工业区是重要的纺织和机器制造业中心，乌拉尔地区为俄国传统的冶金基地。19 世纪末能源工业崛起后，南俄地区成为俄国最大的冶金和煤炭基地，乌拉尔工业区逐渐衰落；高加索地区石油工业飞速发展，采油量和钻探米数一度跃居世界第一位，其石油工业的影响力非同凡响。随着黑海和里海地区贸易量的逐年增加，圣彼得堡等波罗的海港口的货物交易量逊色于黑海和亚速海等南部港口，俄国的对外贸易中心转移至南部港口。因此随着南俄和高加索地区能源和冶金工业的蓬勃发展，中部、西北部工业区和乌拉尔工业区的地位逐步下降，俄国的经济重心逐渐南移。

二、能源工业中外资和垄断组织的影响

在俄国能源工业的发展进程中两个因素的作用值得深究，即外资和垄断组织，二者对能源工业的发展有积极的推动作用，但也在一定程度上制约了俄国能源工业的进一步发展。虽然影响俄国能源工业的因素颇多，但上述两个因素的双向作用突出，值得深究。

第一，外资在俄国能源工业中的作用不容小觑。就石油工业而言，外国企业主垄断了俄国的石油开采和销售业务，19 世纪末诺贝尔兄弟集团和罗斯柴尔德家族的里海-黑海石油工商业公司掌控着俄国的国内外石油

市场和运输业务。20 世纪初，俄国石油工业中外资企业以诺贝尔兄弟集团和英荷壳牌石油公司最为著名，1917 年以前俄国 60%的采油量和 75%的石油贸易由外资企业掌控，外国资本家在俄国石油工业中的资本投入量达 70%[①]。俄国煤炭工业也是如此，法国和比利时资本家控制了南俄地区的煤炭开采和加工业务，1914 年法国和比利时资本家投资的企业的采煤量占顿涅茨克煤田总采煤量的 60%[②]。由此可知，俄国能源工业对外资的依赖程度较高。外资流入加快了俄国经济的发展步伐，借此俄国的工业化进程得以快速完成。但外资延缓了俄国封建制度的灭亡进程，同时俄国工业对西方资本的依赖程度增加，因劳动力价格低廉，外国资本家并不关注推广新技术，大部分利润流向国外，不利于俄国国内资本的积累和工业的长足发展。

第二，俄国能源工业的垄断程度较高。因 19 世纪下半期股份公司广泛建立、外资渗入和银行资本与工业资本融合等因素，俄国能源工业垄断组织诞生。俄国石油工业中的垄断组织诞生于 19 世纪 80 年代，19 世纪 90 年代末至 20 世纪初石油工业的垄断程度强化，卡特尔和辛迪加类型的石油垄断组织先后建立，凭借资金和技术等优势其攫取了高额利润。煤炭工业的垄断程度逊色于石油工业，并未形成高级垄断组织，但仍产生了辛迪加垄断组织，这些垄断组织掌控了顿涅茨克煤田大部分采煤和销售业务，不过因俄国煤田较为分散和长期进口煤炭，该工业部门的垄断程度有限。垄断组织是生产社会化的必然产物，促进了经济制度和企业制度的变革，推动了新技术和发明的广泛使用，刺激了工业革命和新兴工业部门的发展，适应了生产力的发展要求，但其阻碍技术和设备革新、抑制生产效率提高、破坏市场秩序、损害消费者利益以及恶化工人生活水平等消极影响也不容忽视。

---

① Лисичкин С. М. Очерки по истории развития отечественной нефтяной промышленности. С. 367；История предпринимательства в России. Книга вторая（вторая половина XIX—начало XX века）. С. 111；Маевский И. В. Экономика русской промышленности в условиях первой мировой войны. С. 16；Мир-Бабаев М. Ф. Краткая история Азербайджанской нефть. С. 54.

② Гиндин И. Ф. Банки и экономическая политика в России XIX—начало XXв. С. 172；Братченко Б. Ф. История угледобычи в России. С. 151；Маевский И. В. Экономика русской промышленности в условиях первой мировой войны. С. 17.

参 考 文 献

中 文 部 分

（一）专著

[1] 曹维安：《俄国史新论》，北京：中国社会科学出版社，2002年。

[2] 陈晓律：《世界各国工业化模式》，南京：南京出版社，1998年。

[3] 樊亢、宋则行：《外国经济史》，北京：人民出版社，1984年。

[4] 刘祖熙：《改革和革命——俄国现代化研究（1861—1917）》，北京：北京大学出版社，2001年。

[5] 刘祖熙：《改革和革命——俄国现代化研究》，北京：北京大学出版社，2001年。

[6] 陆南泉：《革命前俄国经济简析》，北京：首都师范大学出版社，2010年。

[7] 孙成木、刘祖熙、李建主编：《俄国通史简编》，北京：人民出版社，1986年。

[8] 陶慧芬：《俄国近代改革史》，北京：中国社会科学出版社，2007年。

[9] 姚海、刘长江：《当代俄国——弱者的自我否定与超越》，贵阳：贵州人民出版社，2001年。

[10] 张建华：《俄国史》，北京：人民出版社，2004年。

[11] 〔苏〕安·米·潘克拉托娃主编：《苏联通史》第三卷，山东大学翻译组译，北京：生活·读书·新知三联书店，1980年。

[12] 〔俄〕鲍里斯·尼古拉耶维奇·米罗诺夫：《俄国社会史》，张广翔等译，济南：山东大学出版社，2006年。

[13] 〔苏〕波克罗夫斯基：《俄国历史概要》，贝璋衡、叶林、葆煦译，贝璋衡校，北京：生活·读书·新知三联书店，1978年。

[14] 〔苏〕梁士琴科：《苏联国民经济史》，李延栋等译，北京：人民出版社，

1954 年。

[15]〔苏〕诺索夫主编：《苏联简史》第一卷，武汉大学外文系译，北京：生活·读书·新知三联书店，1977 年。

[16]〔美〕尼古拉·梁赞诺夫斯基、马克·斯坦伯格：《俄罗斯史》，杨烨、卿文辉主译，上海：上海人民出版社，2007 年。

[17]〔苏〕潘克拉托娃：《苏联通史》，山东大学翻译组译，北京：生活·读书·新知三联书店，1980 年。

[18]〔苏〕苏联科学院经济研究所编：《苏联社会主义经济史》第一卷，复旦大学经济系和外文系俄语教研组部分教员译，北京：生活·读书·新知三联书店，1979 年。

[19]〔美〕沃尔特·G. 莫斯：《俄国史（1855—1996）》，张冰译，海口：海南出版社，2008 年。

（二）论文

[1]〔俄〕Л. E. 舍别列夫：《革命前俄国石油工业和石油市场》，张广翔译，《吉林大学社会科学学报》2012 年第 6 期。

[2]〔俄〕B. H. 科斯托尔尼钦科：《1918—1932 年苏联石油出口和石油工业》，邓沛勇、张广翔译，《吉林大学社会科学学报》2012 年第 6 期。

[3] 白述礼：《试论近代俄国铁路网的发展》，《世界历史》1993 年第 1 期。

[4] 白胜洁：《19 世纪末 20 世纪初俄国的工业垄断研究——以石油、冶金和纺织工业部门为例》，长春：吉林大学博士学位论文，2015 年。

[5] 董小川：《俄国的外国资本问题》，《东北师范大学学报》（哲学社会科学版）1989 年第 3 期。

[6] 刘爽：《19 世纪末俄国的工业高涨与外国资本》，《社会科学战线》1996 年第 4 期。

[7] 刘爽：《19 世纪俄国西伯利亚采金业与外国资本》，《学习与探索》1999 年第 2 期。

[8] 刘琼：《19 世纪末 20 世纪初外国资本对俄国石油工业的影响》，沈阳：辽宁大学硕士学位论文，2012 年。

[9] 李非：《19 世纪末—20 世纪初俄国石油工业中的垄断资本》，长春：吉林大学硕士学位论文，2008 年。

[10] 陶惠芬：《俄国工业革命中的对外经济关系》，《世界历史》1994 年第 3 期。

[11] 王绍章：《俄国石油业的发展与外国资本》，《东北亚论坛》2007 年第 6 期。

[12] 王然：《阿塞拜疆石油工业史述略》，《西安石油大学学报》（社会科学版）2013 年第 6 期。

[13] 张广翔：《19 世纪末 20 世纪初俄国引进外资及其作用问题》，《外国问题研究》1988 年第 3 期。

［14］张广翔：《1861 年改革后俄国国家资本主义的几个问题》，《东北亚论坛》1995 年第 2 期。

［15］张广翔：《外国资本与俄国工业化》，《历史研究》1995 年第 6 期。

［16］张广翔：《19 世纪俄国政府工商业政策基本趋势》，《西伯利亚研究》2000 年第 4 期。

［17］张广翔：《19 世纪—20 世纪初俄国税制与经济增长》，《吉林大学社会科学学报》2004 年第 3 期。

［18］张广翔：《19 世纪末至 20 世纪初欧洲煤炭市场整合与俄国煤炭进口》，《北方论丛》2004 年第 1 期。

［19］张广翔：《19 世纪 60—90 年代俄国石油工业发展及其影响》，《吉林大学社会科学学报》2012 年第 6 期。

［20］张广翔：《19 世纪至 20 世纪初俄国的交通运输与经济发展》，《社会科学战线》2014 年第 12 期。

［21］张广翔、白胜洁：《论 19 世纪末 20 世纪初俄国的石油工业垄断》，《求是学刊》2014 年第 3 期。

［22］张广翔、白胜洁：《论 19 世纪末 20 世纪初俄国的工业垄断》，《江汉论坛》2015 年第 5 期。

［23］张广翔、白胜洁：《19 世纪末 20 世纪初俄国工业垄断资本与国家》，《求是学刊》2015 年第 5 期。

［24］张广翔、梁红刚：《19 世纪下半期俄国工商业税改刍议》，《俄罗斯东欧中亚研究》2015 年第 1 期。

［25］张广翔、梁红刚：《19 世纪俄国保护关税政策问题》，《史学集刊》2015 年第 3 期。

［26］张建华：《俄国近代石油工业的发展及其特点》，《齐齐哈尔师范学院学报》1994 年第 6 期。

［27］张丁育：《19 世纪 90 年代至 20 世纪初俄国与欧洲的石油贸易》，《西伯利亚研究》2009 年第 1 期。

外 文 部 分

（一）史料

［1］Монополистический капитал в нефтяной промышленности России 1883-1914. Документы и материалы，М.，Изд-во Академии наук СССР，1961.

［2］Монополистический капитал в нефтяной промышленности России 1914—1917. Документы и материалы，Л.，Наука，1973.

［3］Сидоров А. Л. Экономическое положение России накануне великой октябрь ской социалистической революции. Документы материалы：М.，Академия наук СССР，1957.

（二）专著

［1］Алексеев В. В.，Гаврилов Д. В. Металлургия Урала с древнейших времен до наших дней. М.，Наука. 2008.

［2］АлексеевВ. В.，АлексееваЕ. В.，ЗубковК. И.，ПобережниковИ. В. Азиатс кая Россия в геополитической и цивилизационной динамике XIX—Xxвека. М.，Наука，2004.

［3］Ахундов В. Ю. Монополистический капитал в дореволюционной бакинской нефтяной промышленности. М.，Изд-во социально-экономической литературы，1959.

［4］Бовыкин В. И. Зарождение финансового капитала в России. М.，Изд-во МГУ，1967.

［5］Баку и его окрестности. Тифлис.，ипография М. Д. Ротинанца，1891.

［6］Бовыкин В. И. Иностранное предпринимательство и заграничные инвестиц ии в России. М.，РОССПЭН，1997.

［7］Бовыкин В. И. Формирование финансового капитала в России конец XIX в. —1908г. М.，Наука，1984.

［8］Бакулев Г. Д. Черная металлургия Юга России. М.，Изд-во Гос. техники，1953.

［9］Баканов С. А. Угольная промышленность Урала：жизненный цикл отрасли от зарождения до упадка. Челябинск.，Издательство ООО «Энциклопедия»，2012.

［10］Братченко（Ред）История угледобычи в России. М.，ФГУП «Производстве нно-издательский комбинат ВИНИТИ»，2003.

［11］Берзин Р. И. Мировая борьба за нефть. М.，Типография Профгортоп，1922.

［12］Бовыкин В. И. Французкие банки в России：конец XIX —начло XX в. М.，РОССПЭН，1999.

［13］ВодарскийЯ. Е.，Истомина Э. Г. Сельские кустарные промыслы европейс кой России на рубежеXIX—XX столетий. М.，Иститут Российской истории РАН，2004.

［14］Гиндин И. Ф. Банки и экономическая политика в России XIX—начало XXв. М.，Наука，1997.

［15］Гагозин Е. И.，Железо и уголь на юге России. СПб.，Типография Исидора Гольдберга，1895.

［16］Гусейнов Р. История эконоики России. М.，Изд-во ЮКЭА，1999.

〔17〕Грегори П. Экономический рост Российской империи（конец XIX—начало XX в.）. М., РОССПЭН, 2003.

〔18〕Дьяконов И. А. Нобелевская корпорация в России. М., Мысль, 1980.

〔19〕Дулов А. В. Географеческая среда и история России КонецXV—середина XIX вв. М., Наука, 1983.

〔20〕Дьяконова И. А. Нефть и уголь в энергетике царской России в междуна родных сопоставлениях. М, . РОССПЭН, 1999.

〔21〕Доннгаров А. Г. Иностранный капитал в России и СССР. М., Междунаро дные отношения, 1990.

〔22〕Дякин В. С. Германские капиталы в России. электроиндустрия и электричес кий транспорт. Л., Наука, 1971.

〔23〕История предпринимательства в России. М., РОССПЭН, 2002.

〔24〕Иголкин А., Горжалцан Ю. Русская нефть о которой мы так мало знаем. М., Нефтяная компания Юкос/Изд-во Олимп-Бизнес. 2003.

〔25〕Ионичев Н. П. Иностранный капитал в экономике России（XVIII—начало XX в.）. М., МГУП, 2002.

〔26〕Иголкин А. А. Источники энергии: экономическая история（до начала XX века）. М., Институт российской истории РАН, 2001.

〔27〕Истомина Э. Г. Водный транспорт России в дореформенный период （Историко-географическое）. М., Наука, 1991.

〔28〕Карпов В. П., Гаврилова Н. Ю. Курс истории отечественной нефтяной и газовой промышленности. Тюмень., ТюмГНГУ, 2011.

〔29〕Корелин А. П. Россия 1913 год. СПб., Блиц, 1995.

〔30〕Кирипло-Белозерный историко-архитектурный и художественный музей Заповедник. Белогодский гос. пед. ин-т. Кириппов историко-краеведческий альманах. Вологда., Изд-во Русь, Вып 1. 1994.

〔31〕Китанина Н. С. Политика русской самодержавия в области промышленно сти М., Изд-во МГУ, 1985.

〔32〕Куприянова Л. В. Таможенно-промышленный протекционизм и российские предприниматели 40-80-е годы XIX века. М., Институт русской истории РАН, 1994.

〔33〕Ковнир В. Н. История экономики России: Учеб. пособие. М., Логос, 2005.

〔34〕Кондратьев Н. Д. Мирное хозяйство и его конъюнктуры во время и после войны. Вологда., Обл. отделение Гос. издательства, 1922.

〔35〕Конотопов М. В., Сметанин М. В. История экономики России. М., Логос. 2004.

［36］Кафенгауз Л. Б. Эволюция прошмышленного производства России（последн яя третьXIXв. —30-е годы XXв）. М., Эпифания, 1994.

［37］Кушнирук С. В. Монополия и конкуренция в угольной промышленности юга России в начале XX века. М., УНИКУМ-ЦЕНТР, 1997.

［38］Лаверычев В. Я. Военный государственно-монополистический капитализм в России. М., Наука, 1988.

［39］Лисичкин С. М. Очерки по истории развития отечественной нефтяной промышленности（дореволюционный период）. М., Государственное научно-техническое издательство, 1954.

［40］Лаверычев В. Я. Монополистический капитал в текстильной промышленно сти России（1900—1917 гг.）. М., Изд-во. МГУ, 1963.

［41］Лозгачев П. М. Развитие отечественной техники перегонки нефти и мазута. М., Гостоптехиздат, 1957.

［42］Лившин Я. И. Монополии в экономике России. М., Изд-во Социально-экономической литературы. 1961.

［43］Марухин В. Ф. История речного судоходства в России. М., Орехово-Зуевский педагогический институт, 1996.

［44］Миронов Б. Н. Внутренний рынок России во второй половинеXVIII-первой половинеXIXв. Л., Наука. 1981.

［45］Модестов В. В., Рабочие Донбасса в трех русских революциях. М., Мысль, 1974.

［46］Мир-Бабаев М. Ф. Краткая история Азербайджанской нефть. Баку., Азернешр, 2009.

［47］Мир-Бабаев М. Ф. Краткая история Азербайджанской нефти. Баку., Азернешр, 2009.

［48］Мавейчук А. А., Фукс И. Г. Иллюстрированные очерки по истории российского нефтегазового дела. Часть 2. М., Газоил пресс, 2002.

［49］Матвейчук А. А, Фукс И. Г. Истоки российской нефти. Исторические очерки. М., Древлехранилище, 2008.

［50］Менделеев Д. И. Проблемы экономического развития России. М., Изд-во социально-экономической литературы. 1960.

［51］Маевский И. В. Экономика русской промышленности в условиях первой мировой войны. М., Изд-во Дело, 2003.

［52］Менделеев Д. И. Сочинение XI. М., Изд-во акадимии СССР, 1949.

［53］Межлаука В. И. Транспорт и топливо. М., Транспечать, 1925.

［54］Натиг А. Нефть и нефтяной фактор в экономике Азербайджана в XXI веке.

Баку., Leterpress, 2010.

［55］Наниташвили Н. Л. Экспансия иностранного капитала в Закавказье（конец XIX—начло XX вв.）. Тбилиси., Издательство Тбилисского университета, 1988.

［56］Общий обзор главных отраслей горной и горнозаводской промышленности. СПБ., Типография И. Флейстмана, 1915.

［57］Обухов Н. П. Внешнеторговая, таможенно-тарифная и промышленно-финансовая политика России в XIX-первой половине XXвв.（1800—1945）. М., Бухгалтерский учет, 2007.

［58］Оль П. В. Иностранные капиталы в народном хозяйстве Довоенной России. Л., Изд-во академии наук СССР, 1925.

［59］Осбрник Б. Империя Нобелей. История о знаменитых шведах, бакинской нефти и революции в России. М., Алгоритм, 2014.

［60］Очерк месторождения полезных ископаемых в Евройской России и на Урале. СПб., Типография В. О. Деаков, 1881.

［61］Панкратов Ю. А., Шолудько И. Г., Эллис А. М. Челябинский угольный бассейн（краткий историко-экономический очерк）. Челябинск., Челябинское кн. изд-во, 1957.

［62］Петров Ю. А. Российская экономика в начале XX в. //Россия в начале XXв. М., РОССПЭН, 1997.

［63］Погребинский А. П. Государственно-монополистический капитализм в России. М., Изд-во социально-экономической литературы, 1959.

［64］Пажитнов К. А. Очерки истории текстильной промышленности дореволюционной России. М., Изд-во академии наук СССР, 1958.

［65］Предпринимательство и предприниматели России от истоков до начала XX века. М., РОССПЭН, 1997.

［66］Першке С. и Л. Русская нефтяная проышленность, ее развитие и современное положение в статистических данных. Тифлис., Тип. К. П. Козловского, 1913.

［67］Рязанов В. Т. Экономическое развитие России. Реформы и российское хозяйство в XIX—XXвв. СПб., Наука, 1999.

［68］Старый рыбинск. История Города В описаниях совреников XIX – XX вв. Рыбинск., Рыбинск Михайлов посад. 1993.

［69］Соловьева А. М. Железнодорожный транспорт России во второй половине XIXв. М., Наука, 1975.

［70］Соболев М. Н. Таможенная политика России во второй половине XIX века. Том II. М., РОССПЭН, 2012.

［71］Самедов. В. А. Нефть и экономика России（80—90-е годы XIX века）.

Баку., Элм, 1988.

［72］Сеидов В. Н. Архивы бакинских нефтяных фирм（ⅩⅨ—начало ⅩⅩвека）. М., Модест колеров, 2009.

［73］Симоненко В. Д. Очерки о природе Донбасса. Донецк., Изд-во Донбасса, 1977.

［74］Струмилин С. Г. Черная металлургия в России и в СССР. М-Л., Издательст во Академии наук СССР, 1935.

［75］Соловьева А. М. Промышленная революция в России в ⅩⅨв. М., Наука, 1990.

［76］Тридцать лет деятельности товарищества нефтяного производства Бр. Нобел я 1879-1909. СПб., Типография И. Н. Скороходова, 1910.

［77］Тихонов Б. В. Каменноугольная промышленность и черная металлургия России во второй половине ⅩⅨ в.（историко-географические очерки）. М., Наука, 1988.

［78］Тарновский К. Н. Формирование государственно-монополистического капи тализма в России в годы первой мировой войны. М., Изд-во МГУ, 1958.

［79］Туган-Барановский М. И., Изображенное. Русская фабрика в прошлом и наст оящем: Историко-экономическое исследование. Т. 1. Историческое развитие русской фабрики в ⅩⅨ веке. М., Кооперативное издательство «Московский рабочий», 1922.

［80］Фурсенко А. А. Династия Рокфеллеров. Нефтяные войны（конецⅩⅨ—нач ало ⅩⅩ века）. М., Издательский дом Дело, 2015.

［81］Фабрично-заводская промышленность и торговля России. СПб., Типогра фия И. А. Ефрона, 1896.

［82］Фомин П. И., Горная и горнозаводская промышленность Юга России. Том Ⅰ. Харьков., Типография Б. Сумская, 1915.

［83］Фомин П. И., Горная и горнозаводская промышленность Юга России. Том Ⅱ. Харьков., Хозяйство Донбасса, 1924.

［84］Федоров В. А. История России 1861—1917. М., Высшаяшкола, 1998.

［85］Шубин А. И. Волга и волжское судоходство. М., Транспечать, 1927.

［86］Шполянский Д. И. Монополии угольно-металлургической промышленности юга России в начале ⅩⅩ века. М., Изд-во Академии наук СССР, 1953.

［87］Хромов П. А. Экономическое развитие России. Очерки экономики России с древнейших времен до Великой Октябрьской революции. М., Наука, 1976.

［88］Хромов П. А. Экономика России периода промышленного капитализма. М., Изд-во ВПШ и АОН при ЦК КПСС, 1963.

［89］Хромов П. А. Экономическая история СССР. М., Высшая школа, 1982.

［90］Халин А. А. Система путей сообщения нижегородского Поволжья и ее роль в социально-экономическом развитии региона（30—90 гг. ⅩⅨ в.）. Н. Новгород., Изд-во Волго-ветской академии государственной службы, 2011.

［91］Чунтулов В. Т.，Кривцова Н. С.，Чунтулов А. В.，Тюшев В. А. Экономиче ская история СССР. М.，Высшая школа，1987.

（三）文章

［1］Алияров С. С. Изтории государственно-монополистического капитализма в России. Особое совещание по топливу и нефтяные монополии//История СССР. 1977，№6.

［2］Абрамова Н. Г. Из истории иностранных акционерных обществ в России （1905—1914гг.）//Вестник Московского университета. История. 1982，№2.

［3］Бовыкин В. И.，Бабушкина Т. А.，Крючкова С. А.，Погребинская В. А. Иностранные общества в России в начале XX в. //Вестник Московского университета. История. 1968，№2.

［4］Бессолицын А. А. Поволжский региона на рубеже XIX—XXвв.（основны тенденции и особенности экономического развития）// Экономическая история России：проблемы，поиск，решения：Ежегодник. Вып5. Волгоград.，Изд-во ВолГУ，2003.

［5］Бовыкин В. И. Банки и военная промышленность России накануне первой мировой войны//История СССР. 1959，№64.

［6］Бовыкин В. И. Монополистические соглашения в русской военной промыш ленности//История СССР. 1958，№1.

［7］Волобуев П. В. Из истории монополизации нефтяной дореволюционной промышленности России. 1903—1914//Исторические записки. 1955，Т. 52.

［8］Горюнов Ю. А. Воздействие ташкентской железной дороги на экономичес кую жизнь оренбуржья первый трети XX века. Диссертация. Оренбург.，2010.

［9］Гертер М. Я. Топливно-нефтяной голод в России и экономическая политика третьеиюньской монархии//Исторические записки. 1969，Т. 83.

［10］Дякин В. С. Из истории экономической политики царизма в 1907—1914гг. //Исторические записки，1983，Т. 109.

［11］Дьяконова И. А. Исторические очерки. За кулисами нобелевской монополии //Вопросы истории. 1975，№9.

［12］Кириченко В. П. Роль Д. И. Менделеева в развитии нефтяной промышлен ности//Вопросы истории народного хозяйства СССР. Изд-во Академии наук СССР，1957.

［13］Кондратьев Н. Д. Большие циклы конъюнктуры // Вопросы конъюнктуры. 1925. Т. 1.

［14］Клейн Н. Л. Факторы развития хозяйства Поволжья на рубеже XIX—XX веков//НИИ проблем экономической истории России XX века волгоградского государственного университета//Экономическая история России：проблемы， пойски，решения. Ежегодник. Вып. 2. Волгоград., Изд-во Вол ГУ，2000.

［15］Косторничеко В. Н. Иностранный капитал в нефтяной промышленности дореволюционной России : к разработке периодизации процесса//Карпов С. П. Экономическая история: обозрение. Вып. 10. М.，Изд-во МГУ，2005.

［16］Кондратьев Н. Д. Спорные вопросы мирного хозяйства и кризиса // Социа ли-стическое хозяйство. 1923，№ 4-5.

［17］Лаверычев В. Я. Некоторые особенности развитии монополии в России （1900—1914）//История СССР. 1960，№3.

［18］Мовсумзаде Э.，Самедов В. Бакинская нефть как топливо для российского военного флата//Черное золото Азербайджана. 2014，№5.

［19］Нардова В. А. Монополистические тенденция в нефтяной промышленности и 80-х годах XIX в. И проблема транспортировки нефтяных грузов//Монополии и иностранный капитал в России. М-Л.，Изд-во Академии наук СССР，1962.

［20］Нардова В. А. Начало монополизации бакинской нефтяной промышленн-ости//Очерки по истории экономики и классовых отношений в России конца XIX — начала XX в. М-Л.，Наука，1964.

［21］Потолов С. И. Начало монополизации грозненской нефтяной проышленности （1893—1903）// Монополии и иностранный капитал в России. М-Л.，Изд-во Академии наук СССР，1962.

［22］Сидоров А. Л. Значение Великой Октябрьской социалистической революци и в эконоических судьбах нашей родины//Исторические записки. 1947，Т. 25.

［23］Фурсенко А. А. Первый нефтяной экспертный синдикат в России （1893—1897）// Монополии и иностранный капитал в России. М-Л.，Изд-во Академии наук СССР，1962.

［24］Фурсенко А. А. Парижские Ротшильды и русская нефть//Вопросы истории. 1962，№8.

［25］Халин А. А. Московско-нижгородская железная дорога//Исторические запис ки、1984，Т. 111.

［26］Чшиева М. Ч. Кавказская нефть и Нобелевская премия//Человек，Цивилиз ация，Культура. 2005，№1.

附录

19 世纪俄国伏尔加河流域
交通运输方式的变革与影响

　　世界文明的起源都与河流息息相关，古埃及文明产生于尼罗河流域，古巴比伦文明产生于两河流域，古印度文明产生于恒河流域，华夏文明产生于黄河流域，由此可见，河流对于人类文明的发展具有重要意义。俄国历史发展也与河流息息相关，伏尔加河就有"母亲河"的美称。19 世纪中期以前俄国仅有 6500 俄里公路，主要分布在圣彼得堡、莫斯科和华沙①，水路运输的作用不言而喻，俄国内河中伏尔加河的作用首屈一指。伏尔加河把俄国欧洲部分的水路、运输及经济连为一体，经过该河向东可以通往欧洲，向西可进入远东地区，该河流将俄国的经济纳入全球范畴中。

　　伏尔加河及其支流是俄罗斯最重要的内河航线，伏尔加河可通达波罗的海、白海，又可由莫斯科运河通向莫斯科河，进而抵达莫斯科。伏尔加河又与顿河连接，可通向亚速海，与整个东欧水路系统连接成一体。伏尔加河连接里海、乌拉尔、中部工业区的工商业中心，又与西北部手工业和商业区相连，为俄国整个商业网络的基础。伏尔加河也是伏尔加精神——俄罗斯民族精神的象征，俄罗斯人将该河视若神明。伏尔加河不但具有地理意义，而且是一条优越的运输路线②。

---

① Китанина Н. С.　Политика русской самодержавия в области промышленности М.，Изд-во Москов ского университета，1985. С. 151-152.

② Дубов И. В. Великий Волжский путь. Л. Издательство ЛГУ. 1989г. С. 1.

伏尔加河受自然条件影响较大，其季节性特征明显，在枯水期及结冰期河流货流量急剧降低。伏尔加河上游区域浅滩较多，为航行带来了很大困难，枯水期更是难以航行。伏尔加河解冻期为每年3月末—4月初，结冰期为每年10月末—11月初，伏尔加河通航期约从每年4月中旬开始，年平均结冰期160天。由于水路运输的季节性较强，19世纪下半叶，俄国开始工业化进程，铁路建设事业蓬勃发展。

工业革命后伏尔加河流域也掀起了兴建铁路的热潮，其中以下诺夫哥罗德—莫斯科铁路及乌拉尔铁路对该地区的影响最大。下诺夫哥罗德—莫斯科铁路把莫斯科与东部地区连为一体，俄国国内市场不断拓展，各地区经济联系更为巩固，足以证明资本主义的横向发展特征。乌拉尔铁路对俄国经济的作用更加突出，乌拉尔为俄国重要金属生产基地，铁路修建前乌拉尔金属大多使用河运。19世纪末至20世纪初，随着铁路支线的大规模修建，水路的主导地位逐渐丧失，铁路日益重要。19世纪下半叶，大部分货物已经使用铁路运输，伏尔加河流域的货物一般先使用水路运至下诺夫哥罗德，然后使用铁路运输。19世纪70年代，伏尔加河水路货流量占第一位，但至19世纪90年代初期，铁路货流量已经占据第一位，水路的主导地位受到冲击。笔者对整个19世纪伏尔加河流域主要河运及铁路线路的商品流通进行详细概述，并对沿岸重要港口及重要铁路站点的货物运输状况进行描述，从而总结出伏尔加河流域商品流通的特征。

一、伏尔加河流域的水路运输

18世纪下半叶至1861年农奴制改革前，俄国水运网络不断扩大，19世纪60年代俄国水路线路达5万俄里，固定航线达3.1万俄里[①]。19世纪中期俄国欧洲部分内河水路总长度为2.7万俄里，年船只行驶数量约为1.2万艘，货物运送量达4亿普特，圆木达500万根，其中运送货物重量的3/4和货物价值的4/5为伏尔加河及其支流所承担[②]。通常，卡马河口以下为伏尔加河下游，卡马河至奥卡河河段为伏尔加河中游，奥卡河以上

---

①　Истомина Э. Г. Водный транспорт России в дореформенный период（Историко-географическое）. М.，Наука，1991. С. 257.

②　Дулов А. В. Географеческая среда и история России Конвц XV—середина XIX вв. М.，Наука，1983. С. 123;Истомина Э. Г. Водный транспорт России в дореформенный период（Историко-географическое）. С. 104.

为伏尔加河上游。因伏尔加河河段划分多以河流为主，笔者将卡马河划为伏尔加河下游河段，将奥卡河划入伏尔加河上游河段，中游区域主要研究伏尔加河流域最大的港口下诺夫哥罗德。由于篇幅有限，只能通过重要的港口和支流对伏尔加河流域水路运输状况进行阐述。

（一）伏尔加河下游的水路运输

伏尔加河下游货物主要运往上游的下诺夫哥罗德、雷宾斯克及圣彼得堡，阿斯特拉罕为伏尔加河水路的起点，伏尔加河下游流域货流始于此，此后伏尔加河下游沿岸城市及村镇的货物不断补充，货流量逐渐增加。伏尔加河下游重要的省份为阿斯特拉罕、萨拉托夫和萨马拉等，阿斯特拉罕为伏尔加河出海口，萨拉托夫与萨马拉为该流域重要的粮食出口省份，每年运出数百万普特货物。卡马河流域也是伏尔加河水路的重要组成部分，卡马河为乌拉尔金属制品和西伯利亚产品的重要运输线路。

1. 阿斯特拉罕至卡马河流域的水路运输

伏尔加河流域阿斯特拉罕港口的意义特殊，它是俄国唯一的鱼产品交易港口，也是波斯货物集散地。19 世纪，阿斯特拉罕居民主要从事捕鱼业，鱼类产品不但沿伏尔加河运往上游各城市，还出口国外。19 世纪中叶，阿斯特拉罕捕鱼量约占全国捕鱼量的 2/3，这些鱼产品主要运往上游的下诺夫哥罗德和雷宾斯克。阿斯特拉罕渔业资源丰富，很多珍贵鱼类都生长于此。

除捕鱼业外，阿斯特拉罕制盐业与畜牧业也较为发达，此地多为湖盐，19 世纪初年产盐量为数十万普特，大部分用于腌制鱼产品。阿斯特拉罕盐主要沿伏尔加河运往沿岸各城市和俄国中部地区，同时阿斯特拉罕港口进口蔬菜、水果和畜牧产品，也沿伏尔加河运往沿岸各个城市。阿斯特拉罕除向上游输送本地生产的商品外，还输出中亚、高加索和伊朗等地的商品，如从伊朗进口的棉花、丝绸及棉织品、大米和水果干等货物；从中亚运来的棉制品、皮革和棉花。阿斯特拉罕输出的主要产品还有金属机器和纺织品等。

19 世纪 50 年代初期，阿斯特拉罕沿伏尔加河向上游运输的货物价值每年达 200 万卢布，各地运到阿斯特拉罕的货物价值每年达 270—300 万卢布。1860 年通航期运出和运进货物价值分别为 640 万卢布和 470 万卢布。1856 年通航期，阿斯特拉罕河段航行轮船数量为 23 艘，航行次数约

69次，运输货物近316万普特①。伏尔加河下游除阿斯特拉罕外，萨拉托夫市和杜博夫卡市也是重要的贸易点，二者都属于萨拉托夫省，杜博夫卡市为伏尔加河与顿河连接的重要港口，杜博夫卡市还为高加索部队运输军粮及武器装备。阿斯特拉罕沿伏尔加河向上游运输商品经萨拉托夫省、萨马拉省、辛比尔斯克省时又补充大量货物，19世纪50—60年代萨拉托夫省和萨马拉省在俄国粮食贸易中意义重大。

萨拉托夫省年均粮食产量近2000万俄担②，主要包括小麦和黑麦。萨拉托夫省为俄国主要的粮食产地，也以酿酒业闻名。萨拉托夫省和萨马拉省输出的商品中粮食居多，主要是小麦。萨马拉省是俄国重要的粮食市场，以出产高质量小麦闻名。通航期萨马拉港口输出粮食货物中小麦数量最多，1857年从萨马拉港口运出的粮食数量为783万普特，其中753万普特是小麦③。由此可见，在粮食货物中小麦所占的比例最高，主要用于出口。除粮食商品外，萨马拉和萨拉托夫沿伏尔加河运输盐、毛皮、皮革，主要运往下诺夫哥罗德港口。这两个省份每年沿伏尔加河运进木材、金属和金属制品、树脂、焦油、糖、茶叶等货物。

阿斯特拉罕为里海出海口，每年有大量进口货物从该港口运进，然后转运至伏尔加河流域各个港口，该港口促进了伏尔加河与里海地区的经济联系。除阿斯特拉罕外，萨拉托夫和萨马拉等省份为伏尔加河流域，乃至整个俄国重要的粮食市场，上述几省的商品不但沿伏尔加河流域运至上游的诺夫哥罗德省、雷宾斯克及圣彼得堡，还出口国外，在俄国的经济地位举足轻重。

2. 卡马河流域的水路运输

卡马河为伏尔加河最大支流，在沿伏尔加河运输的货物总量中，卡马河及其支流，如丘索瓦亚河和别拉亚河具有重要作用。19世纪中期，俄国金属多源于乌拉尔、莫斯科和波兰等地区，乌拉尔生铁产量为全俄生铁总产量的75%，20世纪初乌拉尔地区生铁的产量仍占全俄生铁总产量的50%以上④，卡马河为19世纪乌拉尔冶金产品重要的输出线路。

---

① Марухин В. Ф. История речного судоходства в России. М., Орехово-Зуевский педагогический институт，1996. С. 242.

② Марухин В. Ф. История речного судоходства в России. С. 252.

③ Марухин В. Ф. История речного судоходства в России. С. 253，254.

④ Запарий В. В. Черная металлургия Урала XVIII-XX века. Екатеринбург.，2001. С. 120.

　　19 世纪上半叶，俄国主要使用水路和畜力运输乌拉尔铁制品，工厂产品一般于春季装船，然后经丘索瓦亚河、卡马河、白河、乌法河及维亚特卡河运至中部工业区。19 世纪初，卡马河流域多使用木船运输铁制品，19 世纪中叶开始使用轮船运输金属产品[①]。19 世纪，乌拉尔铁制品多通过水路及畜力运输运出，卡马河为主要运输线路，然后转运至上游下诺夫哥罗德、雅罗斯拉夫、雷宾斯克，通过马林斯基和季赫温水路运往圣彼得堡。19 世纪初，乌拉尔铁制品多用水路运往莫斯科及圣彼得堡，运往这两个城市的铁制品的量占其生产总量的 70%[②]。别拉亚河是卡马河最长的支流，1844 年维亚特卡河共发出 2395 艘船只，货物价值 1790 万卢布，112 艘船只到达别拉亚河沿岸港口，货物价值 190 万卢布[③]。1860 年通航期维亚特卡河向卡马河浮运 350 万普特商品，总价值达 120 万卢布以上[④]。

　　沿丘索瓦亚河向上游主要运输粮食与下诺夫哥罗德市场的商品，粮食主要供应乌拉尔各工厂。1843—1849 年丘索瓦亚河年均运输货物价值达 434 万卢布，1850—1856 年其年均运输货物价值达 311 万卢布，货运量降低主要是因为受到了克里木战争的影响。1860 年由丘索瓦亚港口发出 426 艘大小船只，货物价值为 490 万卢布[⑤]。19 世纪铁路修建后，水路货运量逐年减少，但 19 世纪 70 年代丘索瓦亚河年均货物运输量仍为 500 万普特[⑥]。19 世纪下半叶，乌拉尔铁制品产量急剧降低，生铁产量占全俄生铁产量的比重从 1860 年的 70.7% 降至 1900 年的 27%，钢产量占全俄钢产量的比重从 78.5% 降至 27%[⑦]。19 世纪末，乌拉尔铁路并未与全俄铁路网连为一体，乌拉尔铁制品仍以水运方式运至国内市场。

　　卡马河流域对俄国地区间货物流通与经济发展至关重要，水路将乌拉尔和西伯利亚地区都纳入俄国市场范畴。水运是俄国国内外贸易快速发展的重要条件，畜力运输无法比拟。卡马河将乌拉尔与伏尔加河和顿河、北

① Алексеев В. В., Гаврилов Д. В. Металлургия Урала с древнейших времен до наших дней. Наука. М., 2008. С. 395;Гаврилов Д. В. Горнозаводский Урал XVII-XXвв. Избранные труды. УрО РАН. Екатеригнбург. 2005. С. 205.

② Соловьева А. М. Промышленная революция в России в XIXв. Наука. М., 1990. С. 134.

③ Истомина Э. Г. Водный транспорт России в дореформенный период. С. 161.

④ Марухин В. Ф. История речного судоходства в России. С. 271.

⑤ Марухин В. Ф. История речного судоходства в России. С. 267.

⑥ Алексеев В. В., Гаврилов Д. В. Металлургия Урала с древнейших времен до наших дней. С. 439.

⑦ Запарий В. В. Черная металлургия Урала XVIII-XX века. С. 151.

德维纳河、伯朝拉河、外乌拉尔山脉地区和西伯利亚连为一体，促进了全俄市场范围和规模的扩大。

（二）伏尔加河中游的水路运输

下诺夫哥罗德港口为伏尔加河中游的重要港口，其货流量超过雷宾斯克和圣彼得堡，在俄国经济发展过程中作用显著，笔者以下诺夫哥罗德港口为例，对伏尔加河中游货流状况进行描述。下诺夫哥罗德港口为伏尔加河流域商品的重要转运点，下游和卡马河流域的货物在此中转，运往上游与沿岸各省份。

下诺夫哥罗德地理位置优越，为连接俄国欧洲部分与俄国南部各省份、西伯利亚的桥梁，促进了俄国东西部贸易的发展。下诺夫哥罗德港口除自身优越的地理位置外，下诺夫哥罗德展销会（马里卡夫集市）在其发展中作用不容忽视。第一次全俄手工工场展览会于 1829 年在圣彼得堡举办，持续时间为 2 周。第二次全俄手工工场展览会于 1833 年 5 月 11 日在圣彼得堡举行，有 622 个工场参加此次展览会，1817 年后马卡里耶夫展销会在下诺夫哥罗德举行，此后该省工业、贸易发展迅速。1825 年下诺夫哥罗德展销会展出的货物价值达 1710 万卢布，销售额达 1146 万卢布；1832 年其展出的货物价值达 3455 万卢布，销售额达 2904 万卢布；1840 年其展出的货物价值达 4727 万卢布，销售额达 3883 万卢布，销售规模是其他区域无法比拟的。下诺夫哥罗德展销会展出的商品中，以欧洲和亚洲商品占主导，1830 年和 1839 年此类商品占所有展出商品的比例分别为 26.8%和 24.1%[①]。

19 世纪，下诺夫哥罗德展销会在俄国的地位首屈一指，工业品的比例也逐渐上升，50 年代初期其冶金产品交易量占全俄冶金产品总量的 15%，纺织品交易量占全俄纺织品总量的 26%。19 世纪下半叶，下诺夫哥罗德展销会主要展销国内工业产品，为国内贸易的中心。同时，国际贸易也迅速发展，1856 年俄国进口商品价值为 12.2 亿卢布，输入下诺夫哥罗德展销会的商品价值达 1.4 亿卢布；1859 年俄国进口商品价值为 15.9 亿卢布，输入下诺夫哥罗德展销会的商品价值达 2.6 亿卢布[②]。

---

① Халин А. А. Система путей сообщения нижегородского поволжья и ее роль в социально-экономическом развитим региона（30-90 гг. XIX в. ）. Н. Новгород，2011. C. 87.

② Там же. C. 91.

1840 年，沿伏尔加河和奥卡河运往下诺夫哥罗德港口的货物价值为俄国水运商品价值的 1/5，1860 年这一比例已超 1/4[①]。其中，19 世纪40—50 年代下诺夫哥罗德省马卡里耶夫斯基雷斯科沃港口为大型粮食运送点和销售点。每年从雷斯科沃港口输出大量的黑麦、小麦和其他粮食产品。1849 年从该港口驶出的船只数量为 279 艘，装载货物价值达74.1 万卢布；1850 年从该港口驶出的船只数量为 466 艘，装载货物价值达 94.4 万卢布；1862 年从该港口驶出的船只数量为 259 艘，装载货物价值达 1000 万卢布[②]。

在东西方贸易中下诺夫哥罗德港口作用特殊，19 世纪下半叶约 80%的商品是沿着伏尔加河和卡马河运往下诺夫哥罗德的。下诺夫哥罗德港口大部分商品运往伏尔加河下游地区，19 世纪 60—70 年代该港口的货物输出量占伏尔加河下游货运量的 80%以上，只有 15%—20%的货物运往伏尔加河上游地区。19 世纪 80 年代末，该港口运至伏尔加河上游的货物开始增加，20 世纪初其向伏尔加河上下游运送货物占总运货量的比例为50%[③]。同时，下诺夫哥罗德是继莫斯科之后俄国茶叶的重要中转地，向俄国各地区转运茶叶。恰克图茶叶首先运至伊尔库斯克，然后转运托木斯克，陆运至鄂毕河港口，由鄂毕河经额尔齐斯河运至图拉河流域，沿着图拉河运至秋明，最后运至彼尔姆省，然后转运至俄国欧洲部分。

（三）伏尔加河上游的水路运输

沿伏尔加河向上游输出的商品主要运至雷宾斯克、圣彼得堡、莫斯科，其中雷宾斯克为伏尔加河上游重要的港口，以粮食交易闻名。从雷宾斯克经过上沃洛乔克、季赫温和马林斯基水路，可以把伏尔加河流域的商品运往波罗的海地区。下诺夫哥罗德的商品经由奥卡河运至莫斯科，而圣彼得堡与莫斯科的工业制品也经西北部三条水路及奥卡河，由下诺夫哥罗德运至伏尔加河流域各省份。下诺夫哥罗德港口运出的粮食一部分经由雷宾斯克运至圣彼得堡，另一部分经由奥卡河运至莫斯科，借此实现伏尔加河流域的商品交换。

---

①　Там же. С. 105.

②　Марухин В. Ф. История речного судоходства в России. С. 282.

③　Халин А. А. Система путей сообщения нижегородского поволжья и ее роль в социально-экономиче ском развитим региона（30-90 гг. XIX в.）. С. 183.

1. 雷宾斯克的水路运输

雷宾斯克为伏尔加河流域的水路运输枢纽，也是俄国大型粮食市场之一，为俄国欧洲部分的东部和东北部产粮省份与圣彼得堡的主要中介，每年沿着伏尔加河及其支流运输到雷宾斯克的货物中农产品的数量最多。雷宾斯克造船业颇为发达，虽然年造船数量不及大型造船中心，但雷宾斯克年建造多桅帆船也约达 400 艘，数量不容忽视。

1835 年从伏尔加河中下游驶入雷宾斯克的船只数量为 1996 艘，货物价值达 6540 万卢布，通航期雷宾斯克港口的船只达 7502 艘，贸易流转额达 1.13 亿卢布[①]。通航期主要商品为粮食等货物，其中黑麦、小麦、黑麦粉和精粉、燕麦、麯等来自喀山省、维亚特卡省、辛比尔斯克省、下诺夫哥罗德省、萨马拉省和萨拉托夫省；粮食酒精来自奔萨省、坦波夫省和下诺夫哥罗德省；造船用材来自维亚特卡省、喀山省、彼尔姆省；烟草来自萨拉托夫省；粗席和韧皮纤维大编织袋等来自维亚特卡省、喀山省、科斯特罗马省、下诺夫哥罗德省；铁、铜和金属制品来自彼尔姆省和奥伦堡省。

2. 雷宾斯克至波罗的海地区的水路运输

19 世纪，圣彼得堡已成为波罗的海重要的港口，货物经该港口出口欧洲，主要出口货物为粮食、铁、纺织品、木材、油脂、皮革等，主要进口货物为糖、水果、纸张、机器制品等[②]。圣彼得堡至雷宾斯克航段浅滩密布，船只行驶困难，风险很大。18 世纪，西北部区域的三条水路上沃洛乔克水路、季赫温水路和马林斯基水路将伏尔加河流域与波罗的海区域连为一体。上沃洛乔克水路把伏尔加河—里海流域与波罗的海连接到一起，该水系通过卡马河、丘索瓦亚河可连接乌拉尔区域与波罗的海沿岸港口。

上沃洛乔克水路对波罗的海和俄国内陆联系具有重要意义，18 世纪中期，沿上沃洛乔克水路每年运输 1200 万普特货物[③]。1800—1814 年从该水路运输的货物价值从 1100 万卢布增加到 2300 万卢布，1815—1825 年从该水路运输的货物价值一直保持着这一水平[④]。19 世纪 50 年代，尼古拉耶夫铁路开始运行，马林斯基水路和季赫温水路也全线使用，上沃洛乔克水路

① Истомина Э. Г. Водный транспорт России в дореформенный период. С. 142.

② Глинка М. С. Ветер Балтики. Лениздат. 1980. С. 98.

③ Семенова Л. Н. Рабочие Петербурга в первой половине XVIII в. Л., Наука, 1974. С. 65.

④ Истомина Э. Г. Водный транспорт России в дореформенный период. С. 180.

年均货物输送价值降为 200—500 万卢布[①]。马林斯基水路和季赫温水路通航后，上沃洛乔克水路向圣彼得堡供应的农产品中大麻的数量最多。

季赫温水路为连接伏尔加河与圣彼得堡的重要航线，与上沃洛乔克水路相比，季赫温水路也颇具优势，其航程较短，便于船只往返航行。季赫温水路运输货物的规模逐渐增大，运输的货物除粮食、工业品等常规货物外，还有药品、香料和奢侈品，其中食品、工业制品等货物数量最多。19世纪 40 年代末至 50 年代初，季赫温水路发往圣彼得堡的货物主要是粮食、酒、动物油脂、毛线、皮革、毛皮等，从圣彼得堡主要运回药品、食品、棉花、棉纱、染料、金属制品、葡萄酒等货物。19 世纪 40 年代下半期至 50 年代初，每年从圣彼得堡派发的商品重达 450 万普特，货物价值约 1150 万卢布[②]。

马林斯基水路与季赫温水路同年通航，在西北部水路体系中马林斯基水路的航运条件最好，大船只既可由此驶入圣彼得堡，也可以进入伏尔加河流域。在马林斯基水路货物结构中粮食与食品的比重最大，其次为工业品、蔬菜、水果、金属、铁及木材等货物。据统计，1809 年经马林斯基水路运输的粮食达 112.9 万普特，通航期停留过冬船只装载的粮食数量达 90.7 万普特[③]。马林斯基水路运往圣彼得堡的商品中粮食占绝大部分，1852 年粮食所占比例为 33.6%，1853 年的比例为 33.25%。随着货流量的增加，沿马林斯基水路运输至圣彼得堡的粮食逐年增加，1866 年粮食占总运货量的比例已达 84%[④]。

3. 奥卡河流域的水路运输

伏尔加河上游很多货物都由奥卡河及苏拉河运输，一部分货物被运往下诺夫哥罗德市场，另一部分经下诺夫哥罗德港口运往伏尔加河上游各港口。奥卡河其支流把俄国欧洲部分中部省份与伏尔加河水路连为一体，该河流把库尔斯克省、图拉省、梁赞省、坦波夫省、奥廖尔省、沃洛涅日省、萨拉托夫省和奔萨省的粮食运往奥卡河及其支流港口，一部分运往莫斯科，另一部分从莫斯科运往圣彼得堡。奥廖尔省和图拉省的粮食发往卡

① Босков Л. С. По петровскому указу –канал на древнем и Транспорт，1994. С. 203.

② Марухин В. Ф. История речного судоходства в России. С. 338.

③ Истомина Э. Г. Водные пути России во второй половине XVIII—начале XIX века. М.，Наука，1982. С. 156.

④ Марухин В. Ф. История речного судоходства в России. С. 355.

卢加，从卡卢加通过冬季的道路经过维亚济马运往斯摩棱斯克省，然后运往里加及出口国外。奥卡河至莫斯科河水路促进了黑土地区同中部地区市场的联系。

运往莫斯科与圣彼得堡的商品主要源自坦波夫、沃洛涅日、奔萨及萨拉托夫等省份，这些省份处于中部黑土区，都是产粮大省，这些省份的黑麦、黑麦粉、燕麦、豌豆、荞麦米、黄米及动物产品都经过奥卡河支流运往伏尔加河流域。1837年抵达莫斯科的船只为2万艘，是1837年通航船只数量的 34%—36%[①]。尼古拉耶夫铁路修建后，奥卡河的货运量减少，铁路运输成为莫斯科和圣彼得堡及其港口之间运输货物的主要途径。从莫斯科沿尼古拉耶夫铁路运输的大量商品用于出口，如小麦、小麦粉、鱼、食品、日用小百货、纺织品等。

就伏尔加河流域货流量而言，奥卡河和卡马河货流量所占比例不同，1859—1862年整个伏尔加河流域年均货流量约为17亿普特，价值达1.2亿卢布，奥卡河流域货流量占的比例为20%，货物价值占的比例为14.4%；卡马河流域货流量占的比例为17.6%，货物价值所占比例约为18.8%[②]。卡马河和奥卡河货流量较低的原因是乌拉尔工业区受到了农奴制的束缚。奥卡河输出的粮食主要运往莫斯科和圣彼得堡，尼古拉耶夫铁路也是向莫斯科输送粮食的主要线路。伏尔加河输出的一部分商品也运往奥卡河流域，但主要是满足沿岸居民的日常需求，而奥卡河运往伏尔加河流域的主要商品为粮食。奥卡河与伏尔加河上游水运商品约有2/3发往雷宾斯克，然后转运至圣彼得堡。苏拉河的农产品运往下诺夫哥罗德、雷宾斯克和圣彼得堡，该河流经辛比尔斯克省、萨拉托夫省、奔萨省、喀山省、下诺夫哥罗德省，为卡马河货物的有力补充。虽然苏拉河的货流量远逊于卡马河等大支流的货流量，却是伏尔加河流域货物的重要补充。

二、伏尔加河流域的铁路运输

19世纪下半叶，工业革命席卷全球，生产力发展引起资本主义国家经济结构的深刻变革。在工业革命中铁路的作用重大，铁路刺激资本主义

---

① Сметанин С. И.，Конотопов М. В. Развитие промышленности в крепостной России. Издательство «Акад- емический Проект》，2000. С. 406.

② Марухин В. Ф. История речного судоходства в России. С. 296.

国家轻重工业快速发展。1860—1880 年世界铁路网络飞速发展，从 10.8 万千米增至 37.3 万千米，增长了约 2.5 倍[①]。1861 年农奴制改革后俄国也开始进入世界资本主义市场体系，俄国铁路建设规模不能满足国内经济发展需求，限制了俄国经济的发展。1865 年，俄国共有 3500 千米铁路，此时英国铁路长度为 2 万千米，法国和德国铁路的长度分别为 1.4 万千米，美国为 5.6 万千米[②]。俄国工业化开启后铁路长度迅速增加，1861—1880 年俄国铁路长度增长了 13 倍，达 2.1 万俄里，莫斯科、波罗的海、亚述—黑海及西部铁路线路把俄国欧洲部分铁路连为一体[③]。19 世纪，伏尔加河流域下诺夫哥罗德—莫斯科、乌拉尔、莫斯科—喀山等铁路线路最为重要，这几条铁路线路对伏尔加河流域乃至整个俄国经济发展的作用巨大。铁路网络快速发展促进了全俄市场的进一步发展，以及劳动力流动性的增强和机器的广泛使用。

（一）下诺夫哥罗德—莫斯科铁路

19 世纪 30 年代，俄国学者就提出下诺夫哥罗德铁路建设方案，但因政府未认识到铁路的重要性，该方案被束之高阁。国内货流量的增加及军事需求，促使下诺夫哥罗德—莫斯科铁路最终修建成功，在铁路修建过程中私人资本具有重要作用。1862 年 8 月 1 日，下诺夫哥罗德—莫斯科铁路第一次通车。19 世纪 80 年代末，下诺夫哥罗德运往莫斯科的货流量增加，其中石油产品最为突出。1892 年，下诺夫哥罗德—莫斯科铁路成为双线铁路；1894 年，该铁路收归国有[④]。

下诺夫哥罗德—莫斯科铁路对俄国经济发展具有重大意义，该铁路为俄国铁路网络的重要一环，是连接伏尔加河及俄国东部、伏尔加河与中部工业区的重要线路。铁路建成后货流量迅速增加，1863—1880 年货流量增长了 3.5 倍[⑤]。铁路货流量增加足以证明地区间经济联系增强，俄国内

---

① Соловьева А. М. Промышленная революция в России в XIX в. С. 133.

② Струмилин С. Г. История черной металлургии в СССР. М.，1954. Т. 1. С. 184-187.

③ Соловьева А. М. Промышленная революция в России в XIX в. С. 137.

④ Халин А. А. Московско-нижегородская железная дорога//Исторические записки111. Издательство «Наука». М.，1984. С. 315；Экономическая история России с древнейших времен до 1917г. Энциклопедия. Т2. М.，РОССПЭН，2009. С. 1455.

⑤ Экономическая история России с древнейших времен до 1917г. Т. 2. С. 1455；Халин А. А. Московско- нижегородская железная дорога. С. 306.

部市场逐渐扩展。1880—1893 年该铁路的货流量并无明显增加，其原因为伏尔加河和奥卡河水路运费低廉，为增加货流量，该铁路几次降低铁路税率。1886 年降低税率后其货流量进一步增加，1888 年其货流量一度达10 亿普特[①]。下诺夫哥罗德—莫斯科铁路货流量分布不均匀，且具有一定的季节性。货物主要沿着同一方向运输，约 9/10 的货物都是由下诺夫哥罗德运至莫斯科[②]。

下诺夫哥罗德铁路运往莫斯科方向的货物占绝大部分，铁路运营最初5 年共向莫斯科运输货物 8850 万普特，但由莫斯科运至下诺夫哥罗德的货物仅为 1950 万普特。随后 5 年货流量增长了 2 倍，但货流量仍不均匀，从下诺夫哥罗德运往莫斯科的货物为 17.5 亿普特，从莫斯科运往下诺夫哥罗德的货物为 4550 万普特。19 世纪八九十年代，下诺夫哥罗德—莫斯科铁路为莫斯科重要的铁路线路之一，在运往莫斯科的货物中该铁路的货运量占据第三位，占运往莫斯科货物总量的 17.6%[③]。下诺夫哥罗德运往莫斯科的货物主要为农产品、原料、燃料及半成品，而莫斯科运往下诺夫哥罗德的货物主要为工业制成品。

下诺夫哥罗德—莫斯科铁路与下诺夫哥罗德展销会密切相关，每年7—9 月此路货流量最大。一般而言，下诺夫哥罗德—莫斯科铁路输送至下诺夫哥罗德展销会商品总量的 10%—17%[④]，1863—1873 年该铁路运输展销会商品的量从 10 亿普特增至 15.8 亿普特，增加了 0.58 倍，19 世纪90 年代达 20 亿普特[⑤]。东部和东南部运至下诺夫哥罗德的主要商品为农产品，而下诺夫哥罗德运往伏尔加河下游的产品主要为工业制品。随着俄国能源工业的迅速发展，该铁路也成为俄国国内主要石油产品运输线路之一。1886—1887 年其石油产品运输量迅速增加，1876 年其石油产品的运输量为其货流总量的 1.5%，1890 年增至 18.4%，莫斯科输入的 65%的石

---

① Халин А. А. Московско-нижгородская железная дорога. С. 308.

② Чупров А. И. Железнодорожное хозяйство. М., 1975. С. 157.

③ Халин А. А. Московско-нижгородская железная дорога. С. 309. Халин. А. А. Система путей сообщения нижегородского поволжья и ее роль в социально- экономическом развитим региона（30-90 гг. XIX в.）. С. 215.

④ Халин А. А. Московско-нижгородская железная дорога. С. 310.

⑤ Халин. А. А. Система путей сообщения нижегородского поволжья и ее роль в социально-эконом ическом развитим региона（30-90 гг. XIX в.）. С. 213.

油产品都由下诺夫哥罗德铁路运输[①]。

莫斯科运至下诺夫哥罗德省的货物主要为纱线、棉纺织品和棉花，上述三种货物占总货运量的比例分别为 6%—8%、7%和 4%—6%[②]。下诺夫哥罗德—莫斯科铁路把莫斯科与俄国东部区域连为一体，地区间经济联系更为巩固。下诺夫哥罗德—莫斯科铁路不但对经济影响巨大，而且对沿线省份的社会生活产生巨大影响。下诺夫哥罗德—莫斯科铁路运输可以与传统的运输方式，即水路及陆路运输相较，水路运输的主导地位受到冲击。19 世纪下半叶，大部分货物已经使用铁路运输，占全俄货物运输总量的 65%—67%，伏尔加河流域货物一般先使用水路运至下诺夫哥罗德，然后转运至铁路线路。19 世纪 70 年代伏尔加河水路的货流量占第一位，但至 90 年代初期，铁路线路的货流量已经占据第一位。

（二）乌拉尔铁路

17—19 世纪乌拉尔地区交通滞后，该地距海港和其他工业区较远，其产品很难运至国内外市场，资本流通较慢，生产成本增加，上述因素都制约了乌拉尔地区经济的发展，而交通运输为掣肘该地经济发展的第一要素。虽然早期货物多由水路运出，但其季节性严重制约了货物的外运。1860 年，俄国就制定乌拉尔铁路建设方案，计划修建彼尔姆—叶卡捷琳堡—秋明线路、萨拉普尔—奥萨—叶卡捷琳堡—秋明线路，但被搁置较长时间。1878 年，俄国开始铺设彼尔姆—库什瓦—下塔吉克—叶卡捷琳堡铁路，该铁路长 670 俄里[③]，因通行能力较弱，只能到达几家工厂，对乌拉尔地区采矿业的影响有限，该地仍主要使用水路运输货物。

1885 年叶卡捷琳堡—秋明铁路修建后，乌拉尔铁路的作用逐渐突出，该铁路不但把伏尔加—卡马河流域与乌拉尔区域连为一体，还带动了乌拉尔地区经济的发展。1876 年修建的萨马拉—奥伦堡铁路让乌拉尔地区与伏尔加中游和中部地区连为一体。1885 年，萨马拉—兹拉托乌斯托

---

① Халин. А. А. . Система путей сообщения нижегородского поволжья и ее роль в социально-экономическом развитим региона（30-90 гг. XIX в. ）. С. 217;Халин А. А. Московско-нижегородская железная дорога. С. 310.

② Халин А. А. Московско-нижегородская железная дорога. С. 311.

③ Гаврилов Д. В. Горнозаводский Урал XVII-XXвв. Избранные труды. С. 205；Вяткин М. П. Горнозаводский Урал 1900-1917гг. Наука. Л., 1965. С. 17-19；Соловьева А. М. Промышленная революция в России в XIXв. С. 140-143.

夫斯克铁路开工，1888 年该铁路可至乌法，1892 年可到达车里雅宾斯克。1897 年乌拉尔铁路与全俄铁路连为一体后，彼尔姆—秋明铁路的货流量为 3860 万普特，萨马拉—兹拉托乌斯托夫斯克铁路的货流量为 310 万普特，其中矿石、木炭、石煤的数量分别为 810 万普特、180 万普特和 1280 万普特[①]。20 世纪初萨马拉—兹拉托乌斯托夫斯克铁路的货流量为 1500 万普特[②]，1876—1905 年乌拉尔区域的铁路从 1061 俄里增至 2507 俄里，增长了约 1.36 倍。1905 年乌拉尔地区交通运输线路情况为：交通线路总长度为 30 602 俄里，其中铁路 3568 俄里，水路 11 929 俄里，土路 15 105 俄里，上述运输线路的货流量占总货流量的比例分别为 11.7%、39%及 49.3%[③]。1910—1914 年经济提升时期乌拉尔地区铁路建设规模进一步扩大，1906—1914 年乌拉尔地区铁路修建长度达 3160 俄里，铁路对乌拉尔冶金工业发展意义巨大，西乌拉尔铁路长度为 350 俄里，东北乌拉尔铁路长度为 212 俄里，下塔吉克铁路长度为 245 俄里，彼尔姆—叶卡捷琳堡铁路长度达 356 俄里[④]。第一次世界大战前乌拉尔地区的铁路总长度达 17 000 俄里[⑤]，铁路线路不断完善，促使区域内部经济联系加强。

乌拉尔铁路建成后，乌拉尔地区形成了铁路为主体、水路及陆路为辅的运输格局。叶卡捷琳堡与彼尔姆为乌拉尔中西部地区重要的交通枢纽，彼尔姆还是西伯利亚重要的交通站点。乌拉尔铁路通车后的几年间乌拉尔地区冶金产品产量增长了 7 倍，铁路部门为煤炭的最主要需求者，19 世纪 80 年代末期，乌拉尔铁路的年煤炭需求量超过 500 万普特。乌拉尔铁路建设对畜力运输冲击严重，1880—1886 年彼尔姆畜力运输工人减少了 36%。乌拉尔铁路促进了卡马河流域货流量的增加，1878—1880 年其货流量增长了 80%[⑥]。第一次世界大战期间俄国金属需求量大增，但运输能力不足，乌拉尔采矿主打算修建长达 3375 俄里的河运线路[⑦]，以便输出金属制品，但因资金不足和战争影响，方案被搁置。

---

① Гаврилов Д. В.. Горнозаводский Урал XVII-XXвв. С. 208.

② Рагозин Е. И. Железо и уголь на урале. СПб.，1902. С. 15.

③ Гаврилов Д. В. Горнозаводский Урал XVII-XXвв. С. 210.

④ Сигов С. П. Очерки по истории горнозаводской промышленности Урала. Свердловск.，1936. С. 149.

⑤ Гаврилов Д. В. Горнозаводский Урал XVII-XXвв. . С. 213.

⑥ Соловьева А. М. Промышленная революция в России в XIXв. С. 141-142.

⑦ Алексеев В. В.，ГавриловД. В. Металлургия Урала с древнейших времен до наших дней. С. 475.

（三）莫斯科—喀山铁路

莫斯科—喀山铁路为私有铁路，1890 年前该铁路被称为莫斯科—梁赞铁路，1894 年梁赞至喀山线路修建完毕[1]，此后该线路又与奔萨、坦波夫和辛比尔斯克等城市相连。莫斯科—喀山铁路的主要货流集中于梁赞、下诺夫哥罗德、喀山、辛比尔斯克和塞兹兰等地。与下诺夫哥罗德—莫斯科铁路一样，该铁路发往莫斯科的货物占绝大多数，货物多为原料，莫斯科发出的货物多是工业品。1893 年，6 条通往莫斯科的铁路中，莫斯科—喀山铁路货流量所占的比例为 20.7%。在莫斯科食品供应中该铁路意义最大，1893 年该铁路粮食的运输量占莫斯科粮食供货总量的 46.5%，其肉类和鱼类产品的运输量分别占莫斯科肉类和鱼类产品供货总量的 72.5%和 56%[2]。

莫斯科—喀山铁路主要运输林业产品、粮食、石油、煤炭和盐等货物，但各车站发出的货物各异，梁赞发往莫斯科的货物主要是石油产品。喀山站发出的主要货物为谷物和面粉，粮食占喀山站发出货物量的 20%，粮食运输主要以水路为主，1895—1899 年喀山港口平均发出 296.6 万普特粮食，而通过铁路运输的粮食只有 25.1 万普特[3]。除上述商品外，喀山还发出皮革、鞋子、毛皮、硬脂及肥皂制品、椴树制品等货物。

20 世纪初，莫斯科—喀山铁路为伏尔加河水路货物的重要转运方式之一，1909 年莫斯科—喀山铁路运送的货物中粮食的比例占 20%，1910 年其比例为 22%[4]。莫斯科—喀山铁路最大的车站为梁赞站，此处该铁路与梁赞—乌拉尔铁路会合，为伏尔加河中下游和乌拉尔地区运输粮食。莫斯科—喀山铁路的经济作用毋庸置疑，其有力地促进了俄国东西部间的经济联系。

三、伏尔加河流域商品流通的特征

19 世纪下半叶，伏尔加河流域重要的港口有圣彼得堡、特维尔、雷宾斯克、雅罗斯拉夫、科斯特罗马、下诺夫哥罗德、喀山和萨马拉，货物主要运往圣彼得堡及伏尔加河沿岸各大港口城市。19 世纪初，伏尔加

① Экономическая история России с древнейших времен до 1917г. Т. 1. С. 1452.
② Андреев В. В. Московско-Казаксая железная дорога на ребеже XIX-Ххвеков. СПб.，изд-во Петербурский гос. попитехнический ун-т. 2010. С. 85.
③ Там же. С. 87.
④ Там же. С. 122.

河流域运输的主要货物为粮食、金属、木材、食物及少量的工业制品，但随着经济的不断发展，除以上货物外，新型原料和工业制品的运输量急剧增加。19世纪末，下诺夫哥罗德市场商品结构改变，棉纺织品数量最多，其次是铁路和石油产品，其他产品数量有限。虽然伏尔加河流域商品种类和货流量不断增加，但其运输特征仍有据可循，具体特征如下。

（一）粮食运输以水路为主，铁路为辅

伏尔加河流域自古以来就是俄国粮食集散地，其中雷宾斯克最为著名，可媲美北美的芝加哥，雷宾斯克每年都会举办粮食展销会，该港口发出的粮食不但运往伏尔加河上游各港口，还出口国外。1811年该港口运往莫斯科的粮食将近140万俄石①。1842年、1845年和1846年抵达雷宾斯克港口的粮食分别是1630万普特、3300万普特和4320万普特。1855年伏尔加河各港口运往雷宾斯克的货物总量中，粮食所占的比例为69.8%，1857年和1860年粮食所占的比例分别为77.8%和61.3%。大部分沿着伏尔加河运往雷宾斯克的货物都来自萨马拉和下诺夫哥罗德等地区②。粮食货物中小麦数量最多，萨马拉省和萨拉托夫省为主要的小麦输出点，其80%的小麦都运至下诺夫哥罗德和雷宾斯克，然后转运至沿岸各港口。1857年萨马拉省共运出粮食783万普特，其中753万普特是小麦，该省各港口派发小麦的数量都超过1200万普特③。小麦粉运输主也集中在伏尔加河流域，主要输出地为萨马拉、喀山、下诺夫哥罗德等地区。

18世纪下半期，伏尔加河下游喀山港口既为伏尔加河流域哥萨克军团供粮，也向雷宾斯克和圣彼得堡运粮，且数量不断增加。喀山上游最出名的港口切博克萨、雷斯科沃等将粮食运到雷宾斯克和圣彼得堡。1800—1825年经圣彼得堡出口国外的粮食来自3条水路，即上沃洛茨克水路、季赫温水路和马林斯基水路，如1809年经马林斯基水路向圣彼得堡运输113万普特粮食④。1829年从苏拉河运出的粮食等货物价值达490万卢布，1841年经水路和陆路向莫斯科运输的商品数量分别为1400万普特和600

---

① Ковальченко И. Д.，Милов Л. В. Всероссийской аграрный рынок XVIII-начало XX . Опыт количеств енного анализа. М.，Изд-во Московского университета，1974. C. 220.

② Марухин В. Ф. История речного судоходства в России. C. 314.

③ Марухин В. Ф. История речного судоходства в России. C. 254.

④ Истомина Э. Г. Водные пути России во второй половине XVIII—начале XIX века. C. 156.

万普特[①]。19 世纪 50 年代下半期，每年沿伏尔加河运输的面粉和黑麦达 2500 万普特[②]，上述商品的 4/5 运往雷宾斯克，其他供应高加索军队、阿斯特拉罕省居民以及外高加索驻军。19 世纪 50 年代末至 60 年代初，萨拉托夫省、萨马拉省、辛比尔斯克省供应近 5000 万普特粮食[③]，大部分粮食运往雷宾斯克和圣彼得堡。19 世纪 80 年代下半期，下诺夫哥罗德港口的粮食运输量大幅度增加，增长了 0.7 倍，达 8860 万普特。1900 年下诺夫哥罗德港口运输粮食的量占伏尔加河流域粮食运输总量的 10.9%、雷宾斯克及下诺夫哥罗德港口的粮食运输量占伏尔加河流域粮食运输总量的 61%[④]。

19 世纪 70 年代起，铁路在货物运输方面的影响逐渐增强，农产品运输最为突出，70 年代末铁路运输重工业产品的比重仍低于 12%，但此时粮食运送量的比重达到 32%，个别铁路线路的粮食运送量比例更高。铁路运输刺激了农业的发展，促进了农产品商品率的提高。俄国粮食出口量巨大，1862—1897 年粮食出口量从 6200 万普特增至 3 亿普特，增长了近 4 倍，粮食出口量占总货物出口量的 56.2%[⑤]。20 世纪初，俄国国内水路运输的货物中比重最大的为粮食，1900 年下诺夫哥罗德港口运输的货物中，粮食的比例达 10.9%，此年度伏尔加河流域 18% 的粮食由下诺夫哥罗德港口运输，但运输粮食最多的港口仍为雷宾斯克，这两个港口的粮食运输量占伏尔加河流域粮食货运总量的 61%[⑥]。19 世纪，俄国粮食运输主要依靠伏尔加河水路，伏尔加河下游各省份的粮食沿伏尔加河运往上游各港口，一部分留作港口所在省份自身需求，另一部分出口国外。虽然 19 世纪下半期俄国铁路蓬勃发展，但伏尔加河流域粮食运输仍以水路为主，究其根源为水路运输具有运量大和成本低等优势。

（二）水路为运输木材的主力

俄国欧洲部分尤以北部地区的沃罗格达省、阿尔汉格尔斯克省、奥洛

---

① Истомина Э. Г. Водный транспорт России в дореформенный период. C. 160.

② Марухин В. Ф. История речного судоходства в России. C. 241.

③ Марухин В. Ф. История речного судоходства в России. C. 254.

④ Халин А. А. Система путей сообщения нижегородского поволжья и ее роль в социально-экономическом развитим региона（30-90 гг. XIX в. ）. C. 188.

⑤ Соловьева А. М. Промышленная революция в России в XIX в. C. 144-145.

⑥ Халин А. А. Система путей сообщения нижегородского поволжья и ее роль в социально-экономическом развитим региона（30-90 гг. XIX в. ）. C. 190.

涅茨省、维亚特卡省森林面积最大，分别占各自省份土地总面积的
86%、63%、61%和52%，而南部的沃罗涅日省、库尔斯克省、土拉省
和唐波夫省森林面积仅分别占各自省份土地总面积的 8%、9%、9%和
17%①。乌拉尔区域是俄国多林地区之一，18 世纪末仅乌拉尔中部冶金
企业每年消耗木材达 400 万立方米②，因此伏尔加河流域木材运输量巨
大。1836 年 9 月，经下诺夫哥罗德、梁赞、穆罗姆和莫克沙河运到莫斯
科的松木和方木为 2 万根、木板为 2.69 万块③。此外，莫克沙河主要运
输造船用材。北部河流的木材主要用于造船及出口，很多木材直接沿苏
霍纳河、尤格河、卢扎河及其支流顺流而下，运至阿尔汉格尔斯克省。

卡马河经维亚特卡省、彼尔姆省、乌法省和沃罗格达省、维亚特卡
省，以及丘索瓦亚河、白河和卡马河将木材运至阿斯特拉罕省、里海沿
岸、顿河和黑海、伏尔加—顿河草原、北高加索。木材商人主要从科斯特
罗马省马卡里耶夫城木材集市采购木材，然后沿伏尔加河运输木材，主要
运往下诺夫哥罗德及伏尔加河下游地区。1893 年，马卡里耶夫城木材集
市的 20 万根原木中的 15 万根运至下诺夫哥罗德④。

19 世纪 90 年代，卡马河向伏尔加河年均运送原木 85 万根，每年还
有满载木板、各种木制品、松香、松焦油的 80—90 条大型平底白木船。
各种木制品小部分运往伏尔加河下游地区，大部分运往下诺夫哥罗德集
市。1898 年雅罗斯拉夫—雷宾斯克铁路正式通车，木材运输量也迅速增
加，如 1880 年木材运输量为 255.3 万普特，1900 年达 1110.7 万普特⑤。
运往伏尔加河上游地区的部分木材用于造船，需求地主要为南部的萨拉托
夫省、阿斯特拉罕省和顿河流域木材匮乏地区，以及亚速海和圣彼得堡等
地。19 世纪，俄国木材市场受到各省林业资源、河运分布的制约，但整
个 19 世纪河运木材占据主导地位，铁路运输木材仅具有辅助作用。

---

① Водарский Я. Е., Истомина Э. Г. Сельские промыслы Европейской России на рубеже XIX-XX
столетий. М., Институт российской истории РАН, 2004. С. 30, С. 31, С. 32, С. 36, С. 80, С.
82, С. 91，С. 95.

② Кафенгауз Б. Б. История хозяйства Демидовых в XIX-XX вв. М. Л. АН СССР，1949. С. 485.

③ 张广翔、范璐祎：《19 世纪上半期欧俄河运、商品流通和经济发展》，《俄罗斯中亚东欧研究》2012
年第 2 期，第 63 页。

④ Истомина Э. Г. Водный транспорт России в дореформенный период. С. 146.

⑤ Водарский Я. Е., Истомина Э. Г. Сельские промыслы Европейской России на рубеже XIX-XX
столетий. С. 123.

（三）20 世纪末金属制品运输中水路的主导作用被取代

19 世纪，卡马河为乌拉尔金属产品输出线路，19 世纪铁制品运输一直以水路为主，但 20 世纪初铁路逐渐取代水路，成为主要的运输方式。伏尔加河流域金属制品大多源于乌拉尔地区，经由卡马河流域运至下诺夫哥罗德，然后转运至伏尔加河沿岸各港口。1800 年乌拉尔的生铁产量约占全俄生铁产量的 81.1%，铸铁产量占全俄铸铁产量比例的 88.3%。1740—1800 年乌拉尔生铁产量增长了 6.4 倍[①]。18 世纪末，乌拉尔中部地区 70%的生铁、48%的铸铁和 5%的冶铜制品由丘索瓦亚河—卡马河转运至伏尔加河[②]。

1811 年喀山港口分别向伏尔加河上游输送价值 840 万卢布的铁及铁制品，向伏尔加河下游输送 13 万卢布的铁、铁制品和铜[③]。伏尔加河水路保证乌拉尔铁制品能够经圣彼得堡港口出口。卡马河优越的条件对采矿业至关重要，金属制品由其运往伏尔加河、中部工业区和伏尔加河沿岸省份。19 世纪上半期，丘索瓦亚河和卡马河航行交通工具占卡马河流域交通工具的 79%，运货价值占卡马河流域运货价值的 99%[④]。19 世纪 50 年代上半期，每年从卡马河运往伏尔加河的铁制品约达 800 万普特；50 年代末期至 60 年代初期只是从丘索瓦亚河和白河的港口每年向伏尔加河派发 1.82 亿普特的铜和金属制品[⑤]。1905 年乌拉尔区域浮运线路为 7737 俄里，船只运输线路为 4192 俄里；彼尔姆省水运线路长度为 4917 俄里；乌法省水运线路为 3484 俄里；维亚特省水运线路为 2773 俄里；奥伦堡省水运线路为 1112 俄里。乌拉尔地区货流量分别占卡马河货流量的 45%、白河货流量的 17%、维亚特卡河货流量的 10%[⑥]。

下诺夫哥罗德是乌拉尔铁和钢的主要中转地，1900 年下诺夫哥罗德铁和钢制品的输入量为 487 万普特，输出量为 207 万普特[⑦]，主要输出地

---

① Алексеев В. В.，Гаврилов Д. В. Металлургия Урала с древнейших времен до наших дней. С. 352.

② Струмилин С. Г. История черной металлургии в СССР М.，Изд-во АН СССР，1954 . т 1 С. 201-206，С，479-484.

③ 张广翔、范璐祎：《19 世纪上半期欧俄河运、商品流通和经济发展》，《俄罗斯中亚东欧研究》2012 年第 2 期，第 65 页。

④ Истомина Э. Г. Водный транспорт России в дореформенный период. С. 160.

⑤ Марухин В. Ф. История речного судоходства в России. . С. 259.

⑥ Гаврилов Д. В. Горнозаводский Урал XVII-XXвв. С. 211.

⑦ Халин А. А. Система путей сообщения нижегородского поволжья и ее роль в социально-экономическом развитим региона（30-90 гг. XIX в. ）. С. 193.

点为伏尔加河中下游地区，少部分运往伏尔加河上游各港口。

19世纪，乌拉尔铁制品主要通过水路及畜力运输，卡马河为主要运输线路，然后从卡马河转运至伏尔加河上游的下诺夫哥罗德、雅罗斯拉夫、雷宾斯克港口，通过马林斯基水路及季赫温水路运往圣彼得堡。19世纪铁路修建后，河运货物数量逐年减少，但70年代卡马河丘瓦索支流运输的货物仍达600万—800万普特，其中金属制品为500万普特[①]。19世纪末，乌拉尔铁路对河运造成巨大冲击，乌拉尔冶金工厂的金属产品直接由铁路输出，主要输出地点为伏尔加河下游各省和西伯利亚地区。

（四）工业制品运输以铁路为主导

伏尔加河水路每年接受伏尔加河下游和卡马河流域的盐，运往德米特里耶夫省和萨拉托夫省的盐来自埃利通湖和伏尔加河下游的湖泊。萨马拉省及萨拉托夫省为俄国重要的粮食产地，除粮食外，萨马拉省和萨拉托夫省也沿着伏尔加河输出盐、毛皮、皮革等货物，其中，萨拉托夫省输出鱼和盐的年均数量达数百万普特。通过下诺夫哥罗德盐集散中心向中部、西南部、西北部和部分北部省份供盐。19世纪初，输送至下诺夫哥罗德的盐达800万—1000万普特，其中一部分存在下诺夫哥罗德仓库，另一部分由小型船只沿伏尔加河支流运往伏尔加河上游城市和特维尔省、下诺夫哥罗德省、圣彼得堡省和普斯科夫省[②]。19世纪50年代末至60年代初，卡马河年运输彼尔姆盐的数量达600万普特[③]，大多运往下诺夫哥罗德，再从这里转运至伏尔加河和奥卡河沿岸的一些省份。运到下诺夫哥罗德的盐大多使用大船装载，多为平底船，卸货后这些船只被拆卸出售。19世纪90年代初期，伏尔加河水运货物达3000万普特，其中处于第一位的石油达2120万普特，盐达150万普特，粮食达430万普特[④]。

19世纪下半叶以后，伏尔加河流域石油及石油产品的运输量大幅度增加，主要源于俄国工业革命完成，燃料需求量急剧增加，重工业领域尤甚；伏尔加河流域石油及石油产品的运输量增长，刺激了巴库地区采油业

①　Яцуский В. К. География рынка железа в дореформенной России//Вопросы географии. М., 1960. С. 650，C. 119-121.

②　张广翔、范璐祎：《18世纪下半期—19世纪初欧俄水运与经济发展——以伏尔加河—卡马河水路为个案》,《贵州社会科学》2012年第4期，第104页。

③　Марухин В. Ф. История речного судоходства в России. С. 260.

④　Халин А. А. Московско-нижгородская железная дорога. С. 311.

的发展。1876 年巴库地区石油的产量占下诺夫哥罗德铁路货流量的 1.5%，1890 年增至 18.4%[①]，1891—1895 年下诺夫哥罗德省石油产品的运输量从 2677 万普特增至 2.29 亿普特[②]，石油产品首先沿里海运至阿斯特拉罕，然后转运至伏尔加河流域各省份。下诺夫哥罗德港口为接收石油产品的最大港口，其次为萨拉托夫港口、察里津港口及萨马拉港口。伏尔加河流域成为石油及石油产品的主要装卸点，主要运往中部工业区。

（五）19 世纪下半叶水路运输的主导地位逐渐丧失

19 世纪下半叶的交通运输革命推动了生产力的发展，1861—1880 年俄国的铁路长度增长了 13 倍，铁路总长度达 2.1 万俄里，俄国欧洲部分铁路网络逐渐完善。莫斯科铁路成为俄国铁路的枢纽，其具有 18 条支线，长度达 8000 千米。19 世纪 60 年代末，铁路的运输规模逐年增加，其地位已超过水路运输，占据主导地位。1861—1877 年铁路的货流量增长了 24 倍，水路货流量只增长了 0.59 倍[③]。铁路修建之初，由于其修建长度有限，对水路的冲击较小，而水路运输运费较低、运输量巨大，水路运输仍是主要的运输方式。但随着铁路的大规模修建，水路运输的主导地位受到冲击。19 世纪下半叶至 20 世纪初，俄国水路运输的作用日益逊色于铁路运输。19 世纪末，俄国河运、畜力运输、海运的运货量占总运货量的比例为 30%，其余 70%的货物都使用铁路运输[④]。因此，随着俄国工业化进程的开启，铁路的作用凸显，即便部分商品仍以水路运输为主，但其主导地位丧失，这主要源于铁路可以弥补水路运输的季节性和周期性缺失。

四、结论

伏尔加河为俄国重要的河运航线，对 19 世纪俄国航运及经济发展的作用不容小觑，伏尔加河下游为俄国重要的商品输出地，下游各省份及卡马河流域为重要的粮食及原材料输出地。伏尔加河下游粮食与原材料大多运至下诺夫哥罗德和雷宾斯克，然后运往上游各港口，上游工业制成品及

① Халин А. А. Московско-нижгородская железная дорога. С. 310.
② Халин А. А. Система путей сообщения нижегородского поволжья и ее роль в социально-экономическом развитим региона（30-90 гг. XIX в. ）. С. 188.
③ Соловьева А. М. Промышленная революция в России в XIXв. С. 137, С. 146.
④ Федоров В. А. История России 1861-1917. М., Высшая школа. 2003. С. 88.

进口产品也经伏尔加河沿岸各港口运往下游各省份。19世纪伏尔加河流域货物运输的特征如下：第一，伏尔加河流域一直是粮食、盐及木材的重要运输线路。第二，原材料的运输逐年增加，19世纪下半叶伏尔加河流域已成为棉花及石油产品的重要集散地。第三，随着经济的发展，运输货物中工业品的数量逐年增加。第四，19世纪下半叶铁路大规模修建，水路运输的主导地位受到严重冲击。

伏尔加河流域交通运输发展的影响包括如下几方面：第一，交通运输促进全俄市场逐步完善。19世纪上半叶，围绕伏尔加河流域俄国国内市场逐渐完善，保障俄国欧洲部分食品和原料供应。第二，交通运输拉动了俄国经济的发展。俄国伏尔加河水路与铁路对俄国经济作用巨大，二者共同拉动俄国工农业、贸易的发展，促进了沿线地区经济的开发，加速了俄国商品流通。第三，交通运输推动了沿岸城市及工业区的发展。第四，交通运输的发展促进了技术革新。19世纪中叶，大型轮船公司为水路运输的中坚力量，其先进技术及高配船只成为货流量持续增加的有力保障。铁路、水路和畜力运输共同促进了伏尔加河流域经济的发展，但各时期三者地位差异较大，19世纪上半叶水路是伏尔加河流域交通运输的主角，但19世纪下半叶起其主导作用被铁路所替代。

后 记

1861 年农奴制改革后俄国工商业飞速发展，俄国的工业化进程也随之开启。19 世纪 90 年代中期俄国工业革命基本完成，第一次世界大战前俄国已跻身发达国家行列。生产力飞速发展的同时，各工业部门迅速崛起，能源工业的成就更是举世瞩目。研究俄国能源工业发展历程，从其发展进程中的运输、市场、外资和垄断等因素中可探析俄国经济的发展规律，勾勒出俄国经济的发展模式和特征，明确社会、经济发展与自然环境的关系。国内学术界尚未对十月革命前的俄国能源工业进行系统化研究，笔者在大量档案材料和学术成果的基础上，以 1861—1917 年的俄国能源工业为研究对象，不仅能从宏观角度探究俄国工业发展的总体趋势，还可以从微观角度对俄国石油工业和煤炭工业的形成和发展进行深入论述，并对俄国能源工业的影响进行详细论证。

本书出版之际，首先要感谢我的导师张广翔教授，张老师严谨的治学态度、丰富的科研经验、深厚的外语及史学功底让我受益一生。同时，还要感谢博士研究生期间给过我许多帮助的同门和同窗。另外，本书能够顺利出版，还要感谢贵州师范大学历史与政治学院的诸位领导、世界史学科的各位同事。

最后，我要特别感谢我的父母、妻子孙慧颖和帮助过我的亲人，他们的支持让我的学业得以顺利完成，他们的鼓励是我前进的动力。多年来，他们在我的身后默默支持着我，为我付出了很多。因学术功底和俄语水平有限，书中难免存在不足之处，恳请各位方家指正。

邓沛勇

2018 年初于贵阳